Reinhard Raffalt

CONCERTO ROMANO

Leben mit Rom

Prestel-Verlag München

Zehnte Auflage 1977
Passavia Druckerei GmbH Passau
ISBN 3 7913 0293 0

Ich widme dieses Buch

dem Andenken meines Vaters

MICHAEL RAFFALT

und der Erinnerung an

den letzten großen Deutsch-Römer

LUDWIG CURTIUS

Inhalt

IN ROM LEBEN

Über die Piazza Venezia spaziert ein einsamer Polizist. Es ist vier Uhr morgens. Von meinem Fenster aus kann ich sehen, wie er sich die Hände reibt, denn es ist kalt und die Tramontana bläst. Man sieht ihm förmlich an, daß er sich schon darauf freut, beim Morgengrauen in einer kleinen Bar einen Espresso mit dem traditionellen Schuß Anis-Schnaps zu trinken, der zwischen Nacht und Tag das Leib- und Magengetränk aller Römer ist. Normalerweise sollte einem ein solcher Mann eine mitfühlende Regung entlocken, weil er doch die ganze Nacht in dem pfeifenden Wind am Fuße des Kapitol-Hügels aufpassen muß, daß niemand auf den Gedanken kommt, die hier aufgehäuften Nationaldenkmäler Roms anzurühren. Ich muß aber gestehen, daß ich diesen graubemäntelten Civis Romanus im Augenblick nur mit Neid betrachten kann. Er hat es gut. Er geht stundenlang an dem erhabensten Ort der römischen Antike im Kreis herum, denkt dabei an den Fußballtoto, an Mariellas neuen Frühjahrshut, an Spaghetti und die Dienstvorschrift – und Julius Cäsar, Rienzi und Leo x. sind für ihn unwichtige Leute. Ich hingegen – von des Gedankens Blässe angekränkelt – sitze seit Stunden an meinem Schreibtisch, im Angesicht des Kapitols, und der Gedanke an Julius Cäsar, Leo x. und Rom läßt mich daran verzweifeln, dieses Buch zu rechtfertigen. Wenn ich mir den Text ansehe, den Sie vorfinden werden, bleibt mir nur zu konstatieren, daß das Ganze ein heilloses Durcheinander ist.

Dafür gibt es eine einzige Entschuldigung: Rom ist eben auch ein solches Durcheinander. Deshalb bleibt man ja hier hängen. Man hat vielleicht eines Tages beschlossen – aus humanistischen oder romantischen Gründen – für vierzehn Tage nach Rom zu gehen, man hat Jacob Burckhardt und Gregorovius zur Vorbereitung gelesen, und dann fängt man an fünfundzwanzig verschiedenen Punkten an, etwas zu begreifen – ein Stückchen Antike, das lebendig geblieben ist, den unvergleichlichen Gang einer jungen Römerin, die listenreiche Offenheit, mit der ein alter Droschkenkutscher einen überfordert, man spürt einen faszinierenden Zusammenhang zwischen dem versnobten Oberkellner auf der Via Veneto und dem nachsichtig seufzenden Haushofmeister, über den sich der alte Horaz so oft hat aufregen müssen, man wittert eine innere Einheit zwischen dem cäsarischen Pomp der päpstlichen Hofhaltung und den pathetischen Reliefs an den alten Triumphbögen, – in tausend Formen und Gestalten präsentiert sich ein unfaßbares Rom – und wenn man erst einmal soweit ist, dann werden aus den vierzehn Urlaubstagen leicht Jahre und Jahrzehnte.

Das Merkwürdige an einer solchen persönlichen Eroberung Roms ist, daß das meiste dabei absichtslos geschieht. Man wohnt bei italienischen Hausleuten. Kaum zwei Tage, nachdem man eingezogen ist, weiß man alles. Vor allem: sie haben kein Geld. Die Tochter ist verlobt, aber noch nicht verheiratet. Die Köchin ist ein unglaublicher Drachen. Der zehnjährige Sohn Glauco – er kann auch Ettore, Achille, Cesare oder sonstwie heroisch heißen – ist nach der Überzeugung seiner Mutter »un ragazzo intelligentissimo« – ein ungewöhnlich intelligenter Knabe. Im Hausflur unten steht ein antiker Sarkophag, auf dem eine ganze Reihe solcher »ragazzi intelligentissimi« zu sehen sind, die einen Neuankömmling im Kinderparadies der Antike mit Nektar und Ambrosia traktieren und sich höchst unfromm und ungebärdig dabei aufführen. Unter der Haustüre steht die Portiersfrau im heftigen Gespräch mit der Frau des Friseurs aus dem fünften Stock. Sie diskutieren darüber, welche Madonna hilfreicher ist, die von der Kirche del buon consiglio, oder die von Sant' Agata dei Goti. Dei Goti – von den Goten; es handelt sich um eine Kirche, die im fünften Jahrhundert für die arianischen Goten errichtet wurde, und den Namen heute noch trägt. Der Friseur in seinem Laden erzählt Ihnen von dem Fußballspiel der »Roma« und »Lazio« – den beiden römischen Mannschaften, die die Stadt in genau derselben Weise in zwei erbitterte feindliche Lager teilen, wie es im antiken Zirkus die Grünen und die Blauen getan haben – (Trimalchio: »Ich erlaube es dir, Cario – obwohl du als Anhänger der Grünen Zirkuspartei bekannt bist – an diesem Tische Platz zu nehmen...« Petronius, Satyricon) – man könnte die Aufzählung beliebig fortsetzen: was sind schon zweitausend Jahre für den Popolo Romano? Innerhalb eines Tages, an dem man gar nichts Besonderes getan hat, begegnen einem hundertmal alle Phasen der römischen Geschichte, nicht als Gegenstand eines erstrebenswerten Fachwissens, sondern ganz nebenbei, erlebt und gelebt von den Römern, die das unwandelbarste Stadtvolk sind, das es im Abendland gibt.

Wer einmal, als Nichtrömer, in den faszinierenden

Strudel dieses stadtrömischen Lebens geraten ist, dem fällt es sehr schwer, sich von Rom wieder zu trennen. Wenn er aber da bleibt, wenn er eindringt in dieses Geflecht von Tradition und Alltag, von menschlicher Unbefangenheit und morbider Raffinesse, von mokanter Unwissenheit und grandioser Repräsentation, wenn er beginnt, das Balancieren zwischen Sinnenhaftigkeit und Aberglauben, zwischen Kitsch und Kunst, zwischen Diesseits und Jenseits mitzumachen – dann wird er sich eines Tages seufzend außerstande finden, das alles beschreibend wieder zu entwirren.

Hinzu kommt, daß das innere Bild der Stadt Rom aus Teilen zusammengesetzt ist, die örtlich sehr weit auseinanderliegen können, wenngleich sie zum selben Gegenstand gehören. Beispiel: das Goldene Haus des Nero. Die Untergeschosse mit ihren delikaten Wandmalereien sind in der Nähe des Kolosseums zu besichtigen. Der Laokoon, der dort gefunden wurde, steht im Vatikan; der Grabstein des Mannes, der ihn gefunden hat – er besaß auf dem Gelände des Goldenen Hauses einen Weinberg und brach beim Umgraben in die Gewölbe ein – liegt in der Kirche von Aracoeli (es steht darauf zu lesen, daß der Mann sich durch seinen Fund die Unsterblichkeit verdient hat); die Dekorationen an den Wänden des Goldenen Hauses gaben Raffael die Anregung für die Loggien im päpstlichen Palast, – und das Grab des Kaisers Nero, der die Idee zu all dem hatte, wird gleich an fünf verschiedenen Orten angegeben. Man sieht: um von einer Sache ein richtiges Bild zu bekommen, muß man die Stadt mitunter kreuz und quer durchstreifen – und so baut sich im Grunde jeder sein eigenes Rom.

Dabei ist es weder mit dem Studium der Geschichte

noch mit der Besichtigung der Monumente getan, denn Rom ist hauptsächlich eine Stadt voller Leben, nicht eine Stadt voller Museen. Nirgends auf der Welt sind die Ruinen so wenig tot wie hier. In den Substruktionen der Kurie des Pompejus, wo Cäsar ermordet wurde, essen die Römer heute pollo alla diavola – Huhn à la Teufel –, in den Ruinen der Caracalla-Thermen gibt es im Sommer bombastische Verdi-Aufführungen, der alte Zirkus des Domitian, die Piazza Navona, ist der Schauplatz des großen Weihnachtsmarktes und des Befana-Festes – die Menschen Roms sind es, die diesen Monumenten unaufhörlich zur Lebendigkeit gegenwärtiger Freuden verhelfen und infolge ihres Temperaments, ihrer Vitalität, ihrer Hingabe an die guten Dinge des Lebens unbewußt und instinktsicher zu verhindern wissen, daß die Traditionen erstarren. Ich sagte es schon – man braucht Jahre, bis man dahinter kommt.

Von Leo XIII. wird die Geschichte erzählt, er habe einmal in einer Audienz einen Besucher gefragt, wie lange er schon in Rom sei. »Drei Wochen«, war die Antwort. »Und wie gefällt es Ihnen«, fragte der Papst. »Oh, ich glaube, schon einen ganz guten Überblick zu haben.« – Darauf der Papst: »Mein Sohn, lassen Sie sich beglückwünschen. Ich bin schon über dreißig Jahre ohne Unterbrechung hier, und beginne gerade erst zu ahnen, was Rom eigentlich ist.«

Um den »guten Überblick« zu geben, ist dieses Buch ganz ungeeignet. Wer für einen begrenzten Aufenthalt nach Rom kommt, braucht ein System. Ohne den Baedeker geht es nur dann, wenn man hier bleibt. Und eigentlich auch dann nicht, denn man muß irgendwo alle die Geschichtszahlen, die Angaben über Entstehung und Urheber beisammen haben. Man braucht ein Kompendium der Bildung. Dies alles bietet der Baedeker in imponierender Genauigkeit. Verzichten Sie bitte nicht darauf! Denn das, was ich Ihnen hier hinzuerzählen will, ist weder genau noch imposant. Es ist sehr viel Erlebtes und wenig Erlesenes. Es ist einfach das Resultat eines mehrjährigen Aufenthaltes in dieser Stadt, das Ergebnis aus dem Prozeß meiner eigenen Einbürgerung. Nicht Vollständigkeit war beabsichtigt, noch historisches Gewicht, noch irgendein anderer Gesichtspunkt, unter dem ein ernsthaft arbeitender Mensch sich daran machen könnte, einen Gegenstand dieser Größe zu bewältigen. Nur Erfahrungen sind es, die ich Ihnen erzählen will, Erfahrungen mit Rom und mit den Römern.

DER GOLDENE MEILENSTEIN

Wen hat nicht diese Stadt Rom, mochte er
auch auf fremder Erde geboren sein,
in ihren sanften Schoß aufgenommen,
geliebkost und erzogen?

Wer erschien sich dort als Fremdling, wenn
er auch vom Ende der Welt hergekommen wäre?
Wo gab es einen noch so rauhen Geist,
den nicht die Stadt Rom, durch das Leben in ihr,
milder und reifer uns heimkehren ließ?

ERASMUS VON ROTTERDAM

Auf dem Forum Romanum, in unmittelbarer Nähe der alten Rostra, der Rednerbühne, auf der die Gracchen ihre Sozialrevolution ausriefen, auf der Cicero dem johlenden Volk die erfolgte Hinrichtung der catilinarischen Verschwörer verkündet hat, auf der die Leiche Julius Cäsars dem Brutus zur Rechtfertigung und dem Marcus Antonius zur Anklage diente, errichtete man zur Zeit des Augustus eine mit Bronze verkleidete und mit Gold überzogene Marmorsäule. Sie stellt den Schlußstein dar, den die Geschichte den leidenschaftlichen und erbitterten Kämpfen setzte, worin sich die Wandlung Roms von der Urbs zum Orbis vollzogen hat – von der praktisch begrenzten, der Macht und der Eroberung hingegebenen Stadt zu einem theoretisch unbegrenzten, unter den kühlen und toleranten Prinzipien des Rechtes befriedeten Erdkreis. Diese Marmorsäule war der Meilenstein Null, der Ausgangspunkt der kaiserlichen Straßen, das Faustpfand für die mit Klugheit, Gerechtigkeit, Tapferkeit und Maß geordnete Einheit der gesitteten Welt. Denen, die irgendwo an den Grenzen des Reiches eine Zahl von einem Meilenstein ablasen, sollte das Bewußtsein gegeben werden, daß sie nicht durch eine Idee – an die sie vielleicht noch nicht glaubten –, sondern durch einen fest gepflasterten, konkreten und sicheren Weg mit der heiligen Stadt Rom verbunden waren. Und denen, die in Rom täglich an diesem ebenmäßigen Pfahl aus Gold vorüberkamen, sollte vor Augen gehalten werden, daß nicht nur alle Wege nach Rom führen, sondern daß vor allem alle Wege der Welt von Rom ausgehen.

Der Ort, an dem der Meilenstein aufgestellt war, lag an der Innenseite jener Krümmung, mit der die »Via Sacra«, der heilige Triumphpfad Roms, das Forum verläßt und den Anstieg zur Höhe des Kapitols beginnt, nur ein paar Schritte entfernt von dem »lapis niger«, dem schwarzen Basaltstein, der das Grab des Stadtgründers Romulus deckt, wenige Meter von dem Gebäude des Senates, noch im Schatten des Saturn-Tempels – an einer Stelle also, die durch die vielfachen Strahlungen ihrer Heiligkeit würdig erschien, den Angelpunkt einer Erdscheibe zu repräsentieren, die sich mit gelassener Majestät um die Stadt Rom drehte.

Auf der anderen Seite der »Rostra«, in kaum zehn Meter Abstand vom Goldenen Meilenstein, ist bis heute ein aufgemauertes Rundgebilde aus Ziegelsteinen zu sehen, das zur Zeit des Augustus als das Gegenstück zu dem Anfang und Ende aller Straßen verehrt wurde: der symbolische Nabel der Stadt Rom, das abstrakte Zentrum jenes unbegreiflichen Gemeinwesens, das sich aus einer puritanisch-strengen Primitivität zum strahlenden Haupt der Völker emporgerungen hatte.

Und zwischen diesen beiden Zeichen, gewissermaßen im Brennpunkt zwischen Stadt und Erdkreis, erhob sich die ruhmbedeckte Kanzel der Redner, der Schauplatz für das große einigende Element des lebendigen Wortes, das an das Volk von Rom gerichtet war und die Weltgeschichte bewegte. Das Volk von Rom hat seit den Zeiten, in denen es zwischen den beiden symbolischen Steinen dazu aufgefordert wurde, sein Urteil zu sprechen, niemals den Anspruch aufgegeben, zur Herrschaft über den Erdkreis auserwählt zu sein – wie sehr auch die Formen dieser Herrschaft sich im Verlauf der Geschichte gewandelt haben mochten. Es hat niemals das Bewußtsein des Goldenen Meilensteines verloren, der den unvergleichlichen Rang der Stadt Rom unter den Städten der Erde ausdrücken sollte, und auch

heute noch, Jahrhunderte nach seinem Fall, dem Charakter von Stadt und Volk von Rom eingeprägt ist.
Ich glaube, es würde nicht zum Ziele führen, wenn man dieses merkwürdige Gebilde des Popolo Romano unter der Sonde einer wissenschaftlichen Analyse betrachten wollte. Wir haben es hier mit einem Gemeinwesen zu tun, dessen einzelne Charakter-Eigenschaften einer moralischen Kritik nicht ohne weiteres standhalten würden, wogegen die Komposition aller dieser Wesenszüge ein Menschenbild hervorgerufen hat, das um so mehr *completo* erscheint, je weniger man es unter dem Aspekt des Intellekts betrachtet. Man kann mit Leichtigkeit die These verteidigen, daß sich die Grundzüge im Charakter des Popolo Romano seit der Antike nicht wesentlich verändert haben, und man kann ebenso ohne Schwierigkeit das Gegenteil behaupten. Man kann sagen, daß die Antike ein Stadtvolk von Rom gesehen hat, das zuerst heroisch war und dann pervertierte, und man kann sagen, daß das gegenwärtige Volk von Rom mit Wonne dem Nichtstun, der Verschlagenheit und der pasta asciutta hingegeben ist, sich jedoch im Anblick menschlicher Not zu einem Heroismus zu erheben weiß, der die Größe berühmter antiker Vorbilder erreicht. Man kann behaupten, daß die römische Gesellschaft seit der Antike sich niemals Mühe gegeben hat, den Abgrund zwischen Armen und Besitzenden zu überbrücken, und man kann sagen, daß die patriarchalische Verbundenheit zwischen denen, die als Herren, und denen, die als Diener geboren sind, niemals aufgehört hat. Als Quiriten verlangten die Römer der Antike von einem Kaiser, von dem sie wußten, daß er wegen seiner Palastgeschichten ein empfindlich schlechtes Gewissen hatte, mit frappanter Schamlosig-

keit *panem et circenses* – und erhielten sie auch. Als Taxichauffeure verlangen die Römer heute von einem Amerikaner, von dem sie wittern, daß er unter einem leichten romantischen Minderwertigkeitskomplex leidet, als Entgelt das halbe Monatsgehalt eines Regierungsrates, und meistens bekommen sie es auch. Der Unterschied liegt nur im Objekt, nicht im Wesen. Mit tödlicher Sicherheit erkunden sie seit zweitausend Jahren die schwache Stelle, die Achillesferse im Gefühlsleben des Mächtigen, und sie präsentieren mit charmanter Offenheit eine Rechnung, die nur als Tributzahlung angesprochen werden kann. Niemals haben die Römer das Bewußtsein verloren, als einzelne über das persönliche Geschick und als Stadtvolk über die Weltgeschichte souverän zu sein.

Ich sagte, die Kapriolen der Geschichte fechten die Römer wenig an. Im Mittelalter hatten sie einmal wirklich nichts mehr. Die Straßen waren voll von Räubern, die großen Herren führten in den befestigten Ruinen des Kolosseums und des Marcellus-Theaters blutige und meuchelmörderische Privatkriege, der Papst war in Avignon, der Kaiser in Deutschland. Da kam ein Mann von niedriger Herkunft, redete auf den römischen Volkshaufen ein paar Monate ein, machte sich selbst zum Ritter, erklärte, daß keine Macht der Welt den Römern das Recht schmälern könne, die Herrschaft über den Erdkreis zu vergeben – die Römer schwammen in Seligkeit –, und obwohl der Mann Cola di Rienzi nur ein paar hundert Bewaffnete hinter sich hatte, und obwohl dem Kaiser die Sache ebenso unangenehm war wie dem Papst, so wagte doch weder der eine noch der andere, das uralte, auf nichts Konkretes mehr gegründete Recht zu bestreiten. Die Römer aber sahen sich wieder einmal in dem Bewußtsein bestätigt, kein noch so tiefer Fall ihrer Stadt könne verhindern, daß die römischen Dinge den Vorrang vor allen anderen Dingen auf dieser Welt einnähmen.

Als Pius XII. 1939 zum Papst gewählt wurde, wartete eine gewaltige Menge auf dem Petersplatz, um das Ergebnis des Konklave zu vernehmen. Als dann die Botschaft verkündet wurde, breitete sich in ganz Rom ein Freudenruf aus, wie man ihn selten gehört hatte. Doch galt der Jubel nicht so sehr den unbestrittenen Verdiensten des neuen Papstes und der glücklichen Wahl – man nannte den Namen des Papstes nicht einmal –, sondern nur einer einzigen Tatsache: abbiamo un papa Romano – wir haben einen Römer zum Papst. Die Stadt und das Volk von Rom waren sich bewußt, der Welt wieder einmal eine überragende Gestalt geschenkt zu haben.

Die Geschichte der Stadt Rom ist immer Weltgeschichte gewesen. Der Charakter des römischen Stadtvolkes hat alle Schwankungen mitgemacht, alle Auswege erkundet, alle Kompromisse geschlossen, die notwendig waren, um angesichts der Weltgeschichte menschlich zu bleiben. Wenn einem durch zweitausend Jahre in ununterbrochener Folge die Eruptionen der Völkerschicksale fühlbar auf den Leib rücken, in Gestalt fremder Heere, machtgieriger Herrscher, geldscheffelnder Bankiers, in der Form von Hungersnöten, Belagerungen, Plünderungen, Bußverordnungen, Kreuzzügen, Pilgerströmen, Märtyrern, Heiligen, Ketzern, in jeder denkbaren Auswirkung von Güte und Bosheit, wenn man schon von den fernsten Generationen her eine unbewußte Erinnerung an alle Arten leidenschaftlicher Gewaltsamkeit, Cäsarenwahnsinn, Ruhmsucht, Größe und Untergang mitbekommen hat, dann weist die Schauseite des Charakters eine abgeschliffene Gelassenheit auf, die weder mit Gleichgültigkeit noch mit Ignoranz verwechselt werden darf. Im Grunde sind die Römer, ob hoch oder niedrig, immer darauf bedacht gewesen, den eigenen Schwerpunkt gegenüber dem Schicksal nicht zu verlieren, sie haben durch zahllose Heimsuchungen die Überzeugung gewonnen, daß im Grunde alles zu verstehen und zu verzeihen ist, was nicht gerade aus abgefeimter Bosheit geschieht. Die Weltgeschichte hat diesem Stadtvolk eine Gesinnung anerzogen, die den Prinzipien feindlich und den praktischen Lösungen zugeneigt ist, und so kam es, daß die großen Tugendforderungen, die von den Moralisten des Altertums aufgestellt worden sind, in der Anwendung auf das Geschick des Einzelnen tausend schillernde Modifikationen erfahren haben. Andererseits kann man die Kategorien, auf denen sich einstmals Roms moralische Größe erhoben hat, Klugheit, Gerechtigkeit, Tapferkeit und Maß, noch immer in ihrem Fortwirken erkennen, wenngleich nicht als Ideale, die pathetisch zur Schau gestellt werden, sondern als menschliche Verhaltensweisen, die den Römern gegenüber der Geschichte jene Beständigkeit verliehen haben, mit deren Hilfe sie ihrer Stadt das Attribut des Ewigen erworben haben.

Es lohnt also vielleicht der Mühe, daß wir sie uns ansehen, diese Römer, die seit mehr als zweitausend Jahren das große *Concerto Romano* aufführen, dessen ernste und bezaubernde Grundmelodie nach dem festen Glauben aller, die diese Stadt aus ganzer Seele lieben, erst am Jüngsten Tage verstummen wird.

DIE VIER KARDINALTUGENDEN

Non t'arrabbiare
La vita è breve
Morire si deve
Questo si sà …

In den frühen Abendstunden erscheinen in den großen Straßen Roms die Nachtausgaben der Zeitungen. Auf der Piazza Colonna schreien die Verkäufer mit nie versiegender Kraft die *ultime notizie* aus, die allerletzten Neuigkeiten, und man sieht Scharen von Römern an den Ecken und vor den Schaufenstern stehen und Zeitung lesen. Wer genauer hinschaut, bemerkt, daß ihr erster Blick nicht der Politik, der Wirtschaft oder dem Kulturleben gilt – fast alle schlagen die Zeitung an der gleichen Stelle auf, fast alle sind dabei zu ertappen, wie sie mit einer gewissen Gier eine ganz bestimmte Rubrik lesen, mit dem Titel »Vita di Roma«. Aber auch auf dieser Seite ist es ein genau abgegrenzter Teil, der besonders interessiert. Kein Mensch liest, was der Vizebürgermeister bei der Einweihung eines neuen Wasserreservoirs gesagt hat, niemand will wissen, was die Stadtväter zum Schutz der Grünanlagen beschlossen haben, fast alle starren gebannt auf die untere Hälfte dieser Seite – wo die Kriminalpolizei berichtet, wo es um Mord und Totschlag, um Eifersucht und Liebeskummer, um mißglückte Selbstmorde und ertappten Ehebruch geht, kurz und gut: die *cronaca nera* – die schwarze Chronik. Mit hingebungsvoller Phantasie sind um eine bestimmte Stunde Tausende von Römern dabei, sich in der mehr oder weniger blutigen Lektüre dieser Berichte einen unbewußten Ersatz für die Zirkusspiele des Altertums zu verschaffen.

Es ist aber noch etwas anderes: sie alle vollziehen die ungezügelten Ausbrüche römischen Temperaments lesend mit, sie spüren, daß jeder von ihnen in einer ähnlichen Situation sich vielleicht zu ähnlichen Handlungen hätte hinreißen lassen – sie genießen jeden Ausbruch aus den bestehenden Gesetzen (denen sie – sobald es um die Gefährdung ihrer persönlichen Unabhängigkeit geht – sowieso nur ein achselzuckendes Mißtrauen entgegenbringen). Nicht aus Neugier, Sensationslust oder Großstadt-Verderbtheit sind sie darauf aus, jeden einzelnen Skandal möglichst genau zu studieren; sie folgen dabei einem niemals ausgesprochenen Lebensgrundsatz, der so alt ist wie Rom: sich den gemeinnützigen Vorschriften ihrer Regenten niemals mehr anzupassen, als unbedingt notwendig ist. Sie ergreifen mit Leidenschaft und echter Anteilnahme sofort die Partei dessen, den sie unterdrückt glauben, gleichviel, ob er sich mit dem Gesetz in Einklang befindet oder nicht. Sie handeln aus jenem unkontrollierbaren Gefühl für das Recht auf ein unangetastetes Leben, das der einzige Gradmesser ihrer Sympathie ist.

Es gibt in der europäischen Welt kein einziges Stadtvolk, das in einem solchen Maß Gemeinschaft und so wenig Masse ist. Eine untergründige Solidarität, ein Gefühl ausgeglichener Zusammengehörigkeit ist hier am Werk, das einer einzigen großen, uralten Bindung von magischer Kraft entspringt: der Bindung an die Familie. Familie, das ist heute noch: nicht nur Vater, Mutter, Kinder und Großeltern, sondern auch Onkel und Tanten, Cousinen und Vettern, Freunde und Bräute, dazu die Gatten und Gattinnen aller. Der Hausarzt gehört ebenso zur Familie, wie der Hausadvokat, ohne den fast niemand hier auskommt. Letzterer vor allem verdient eine genauere Betrachtung.

Wie alle römischen Rechtsanwälte führt er seine geistige Ahnenreihe bis auf Cicero zurück, den ersten großen Verteidiger römischen Wesens, glattzüngig, bilderreich, wendig, nie verlegen, ein Mann, der immer so reden konnte, daß die Richter sich in ihrem urrömischen

Rechtsinstinkt angesprochen fühlten, auch wenn er jenseits der Gesetzesbuchstaben lag. Sein Nachkomme, der heute das monströse Gebäude des Justizpalastes mit seinen Tiraden anfüllt, steht ihm nicht nach. Er kann sich in seiner Würde auf eine Verfügung berufen, die die Kaiser Leo und Anthenius im Jahre 469 nach Christus erlassen haben, und deren Inhalt noch heute Gültigkeit besitzt: »Die Rechtsanwälte, welche die verschiedenen Ansichten einer Sache klären, die in den öffentlichen und privaten Prozessen die Geschicke derer wieder aufrichten, die gefallen sind und dem übertretenen Gesetz zum Recht verhelfen, sind der Menschheit ebenso nützlich, wie diejenigen, welche, Schlachten und Wunden ertragend, für die Errettung des Vaterlandes und der Angehörigen kämpfen. Die Rechtsanwälte sind es, die vor dem Forum, auf ihre glänzende Redegewandtheit gestützt, die Hoffnungen, das Leben und die Nachkommen derjenigen verteidigen, die in einen Prozeß verwickelt sind.« In einen Prozeß waren die Römer damals wie heute fast immer verwickelt. Und so erscheint auch heute noch der Advokat als der Bannerträger der Familienkohorte vor dem Richter. Immer ist er mit einer Leidenschaft am Werk, als gelte es das Leben. Er setzt sich für seine Klienten ein, wie man sich für einen Sohn oder einen Bruder einsetzt. Die uralte Tradition des Schutzsuchens, auf der die römische Gesellschaft in der Antike aufgebaut war, lebt bis heute fort – in dieser bedingungslosen Hingabe des Schutzflehenden an seinen Beschützer und in der kritiklosen Opferbereitschaft des Protektors für seinen Klienten.

Schon in aller Frühe füllen sich die Kaffeehäuser rings um den Justizpalast mit Klienten an, die oftmals in geschlossenen Familienverbänden unter der Assistenz von Onkeln und Schwiegermüttern angerückt kommen und mit ernstem und mitleiderregendem Gesicht an der Bar stehen, das Mienenspiel übend, das nachher den Richter erweichen soll. Interessant wird es, wenn die Gegenpartei sich zufällig im selben Lokal verabredet hat. Auch sie schart sich um den Advokaten, der natürlich, selbst wenn er der beste Mensch ist, auf der anderen Seite Blicke eisiger Verachtung auslöst. Die Gesichter hellen sich erst auf, wenn die Glastür aufgeht und *il nostro professore* hereinkommt, der sehnlich erwartete, traktierte, beschworene eigene Anwalt, der sich denn auch gleich an einen runden Tisch setzt, die Akten aufschlägt und wie ein Inquisitor beginnt, den Fall nochmals durchzugehen. Es handelt sich um einen Wohnungsstreit, unrechtmäßige Kündigung, Aneignung von fremden Möbeln – und noch stehen die beiden Parteien in feindseligem aber reserviertem Abstand. Da fällt das Wort, das alles in Gang bringt: *ladri.* Das heißt: Räuber, Diebe, Halunken, Halsabschneider und alles zusammen. Einer von der Gegenpartei hat es gehört und sofort auf sich bezogen. Um ihren Advokaten geschart, nähern sich die beiden Parteien nun in geschlossener Phalanx; einer, der vorne dran ist, beginnt zu schimpfen, die übrigen Leute in der Bar stellen sich im Kreis herum, und es beginnt eine Art Generalprobe für die spätere Verhandlung, mit allen Reden, Plädoyers, Beschwichtigungsversuchen und Schimpfwörtern. Bald ist es so weit, daß auch die beiden Anwälte sich nicht mehr halten können und ihrerseits aufeinander einreden. Nur der Richter fehlt. Statt seiner fungieren die Zuschauer, die Leute aus dem Volk, die zufälligen, aber legitimen Vertreter des Popolo Romano, zwar nicht durch die Kraft des Gesetzes bevollmächtigt, aber voraussetzungslos von beiden Parteien anerkannt. Sie verstehen ohne Kommentar jeden Schlich, jedes nicht ganz stichhaltige Argument, jeden von der Verzweiflung des Verlierenden diktierten Angriff. Sie sind von einer unfaßbaren Hellhörigkeit, sie registrieren jeden falschen Ton, jede übertriebene Geste, jeden feingesponnenen Versuch, durch Rührung zu erwirken, was durch Beweisführung nicht erreicht werden kann. Dabei folgen sie den Ausführungen der Gegner so intensiv, daß es fast den Anschein hat, als schwankten sie in ihrer Gunst unablässig von einer Seite zur anderen. Sie haben die Gabe, sich mit jeder Ansicht scheinbar vollständig zu identifizieren – und dabei behalten sie sich doch genau jene minimale, aber wirksame Reserve vor, die die Voraussetzung zur Urteilsbildung ist – jene innere Distanz von den Geschehnissen, die man in der Antike mit der Tugendbezeichnung PRUDENTIA geschmückt hat.

Aus dieser in verständnisvoller Distanz geübten Unabhängigkeit resultiert ganz von selbst die spezifische Gerechtigkeit, die diesen aufmerksamen und unprofessionellen Kaffeehaus-Richtern sehr offensichtlich zu eigen ist – eine Gerechtigkeit, die sich nicht so sehr auf die Einhaltung von Vorschriften und Gesetzen, als vielmehr auf die Erhaltung des Lebens richtet. Leben – das ist hier kein geistiger Begriff, sondern eine ganz einfache Realität: das ungetrübte Fortbestehen der Familie, und die ungefährdete Fortdauer des leiblichen Wohlbefindens. Durch einen Urteilsspruch, der mit Haft verbunden ist, wäre sowohl das eine wie das andere, durch ein Urteil, das mit Bezahlen zusammenhängt, wenigstens das letztere in Frage gestellt. Und dagegen setzt man sich zur Wehr; denn was einem Einzelnen geschieht, das leidet die ganze Familie mit. Der Staat ist nicht dazu da, die Ansprüche auf ein gutes, gemeinsames Leben einzuschränken, die Gerechtigkeit ist nicht dazu da, persönliche Unabhängigkeit zu schmälern. Die Familie, auch wenn ihre Mitglieder untereinander bis aufs Messer zerstritten sind, fühlt wie ein kollektives Wesen jeden Schaden, den der Einzelne nimmt.

So steht also Familie gegen Familie, und die Prozesse hören nicht auf. Aber dafür hat man ja das Felsgebirge dieses Justizpalastes, und dafür hat man die ererbte Kunst, die auch in dem verfahrensten Konflikt noch einen Ausgleich herbeiführen kann, die älteste Kunst Roms, die Rede. Der Aufwand an Dialektik ist ungeheuer. Er steht in gar keinem Verhältnis zum Gegenstand – ein reißender Strom von Perioden, Drohungen, Witzen, Anschuldigungen, Komplimenten, Rührseligkeiten, Plattheiten und Hinterhalten ergießt sich wie ein vielverzweigter Wasserfall vom obersten Stockwerk des Justizpalastes bis ins Parterre. Die unglaublich nuancenreiche Sprache dieses Landes, die für jeden Zustand fünf verschiedene Bezeichnungen hat, die sich nicht mit Wortzusammensetzungen aufhält, sondern unablässig neue, rasante, rhythmische, herrlich klingende Wörter zu Felde führt, diese niemals verlegene, immer hilfreiche Sprache bewirkt es, daß seit den Tagen Ciceros die Römer den Versuch nicht aufgeben, das, was die Prudentia geschickt und vorteilhaft eingefädelt hat, im brausenden Schwung der Rede mit der unbeugsamen JUSTITIA in Einklang zu bringen. Auf diesem vertrackten, aber höchst brillanten Wege kommt man schließlich zum Kompromiß, zu dem Ausgleich in Toleranz und Mäßigung, den man im Grunde angestrebt hat. Das Merkwürdige und sehr Römische daran ist, daß dieser Kompromiß, der die Gerechtigkeit aus der Notlage befreit, ein einseitiges Urteil zu fällen, nach einer pausenlosen Debatte von sechs Stunden beiden Parteien als ehrenvoll erscheint, während er, hätte man ihn von vornherein geschlossen, einer Niederlage gleichgekommen wäre.

Wenn man ihnen so zuschaut, wie sie sich ereifern, wie sie mit Augen, Händen, Füßen in fast tänzerischer Gebärde zu überzeugen suchen, wie sie die Ehrenhaftigkeit ihres Standpunktes provozierend zur Schau stellen, so fällt einem eine Geste auf, die sich unablässig wiederholt. Sie besteht darin, daß man zur Erläuterung der Rede die Finger der Hand eng zusammenlegt, den Daumen dagegenpreßt und mit der auf diese Weise halbgeschlossenen Hand dem Gegner unausgesetzt vor dem Gesicht herumfuchtelt. Die Form der Geste hält genau die Mitte zwischen der geballten Faust und der geöffneten Hand, zwischen Zorn und Versöhnung, es ist die Gebärde der äußersten Eindringlichkeit, man will damit dem Partner klar machen, daß alles von seinem Verhalten abhängen wird.

Diese Geste ist ur-uralt. Sie ist allerorten im Gebrauch, wo Römer intensiv diskutieren. Und wir können es beweisen, daß die Römer der Antike sie schon in demselben Sinne gebraucht haben, wie ihre heutigen Nachfahren. In der goldstrahlenden Basilika S. Maria Maggiore sind auf dem Triumphbogen, der den Chorraum der Kirche vom Schiff trennt, Mosaiken aus dem fünften Jahrhundert nach Christus erhalten. Dargestellt ist das Leben Mariae, und wenn man die einzelnen Szenen mit dem Auge verfolgt, entdeckt man bald den Erzengel Gabriel, wie er dem Heiligen Joseph im Traume das Geheimnis des künftigen Messias verkündet. Die Römer waren seit den ältesten Zeiten auch in der Religion von einem erstaunlichen menschlichen Realismus. Und so dachte sich der Künstler offenbar sehr lebhaft in die Situation Josephs hinein, der plötzlich erfährt, daß seine unberührte Braut einen Sohn haben werde. Um es ihm klar zu machen, daß dies durchaus mit rechten Dingen zugehe, daß der Wille des Allmächtigen hier eine unmittelbare Auswirkung finde, hebt der Erzengel die Hand: zu derselben Geste, die man überall in Rom heute noch sieht, wo ein Mensch einen anderen überzeugen will.

Das Menschliche ist es, was den Römern nahegeht, ihr Mitgefühl berührt und ihre Hilfsbereitschaft hervorruft. Nirgends auf der Welt ist es angenehm, kein Geld zu haben, aber in Rom ist es wenigstens nicht verzweiflungsvoll. Als ich hier ankam, ging es mir ziemlich schlecht. Beziehungen hatte ich nicht, mein Italienisch war dürftig, meine Garderobe nachkriegsmäßig. Wie jedermann in Rom pflegte ich am Morgen in einer Bar zu frühstücken, einen Caffè latte, ein Hörnchen, tagaus, tagein. Der Mann an der Kasse wurde mein Freund. Er hatte eine Frau und viele Kinder, und die Bar gehörte nicht ihm selber, sondern einem reichen Padrone, der alle Augenblicke kam, um zu kontrollieren. Der Mann hatte kein schönes Leben. Jeden Tag fragte er mich, wie es denn nun ginge, ob denn die Soldi aus Germania schon angekommen seien, und wenn ich betrübt verneinte, seufzte er tief und sagte, »mbè dottore mio, è un bel guaio – das ist halt ein schönes Kreuz«. Einmal, als ich tatsächlich überhaupt nichts mehr hatte, bestellte ich nur den Caffè latte und kein Hörnchen, da schaute er mich an und sagte: »Haben Sie kein Geld mehr?« Mir war das furchtbar peinlich, er wartete aber meine Antwort gar nicht ab, griff in seine abgeschabte Privatbörse, zog einen Fünftausend-Lire-Schein heraus und sagte: »Nehmen Sie bitte, Sie können unmöglich ohne Geld sein.« Und das in einem Land, dessen Bewohner bei manchen Besuchern aus dem Norden in dem höchst ungerechtfertigten Rufe stehen, nichts als Profit im Sinne zu haben. Der Mann wußte, daß ich ihm seine Lire vielleicht erst vierzehn Tage später wiedergeben konnte, und ich wußte, daß er und seine Familie mit knapper Not auskamen – und deshalb finde ich, daß der Mann ein Denkmal verdient. Diese großartige Solidarität gegenüber dem Mißgeschick, dieses grundanständige Gefühl für Zusammenhalten in der Not, dieser eingewurzelte Respekt vor dem Recht, das jeder Mensch auf Leben und Nahrung hat, dazu der leidenschaftliche Wille, Familie und Freunde zu schützen, die Bereitschaft der römischen Mutter, ihre Kinder gegenüber der Welt zu verteidigen, selbst wenn diese Kinder zwanzig Mal Unrecht haben, – das alles sind die Spielarten einer Tugend, die den Namen der FORTITUDO wohl ebensosehr verdient, wie die Heldentaten im Kriege. Im Strom des Großstadtlebens gehen diese verborgenen Zeichen menschlicher Aufrichtigkeit ungerühmt unter, aber dem Eingebürgerten sind sie ein Beweis, daß dieses Volk ein herzhaftes Volk ist, so viele Fehler es sich auch angewöhnt haben mag.

Ich möchte nicht den Eindruck erwecken, die Römer seien eine Ansammlung von Tugendbolden. Wenn man sich schon auf das fragwürdige Experiment einläßt, einen so komplizierten Volkscharakter nach Gesichtspunkten zu betrachten, die schon in der Antike von Legionen von Philosophenschülern zerredet worden

Giovanni Pannini, um 1720

STUDIO IN ROM

Sammlung Lord Ellesmere
(Ausschnitt aus dem Umschlagbild)

sind, so muß man wenigstens betonen, daß diese abstrakten Tugendbegriffe sich in der Wirklichkeit sehr weit mit Eigenschaften vermischt zeigen, die man beim besten Willen nicht mehr als Tugenden bezeichnen kann. So gehört zur Klugheit die List, die die klaren und sauberen Wege ein bißchen krümmt, zur Gerechtigkeit gehört der Aberglaube, der manches fertigbringt, was kein Gesetz verlangen könnte, zur Tapferkeit gehört die Verschlagenheit, die stets versucht, dem Zwang zum Heroismus durch die Anwendung von Intelligenz auszuweichen – und so wird aus den hehren Tugenden ein schillerndes Gemisch sehr menschlicher Eigenschaften. Übertriebenheit ist den Römern verhaßt; im Guten reizt sie ihre Spottlust, im Bösen ihren Abscheu. Ein vielzitierter Vers heißt: non t'arrabbiare, la vita è breve, morire si deve, questo si sa... was ungefähr bedeutet: reg' dich nicht auf, das Leben ist kurz, sterben mußt auch du, also steht's nicht dafür. Allen Römern gemeinsam ist die Unlust, sich allzu sehr zu engagieren. Die Goldene Mitte, die den alten Philosophen so erstrebenswert erschien, wird auch heute noch von den Römern mit Gelassenheit verfolgt. Gelassenheit und Distanz, die man zwischen die eigene Person und die Ereignisse zu legen pflegt, haben den Römern dazu verholfen, jenes spielerische, mit schlürfendem Genuß empfundene und mit leichter Hand gehaltene Gleichgewicht gegenüber aller Welt zu bewahren, aus dem die besten Eigenschaften der Römer hervorgehen: Toleranz, Verständnis, Nachsicht, Bescheidenheit, Großmut und Höflichkeit – die man im Altertum in dem Begriff der MODERATIO zusammenfaßte. Das Maß vor allem ist Roms glückliches Erbe, und wer in Rom lebt, wird täglich an vielen Beispielen er-

kennen, daß dank dieser Tugend zwischen einem Stadtvolk wie diesem und einem Proletariat genau der Unterschied besteht, den zweitausend Jahre Erziehung durch die Weltgeschichte bewirken.
Man kann eine Betrachtung über den Popolo Romano nicht zu Ende führen, ohne das erheiternde Spiegelbild zu erwähnen, das die Römer für sich selbst in ihrer Stadt seit alters bereithalten. Es lebt in Rom mitten zwischen den Menschen ein unabhängiges Tiervolk, das von den Römern fast magisch geliebt wird: die Katzen. Sie sind nicht einfach Haustiere, sondern ein freier, distanziert und souverän existierender Teil des Popolo Romano, und wer ihren Charakter studieren will, braucht nur zum Pantheon zu gehen. In den Kellern und in den Gräben, die den alten Tempel des Agrippa umgeben, hausen sie in großen Scharen, und keine staatliche oder städtische Behörde könnte es riskieren, sie zu vertreiben. Ein Römer, den ich einmal fragte, warum denn gerade die Katzen in Rom eine solche Liebe fänden, antwortete mir mit folgendem Argument: Haben Sie schon einmal versucht, eine Katze zu dressieren? Einer Katze beizubringen, daß sie etwas nicht tun darf, was sie absolut tun will? Sie werden kläglich scheitern. Und haben Sie jemals versucht, einen Römer ähnlich zu behandeln? Römer und Katzen haben den gleichen Charakter – sie sind keineswegs falsch oder heimtückisch oder hinterlistig, solang man ihnen den Raum gönnt, den sie brauchen, um sich in die Sonne legen zu können. Wer aber kommt und diktiert: jetzt wird organisiert und jetzt wird Ordnung gehalten, der ist verraten. Unter Katzen ist eine Diktatur undenkbar, unter Römern ist sie – wie die Geschichte zeigt – gänzlich erfolglos. Und noch eins: Römer und

Katzen lieben das Nichtstun. Das göttliche Gefühl, nichts aber auch wirklich nichts machen zu müssen, da zu sein, auf warmen Stufen zu sitzen, zu flirten und möglichst einen zu finden, der die Plackerei für das nächste Mittagessen übernimmt. Das ist das Ideal, das einen Römer mit einem *gatto* verbindet. Und dieses Ideal ist zu einer großen Liebe geworden. Wenn man in Rom ins Kino geht, und der Film ist zufällig recht langweilig, so bemerkt man bald, daß die Leute zu murren beginnen. Hatte aber der Regisseur des Films die glückliche Idee, im rechten Augenblick einen gatto auf die Leinwand zu bringen, fängt alles zu lachen an, eine Welle von Sympathie geht durch die Leute, und gleich findet man den Film schöner. Die Hunde führen in Rom ein unbeachtetes Dasein, die Katzen ein königliches. Wie die Römer reagieren sie ablehnend, wenn man sich plump anbiedern will, sie fühlen sich absolut nicht daran gebunden, irgendjemand länger die Treue zu halten, als es ihnen beliebt. Sie finden die Übertriebenheit lächerlich, mit der sich andere Tiere und andere Menschen an ihre Herren attachieren. Und so hat sich zwischen den *gatti* und dem *popolo* eine Art historischer Schicksalsgemeinschaft herausgebildet, die dazu führt, daß man sich im Parlament, im römischen Stadtrat und in der Literatur immer wieder auf sie beruft.
Trilussa, Roms größter Volksdichter, erzählt folgende Geschichte – eigentlich ist es ein Gedicht im römischen Dialekt, aber ich bin kein Poet und kanns nicht so übersetzen, wie es sein sollte, deshalb habe ich eine Geschichte daraus gemacht:
Es war einmal ein gatto, der war ein überzeugter Sozialist. Auf einem hübschen Spaziergang über die Dächer kam er an einem Küchenfenster vorbei, aus dem

es sehr gut roch. Es war die Küche eines Kapitalisten. Also marschierte er mit erhobenem Schwanz hinein und fand ein Huhn, wunderbar gebraten. Er war gerade dabei, das zarte Brusttück zu verspeisen, da erschien am Küchenfenster ein anderer gatto, und der war auch ein Sozialist. Er begann sofort eine große Rede zu halten, und schlug schließlich vor, sie sollten das Huhn teilen. Der erste gatto hörte sich das an, ohne im geringsten beeindruckt zu sein – er hatte nicht einmal zu speisen aufgehört. »Ich«, sagte er, »ich pflege niemals irgendetwas mit irgendjemand zu teilen.« – »Aber du bist doch ein Sozialist!!« – »Jaaa«, sagte der gatto, »sonst schon... aber wenn ich esse, bin ich ganz und gar konservativ.«
Da haben wir sie – die Distanz von der Doktrin, die Skepsis gegenüber allzu laut vorgetragenen Überzeugungen, die tausendmal bewiesene Erfahrung, daß der Fanatismus manchmal vor einem gebratenen Huhn jämmerlich zusammenbricht. Aus dieser Einstellung kommt es auch, daß die Römer sich bei den feierlichsten Anlässen ganz unfeierlich benehmen. (Leute aus dem Norden kritisieren das sehr.) Der Rahmen ist pompös, die Dimensionen sind gewaltig, die Kulisse hat den majestätischen Stil der römischen Tradition, herrlich sind die Farben, strahlend die Orden, bunt die Uniformen – und dann funktioniert das Mikrophon nicht, oder der Redner hat das Manuskript vergessen, oder alle müssen stundenlang warten, bis die Sache beginnt, oder das Licht geht aus. Die Römer pflegen sich bei allen offiziellen Dingen mit Wonne aufs Improvisieren zu verlassen – eine genaue, auf die Minute eingehaltene Ordnung würde ihnen die Freude am Repräsentieren gänzlich verleiden. Steifheit ist in Rom ver-

pönt, und Korrektheit wird nur anerkannt, solange sie nicht unmenschlich ist.

Anspannung wird ängstlich vermieden. Weder dem Geist noch dem Körper soll mehr zugemutet werden, als er mit Vergnügen leistet. Den Römern liegt auch in den Dingen der Öffentlichkeit daran, um die eigene Person herum so viel Raum zu haben, daß bei den Männern der Charme und bei den Frauen die Anmut sich entfalten können. Inmitten eines großartig entworfenen Rahmens benehmen sich die Römer ohne Förmlichkeit, und ihre warmherzige, von der Kälte zeremoniöser Etikette weit entfernte Lebenseinstellung strahlt ein Wohlwollen aus, das in den Gästen aus aller Welt sofort eine Art Heimatgefühl hervorruft. Darin vor allem zeigt sich die uralte Noblesse, die man den Römern geistlichen und weltlichen Standes zu Recht nachrühmt. Auch sie ist ein Teil der MODERATIO, der ersten und letzten aller römischen Tugenden.

Nicht so kaustisch wie die Florentiner, nicht so sprühend wie die Neapolitaner, nicht so leidenschaftlich wie die Sizilianer, nicht so geschäftig wie die Mailänder, sind die Römer ihnen allen doch weit überlegen in der Kunst des Ausgleichs und der Versöhnlichkeit. Durch den Schliff der Geschichte sind alle die Charakterzüge des römischen Volkes zu einer Harmonie gebracht worden, die sogar darauf verzichten kann, besonders geistreich zu sein, weil sie – zum mindesten in den Frauen und in der Musik – den Beweis erbringt, wie sehr sie dem reinen Glanz der Vollkommenheit nahegerückt ist. Und deshalb ist es so unvergleichlich schön, in Rom zu leben.

RUND UM DAS KAPITOL

O Mensch, du bist in dieser großen
Stadt Bürger gewesen, was liegt
daran, ob fünf oder dreißig Jahre?
Was den Gesetzen gemäß ist,
ist für niemand hart.

MARCUS AURELIUS

ARA COELI

In nächster Nähe des Goldenen Meilensteins liegt die Kirche von S. Maria d'Aracoeli, die von den Römern sehr geliebt wird. Wenigstens einmal im Jahr kommen alle, die noch an den Gepflogenheiten der Religion festhalten, auf den Gipfel des Kapitols heraufgestiegen, auf dem sie errichtet ist: zu Weihnachten, genauer gesagt, in den Tagen zwischen dem Geburtsfest des Herrn und Epiphanie. In dieser Zeit ist die Kirche ein Prunkstück aus weißen Blüten und elektrischen Kristallüstern – im linken Seitenschiff ist eine Krippe mit lebensgroßen Figuren aufgebaut und die Franziskaner veranstalten feierliche Andachten mit Prozessionen, wobei sie das Christkind aus der Krippe nehmen, unter dem Beifall des Volkes auf den Hochaltar stellen, es in Weihrauchwolken hüllen und dann zum Schlafen wieder in die Krippe zurückbringen. Dieses Christkind von Aracoeli ist nicht irgendein Christkind. Es ist der »Santo Bambino«, und um zu sagen, was das bedeutet, muß ich eine Geschichte erzählen.

Der Santo Bambino ist angeblich aus dem Holz der Ölbäume vom Garten Gethsemane geschnitzt, er ist ein pausbäckiges, rundäugiges Figürchen mit einem zufrieden staunenden Gesichtsausdruck und einer juwelengeschmückten Krone auf dem Scheitel. Sein Gewand besteht fast nur aus Geschmeiden: Uhrketten, Brillanthalsbändern, Ringen mit dicken Edelsteinen, Perlenschnüren und Ordenssternen – alles durcheinander auf den kleinen Leib gehängt, so daß nur das Gesicht daraus hervorschaut. Alle diese Schätze hat der Santo Bambino geschenkt bekommen für die immensen Verdienste, die er sich im Verlauf seiner vielhundertjährigen Existenz durch wunderbares Eingreifen in die Geschicke der Römer erworben hat. Man glaubt so fest an seine übernatürliche Kraft, daß man ihn am Vorabend des 6. Januar in großartiger Prozession über den Kapitolsplatz trägt – und auf der Estrade über der Freitreppe der Kirche hebt ihn dann ein Kardinal hoch empor und zeichnet mit ihm das segnende Kreuz über die Ewige Stadt, zum vorsorglichen Schutz gegen alle Unbill und Widerwärtigkeit, die in der Zukunft über Rom hereinbrechen könnten.

Aber nicht nur zu kollektivem Schutz wird der Santo Bambino angerufen. Vor allem hat er sich bewährt in der Hilfe für die einzelnen Gläubigen. Besonders hochgestellte Personen konnten in früheren Zeiten das Privileg erwerben, sich die wunderkräftige kleine Gestalt bei schwerer Krankheit ins Haus zu rufen. Dann fuhr das Kind in seiner prunkvollen Karosse, die ihm der Fürst Torlonia samt Pferden, Kutscher und Dienern geschenkt hatte, durch die Straßen der Stadt und stieg für kurze Zeit in der Wohnung des Kranken ab. Eine Prinzessin Borghese hat, wie man erzählt, einmal heimlich bei einem erstklassigen Künstler eine Kopie des Figürchens anfertigen lassen. Dann rief sie den echten Bambino in das Haus ihres kranken Vetters, des Kardinals Scipio Borghese, und schickte den falschen zurück. Aber in der Nacht flog der echte Bambino durch die verschlossenen Türen des Palastes und durch die verlassenen Straßen der Stadt heim auf das Kapitol, klopfte dort dreimal an die Kirchentüre und wollte hinein. Der Bruder Pförtner sah aus dem Fenster, konnte niemand erkennen, legte sich wieder zu Bett und redete sich ein, er habe geträumt. Als er es wieder klopfen hörte, rief er hinunter, erhielt aber keine Antwort. Darauf ging er in seiner Zelle auf und ab und betete den Rosenkranz für die armen Seelen im Fegefeuer. Auf ein drittes Klopfen ging er endlich hinunter, sah den Bambino stehen, läutete die große Glocke, die *fratelli* kamen und man geleitete voller Freude den Bambino auf seinen Altar zurück: der falsche wird heute noch auf einer ehemaligen Besitzung der Borghese, fünfzig Kilometer außerhalb Roms, in der Kirche San Giovanni a Giulianello, verehrt. Er ist übrigens genau so wundertätig wie der echte.

Der hochberühmte Santo Bambino von Aracoeli bekommt jedes Jahr eine große Menge Post, die der Briefträger seufzend über die steile Treppe heraufbringen muß. Aus allen Ländern der Erde schreiben die Menschen um Hilfe, und die frommen Mönche stellen eine Auswahl der Briefe aus, damit man sieht, wie weit verbreitet der Ruhm ihres Heiligen Kindes ist. In der Zeit zwischen Weihnachten und Dreikönig wird gegenüber der Krippe unter einem Bogen der rechten Säulenreihe ein einfaches Eisengestell aufgebaut, eine primitive Kanzel, die am Abend, zur Stunde des größten Krippenbesuches, von den Kindern Roms bestiegen wird. Dick eingemummt in ihre kleinen Wintermäntel stehen sie da oben und halten lange Predigten über das Kirchenschiff hinweg zur Krippe hinüber, oftmals in Versen, und wenn es nicht mehr weitergehen will, dann sagen die Mütter oder die Tanten, die mit stolz-besorgter Miene unten stehen, schnell ein bißchen ein, und wenn die Predigt zu Ende ist, klatschen die Erwachsenen Beifall und feiern den kleinen Deklamator mit Küssen und mit Süßigkeiten. Manches angeborene mimische Talent, manche verborgene Koketterie kommt hier zu Tage, und der Santo Bambino, der drüben auf

der anderen Seite in der Krippe alle diese Predigten
gleichmütig anhören muß, bekommt auf diese unschul-
dige und graziöse Weise alle die zauberhaften Geschöp-
fe vorgestellt, denen er, wenn sie erwachsen sind, in
mancherlei Situationen wird beispringen müssen. Hier
wird ein alter römischer Redner-Brauch auf das Christ-
kind angewandt: die *captatio benevolentiae*, das Ein-
fangen der Gunst des Mächtigen, von dem man für
später eine Menge ungerechtfertigter Vorteile erhofft.
Womit wir wieder bei der Prudentia angelangt wären.

In früheren Zeiten, als die religiöse Orakelsucht noch
größer war als heute, ließ man die Kinder oftmals
auch frei sprechen und leitete aus ihrem Geplapper
manches für die Zukunft ab – denn die Kirche von
Aracoeli steht auf einem Platz, der schon seit sehr al-
ten Zeiten mit Weissagungen zusammenhängt. Zur Zeit
des Augustus war hier der Sitz der kapitolinischen Si-
bylle, von der die Sage geht, sie habe in der Nacht von
Bethlehem dem Augustus in Rom einen künftigen Wel-
tenherrscher prophezeit, der im Begriffe stehe, als der
eingeborene Sohn Gottes auf die Erde niederzusteigen.
Tatsache ist, daß Augustus an dieser Stelle einen Altar
mit dem feierlichen und geheimnisvollen Namen »ara
Primogeniti Dei« hat errichten lassen, der heute noch
im linken Querschiff der Kirche gezeigt wird. Da steht
unter einem von acht Säulen getragenen Baldachin eine
spätantike Prophyrwanne, eine jener vielen schönge-
schliffenen Wannen, die ursprünglich in den großen
Thermen Roms gebraucht und später mit Vorliebe da-
zu benützt wurden, die Leiber von Heiligen und Mär-
tyrern aufzunehmen. Rings um diese Wanne ist ein
vergitterter Schacht im Fußboden ausgehoben. Wenn

man durch das Gitter greift, ist leicht der Lichtschalter für die Beleuchtung des herrlichen Sarkophages zu finden, der unterhalb der Porphyrwanne in den Boden eingelassen ist. Obwohl die Kunstgeschichtler nachgewiesen haben, daß er nicht vor dem dreizehnten Jahrhundert entstanden sein kann, hält das Volk an dem Glauben fest, es handle sich bei diesem Steinsarg um den Himmelsaltar des Augustus. Man kann der Legende sicher insofern Glauben schenken, als der Ort der Ara Coeli mit dem Platz des Sarkophages einigermaßen übereinstimmen wird. Denn wenn auch Daten und Zahlen in den mündlichen Überlieferungen der Römer genialisch durcheinander geworfen werden, so behalten doch die einmal geheiligten Orte über die Zeiten hinweg ihre magische Konsistenz. In Rom verschlägt es nicht viel, wie alt ein Heiligtum ist, aber der eingeborene Sinn für den »Locus Sacer« verhindert, daß man sich im Orte irrt. Die Heiligtümer wandern nicht in Rom, und so steht wohl auch der Himmelsaltar noch an der alten Stelle.

Drei Jahrhunderte vor Augustus stand auf demselben Platz, den heute die Kirche bedeckt, der Tempel der Juno Moneta, neben dem die Staatsmünze lag – das Heiligtum der großen Göttermutter Juno – der himmlischen Schützerin jener bewundernswerten Frauengenerationen, die die Frühzeit der römischen Geschichte mit wilden und herrschsüchtigen Helden bevölkert haben. Die Gestalt dieser erhabenen Göttin der altrömischen Hausfrauen verbreitete um sich eine solche Aura von Strenge und Heroismus, daß selbst die Tiere, die in ihrem Tempel gehalten wurden, sich zu einer kriegerischen Tat aufschwangen: es handelt sich um die aus dem Latein-Unterricht bekannten Gänse, die durch ihr

Geschrei die schlafenden Wächter darüber informierten, daß die Gallier im Begriffe standen, das Kapitol zu stürmen.

Vielleicht ist es kein Zufall, daß an einem solchen, den zuchtvollen, strengen und gerechten Frauen des alten Rom heiligen Orte eine Kaiserin beigesetzt ist, die ein christlicher Gegentyp dieses Frauenbildes gewesen ist. In der Porphyrwanne über dem Himmelsaltar liegt die Kaiserin Helena, zusammen mit den Heiligen Abundius und Abundantius. Über die Heiligen wissen wir wenig, Helena aber wird uns noch oft in Rom an entscheidenden Punkten begegnen. Sie war die Mutter jenes großen Konstantin, der in der Geschichte als der erste christliche Kaiser angesehen wird, obwohl er erst auf seinem Sterbebett die Taufe annahm. Mutter und Sohn hatten einen ungewöhnlichen Anteil an der Gestaltung der abendländischen Welt. Während Konstantin das Reich im Auge hatte, richtete sich Helenas Geist auf die Kirche. Der römische Bischof verdankt ihr den Besitz einer großen Anzahl höchst bedeutungsvoller Reliquien. Sie war kühn genug, mit einer regelrechten Expedition nach dem Heiligen Land aufzubrechen, um dort nach handgreiflichen Spuren Christi zu suchen, nach den Unterpfändern für das Erdendasein des Erlösers. Sie ließ in Jersualem die Senke unterhalb der Mauer der Davidsstadt aufgraben, in der unmittelbaren Nachbarschaft des schädelförmigen Felsens von Golgatha – und sie fand das Kreuz. Den Heiligen Rock, den heute Trier besitzt, Teile der Dornenkrone, das Schweißtuch der Veronika und vor allem die Heilige Stiege, jene Marmortreppe der Burg Antonia, über die Christus am Gründonnerstag vor Pilatus geführt wurde – alle diese ehrwürdigen Dinge schickte sie in feierlichen Meergeleiten nach Rom, wo sie in der Folgezeit bedeutend dazu beigetragen haben, den Rang, die Glorie und die Heiligkeit der christlichen Hauptstadt über alle anderen Städte zu erhöhen. Helena eröffnet in der Geschichte des christlichen Rom den Zug bedeutender Frauen auf dem Kaiserthron, die es der Macht des neuen Glaubens vertrauend anheimstellten, den inneren Zusammenhalt des Imperium Romanum, unabhängig von den fragwürdigen Entwicklungen der Politik, zu garantieren. Sie ist, noch mehr als ihr gewaltiger Sohn, damit beschäftigt gewesen, der Kirche jene unangreifbare Bindungskraft über den Erdkreis zu geben, die ein paar Jahrhunderte später verhindert hat, daß mit dem Fall der römischen Macht auch die geistige Einheit des Westens zugrunde ging.

DER LETZTE DER TRIBUNEN

Das Grab dieser ersten großen Parteigängerin der Kirche stand schon fast neunhundert Jahre in Aracoeli, als die Basilika den fabulösen Prunk der Volksversammlungen sah, die der kronengeschmückte Tribun Cola di Rienzi, die große mittelalterliche Märchenfigur Roms, hier abzuhalten pflegte – ein schwärmerischer, von den Heldensagen des Altertums verwirrter, phantasievoller Kopf, großartig in seinem Aufstieg, unglücklich in seinem Fall.

Als er das Volk in Aracoeli zusammenrief, stand er schon im Zenith einer Lebensbahn, die in den untersten Regionen des Volkes von Rom begonnen hatte. Die Mutter Rienzis war eine Wäscherin, die sich nebenher noch mit Wassertragen weiterhalf – eine Tätigkeit, die in der Stadt der Aquädukte und Brunnen merkwürdig erscheint, aber bezeichnend ist für den Zustand, in dem Rom sich im ausgehenden Mittelalter befand. Die alten Kaiser hatten die Stadt so gut mit Trinkwasser versorgt, daß von den Albanerbergen und vom Braccianer-See täglich eineinhalb Milliarden Liter Wasser sich über Rom verteilten. Die Barbarenstürme, deren Begehrlichkeit die Stadt in der ausgehenden Antike immer wieder ausgesetzt war, die Sarazenen-Einfälle und die Entvölkerung in den dunklen Jahrhunderten ließen die Zerstörung und den Verfall der Aquädukte zu – und niemand brachte die Mittel auf, die herrlichen Wasserleitungen wieder in Ordnung zu bringen. Das Volk half sich mit einem primitiven System, das Tiberwasser zu filtern, das dann – wie heute noch im Orient – in großen Schläuchen in den Straßen herumgetragen und verkauft wurde. Als Cola noch ein Kind war, starb seine Mutter und er wurde zu Verwandten nach Anagni gebracht, in jenes graue Nest im Gebirge, das als Stadt des Papstes Bonifaz VIII. eine kurzlebige Blüte gesehen und dann in die rauhe Leblosigkeit seiner Armut zurückgefallen war. Erst mit zwanzig Jahren kehrte Cola wieder nach Rom zurück, und seine Bildungsstätte war nicht so sehr die kümmerliche Universität, als vielmehr die geborstenen Inschriften und die aus dem Boden ragenden Trümmer des alten Rom. Mit der ungezügelten Wißbegier des Autodidakten las er die klassischen Schriftsteller und berauschte sich an den Heldengestalten der frühen römischen Geschichte. Sie machten seiner zügellosen Phantasie eine Traumwelt zugänglich, worin er selbst, geschmückt mit senatorischen und kurulischen Würden, den heroischen Platz einnehmen konnte, den ihm die Wirklichkeit, seine Herkunft und der Zustand Roms hoffnungslos zu verwehren schienen. In seiner Tätigkeit als römischer Notar wuchs er immer mehr in die Vorstellung hinein, nicht nur der Anwalt seiner Klienten, sondern der Anwalt des römischen Volkes zu sein – und sein überschäumendes rhetorisches Talent verschaffte ihm bald Zuhörer für die Wolkenflüge seines Geistes. Es fiel ihm leicht, das verrottete Stadtvolk davon zu überzeugen, daß die Geschichte an ihm ein himmelschreiendes Unrecht begangen habe, indem sie das große gottgewollte Privileg der Stadt Rom – den Herrn der Erde zu bestimmen – zwischen einem in Prag eingesponnenen Kaiser und einem in Avignon dahinträumenden Papst aufgeteilt hatte. Die Herren der Stadt Rom waren damals wenige, in den unberennbaren Überresten der antiken Großbauten verschanzte Familien, untereinander zerstritten, räuberisch, machtgierig, von Banden zum Teil terrorisiert, zum Teil unterstützt, durch den rohen Gebrauch des Faustrechts jahrhundertelang verwildert – Sippen, die auf dem Rücken der machtlosen Bürger in Straßenkämpfen und Meuchelmord die Vorherrschaft in der Stadt untereinander aushandelten. Sie hielten den Cola di Rienzi für einen ungefährlichen Dichterling, luden ihn zu Gelagen und Gastmählern ein, an denen er seine hochtönenden Reden vor einem Publikum von eingesessenen Machthabern mehr zur Belustigung als zur Beherzigung vortragen mußte. In der Vita Cola di Rienzis steht zu lesen: »Die Stadt Rom war in der tiefsten Not. Regierer gab es nicht. Alle Tage wurde gekämpft, überall gab es Räuber. Wenn die Arbeiter an ihr Tagewerk gingen, überfiel man sie vor den Toren Roms. Die Pilger plünderte und erwürgte man, Frevel und Ungerechtigkeit herrschten ohne Maß. Recht hatte nur das Schwert. An Hilfe war nicht zu denken, es sei denn

Selbsthilfe mit den Sippen und Freunden. Täglich sah man Bewaffnete sich versammeln.« Damals begann Cola auf dem Aventin, der alten Wohnstätte der Gracchen, die Bürger Roms zu geheimen Beratungen zu versammeln, und am 19. Mai 1347 sah das Kapitol das denkwürdige Schauspiel einer Prozession, die mit den großen Bannern Roms unter der Führung eines geharnischten, barhäuptigen Mannes den alten Hügel heraufstieg und bejubelt vom Volk die Erneuerung der Stadt proklamierte. Die Barone bemerkten plötzlich, daß es zu spät war, den vermeintlichen Schwärmer unschädlich zu machen – denn diese Prozession war eine Revolution.

Am Anfang ging alles gut. Die Stadt blühte auf. Colas Edikte unterdrückten die Räuberei. Man sah ein neues Zeitalter heraufkommen. Italiens größter Dichter Petrarca feierte Cola, der sich den uralten, den Schutz des Volkes garantierenden Titel eines Tribunen zugelegt hatte, als den Befreier der Stadt und den Wiederhersteller der alten Römischen Republik. Papst und Kaiser wagten nicht, dem römischen Volk das Recht abzusprechen, auf dessen unveräußertes Fortbestehen Cola seine Herrschaft gesetzmäßig gegründet hatte: das Majestätsrecht des Populus Romanus, dessen Formulierung Cola in der Lex Regia des Kaisers Vespasian auf einer antiken Bronzetafel im Lateran aufgefunden hatte. Aber der Tribun übertrieb. Anstatt es damit genug sein zu lassen, daß er durch die magische Kraft dieses alten Rechtes die heilige Aura der Stadt Rom im Bewußtsein der Völker erneuert und der Stadt eine Freiheit erkauft hatte, von der sie sich noch kurz vorher nichts hätte träumen lassen, erließ er nun, auf dem Höhepunkt seiner Macht, ein theatralisches Edikt, das

sowohl in die kaiserlichen wie in die päpstlichen Rechtsfunktionen entscheidend eingriff.
Er ließ verkünden, das römische Volk befinde sich immer noch in dem ungebrochenen Besitz der Jurisdiktion über den Erdkreis. Alle Privilegien, die in der Vergangenheit zu Schaden dieser Rechtsprechung und ihrer Ausübung vergeben worden seien, hätten keine Gültigkeit mehr. Kraft seiner Diktatur erkläre er die Stadt Rom zum Haupt der Welt und zum Fundament des Christentums. Er lade alle Würdenträger des christlichen Erdkreises, einschließlich des Kaisers und des Papstes, vor seinen Stuhl in den Lateran, damit sie sich von ihm, dem Beauftragten des römischen Volkes, darüber befragen lassen sollten, wie weit die Rechtsbeweise über die Würde ihrer Herrschaft zu Recht und mit Zustimmung des römischen Volkes bestünden. Sollten sie nicht kommen, so wolle er ihnen mit Hilfe des Heiligen Geistes den Prozeß machen! Es sollte plötzlich nur noch von der Gnade und Gunst des römischen Volkes abhängen, zu entscheiden, ob die hierarchische Ordnung der christlich-mittelalterlichen Welt gottgewollt und rechtmäßig sei.
Dies war nicht Anmaßung, dies war Wahnsinn. Das Erstaunliche dabei ist nur, daß die Römer, die spottlustigen, für alles Lächerliche so sehr empfindlichen Römer, dies alles für richtig, großartig und angemessen hielten. Gregorovius sagt hierzu ein bedeutendes Wort: »Die Erinnerung war das Fatum der Römer. Der Gedanke an die alte Weltmonarchie, den die Schriften und Monumente der Vergangenheit wach erhielten, und der Riesenschatten des antiken Reiches, der auf Rom lag, wurde von den Enkeln für ein wirkliches Wesen gehalten, und man darf sagen, daß die Ge-

schichte der Stadt im Mittelalter oft nichts mehr war, als eine fortgesetzte Leichenrede auf die Herrlichkeit des antiken Rom.«

Der Schauplatz aller dieser Dinge war das Kapitol, das erneut in seiner alten Ehrwürdigkeit in den Sinn der Römer und in das Bewußtsein Italiens trat. Auf dem Kapitol, umgeben von einem silber- und goldstrotzenden Gefolge, empfing der Tribun die Abgesandten Italiens, dessen Einheit wieder einmal von dem heiligen Felsen des Himmelsaltares ihren Ausgang nehmen sollte. Auf dem Kapitol nahm Rienzi die Huldigung der gedemütigten Barone entgegen, hier flog sein Geist, jede politische Realität zurücklassend, zu abenteuerlichen Träumen auf, die seinen Fall beschleunigten.

Nach sieben Monaten seiner Herrschaft hatte Cola keine Freunde mehr. Dem avignonesischen Papst, den Baronen und dem steuerunwilligen Volk genügte diese kurze Zeit, um den Tribunen zu stürzen, der von hier aus in die Engelsburg, von dort in die Einsamkeit der Albanerberge floh, dann zu Kaiser Karl IV. nach Prag gebracht, dort in Haft gesetzt, nach Avignon zum Papst geschickt, dort begnadigt wurde und als gebrochener Mann, von seinem alten Ruhm selbsttrügerisch verführt, nach Rom zurückkehrte, neuerlich von den Römern bejubelt und kurz darauf, zu Füßen der Kirche von Aracoeli, erschlagen. Dies geschah an den untersten Stufen der großen Treppe, die nach der überstandenen Pest des Jahres 1348 als Dankesmonument zum Himmelsaltar hinaufgeführt worden war und die er kurz vorher als erster betreten hatte.

Gregorovius schreibt: »Die lange Reihe derer, die vom Zauber Roms ergriffen und von dem Dogma der römischen Monarchie beherrscht, für die Wiederherstellung eines vergangenen Ideals gekämpft haben, schließt mit Cola di Rienzi, dem letzten Volkstribunen Roms. Auf der Grenze zweier Zeitalter, in der aufregenden Dämmerung, welche der Wiedergeburt des lateinischen Geistes und klassichen Altertums voranging, steht der Tribun Cola di Rienzi als das geschichtliche Erzeugnis des Widerspruchs von Rom mit sich selbst und mit der Zeit, worüber er wahnsinnig wurde. Seine Mitschuldigen sind in der Tat Rom, Dante, Petrarca, Heinrich VII., die Kaiser, die Päpste in Avignon und das Jahrhundert selbst. Sein träumerischer Plan, während der Abwesenheit des Papsttums die Völker wieder um das alte Kapitol zu versammeln und das lateinische Weltreich wieder aufzurichten, erweckte für einen Augenblick noch einmal den schwärmerischen Glauben an die weltbürgerliche Idee von Rom, und er war auch der Abschied der Menschheit von dieser antiken Tradition. Es gibt, wie in der Natur, so in der Geschichte Luftspiegelungen aus entlegenen Zonen der Vergangenheit; eine solche und die wunderbarste war die Erscheinung des Volkstribunen. Die Vermischung von Tiefsinn und Narrheit, von Wahrheit und Lüge, Kenntnis und Unkenntnis der Zeit, von großartiger Phantasie und tatsächlicher Erbärmlichkeit, macht Cola di Rienzi, den Heldenspieler im zerlumpten Purpur des Altertums, zu dem wahren Charakter und Abbild Roms in seinem tiefsten Verfall.«

Kaum war Cola tot, verrottete das Volk aufs neue. Wegelagerer und Bravi kehrten in die Stadt zurück, wieder wurde die Campagna von den Heerhaufen der Bandenführer durchzogen, die nach dem Grundsatz handelten, den einer der ihren auf seinen Gürtel hatte sticken lassen: »Ich bin der Herzog Werner, Führer der

großen Companie, der Feind Gottes, des Mitleids und des Erbarmens.« Alsbald nahmen die sich befehdenden großen Familien das tödliche Spiel wieder auf, das den Kirchenstaat in den Ruf einer Räuberhöhle brachte.
Hundert Jahre später war das Volk in einem Zustand, der den Heiligen Bernardin von Siena veranlaßte, eine große Bußaktion zu beginnen, wobei er die ganze Kraft seiner dröhnenden Beredsamkeit gebrauchte, um der Verderbnis zu steuern. Über Zehntausende von Römern hinweg pflegte er auf der Treppe von Aracoeli zu predigen, und zu seinen Füßen türmten sich die Scheiterhaufen, auf denen Berge von Spielkarten und Schminktischen verbrannt wurden. Die schmale Asketengestalt des großen Sienesen begegnet uns noch heute in den berühmten Fresken des Malers Pinturicchio, in der ersten Kapelle des rechten Seitenschiffes von Aracoeli (um 1485 gemalt).
In jenen Zeiten war die Treppe nachts stets mit Schlafenden angefüllt. Der Brauch, zu Füßen des Himmelsaltares die Nacht zu verbringen, wurde erst im vorigen Jahrhundert verboten, nachdem ein paar unglückliche Spaßvögel auf die Idee gekommen waren, ein mit Felsbrocken gefülltes Faß über die Treppe herunter zu rollen. Dies erzeugte einen so fürchterlichen Lärm, daß einer der Schläfer vor Schreck verstarb, – die Römer veranstalteten dem Mann ein riesiges Begräbnis, die drei Spaßvögel hat man nie gefunden.
So ist das an vielen Plätzen Roms: die großen, tragischen Taten der Geschichte sind untermischt, geheimnisvoll unterlaufen von Banalität – und die meisten der Orte, deren Schönheit im Glanze des römischen Lichtes sich oft bis zu einer fast unerträglichen Bezauberung steigert, tragen das Gedächtnis von Blut, Grau-

samkeit und Torheit durch die Jahrhunderte. Nirgends so sehr wie in Rom ist es eine Wahrheit, daß die Steine schweigen, wenn auch der Schrei des Todes noch so oft von ihnen widerhallte.

Aber kein Unglück und kein Verbrechen hat bis auf den heutigen Tag verhindern können, daß die Treppe von Aracoeli einen unablässigen Triumphzug von Gläubigen in die Höhe geleitet, sobald es Weihnachten geworden ist. In den zwölf heiligen Nächten hört man schon von weitem die Schalmeien und die Dudelsäcke der Hirten aus den Abruzzen, die auf der Terrasse oberhalb der Treppe ihre Feuer angezündet haben und dem Santo Bambino die Krippenmusik blasen. Aber um das richtig zu erzählen, muß man erst wissen, was römische Weihnachten sind.

Die Feste in Rom lassen sich im Grunde nicht beschreiben. Es hat gar keinen Sinn aufzuzählen, an Weihnachten gibt es dies und das zu essen, die Römer gehen in diese oder jene Kirche, und so weiter. Der Charme des römischen Weihnachtsfestes liegt in den Menschen, in ihren zahllosen kleinen Geschicken und Mißgeschikken, die zusammentreffen müssen, damit alle das Gefühl haben, es ist richtig Weihnachten. Ich stelle Ihnen also einfach eine römische Familie vor – bei der eine Menge Porträts ein bißchen durcheinandergemischt sind. Sie wird uns vor Augen führen, wie Weihnachten von den Römern her aussieht, samt der Christmette in Aracoeli, in der sie alle nach verschiedenen dramatischen Ereignissen ihren Frieden wiederfinden werden. Deshalb Schluß mit Geschichte und Geschichten, – begeben wir uns, ein wenig abseits vom Goldenen Meilenstein, in das Haus Via Cavour 305, in das Haus der Familie Battistini.

DAS WEIHNACHTSFEST DER FAMILIE BATTISTINI

»Santo Cielo«, sagt am Nachmittag des Heiligen Abends der Cavaliere Olimpio Battistini, als er seine Wohnung betritt, »Heiliger Himmel, ich kann nicht mehr, und ich will auch nicht mehr.« Er ist bepackt mit Weihnachtseinkäufen, die er in letzter Minute unter erheblichem Aufwand von Stimme und Geisteskraft erstanden hatte, und im Omnibus war die Misere schon angegangen. Die römischen Omnibusfahrer entwickeln nämlich in den Tagen vor dem Fest eine besondere Fahrtechnik, weil vor allem in den Nachmittagsstunden ungefähr dreimal soviel Leute mitfahren wollen als gewöhnlich. Und der Omnibusfahrer denkt: die Armen, man kann sie doch nicht auf der Straße stehen lassen, wenn ich sie jetzt nicht mitnehme, wird vielleicht in sechs oder zehn Familien der Capitone, der Weihnachts-Aal, nicht fertig, und das wäre eine Katastrophe. Also müssen sie eben mit. Und er fährt in einem heillosen Tempo auf die Haltestelle zu und bremst dann so, daß die Leute im Autobus durch das hinterlistig angewandte Gesetz der Trägheit auf einen Haufen zusammengeschoben werden, in dem keine Nadel mehr zu Boden fallen kann.

Dieser heimtückische Stoß aus dem sozialen Gewissen des Omnibusfahrers traf den Cavaliere Battistini an seiner empfindlichsten Stelle: am Paket mit den Christbaumkugeln, das er vorsichtig vor seinen Bauch gehalten hatte, und aus dem nun ein Klickern ertönte, das ihn zur Verzweiflung brachte. Der Cavaliere Battistini hatte die Christbaumkugeln mit seiner eigenen Leibesfülle erledigt.

Da kam auch schon seine Haltestelle. »Perrrmesso«, rief er, »laßt mich vorbei, perrrmesso« – der Fahrer wiederholt sein Manöver mit der Fliehkraft – und Olimpio hat das Gefühl, jetzt ist alles hin. Er versuchte seine sieben Sachen zusammenzuhalten, wurde hinausgezwängt, und als die Preßlufttüre des dicken Autos sich wieder schloß, sah er zwischen den Füßen der Passagiere die Ruinen seines Christbaumschmuckes in Staub zerfallen. Da stand er nun auf der Straße – halb aufgelöst vor Ärger – und es regnete. Nicht sehr, nur ganz fein, aber immerhin: Don Olimpio war ein Römer, und Römer und Katzen vertragen nicht, wenn es regnet. Olimpio Battistini, Ritter der italienischen Republik, Oberinspektor bei der Zentral-Post-Hauptverwaltung, Abteilung Gebühren, einer jener römischen Bürger, von denen schon Mark Anton gesagt hat, daß sie alle, alle ehrenwert seien, stand im Regen vor seiner Haltestelle und sah mit dem Gesicht einer beleidigten Ameise auf den Verkehr in der Via dei Fori Imperiali. Seufzend überquerte er die Straße und bog nach wenigen Schritten in das Haus Via Cavour 305 ein.

Der erste, der ihm begegnet, ist Mastrantonio, der Portier, ein Invalide des ersten Krieges, klein, weißhaarig, kamelhaarbemantelt, mit der üblichen fürchterlichen Zigarre im Mund. Aus seinen blauen Augen blickt er den Cavaliere an: »Mbè«, sagt er, »auguri, auguri.« Mbè heißt eigentlich gar nichts. Mbè oder auch mbò sagt der Mensch, wenn er überhaupt nicht mehr weiß, was er sagen soll. Es heißt, alles zusammen genommen, mein Teurer, ich weiß, es geht dir nicht so wie du gerne möchtest, regnen tuts, Geld haben wir auch keines, und da oben im vierten Stock, da wartet die Weiblichkeit... du bist ein geschlagener Mann, wir sind alle geschlagene Männer, mbè – auguri; herzliche Glückwünsche! »Grazie, altrettanti«, sagt der Cavaliere, der seine Pakete schon kaum mehr halten kann, »danke gleichfalls«, worin einbeschlossen ist: du bist auch ein armer Hund, ich weiß ja, wie es dir geht, mit deinem lahmen Bein in dem Loch da unterhalb der Treppe, wo nie ein Strahl Sonne hinkommt – und dann sagt er laut: »aber jetzt mach mir bitte den ascensore auf (den Aufzug), weil ich das allein nicht mehr fertig bringe.« Darauf der Portier: »mbè, das geht nicht, Cavaliere mio, das ist ganz unmöglich, der ascensore ist hin.« Olimpio denkt: vier Stockwerke!

Auf der halben Höhe fällt ihm der Christbaumschmuck wieder ein: was werden wir denn hinaufhängen auf den *Albero di Natale*, der ja sowieso nur ein Besen von einem Tannenbaum ist – und um neun kommen schon die andern, diese ewig unzufriedene Silvana – es handelt sich um die liebe Schwägerin – und jetzt bekomm ich die Tür nicht auf... Er verrenkt sich das Kreuz, erwischt mit dem Ellenbogen die Klingel, es läutet auch, aber niemand macht ihm auf. Dafür hört er aus der Küche seltsame, furchterregende Töne. Augusta, die Köchin, singt. Augusta ist ein halbgezähmtes Raubtier aus der römischen Campagna, und die ganze Familie steht unter ihrem Pantoffel. Als sie endlich zur Tür kommt und Olimpio mit dem urrömischen Ruf: Aooo, cavaliè... begrüßt, ist es zu spät. Olimpio kann seine Pakete nicht mehr halten, es gibt einen fürchterlichen Krach, alles liegt am Boden, Augusta hat aufzufangen versucht, der Cavaliere ist über den Läufer gestolpert, und das Resultat der Weihnachtsgratifikation hat sich in vierzehn Schachteln über den Boden verstreut. Zu allem Überfluß kommt in diesem

Moment aus dem hintersten Zimmer die Hoffnung der Familie hervor, der Sohn Glauco, zehn Jahre, über das Christkind vollständig aufgeklärt. »Aooo«, sagt auch er, »Babbo, dov'è'l ragalo mio, wo ist mein Geschenk«, – und ehe ihn noch jemand hindern kann, zieht er mit Fleiß und Konzentration aus dem nächstliegenden Paket einen Damenhut hervor. Die Köchin siehts, vermutet in dem Hut ihr Weihnachtsgeschenk, wird puterrot und stürzt sich auf den Glauco. Inzwischen erscheint die Mutter des Hauses, Signora Amelia, würdig und gewaltig, zutiefst erbittert, daß man sie in ihrem mysteriösen Tun in der Küche aufgeschreckt hat. Sie sieht sofort, was geschehen ist, Augusta im Ringkampf mit Glauco, die Weihnachtspakete am Boden – sie springt auf die Köchin zu: du Unglückliche, wirst du gleich meinen Liebling loslassen – ohne erst zu fragen, ob Augusta nicht etwa im Recht sein könnte: der Liebling darf nicht angetastet werden, was immer er auch angestellt hat. Glauco seinerseits kennt seine starke Position, fängt aus Leibeskräften zu plärren an, Augusta ergeht sich in altrömischen Schimpflitaneien, alle sind mit vollem Herzen an der Szene beteiligt, nur um den Vater, der wie einst Priamus beim Fall von Troja auf den Trümmern seiner Weihnachtsgaben in Klagerufe ausbricht, um den Vater kümmert sich kein Mensch. Er zieht sich in das große Zimmer zurück und bleibt allein mit seinen Sorgen um den Christbaum.

Nun muß man zugeben, daß dieser Albero di Natale wirklich eine heikle Angelegenheit ist. Er hat so lange auf dem römischen Weihnachtsmarkt auf der Piazza Navona gestanden, daß er seine Nadeln schon langsam verliert. Römische Christbäume haben immer etwas Rührendes, sie sind ein bißchen verirrt in diesem waldlosen Land. Man bringt sie aus Südtirol herunter und verkauft sie so teuer, daß sie für viele Familien wirklich ein Opfer bedeuten. In dünnen Bündeln stehen sie in den Tagen vor Weihnachten auf der Piazza Navona und warten darauf, mit künstlichem Schnee bedeckt zu werden, Ketten von elektrischen Lampions zu tragen und von den Kindern im Verlauf des Heiligen Abends stürmisch geplündert zu werden. Im Trubel des Platzes, zwischen den vielfarbig erleuchteten Buden, gehen sie fast verloren, weil die findigen Geschäftsleute inzwischen herausbekommen haben, daß man einen Christbaum auch künstlich herstellen kann – aus einem Gestell, das mit dem Skelett eines Regenschirms eine verzweifelte Ähnlichkeit hat, aber schön stabil und dauerhaft ist, mit Nadeln aus Papier, aber nicht nur grün, auch violett und dunkelrot, glitzernd blau oder weiß. Auf so einen künstlichen Christbaum läßt sich wunderbar eine Kette von japanischen Laternchen à la Butterfly drapieren, was einen besonders effektvollen Kontrast zu den kleinen Schneemännern und Schlittenfahrern bewirkt, die auch am Baum hängen.

Solch ein Bretterladen auf der Piazza Navona ist ein kleines unschuldiges Paradies, in dem die abenteuerlichen Geschöpfe der italienischen Weihnachtsphantasie friedlich nebeneinander leben. Da gibt es große gescheckte Gummitiere, Elefanten, Krokodile und Zebras, dazu bewegliche Pelzviecher mit dem rotwangigen Gesicht von Käthe-Kruse-Puppen, Fassadenkletterer, Kaminkehrer, Harlekins, sizilianische Pferdefuhrwerke, auf deren Karren die Geschichte der Königin Luise von Preußen oder vom Wilhelm Tell abgebildet ist – und alles muß möglichst mechanisch sein oder wenigstens genügend Krach machen; denn der aus purem Vergnügen erzeugte Lärm ist eine der großen Wonnen des römischen Weihnachtsfestes. Einer hat sich eine Katze aus Blech ausgedacht, die am Boden herumsaust, sich in regelmäßigen Abständen auf die Seite legt und Miau schreit. Ein anderer verkauft ein Gummigeschöpf, das aus zwei kleinen Ballons besteht, einem kleineren mit einem Gesicht, und einem größeren, das den Bauch darstellt, und wenn man auf den Bauch drückt, wird der Kopf riesengroß und schreit. Ein dritter bietet eine Maus an, die die Fähigkeit besitzt, die Wand hurtig und naturgetreu auf- und abzuklettern. Hinzu kommen zahlreiche Typen von Rennautos mit sternchensprühendem Auspuff und andere angenehme Panik verursachende Erfindungen.

Unter allen diesen Reichtümern hat Olimpio Battistini seine Geschenke ausgewählt. Am meisten brachte ihn sein Sohn Glauco in Konflikt mit sich selbst, denn die Rechenmaschine war notwendig, aber der große Cowboy-Revolver war schön... Nach längeren Abschweifungen entschloß er sich zu weit mehr: er kaufte gleich die ganze Cowboy-Kombination, original California, eine Trillerpfeife und einen Dolch, und er war selig, als ihm der Verkäufer noch einen Spritzrevolver als Dreingabe überreichte. Im letzten Moment fiel ihm ein, daß der Bambino Gesù, das kleine Wachschristkind in der häuslichen Krippe, seit dem vorigen Jahr nur mehr einen Arm hat, und er widerstand mit Mühe der Versuchung, ein aufziehbares zu kaufen. Während er den Platz verließ, war er mit seinen Gedanken schon bei »Upim«, dem großen Volkskaufhaus, und er hatte kein Auge für den meergrün erleuchteten Obeliskenbrunnen Berninis und für die herrliche, von den Lampenketten nachgezogene Kontur des Platzes, der einmal der Zirkus des Kaisers Domitian gewesen ist und in der Renaissance Stierrennen und künstliche Seeschlachten gesehen hat.

Bei »Upim« war es fürchterlich. Eine halbe Kompanie Carabinieri kämpfte mit ermattendem Mut gegen den Barrikadensturm der römischen Hausfrauen. Olimpio fand sich sofort eingezwängt in den Strom von anbetungswürdigen Damen, die bekanntlich in der Lage sind, sich eine Schlacht zu liefern, um ein Stück Stoff im Weihnachtsverkauf zu erwerben, für das sie nachher nicht die geringste Verwendung haben. Pullover, denkt Olimpio, der das von früheren Jahren her schon auswendig kann, schwarzer Pullover für Giulia. (Giulia – man erinnert sich – ist die Tochter, achtzehn, verlobt, aber noch nicht unter der Haube). Die Nylons, die er traditionsgemäß dazu schenken muß, gibt es gleich daneben, aber bei den Schuhen gerät er in Verlegenheit. Sie hat nur gesagt, es müssen ganz schmale, enge, elegante schwarze Schuhe sein, mit hohen Absätzen, nicht dicker als ein Zentimeter, aber die Schuhnummer hat er vergessen. Und noch schlimmer ist es beim Einkauf der – ebenfalls obligatorischen – Ärmelschürze für Amelia, wo die Verkäuferin den Umfang der Dame wissen möchte. Olimpio beschreibt mit der Hand einen beträchtlichen Kreis in der Luft und die Verkäuferin sagt nur: »ahhh – capito.« Endlich findet Olimpio noch ein paar Pelzpantoffeln mit schönem blaugrün-gelb-karierten Schottenmuster –, und dann kehrt er nach Hause zurück, wo der Christbaum auf ihn wartet.

Olimpio steckt den Albero di Natale zunächst in eine große Vase und stellt das Ganze auf ein Tischchen mit drei dünnen Beinen; er versucht das Gleichgewicht durch alte Zeitungen zu fördern, wird aber in seinem Bemühen immer wieder durch Glauco gehindert, der unablässig eine »Lingua de Menelike« haben will – die schokoladene Zunge des abessinischen Kaisers Menelik – höchste Delikatesse für *ragazzi* seines Alters. Als Olimpio dann das Bäumchen gerade so weit hat, bemerkt er, daß ein fremder Mann im Zimmer steht. Aus dem halbverzweifelten Babbo wird sofort wieder der Cavaliere. Was wollen denn Sie, sagt er barsch. Der Mann ist ganz verlegen, und sagt, er komme vom Cavaliere Bettoni. Olimpio, der plötzlich denkt, o Dio, es wird doch nicht eine unbezahlte Rechnung sein? – sagt: »che Bettoni, was für ein Bettoni? . . .« »Scusi tanto, halt der Cavaliere Bettoni!!!« Jetzt geht dem Vater Battistini ein Licht auf. Er erhebt sich, murmelt eine Entschuldigung, zückt die Börse zu einem mächtigen Trinkgeld – denn der Cavaliere Bettoni ist der Vater jenes jungen Mannes, der das Opfer von Giulias *bellezza* werden soll – noch ist die Verlobung nicht offiziell, aber es ist doch schon ein sehr gutes Zeichen, wenn der Cavaliere Bettoni, der ehrenwerte Besitzer einer Kuchenbäckerei, einen so großen Korb mit Panettone ins Haus schickt, mit dem unvermeidlichen, trockenen, rosinengespickten Weihnachtskuchen, und dazu noch zwei Flaschen Spumante, der so süß ist, daß einem nach dem ersten Schluck die Lippen kleben, und Blumen für Amelia und *giochi di pazienza* für den Glauco, Geduldspiele mit winzigen Mäuschen, die niemals in ihre Häuser gehen.

Durch die offengebliebene Tür zieht von der Küche der Duft von gekochtem und gebratenem Fisch herein, und die Eingangsklingel läutet. Heiliger Antonius, denkt der Vater, jetzt mach nur, daß der Baum stehen bleibt, da kommen sie schon. Es kommen: Silvana, die Schwester von Amelia, in Waschbär-Stola, den dreijährigen Massimo an der Hand, der allerdings schon ein wenig verwüstet aussieht. (Sein Vater, der Schullehrer Lodovico hat ihm, weil er doch der schönste Bambino der Welt ist, eine Rolle Bärendreck am Stand gekauft, und jetzt ist der neue weiße Anzug von Massimo schwarz-weiß.) Dann kommt Mario, der *fidanzato* von Giulia, ausgerüstet mit einem goldenen Armband mit eingravierten Namensbuchstaben und Kleeblattanhängerchen. Und dann kommt »la donna più chic della serata«, die Madrina, wichtiger als alle Verwandten, die Patin von Glauco, das Goldene Kalb der Familie Battistini, von allen umtanzt, weil sie *soldi* hat –, und mit ihrem Auftritt beginnt nun ernsthaft das Fest. Fast unbemerkt kommt auch noch Amelia herein, hochrot und außer Atem, sie dampft noch ein bißchen, und durch die allzu schnell aufgetragene Puderschicht dringen schon die ersten Tröpfchen. Die Schlacht in der Küche ist geschlagen, die Schlacht im Wohnzimmer beginnt.

Niemand hält sich lange mit dem Bewundern des Christbaumes auf (zur großen Zufriedenheit Olimpios) –, man setzt sich sofort zu Tisch. Die Rede verstummt, der Weihnachtsfriede kehrt ein.

Es gibt: Antipasti di magro – Vorspeisen ohne Fleisch: kleine Artischocken in Essig und Öl, Sardinen, Oliven, Gurken, Blumenkohlspitzen und Zwiebeln. Dann die traditionelle Weihnachts-pasta-asciutta: Spaghetti mit Thunfisch. (Davon ißt jeder mindestens einen gehäuften Teller.) Hierauf folgen nacheinander drei verschiedene Arten von Fisch: zuerst pesci fritti – kleine Krebse und Tintenfische, in Öl gebacken und mit Artischokken garniert, dann der berühmte capitone, der große Aal aus dem Braccianer-See, und endlich pesce lesso, gekochter Fisch von Ostia, mit Zitrone und Öl, aber ohne Mayonnaise. Dann möchte man meinen, daß sie alle nicht mehr können. Aber sie können noch. Jetzt gibt es frutta secca, Nüsse, Mandeln, Mandarinen, Feigen und Datteln, dazu eine Riesenportion dolci – kleine Törtchen, schön farbig und unbeschreiblich süß, dann noch torrone, das ist Nougat mit Schokolade-, Vanille- oder Pistazien-Aroma, und den Schluß bildet die zuppa Inglese, die »englische Suppe«, ein Gebilde aus einem mit Schnaps getränktem Biskuit-Teig und kandierten Früchten, mit einem ungeheueren Berg von Schlagsahne überdeckt. Auf dem Tisch stehen die großen bauchigen Fiaschi mit Wein, und zu den dolci macht der Vater Battistini den Spumante auf. Dies löst die Konzentration – und nach einer Weile stellt Madre Amelia befriedigt fest, daß sich das Zimmer langsam in eine Wüste zu verwandeln beginnt.

In den Gesättigten erwacht die Neugier. Jetzt kommen die Geschenke dran. Der Christbaum wackelt. Der fidanzato, der sich auf »das Elektrische« versteht, soll die chinesische Beleuchtung in Gang bringen. Er kriecht neben den dünnbeinigen Tisch, um den Kontakt in der Wand zu suchen. Glauco und Massimo beschließen, den Sturm auf den Christbaum zu eröffnen, Vater Olimpio öffnet den Mund zu einem Kompliment an die Madrina, Augusta steht vor dem Spiegel, um ihren Hut zu probieren – da geht das Licht aus. Nur aus dem alten Grammophon ertönt in voller Lautstärke, von Kino-Orgel tremolierend vorgetragen: O du fröhliche. . .

Inzwischen haben aber über der Stadt Rom die Glokken für die Mette zu läuten begonnen. Heute gibt es

Antonio Canal (Canaletto), 1742
FORUM ROMANUM

Windsor Castle
Sammlung I. M. der Königin von England

keine Straßenbahn und kein Taxi, also begibt sich die Familie Battistini zu Fuß auf das Kapitol, nach Aracoeli. Unten an der großen Treppe sind schon die Hirtenfeuer zu sehen, und die Schalmeien tönen. Auch dieses Jahr sind die Hirten von den Abruzzen wieder in die Stadt herunter gekommen, gekleidet in Felle, mit Schuhen aus Rinde und Bast. In ihren Schnappsäcken haben sie auch dieses Jahr wieder ein wenig von ihrem scharfen Käse, ein bißchen Salami und Rotwein und einen Packen von Briefen, den ihre Frauen und Kinder in den Bergdörfern an den Santo Bambino geschrieben haben. Immer spielen zwei von ihnen zusammen: der eine auf einer Doppelflöte – der andere auf dem Dudelsack. Vor dem Kircheneingang liegt, mit der Krempe nach oben, ein verwaschener Hut, in den die Kirchenbesucher eine Kleinigkeit hineinwerfen, damit die Wiegenmusik weitergeht.

In der Kirche, zwischen den Säulen, die einmal in heidnischen Tempeln und im Schlafgemach des Kaisers Augustus gestanden haben, warten schon die Franziskaner-Mönche in den kostbaren Goldkleidern, die sie über ihre Kutten gezogen haben, auf den Augenblick, an dem die Große Glocke ertönt, die nur einmal im Jahr geläutet wird und deren Schall auch Rienzi und Michelangelo schon vernommen haben. Wenn die Mitternacht erreicht ist, treten die Mönche auf den Santo Bambino zu, der unter einem weißen Schleier verborgen in der Krippe liegt, nehmen die kleine Gestalt heraus, bringen sie zum Hochaltar und stellen sie auf den Tabernakel. In der Nähe der Sibyllenstätte, ein paar Schritte vom Himmelsaltar des Augustus entfernt, hebt der Diakon an zu singen: In jener Zeit ging vom Kaiser Augustus der Befehl aus... und kaum ist das

Evangelium zu Ende, da wird der Santo Bambino von seinem Schleier befreit, alle Lichter in der Kirche flammen auf, und die Leute in der Kirche, der Ministerpräsident und der Vater Battistini, rufen: »vedi, vedi, il Santo Bambino, il Bambino Gesù, evviva il Bambino Gesù!« Und die Väter nehmen ihre Kinder auf den Arm, die Orgel ertönt und alle beginnen das alte, reigenhafte Wiegenlied des Christkinds zu singen: »tu scendi dalle stelle. . .«!
Massimo, auf Vater Battistinis Arm, zeigt sich sehr beeindruckt von dem Lichterglanz. Aber später wird er müde, legt seinen Kopf an Olimpios Schulter und schläft ein. Und überall in der Kirche stehen die Väter neben ihren Frauen, mit den schlafenden Kindern an der Schulter, während durch drei Messen die rührende Weise forttönt vom Bambino Gesù, der von den Sternen herunter auf die Erde kommt.

DIE TRAGÖDIE EINES KAISERLICHEN VATERS

Wer die Kirche von Aracoeli verläßt, hat auf der Terrasse der Freitreppe eine weite Aussicht über die Stadt. Die Kuppeln Roms breiten sich in pathetischer Prozession über den Dächern aus, eingefaßt von der grünen Kontur des Gianicolo-Hügels jenseits des Tiber. Die Straße, die zu Füßen der Treppe zum Kapitol entlangführt, gibt die Sicht auf das Marcellus-Theater frei, das Cäsar begonnen, Augustus vollendet und nach seinem früh verstorbenen Neffen genannt hat, das im Mittelalter zuerst von den Pierleoni, dann von den Savellern als Burg ausgebaut wurde und später in den Besitz der Orsini übergegangen ist. Inmitten der großen barocken Kulisse zeigt das Marcellus-Theater den Ernst und die Würde der antiken Architektur, auf die in Rom sich letzten Endes fast alles zurückführen läßt. Wenn man vom Marcellus-Theater noch weiter nach links blickt, schiebt sich die Wand des Kapitols heran und führt den Blick ganz von selbst auf die höchst ungewöhnliche Ansicht des Kapitolsplatzes, die sich von hier aus bietet. Kaum irgendwo läßt sich so sehr die Bedeutung des Reiterstandbildes von Mark Aurel ermessen, wie aus dieser Perspektive, die den alten Kaiser umgeben von den vielverzweigten Fluchtlinien einer sehr herrschaftlichen frühbarocken Raumgestaltung erscheinen läßt. Auch von hier, aus einer Sicht, die das Kapitol fast nur in Überschneidungen, Verschiebungen und Verkürzungen erscheinen läßt, dominiert das Standbild des Kaisers in unanfechtbarer Majestät über den Platz, der, von Michelangelo entworfen, der Salon der Stadt Rom ist.

Für den Kaiser Mark Aurel hatte ich immer schon eine besondere Liebe. Es ist schön, daß die bilderstürmenden Christen sich geirrt haben, als sie in den verworrenen Zeiten der verfallenden Antike darangingen, die Monumente der heidnischen Kaiser zu zerschlagen. Glücklicherweise waren sie nicht gebildet genug, um in dem bärtigen, gedankenvollen Reiter den Marcus Aurelius zu erkennen – sie hielten die erhabene Gestalt für ein Denkmal des Kaisers Konstantin, ließen es stehen und retteten uns so eines der großartigsten Bildnisse, die jemals von einem Menschen gemacht worden sind. Im Mittelalter stand der reitende Imperator vor dem Lateranspalast, und erst Paul III. ließ ihn auf den Kapitolshügel bringen – in das Zentrum des wunderbaren Platzes, über dessen Pflaster Michelangelos Genie das trapezförmige Netz aus weißen Steinen geworfen hat, das jedes Auge auf den Kaiser hinlenkt. Das Gesicht des Mark Aurel ist sehr ernst, und wer etwas für romantische Aspekte übrig hat, dem soll geraten werden, es in den späten Abendstunden zu betrachten, wenn der Platz so still geworden ist, daß man den Brunnen am Senatorenpalast unter der alten behelmten Statue der Minverva rauschen hören kann. In der Beleuchtung der Kugellampen gewinnt die Friedensgeste des Kaisers einen Ausdruck von zwingender Gewalt. Man glaubt es diesem sehr verschlossenen Mann, daß er, obwohl fast immer im Kriege, nichts anderes als den Frieden im Sinne hatte. Im Augenblick dieser erhobenen Hand denkt man daran, daß überall im römischen Reich an den Einfahrten der Seehäfen einstmals Kaiserstandbilder mit der grüßend erhobenen Hand aufgestellt waren, damit alle, die von fremden Meeren kamen, zuerst dem Imperator begegnen sollten, der den Frieden des römischen Bodens garantierte. Im Charakter des Marcus Aurelius Antoninus Pius vereinigten sich, schon an der Schwelle eines neuen Zeitalters, noch einmal die alten heidnischen Tugenden, auf denen Rom zur Höhe gestiegen war, zu einer Harmonie, die aus den Niederschriften des Kaisers umso leuchtender hervortritt, je mehr sie mit einer hoffnungslosen Resignation gepaart ist.

Das Monument des Kaisers Mark Aurel hätte auch dann noch seine Berechtigung, wenn der Kaiser nicht mehr als fünfzehn Jahre gegen die Markomannen im Felde gestanden wäre – es hätte auch dann noch seinen Sinn, wenn er seine Selbstbetrachtungen nicht in den abgeklärten Stil der späteren Stoa gekleidet hätte – denn es ist das Denkmal für einen unglücklichen Vater. Am Beispiel dieses Kaisers läßt sich erweisen, daß es zu den wenigen wirklich tragischen Situationen des Menschenlebens gehört, wenn ein gütiger, pflichtbewußter, gebildeter und liebevoller Vater einen pervertierten, eitlen und nichtsnutzigen Sohn hat. Commodus, dessen Büste im kapitolinischen Museum uns heute noch mit Abneigung erfüllt, ein junger, dem Spiel und der Arena verfallener Mensch, im Purpur geboren und skrupellos egoistisch, hat es immerhin fertiggebracht, sich mit Hilfe des moralischen Kredits seines Vaters zehn Jahre auf dem Thron zu halten, bevor man ihn ermordete. Während sein Vater in den Donauländern den verzweiflungsvollen Markomannen-Krieg führte, erprobte Commodus in Rom, wieviel ein Kronprinz sich leisten kann, – und die Betrachtungen, die sein Vater in den langen Nächten der Winterlager für ihn aufschrieb, blieben gänzlich unbeachtet. Trotzdem liebte der Vater diesen Sohn so sehr, daß er bis zum Schluß daran glaubte, ihn bessern zu können. Dasselbe Schicksal spielt sich auch heute noch immer wieder in Rom ab – auch heute noch gibt es die »figli di papà« – die Söhne ihrer Väter, die jungen nichtstuerischen Leute, die ohne den geringsten Gewissenskonflikt auf das Vermögen und die Arbeitskraft ihrer Väter spekulieren, in der väterlichen *macchina* ihre Freundinnen spazieren fahren, keine Lust haben, irgendetwas Ernsthaftes zu tun, weil sie wissen, daß ihre Väter – trotzdem sie alle diese Fehler sehen – es nicht fertigbringen, ihrer Liebe Gewalt anzutun.

Vielleicht ist diese Überlegung am Charakter des Mark Aurel – abseits von Philosophie und Politik – eine Erklärung für jene nachdenkliche, tief berührende Resignation, die sich in den einsamen Betrachtungen des Kaisers ebenso niedergeschlagten hat, wie in dem feierlichen Ernst seines Gesichtes, während er die Hand über die Stadt und den Erdkreis zum Friedensgruß erhebt.

FORUM ROMANUM

Nun möchte ich Sie einen etwas ungewöhnlichen Weg führen, um auf das Forum Romanum zu blicken, das sich im Süden des Kapitols ausbreitet. Der Platz, in dessen Zentrum der Kaiser Mark Aurel von seinem majestätischen Roß herabgrüßt, dieser unvergleichliche Salon der Stadt Rom, hat sich nicht immer in der Richtung geöffnet, die heute durch seine drei großen Paläste bestimmt und durch das gelassene Gefälle der Rampe des Michelangelo bestätigt wird. In seiner heutigen Gestalt ist der Kapitolsplatz eine Schöpfung der Renaissance, der es ja nicht so sehr darum zu tun war, das Altertum wiederherzustellen, als es zu verjüngen, zu erneuern und gegenwärtig zu machen. Die Blickrichtung des Mark Aurel-Denkmals, um dessen unversehrte Hoheit Michelangelo die drei Paläste des Kapitols als vollkommenen architektonischen Akkord errichtet hat, geht auf die neue Stadt Rom, nicht auf das Trümmerfeld der Antike. Der Senatorenpalast, der auf seinem balustradengeschmückten First den Turm mit der großen Ratsglocke trägt, verhüllt die Sicht auf jenes weite Gartenfeld im Tal, das im alten Rom das Herz der Welt gewesen ist. Noch heute gehen aus diesem ebenmäßigen Bauwerk die Verfügungen in die Stadt hinaus, die die Bezeichnung S. P. Q. R. tragen – Senatus Populusque Romanus – die alte Buchstabenformel, die auf den Adlerzeichen der antiken Legionen die Welt durchzogen, unterworfen und befriedet hat. Aber um auf den Ort zu blicken, wo sich dieses weltbewegende Spiel zwischen Senat und Volk von Rom durch das entscheidende Jahrtausend des Westens entrollte, müssen wir an die heutige Rückfront des Senatorenpalastes gelangen, die im Altertum die Schauseite des Kapitols gewesen ist. Es fällt einem jedoch schwer – selbst wenn man eine so wichtige Unternehmung wie die Entdeckung des Forum Romanum vor sich hat –, diesen Platz zu verlassen. In der Architektur Roms gibt es nichts, was sich an innerer Harmonie, an müheloser Vollkommenheit mit ihm messen könnte. Wohl hat man in der Stadt, vor allem aus dem Geist des Bramante, Bauten, in denen sich die ausgewogene Kühle einer leidenschaftlich erstrebten architektonischen Reinheit kompromißloser darstellt – aber nirgends ist Roms Geheimnis, die Vergegenwärtigung der Geschichte, das Zusammenfallen divergierender Zeiten in einem Augenblick und in einem An-Blick deutlicher verwirklicht worden. Michelangelo, der inmitten der Renaissance die bewegte Welt des Barock prophetisch gefühlt hat, bindet in den drei tiefen und ernsten Tönen der Paläste den Grundakkord Roms zu zeitloser Schönheit zusammen. Er versöhnt im Senatorenpalast die schroffen Konturen der mittelalterlichen Burg, die sich auf antiken Grundmauern erhebt, durch die Doppeltreppe, die von den Flanken der Fassade her in zwei weitläufigen Aufstiegen die hochgelegene Pforte des Palastes erreicht. Wie ein bewegter Giebel liegt sie über dem Thron der alten Minerva-Statue, die von den Wassern des kapitolinischen Brunnens umrauscht wird. Bogen und Pfeiler, Grundelemente der antiken Architektur, gewinnen in den beiden seitlichen Palästen eine neue Funktion, deren Sinn erst erkennbar wird, wenn man den Grundriß des Platzes sieht: Um das Mark Aurel-Standbild kreist eine Ellipse, und die Paläste, die sie einfassen, bilden nicht, wie es scheint, ein Rechteck, sondern ein Trapez. Sie führen mit ihren Fronten zurück auf den Senatorenpalast, und der kaum merkliche Fluß dieser Bewegung verschafft uns jenes Gefühl des leichten Atems, das nur im Anblick vollkommen geglückter Dinge sich einzustellen pflegt. Die Antike ist repräsentiert, die Gegenwart veredelt, niemand trägt Trauer um das, was versinken mußte, damit dieser Platz erstehen konnte.

Den rechten der beiden seitlichen Paläste, den man den Konservatorenpalast nennt, wollen wir nun betreten. Aber anstatt sogleich die Treppe hinaufzusteigen, um die bronzene Wölfin, die hinreißende Venus und den Saal mit den griechischen Originalen anzusehen, begeben wir uns in die Tiefe unter die Erde – in die Zone der Ausgrabungen unter dem Kapitolsplatz – und treten, vorbei an den feingegliederten Konsolen des republikanischen Jupitertempels, in das Tabularium ein, in

Campidoglio

das römische Staatsarchiv, das im Jahr 78 vor Christus von dem Konsul Quintus Lutatius Catulus in gewaltigen Steinblöcken erbaut worden ist. Im Mittelalter war das Tabularium das offizielle Salzdepot der vielbelagerten Stadt, später auch Gefängnis, und erst die moderne Archäologie hat es in seiner alten Gestalt wieder hergestellt. Von den drei riesigen Bögen seiner Loggia sieht man auf das Forum Romanum hinunter – und mir scheint, daß von allen Aussichten auf das zentrale Feld des Römischen Reiches die Sicht aus dem Tabularium dem archimedischen Punkt am nächsten kommt, von dem aus sich eine versunkene Welt in das Licht der Erkenntnis emporheben läßt.

Das Forum Romanum, der Mittelpunkt der alten Welt, ist heute ein Feld von Trümmern. Die Geschichte, die ein ganzes Jahrtausend darauf verwandte, dieses erhabene Geviert zu seiner vollen Herrlichkeit heraufzuführen, brauchte fast zwei Jahrtausende, um es wieder zu zerstören, – oder vielmehr, um es in jene schöne und träumerische Landschaft zu verwandeln, die heute inmitten der Großstadt Rom zu unseren Füßen liegt. Von dem, was einmal hier gestanden hat, sind zumeist nur noch geringe Reste vorhanden, Grundrisse und sorgsam wiederhergestellte Säulengruppen, ziegelrotes, strauchbewachsenes Mauerwerk, Marmorschwellen und Kapitelle, die im Grase liegen. Noch kann man über das alte geglättete Pflaster der Via Sacra, der Heiligen Straße, gehen, noch ist der Forumsplatz bedeckt mit den Fundamenten vieler Denkmäler, noch springt aus dem zärtlich gefaßten Becken der Nymphe Juturna ein unversiegter, winziger Quell hervor. Aber nichts mehr ist zu sehen von den übereinander getürmten Säulenfassaden, von den Hallen und Tempeln in ihrem farbigen Glanz und goldenen Schmuck. Die Natur ist zurückgekehrt an einen Ort, von dem sie einmal durch die Bewohner der Urdörfer Roms vertrieben wurde – zu einem unbekannten Zeitpunkt um die erste Jahrtausendwende vor Christus.

Überall ist es grün, fast das ganze Jahr über blühen am Teich der Vesta die Rosen; Sträucher und Büsche säumen die alten Mauern ein – und die beiden Bäume Roms, Pinie und Zypresse, geben der hochgebauten Schauseite des Palatin über der Forumsebene den Charakter eines schwermütigen Gartens. Rings auf den großen Straßen, die diesen gewaltigen archäologischen Bezirk einsäumten, braust der Verkehr. Zwischen den zertrümmerten Palastanlagen der Kaiser, den wiederausgegrabenen Kaufhäusern der Plebs, den verwüsteten Ruhmestempeln für die siegreichen Feldzüge und den ausgeleerten Bibliotheken der antiken Wissenschaft zieht sich auf der Via dei Fori Imperiali eine unablässig gleitende Autoschlange hin, die mit enormer Geschwindigkeit auf das Kolosseum zustrebt. Wer aber die Grenzmauer des Forums überschritten hat, hört den Lärm nicht mehr. Inmitten all dieser Trümmer ist es still, ein bißchen feierlich und ein bißchen verträumt – und man kommt sich fast wie auf dem Lande vor, in einem alten freundlichen Park, der seit langer Zeit hat wachsen dürfen, wie er wollte. Die ganz und gar vollkommene Art, in der die Natur die Fragmente umkleidet hat, nimmt den geborstenen Resten der alten Welt ihre Trauer. Seit das Forum wieder ausgegraben ist, hat es kaum jemand bedauert, daß seine Gebäude so sehr zerstört sind, jedoch gibt es viele, die behaupten, in der Antike, als alles noch intakt war, habe der Platz bei weitem nicht so schön ausgesehen wie heute.

Zugegeben, es liegt über dieser Ansammlung köstlicher Bruchstücke, über diesem schätzenswerten Geviert geglückter Ruinen ein Zauber, der unserem spätzeitlichen Gefühl für die Schönheit des Vergänglichen sehr entgegenkommt. Jedoch gibt es auf dem Forum inmitten aller dieser aus den Fugen geratenen Gebäude ein paar Stellen, die uns zeigen, wie wenig die Menschen, die das alles geschaffen und bewohnt haben, sich von uns heutigen unterscheiden – Spuren von unbekannter Hand, bei denen es nichts verschlägt, vor wieviel Jahrhunderten sie entstanden sind, weil sie auch gestern und heute hätten entstehen können.
Da ist die Basilika Julia, die den Forumsplatz auf seiner südlichen Seite begrenzt. Der Fußboden ihres Innenraumes war einige Meter höher gelegen als das Niveau des alten Forumspflasters, von dem breite – noch erhaltene – Marmorstufen heraufführten. Sie haben den Römern schon zur Zeit des Augustus zum Ausruhen vom Nichtstun gedient. Wir können uns die Quiriten ganz gut vorstellen, die zahllosen, auf eine Einladung zum Mittagessen spekulierenden Klienten, die Leute, die der sonst ganz friedfertige Horaz mit roter Wut beschimpft (ibam forte via Sacra...), alle diese glattzüngigen Schönredner, denen das römische Bürgerrecht ein willkommener Grund war, um ihre Verachtung geregelter Arbeit zu legalisieren. Da saßen sie auf den Stufen – während drin in der Halle mit Geschrei und atemraubender Geschwindigkeit die Börsenkurse der ganzen Welt gehandelt wurden – und spielten mit Würfeln oder Dominosteinchen, wie es ihre Nachkommen heute noch tun. Die Felder für diese Spiele ritzten sie der Einfachheit halber gleich in die Stufen ein. Die Börsenmakler sind längst verschwun-

den, sie tagen heute in einem Gebäude der römischen Altstadt, das ehemals der Tempel des Neptun war und seine antike Säulenfront noch behalten hat; die Spieler sitzen heute in den Bottiglierien – nur die Ritzen sind geblieben, wo sie waren, und wenn wir uns auf eine dieser Stufen niederlassen, so verhilft uns die Betrachtung der kleinen rechteckigen Liniennetze und ein bißchen Phantasie leicht dazu, diesen Platz vor uns zu sehen, wie er damals war, als die Welt von hier aus regiert wurde.

Wenn unsere würfelspielenden Freunde vor zweitausend Jahren ihre Augen von diesen Stufen erhoben, hatten sie vor sich einen mit Statuen und Gedenkbildern, mit Säulen und Monumenten überfüllten Platz, einen Platz, der soviel Ruhmessteine trug, daß man jeden Überblick verlor, fast zu klein für seine Heiligkeit und sein weltgeschichtliches Gewicht. Von seinem sakralen Charakter ist eine Spur zurückgeblieben, die wir noch sehen können: der Lapis niger, der Schwarze Stein, der seit den Tagen Cäsars die Stelle bezeichnet, an der man das Grab des sagenhaften Stadtgründers Romulus verehrte. Die geschichtliche Bedeutung aber lebt fort in der ungebrochenen Tradition der Stadt Rom, der Welt den Mittelpunkt zu geben, zuerst als Inbegriff des *Imperium Romanum*, später als Haupt des *Orbis Catholicus*. Zur Zeit allerdings, als unsere Würfelspieler ihre Felder in die besonnten Stufen ritzten, ahnte man von den künftigen Wandlungen Roms ebensowenig, als man etwa von den Tagen wußte, da der legendäre Romulus zu all diesem den Grundstein gelegt hatte. Wir Heutigen, ausgerüstet mit den behutsamen Forschungsergebnissen der Archäologie, wissen über die Anfänge der Ewigen Stadt sicher genauer Bescheid.

Das Erstaunliche ist, daß dieser Platz ursprünglich gar nicht im römischen Stadtgebiet lag. Die örtliche Situation muß man sich etwa so vorstellen: Von der Ebene aus, durch die der Tiber in mehreren großen Windungen dem Meere zuströmt, steigen zwei Hügel auf, der Palatin und das Kapitol. Beide trugen in der ältesten Zeit Dörfer, wobei das auf dem Palatin gelegene wahrscheinlich das ältere war. Zwischen den beiden Hügeln lag eine Talsenke mit sumpfigem Grund. Die Bewohner der beiden Dörfer lebten miteinander in jener Feindschaft benachbarter Hügelstädte, die in Italien beinahe ein Naturgesetz zu sein scheint. Doch kam man auf die Dauer nicht ohne einander aus, und so ist der geschichtliche Stadtgründer Roms vielleicht jener unbekannte Dorfälteste gewesen, der vorschlug, man solle an einem neutralen Ort zwischen den beiden Gemeinwesen einen Handels- und Tauschplatz schaffen, an dem keine persönlichen, keine familiären und keine dörflichen Kämpfe ausgetragen werden sollten. Der Augenblick, als dieser Plan von den räuberischen Hirten der beiden Dörfer angenommen wurde, ist die Geburtsstunde des Forum Romanum und der Beginn der Stadt Rom. Man wählte eben jene sumpfige Ebene, der morastige Grund wurde durch einen Abzugskanal entwässert, der zum Tiber hinunterläuft – ich sage hinunterläuft, denn dieser Kanal ist heute noch als ein Teil des römischen Kanalisationssystems in Benützung und trägt seit ältester Zeit den Namen Cloaca Maxima.
Durch diese Entwässerung stieg aus dem Sumpf ein Platz, der sich von Anfang an in seinen Ausdehnungen beinahe mit der Fläche deckte, die später das steingebaute Forum Romanum eingenommen hat. Das Wesentliche war, daß hier eine unbedingt neutrale Zone

geschaffen werden sollte, ein heiliger Ort des Friedens, der verborgene Anfang einer gewaltigen Idee. Hier trat zum erstenmal, noch in sehr verhüllter Form, die *Pax Romana* in das Licht der Geschichte, jene versöhnende und ausgleichende Kraft römischer Gerechtigkeit, die später durch die ganze Welt gezogen ist und die Völker in einem Maße einte, das uns heute wie ein ferner Wunschtraum erscheinen muß. Auf dem Forum Romanum trafen sich auch zuerst wie in einem Brennglas die religiösen Strahlungen, auf denen Roms moralische Macht sich später erhob. Palatin und Kapitol trugen beide ihre uralten Heiligtümer: das Kapitol den Tempel des Jupiter Optimus Maximus, der der oberste der römischen Götter wurde, der Tricapitolinus, von dem das Prinzip des väterlichen Rechtes in das römische Leben eindrang –, der Palatin aber die Höhle der Wölfin, der sagenhaften Tiermutter, die die beiden ausgesetzten Brüder Romulus und Remus im Dickicht aufspürte und zusammen mit ihren Jungen nährte, Sinnbild für die tierhaft unversiegliche Nährkraft der Mater Roma, die dazu ausersehen war, die Völker des Erdkreises an ihre Brust zu nehmen.

Es ist eigenartig zu sehen, wie diese beiden Prinzipien, das Patriarchalische auf dem Kapitol und das Matriarchalische auf dem Palatin, noch in der Anlage späterer Heiligtümer zu verfolgen sind.

An den Fuß des Palatins lehnt sich das Kloster der Vestalinnen an, die die Hüterinnen des Herdfeuers waren, weiter gegen den Tiber zu finden wir die Spuren des Tempels der Bona Dea, wo die Frauen der ältesten römischen Familien jahrhundertelang einen geheimen Ritus zelebrierten, dessen obszöner und atavistischer Verlauf mit magischen Tänzen und wilden Ekstasen das Fruchtbarkeitsgeheimnis heraufbeschwor. Auf dem Haupt des palatinischen Hügels gab es seit frühester Zeit ein Heiligtum der Allmutter Kybele, der vierzigbrüstigen Gebärerin allen Lebens, und endlich war da das dunkle Heiligtum der Wölfin selbst. Von hier zogen alljährlich im Reinigungsmonat Februar die turbulenten Prozessionen nackter Jünglinge aus. Sie liefen durch Roms Straßen und schlugen mit Schweinsblasen auf die Frauen ein, um sie für das kommende Jahr fruchtbar zu machen. Auch der Tempel der Zeussöhne Castor und Pollux, der Heilgötter gegen alle Krankheit, wo sich die Kranken des Nachts zum Gesundschlafen einfanden, liegt unmittelbar am Fuß des Palatins. Dies alles sind Heiligtümer mütterlich-schützender, behütender und lebensmehrender Kräfte.

Im Schatten des Kapitols aber, wo der Vater der Götter und Menschen auf seinem goldenen Throne saß, liegt der Tempel des Saturn. Dort wurden die heiligen Waffen Roms aufbewahrt, Symbole der weltgeschichtlichen Eroberungsaufgabe der Stadt. Außerdem lag in den Gewölben der alten Bauerngottheit Saturn der Staatsschatz. Zur Zeit Cäsars betrug er 1,620.829 Pfund Gold, 25.000 Goldplatten, 35.000 Silberplatten und 40 Millionen Sesterzien in geprägter Münze. Gleich daneben, an den Hang des Kapitols gelehnt, stand der Tempel der Concordia, der die tiefinnerliche Eintracht des römischen Volkes versinnbildete. Gegen den Tiber zu folgte der Altar des Heracles embomó, aus dem eine spätere mißverstehende Volksgläubigkeit die Kirche des Heiligen Homobonus machte, ursprünglich ein Sinnbild der heroischen und kriegerischen Manneskraft, die Jupiter seinen frommen Söhnen verlieh. So scharen sich um den schroffen Kapitolsfelsen die

Heiligtümer der Ordnung, der Ehrfurcht und der Macht.
Es ist ein reizvolles Spiel, sich vorzustellen, wie nun auf dem Forum Romanum, dem bedeutungsvollsten Schauplatz irdisch-realen römischen Lebens, die beiden entgegengesetzten religiösen Grundkräfte in politische und staatsbildnerische Wirklichkeit umgesetzt worden sind. Tatsächlich war das Leben des antiken Rom beherrscht von einer Vielzahl uralter religiöser Vorstellungsbilder, unter denen man die fortgesetzte Wirksamkeit der Götter im Leben der menschlichen Gemeinschaft spürte. Der Forumsplatz selber war eingesäumt von Bauwerken, die dem Leben von Stadt und Imperium dienten: da ist, auch heute noch vollständig erhalten, das kahle, hohe Haus der römischen Kurie, das Gebäude, in dem der Senat zu tagen pflegte, der Ort der großen Reden, der politischen Prozesse, Versammlungsraum einer Gruppe von Männern, von denen der Abgesandte des Hannibal seinem Herrn berichtete, sie seien ihm wie eine Versammlung von Göttern erschienen. Dann ist da die Basilika Aemilia, eine öffentliche Halle mit Bibliothek und Läden, gegenüber liegt die Börse, die schon genannte Basilika Julia. Auf der Stirnseite des Forumsplatzes stand seit alter Zeit die Rostra, die Rednertribüne, geschmückt mit den Schiffsschnäbeln des ersten römischen Seesieges über Karthago, und ihr gegenüber eine andere Rednertribüne, auf der einst die Leiche Cäsars nach seiner Ermordung ausgestellt war. Die Tempel, die das religiöse Erbgut Roms repräsentierten, schlossen sich wie eine schützende und geistliche Hülle im Kranz um diese Gebäude herum, und es ist vielleicht kein Zufall, daß kein einziger dieser Tempel mit seiner Fassade unmit-

telbar an den Platz des Forums grenzt: das Forum stellt die Welt dar, die Welt der Menschen, die von der feierlichen Aura der Götter-Tempel eingeschlossen war. Inmitten des erzenen und marmornen Dickichts von Standbildern und Gedenksäulen auf dem Forumsplatz gab es einen kleinen umfriedeten Bezirk, der noch heute zu sehen ist. Das Pflaster liegt dort in rechteckiger Form ein wenig tiefer als sonst auf dem Forum und man kann erkennen, daß es sich um ein Bassin gehandelt hat. Es ist der Lacus Curtius. Die Sage berichtet aus der römischen Frühzeit, daß sich einmal während eines großen Gewitters durch Erdbeben ein Spalt auf dem Forum geöffnet habe. Die verängstigten Römer fragten das kapitolinische Orakel und erhielten von den Priestern die Antwort, das Forum und damit Rom werde untergehen, wenn nicht der kostbarste Besitz Roms hingeworfen würde. Der junge römische Ritter Curtius hörte den Spruch, bestieg sein Pferd und sprang in voller Rüstung in den Erdspalt, der sich sofort wieder schloß. Zurück blieb eine kleine Mulde, die sich mit dem Wasser aus der Juturnaquelle füllte und seither als eine Stätte heiliggehalten wurde, an der die römische VIRTUS in reiner Form geübt worden war – virtus, jene unvergleichliche Mischung aus Frömmigkeit, Gerechtigkeit, Tapferkeit und Maß, die das Ideal des altrömischen Menschenbildes war. – In der Zeit des Aufstiegs war das Forum auch der Versammlungsplatz zur Volksabstimmung, zur Wahl und zur politischen Debatte. Denn wenn auch der Senat die Geschicke der Stadt und des Staates in seinen kurialen Sitzungen entschied, so hatte doch das Volk, die Gemeinschaft der reingebürtigen Römer, das Recht der letzten Instanz. Das römische Bürgerrecht wurde deshalb so eifersüchtig gehütet, weil bis in die Zeit Cäsars herein damit eine politische Rolle verbunden war, die das Stadtvolk von Rom gewissermaßen zu einem Parlament für das ganze Reich erhob. Erst Cäsar hat dann, durch die Verleihung des Bürgerrechts an Auswärtige, auch Angehörige fremder Völker in dieses inzwischen sehr korrupte Gremium römischer Vollbürger hineingezogen, und er hat damit den wichtigsten Schritt getan, der von einer römischen Vorherrschaft auf dem Erdkreis zu einem international-römischen Weltreich führte.

Als der Kaiser Augustus an die Macht kam, war eines seiner ersten Regierungsziele, den Römern die Weite ihres Reiches, die Verantwortung für dessen Führung und die Einheit der römischen Friedensidee klar vor Augen zu stellen. Um die Verantwortung der römischen Weltherrschaft zu demonstrieren, veranlaßte er den Dichter Vergil zu seinem Epos Aeneis; um die Einheit der Pax Romana zu repräsentieren, ließ er den marmornen, friesgeschmückten Friedensaltar, die Ara pacis, am Tiberufer errichten; um den Römern die Weite, die Großartigkeit und den Zusammenhang ihrer Staatsidee zu zeigen, bediente er sich des goldenen Meilensteines, den er auf dem Forum, in unmittelbarer Nähe der Rednertribüne, aufstellen ließ. Von hier aus wurden die Entfernungen bis tief nach Persien und Babylon hinein gezählt und hinauf bis nach England. Die Zielpunkte der Straßen waren auf der Säule eingraviert, und wenn man sämtliche so verzeichneten Entfernungen zusammenzählt, ergibt sich der doppelte Erdumfang: 76 000 km.

Von all diesen Straßen, die, befestigt und durch Wachen geschützt, das Weltreich durchzogen, war jedoch nur ein ganz kleines Stückchen heilig – jenes kaum einen Kilometer lange Stück der von Neapel kommenden Appischen Straße, das über den Forumsplatz führt, und dann in einem kühnen Bogen hinaufreicht bis zu den Toren des Jupitertempels auf dem Kapitol. Dies war die Via Sacra, die Heilige Straße, über die der Senat und das Volk von Rom seinen großen Feldherren und Kaisern die Triumphbogen errichtet hatten. Auf ihr näherten sich die Heere nach den siegreich beendeten Kriegen an den Grenzen der bekannten Welt dem römischen Senat, dem Forum Romanum, dem Kapitol, um das Dankopfer für die glückliche Hilfe der Götter zu bringen.

Zu einem solchen Triumph versammelte sich das Heer außerhalb der Stadt. Mitgeführt wurde eine Schar der vornehmsten gefangenen Feinde, nicht etwa in Sack und Asche, sondern im glänzenden Schmuck ihrer heimatlichen Kleidung. Dann kamen auf Schauwagen die attraktiven Stücke der Kriegsbeute, ein halber Tierpark exotischen Wildes, der Staatsschatz der besiegten Potentaten, Goldgeschirr und Waffen, daneben die schönsten der erbeuteten Sklavinnen. Die Legionssoldaten hatten sich zum Zeichen des noch ungesühnten Blutvergießens die Gesichter, die Hände und die Beine mit feuerroter Farbe bestrichen. Der Feldherr selbst, in voller Rüstung auf dem Streitwagen, hatte einen Wagenlenker neben sich, der ihm von Zeit zu Zeit die Formel zurufen mußte, »bedenke, daß du ein sterblicher Mensch bist« – denn der Tag eines Triumphes galt im öffentlichen Leben Roms als eine Ehrung, die mit nichts anderem auf Erden verglichen werden konnte.

So zogen sie daher. Sie kamen am Kolosseum vorüber, vor dem damals noch der dreißig Meter hohe vergoldete Erzkoloß des Kaisers Nero stand – sie schritten an der Seitenfront des Doppeltempels der Venus und Roma vorüber, dann zogen sie unter dem Bogen des Kaisers Titus hindurch. Sie betraten die Heilige Straße, sahen in strahlender Reinheit den kleinen Rundtempel der Vesta und in bläulich-weißem Glanz die schlanken Säulen des Castor- und Pollux-Tempels liegen. Sie kamen vorbei an dem Tempel, den der gute und geliebte Kaiser Antonius Pius seiner Gemahlin Faustina errichtet hatte, passierten das Haus des Pontifex Maximus, wo man die Liste aller Konsuln Roms bis zum Gründungstag hinauf bewahrte, und traten endlich heraus auf den Platz des Forum Romanum. Sie zogen an dem siebzehn Meter hohen Reiterstandbild des Domitian vorüber, gingen an den Gedenksäulen und Standbildern des Augustus, des Tiberius, des Vespasian, des Trajan, Hadrian und Marcus Aurelius vorbei, ließen die Ziegelfront des Senatshauses zurück und erreichten den Steilabhang des kapitolinischen Felsens. Dort öffnet sich noch heute der Eingang zum Carcer Mamertinus, zu dem düsteren Verließ, das seit den ältesten Zeiten Staatsgefängnis war. Die Gefangenen, die vornehmen, reichgeschmückten Besiegten, wurden aus dem Zuge herausgelöst, das Heer zog mit dem Feldherrn weiter hinauf zum Jupitertempel auf dem Kapitol. Im Augenblick, wo vom großen Altar der Rauch des Dankopfers aufstieg, das der Feldherr brachte, erfolgte unten im mamertinischen Kerker – als Sühnepreis für Roms gnädige Götter – die Hinrichtung der Besiegten. Roms gnädige Götter behielten ihre Macht sehr lange – bis weit in die christliche Zeit herein. Der große Konstantin, der den Maxentius an der Milvischen Brücke unter dem Zeichen des Kreuzes zu Fall gebracht hatte, zögerte nicht, das Heiligtum, das der als Vater unglückliche Maxentius seinem früh verstorbenen Sohne Romulus in Form eines – vollständig erhaltenen – Rundtempels auf dem Forum errichtet hatte, in einen Tempel der Sacra Urbs Roma umzuwandeln, und nicht etwa sogleich in eine christliche Kirche. Der Sieg des Christentums über die altgewohnten Verkörperungen göttliche Macht hat fast ein Jahrhundert in Anspruch genommen – bis zur Zeit des großen Theodosius, der, durch den heiligen Ambrosius von Mailand bestürmt, die Schließung der heidnischen Heiligtümer befahl.

Vierzig Jahre bevor dieser rauhe und schwerblütige Kaiser zur Herrschaft kam, war es dem philosophischen Idealisten Julian, den die Geschichte mit dem Beinamen »Apostata« ausgestattet hat, noch einmal gelungen, die rechtsgültige Anerkennung der zwölf göttlichen Personifikationen des Sacrum Imperium durchzusetzen, und die noch immer mächtige, heidnische Senatspartei war schon von Hoffnungen auf ein Wiederaufblühen des alten Heidentums beflügelt worden. In den drei Jahren der Regierung Julians wurde dem uralten Portikus der Dei consentes mit den Kammern der zwölf Staatsgötter unterhalb des Tabulariums an der damaligen Stirnseite des Kapitols durch den Stadtpräfekten Praetextatus eine neue und glänzende Gestalt gegeben.

Nach diesem Portikus, der sich fast schüchtern an die Quadern der Kapitolsburg lehnt, als suche er aus der sicheren Fügung der altverehrten heiligen Mauern Kraft für das verwitternde Heidentum zu ziehen, wurde auf dem Forum nur noch eine Säule errichtet – die Gedenksäule des Kaiser Phokas –, von dem bedeutungslosen byzantinischen Hofmann Smaragdos, der als Exarch über die verfallende Stadt herrschte, einem kurzlebigen orientalischen Kaiser als schmeichlerisches Denkmal gesetzt. Es ist eine der verborgenen Ironien der Geschichte, daß von allen den Ruhmessteinen auf dem Forum nur diese letzte, erschöpfte Säule noch heute auf ihrer Basis steht.

In der Zeit, in der das alte Rom eine Metropole von eineinhalb Millionen Einwohnern war, als die Aquädukte täglich über eine Milliarde Liter Trinkwasser in die Stadt einströmen ließen, als dreißigtausend Standbilder die Straßen und die Plätze bevölkerten, konnte niemand in Rom sich vorstellen, welch ein Schicksal die Mirabilien der Stadt Rom erwartete. Karl der Große hat das Forum noch einigermaßen erhalten vorgefunden. Als Otto III., der seltsame Träumer einer Restaurationsidee, die schon im Jahre 1000 als romantisch empfunden wurde, nach Rom kam, fand er nur noch weitläufige Ruinen vor. Als Karl V. nach seinem algerischen Kreuzzug über das Forum im Triumphzug dahinritt, war der Titusbogen Teil einer Befestigung, die Heilige Straße war im Erdboden verschwunden, und von den Herrlichkeiten des Forums waren nur noch wenige Reste zu sehen.

Es war aber nicht der »Zahn der Zeit«, der diese Zerstörung bewirkt hat. Nicht der Witterung oder den Einflüssen von Erdbeben und Naturgewalten sind alle diese sicheren Konstruktionen zum Opfer gefallen. Sie wurden mit ameisenhafter Geduld von den Nachkommen der Quiriten, von den Römern des Mittelalters, abgetragen, um den Festungswerken der großen Familien, den niedrig gebauten Wohnhäusern einer verrotteten Bevölkerung und den erwachenden Bauvorhaben der Kirche zu dienen. Mit dem Ausgang der Antike begann jene seltsame Wanderung der Säulen und Marmorplatten aus den kaiserlichen Bauten in die christlichen Heiligtümer, die erst in einer Zeit zu Ende ging, als Amerika schon entdeckt war. Der Marmor mancher Kirche des frühbarocken Rom ist noch aus den Fliesen der alten Bäder gebrochen worden, und die besten Leistungen in diesem tausendjährigen Zerstörungsprozeß sind Pläne, wie der Michelangelos, der das Tepidarium der Thermen des Diokletian zu der gewaltigen Kirche S. Maria degli Angeli umgewandelt hat. Merkwürdigerweise hat diese Transformation der Antike auf das Forum selbst kaum übergegriffen. Nur der Tempel des Antoninus und der Faustina ist in die Kirche San Lorenzo in Miranda verwandelt worden – ebenso der Bibliothekssaal des Augustus, den schon das 7. Jahrhundert als S. Maria Antiqua mit hieratischen Fresken geschmückt hat. Das Forum selbst hat man kaum angerührt, es blieb der große Steinbruch, ein nicht ganz heimlicher Ort, von dem die Römer durch Jahrhunderte glaubten, daß dort Geister und Dämonen ihr Wesen trieben. Als man im vorigen Jahrhundert daran ging, den Boden umzugraben und das alte Forum Romanum ans Licht zu heben, forderten die Götter Roms keine neuen Zerstörungen. Unter dem Schutt verborgen lagen die Trümmer des antiken Rom in jener keuschen Unberührtheit, die die Weltgeschichte durch das jahrhundertelange Verweilen in der Erde ihren steinernen Kronzeugen zurückzugeben weiß.

Das Forum Romanum ist heute ein Feld von Trümmern, an dem der Popolo Romano achtlos vorübergeht. Die Ruinen haben die rühmende Kraft nicht bewahren können, die den Bauwerken in der Zeit ihres Glanzes aufgeprägt war. Aber die Erziehung des Abendlandes ruht auf diesen geborstenen Steinen.

QUINTUS HORATIUS FLACCUS

Neunte Satire

JÜNGST, da ich, wie mein Brauch ist, auf der heil'gen [Straße
spazieren ging, und irgendeine Kleinigkeit
im Kopf herumtrieb, ganz darin vertieft,
begegnet mir ein Quidam, den ich bloß
von Namen kenne, nimmt mich bei der Hand
und spricht: »Wie geht's, mein Bester?« – Leidlich gut,
so wie es geht; zu dienen. – Da ich ihn
zur Seite schlendern sehe, frag' ich: willst du
noch weiter was von mir? »Du wirst« (erwidert er)
»mich kennenlernen, ich bin ein
Gelehrter.« – Desto höher steigt dein Wert
bei mir, ist meine Antwort. – Unruhvoll
versuch' ich von ihm loszukommen; laufe
behender, bleibe wieder stehen, flüstre
dem Diener was ins Ohr, indeß der Angstschweiß mir
bis auf die Fersen rinnt. O glücklicher Bolan!
Wer deine Tollheit hätte! murmel' ich bei mir selbst,
da jener, was ihm vor den Mund kam, plapperte,
und endlich gar aus Not die Straßen und
die Stadt zu loben anfing. Wie nun keine Antwort
erfolgen wollte, fuhr er fort: »Ich merke
schon lange, daß du für dein Leben gern
entwischen möchtest: aber daraus wird nun nichts,
ich halte fest. Wohin gedenkst du dann vorerst?«
Es ist nicht nötig, dich so umzutreiben;
ich gehe jemand zu besuchen, den
du schwerlich kennst, er wohnt jenseits der Tiber,
bei Cäsars Garten. – »Schön! Ich habe nichts zu tun,
und träge bin ich auch nicht; ich begleite dich.«

Wer wie ein übellaunig Müllertierchen, dem ein zu
schwerer Sack den Rücken drückt,
die Ohren sinken ließ, war ich. – »Ich müßte nur«
(fing jener wieder an) »mich selbst nicht kennen, oder
ich bin dein Mann so gut als Varius und Viscus.
Denn wer macht schneller Verse und in größrer Menge,
als ich? Wer tanzt mit mehr Geschmeidigkeit?
Und eine Lunge hab' ich dir zum Singen,
die ein Hermogenes beneiden möchte!«
Hier fand ich endlich Raum, ihm beizukommen.
Ist deine Mutter noch am Leben? Hast
du Anverwandte, denen viel an dir
gelegen ist? – »Nicht eine Seele mehr!
Hab' alle beigesetzt!« – Die Glücklichen! Nun ist
an mir die Reihe! Nur geschwinde! Laß
mich nicht zu lange leiden! Denn das Los
geht in Erfüllung, das die alte Marsische
Wahrsagerin in meiner Kindheit
aus ihrem Topfe zog. Den Knaben, sprach sie, rafft
nicht Feindes Schwert, nicht Gift noch Seitenstich,
nicht Schwindsucht weg, noch träges Zipperlein;
ein Schwätzer wird dereinst den Rest ihm geben;
vor Schwätzern, wenn er klug ist, hüt' er sich,
sobald er in die Jünglingsjahre tritt!
Wir hatten Vesta nun erreicht; ein Viertel
vom Tage war verflossen, und es fügte sich,
daß mein Gefährt' in Bürgschaftssachen gleich
vor Amt erscheinen sollte, oder den Prozeß
verloren hatte. »Willst du«, sprach er, »nicht
zur Freundschaft mit mir gehn und Beistand sein?
Es ist in einem Augenblick vorbei.«
Ich bin des Todes, wenn ich stehen kann,
noch mich aufs bürgerliche Recht verstehe!
Zudem so eil' ich über Hals und Kopf
wohin du weißt. – »Was soll ich tun?« spricht jener,
»dich fahren lassen, oder den Prozeß?« – O mich,

ich bitte sehr! – »Nein«, spricht er, »in der Tat,
ich tu' es nicht« – und geht voran. Ich Armer
ergebe (weil mit einem Stärkern nicht
zu hadern ist) mich in Geduld, und folge.
»Wie steht Mäcen mit dir?« beginnt er wieder. –
Er ist nun just kein Mann für einen jeden,
ein sehr gesunder Kopf; noch niemand wußte
ein großes Glück so gut wie er zu tragen.
»Du solltest einen tücht'gen Nebenmann
zur zweiten Rolle bei ihm haben, wenn
du meine Wenigkeit empfehlen wolltest.
Mich soll das Wetter! wenn du nicht in kurzem
die andern alle ausgestochen hättest!«
Da irrst du dich; wir leben nicht auf solchem Fuß
in diesem Hause; keines in der Stadt
ist reiner von dergleichen Unrat. Nie gereicht
es mir zum Nachteil, daß ein andrer reicher oder
gelehrter ist als ich; ein jeder steht
auf seinem eignen Platze. – »Was du sagst!
Es ist kaum glaublich!« – Und doch ist es so.
»Du machst mich desto ungeduldiger,
recht nah an ihn zu kommen.« O! du darfst
nur wollen; ein Talent wie deines wird
unfehlbar ihn erobern, und er ist ein Mann,
der sich erobern läßt, doch just deswegen
hält's mit dem ersten Zutritt etwas schwer.
»Was das betrifft, da soll's an mir nicht fehlen;
ich weiß die Schliche; will den Pförtner und
die Kammerdiener schon auf meine Seite kriegen;
nicht, wenn ich abgewiesen werde, gleich
den Mut verlieren; die gelegnen Zeiten
belauren; will in allen Straßen ihm
entgegenkommen, ihn nach Hause begleiten!
Den Sterblichen wird ohne große Mühe
nichts in der Welt zuteil.« – Indem der Kerl
so schnattert, siehe, da begegnet uns

Fuscus Aristius, der liebsten einer
von meinen Freunden, und der jenen trefflich kannte.
Wir bleiben stehn. Woher? Wohin? Ist beiderseits
die erste Frag und Antwort. Ich beginne
den Mann zu zupfen, zieh' ihn was ich kann
beim boshaft zähen Arme, wink' und drehe mir
beinah die Augen aus dem Kopfe, daß er mich
erlösen soll. Umsonst, der lose Vogel lächelt
und tut als merk' er nichts. Mich fängt die Galle
zu brennen an – du hattest ja, ich weiß nicht was
Geheimes mir zu sagen? – »Ich erinn're mich's
ganz wohl, es soll ein andermal geschehn;
heut geht's nicht an; es ist – ein Neumondssabbat;
du wirst doch, um das bißchen Haut zu wenig,
die guten Juden nicht so schmählich halten
und ihren Sabbat schänden wollen?; – O darüber
mach' ich mir keinen Skrupel.« – »Aber ich!
In solchen Dingen bin ich etwas schwach,
vom großen Haufen einer; um Verzeihung!
ein andermal!« – Damit entwischt der Schalk,
und läßt mich unterm Messer. – Daß die Sonne heute
so schwarz mir aufgegangen sein soll! Doch, zum Glück,
begegnet meinem Mann sein Widerpart.
Wohin, du Schurke, schreit er laut ihn an,
und gleich an mich sich wendend: Darf ich dich
zum Zeugen nehmen? – Denkt wie hurtig ich
das Ohr ihm hinbot! Kurz, er schleppt ihn vor Gericht;
auf beiden Teilen viel Geschrei, von allen Seiten
Zusammenlauf! – So rettete Apollo mich!

PRUDENTIA

Wahre dir in allen Dingen die Freiheit
des Geistes. Schiele in nichts auf
Menschenurteil, sondern halte deinen Geist
innerlich so unabhängig, daß du stets
auch das Gegenteil von dem tun könntest,
was du gerade tust.

IGNATIUS VON LOYOLA

OMNIA AD MAIOREM DEI GLORIAM

Wenn man vom Kapitol der Friedensgeste des Kaisers Mark Aurel folgt und über die große, balustradengesäumte Rampe heruntersteigt und der Straße folgt, die den Namen Via d'Aracoeli trägt, trifft man nach wenigen Minuten auf die Piazza del Gesù.

Die Fassade der Kirche Il Gesù wird in jeder Kunstgeschichte als die erstgeborene Frucht des barocken Geistes gerühmt, und es ist kein Zufall, daß die Jesuiten es waren, die sie erbaut haben. Wenn man diesen ersten geistlichen Festsaal barocker Kirchenkunst betritt, so findet man – sobald man sich ein wenig von dem raffinierten Gleichgewicht zwischen patiniertem Braun, Sonnenlicht und Gold erholt hat – auf der linken Seite einen pompösen Altar. Er ist die himmelstürmende Apotheose eines Heiligen, dessen Gebeine prunkvoll eingesargt unter dem Altartisch ruhen. Die silberne Statue dieses Mannes, dem die Glorie der Kirche so viel zu verdanken hat, schwebt in verzückter Haltung über dem Tabernakel, umrahmt von den herabstürzenden Anhängern der Häresie, die von der kämpferischen Kraft der Kirche vernichtet werden, gekrönt von Engeln und dem Erdglobus (der das größte Stück Lapislazuli ist, das man bis heute kennt) – im ganzen ein fanatischer und abenteuerlicher Wettstreit von kostbarem Material, pathetischem Welttheater und glorifizierter Askese – die Gedenkstätte für einen kleinen und unscheinbaren Mann des 16. Jahrhunderts, den größten Heiligen der Neuzeit: Ignatius von Loyola.

Wenn Ignatius sehen würde, was man ihm zu Ehren da aufgestellt hat, wäre er vielleicht nicht einverstanden; denn sein Bemühen ging mehr um die *major Dei gloria* als um seine eigene Person. Indessen ist dieser ungeheure Altar wohl in erster Linie als ein goldener Tribut Roms aufzufassen – für einen Mann, der in der neueren Kirchengeschichte mehr und Kühneres bewirkt hat, als mehrere Päpste zusammengenommen.

Wenn man die Lebensgeschichte des Ignatius betrachtet, so fällt einem auf, wie weitgespannt der innere Weg war, den er zurücklegen mußte – und welch eine Rolle in diesem Schicksal die Stadt Rom gespielt hat, vielleicht gerade, weil er sich so sehr gegen sie zur Wehr setzte. Der jesuitische Geist, eine der kräftigsten Wurzeln, aus denen der Barock sich nährte, hat Rom stärker und eindringlicher beeinflußt, als man heute spontan feststellen kann. Und deshalb möchte ich an den Anfang dieses ersten Romweges, der ein verschlungener, aber konsequenter Pfad der Prudentia werden soll, ein Lebensbild des Heiligen Ignatius von Loyola stellen, der ein Spanier von Geburt war und doch Geist vom römischen Geist geworden ist.

Man kann in dem langgestreckten, fast kasernenartigen Hause, das an die Kirche von Gesù anschließt, die Räume noch sehen, in denen der Heilige in den letzten Jahren seines Lebens gewohnt hat. Sein Sterbezimmer ist zu einer Kapelle umgewandelt, die Türe, die er berührt, die Schränke, die er benützt hat, sind mit feinmaschigen Gittern jeder weiteren Berührung entzogen, die Aussicht, die er auf den römischen Himmel hatte, ist verbaut, ihn selbst hat man, in einem Glaskasten, in einer lebensgroßen Wachsfigur erschreckend und totenbleich dargestellt – eine Atmosphäre, nicht ganz frei von makabrem Beigeschmack, die Räume einhüllt, in denen der erste Jesuit die weltgeschichtlichen Entscheidungen seines Lebens fällte.

Es fällt jedoch nicht schwer, aus den vielen Quellen, den Berichten von Augenzeugen, Mitbrüdern, Bewunderern, Frauen, und vor allem aus den zahllosen schriftlichen Äußerungen des Ignatius selbst, ein Bild davon zu entwerfen, wie es in diesem Hause ausgesehen hat, als der alternde Ignatius hier regierte. Wichtiger noch als die vielen kleinen Geschichten, die uns das Charakterbild des Ordensgenerals aufhellen und sein Verhalten in so vielen unterschiedlichen Lebenssituationen kennzeichnen, scheint mir der Bericht über seinen Tod zu sein – der in seiner merkwürdigen Unauffälligkeit vieles an Ignatius klar macht, was das Leben und er selber uns verborgen haben.

DAS ENDE EINES HEILIGEN

Schon vom Beginn des Jahres 1556 an war Ignatius krank gewesen. Im Juli hatte er einen Kolikanfall und mußte die Leitung der Geschäfte seinem langjährigen Sekretär Pater Polanco übertragen. Ein leichtes Fieber, das ihm nach einem Ausflug in die Caracallathermen geblieben war, wurde unglücklicherweise nicht ernst genommen. Zudem war er in jenen Tagen nicht der einzige Kranke im römischen Profeßhaus. Pater Lainez, einer der wichtigsten Mitgründer der Gesellschaft Jesu, lag so krank, daß man ihm die letzte Ölung spenden mußte, Pater Mendoza, ein anderer bedeutender Jesuit, war ebenfalls in Lebensgefahr – zwei Ärzte waren fast ständig im Hause – und so empfanden es die Ordensbrüder schon als Beruhigung, als wenigstens beim General eine kleine Besserung einzutreten schien. Am 30. Juli speiste er wieder wie gewöhnlich zu Abend – auf seinem Zimmer, in Gesellschaft der Patres Polanco und Madrid. Schon seit Jahren war er nicht mehr zum allgemeinen Tisch heruntergekommen; er pflegte die Patres, mit denen er zu sprechen hatte, zu bescheidener Tafel auf sein Zimmer einzuladen. Die übrigen bekamen ihn eigentlich nur zu Gesicht, wenn er Anweisungen gab. Allerdings erfolgten diese Anweisungen unaufhörlich. Je älter Ignatius wurde, um so intensiver kümmerte er sich um jede Kleinigkeit: in der Politik, im Haushalt, in der Armenpflege, im Beichtstuhl; bei den Anweisungen an die jungen Missionen in Indien und in Brasilien, und in der Korrespondenz mit einem Papst, dem die Spanier im allgemeinen und Ignatius im besonderen verhaßt waren, und bei dessen Thronbesteigung Ignatius zugegeben hatte, daß ihm die Knochen im Leibe zitterten. Der alternde Ignatius wußte genau, daß in so kritischen Zeiten und bei dem steigenden Wachsen des Ordens sich jede seiner Äußerungen später gewissermaßen ins Monumentale vergrößern würde – und so öffnete er seinen Mund nur noch für Urteile, Belehrungen, Regeln, Erziehung, Disziplin und Gehorsamsforderungen.

Nachdem der Ordensvater zu Abend gegessen hatte, entließ er die Patres, rief aber um acht Uhr den Sekretär noch einmal zurück und sagte ihm, er solle sich ungesäumt in den Vatikan begeben und für ihn und den Pater Lainez den Segen des Papstes erbitten, denn es gehe mit ihm zu Ende. Pater Polanco, der in diesem Augenblick den Kopf voller Verwaltungssorgen hatte, glaubte nicht gleich, daß es schon so ernst sei. Er dachte an die dringende Korrespondenz, die noch am gleichen Abend zu erledigen war. Es war erst ein paar Tage her, daß der Papst und die Kardinäle unter den kränkendsten Formen an Spanien den Krieg erklärt hatten, und Spanien war das Heimatland der meisten führenden

Jesuiten. Erst vor kurzem hatte der Papst den Gouverneur von Rom in das Profeßhaus geschickt, um es vom Keller bis zum Dach nach Waffen durchsuchen zu lassen, die die Patres dort angeblich für die Spanier versteckt hatten. Nun sollte heute abend noch die Post nach dem gefährdeten Spanien abgehen, und der vielbeschäftigte Sekretär war natürlich beunruhigt. Er glaubte, mit den Briefen an die spanischen Brüder nicht mehr fertig zu werden, wenn er zuvor noch den weiten Weg in den Vatikan zurücklegen solle. Also fragte er den Ignatius: Befinden sich denn Euer Ehrwürden wirklich so schlecht? Darauf der Heilige: So schlecht, daß mir nichts mehr übrig bleibt, als zu sterben. Polanco, der noch immer nicht überzeugt war, wagte es dennoch, den Ordensvater zu fragen, ob er den Gang in den Vatikan nicht doch noch bis morgen aufschieben könne - und erstaunlicherweise gab ihm Ignatius, der sonst den Widerspruch nicht liebte, zur Antwort: Es wäre mir lieber, die Sache würde heute noch besorgt, aber tut was ihr wollt, ich gebe mich ganz in eure Hände. Und Polanco ging – um den Kurier nach Spanien abzufertigen.

Gegen Morgen ist Ignatius von Loyola ohne den Segen des Papstes, beinahe wie einer, der sich unbemerkt aus einer Versammlung hinwegstiehlt, gestorben. Man balsamierte den Leichnam ein, nahm eine Gipsmaske ab, einige Künstler haben versucht, nach dem Toten ein Bild des Lebenden zu malen – jedesmal ist es mißlungen – und nicht einmal die, die ein Leben lang in täglichem Umgang mit ihm gestanden hatten, konnten sich später noch erinnern, wie sein Gesicht im einzelnen ausgesehen habe. Es ist ihm geglückt, in die Anonymität des Ordens einzugehen, die von Anfang an sein Ziel und sein Bestreben gewesen war. Die Erinnerungen an seine Person erloschen in demselben Maß, wie die Grenzen seines Werkes sich ausbreiteten.

Schon im Leben hatte Ignatius immer den Abstand gewollte – niemals hatte er Vertraulichkeit geduldet oder gefördert. Und wenn man bedenkt, was dieser eine Mann, dem seine geistliche Einkehr ja erst zuteil wurde, als er schon eine Offizierskarriere hinter sich hatte, dem also nicht einmal ein halbes Menschenleben zur Verfügung stand, um sein Werk zu gründen – wenn man bedenkt, was dieser Mann, der keine hundertsechzig Zentimeter maß und hinkte, bei seinem Tode hinterlassen hat –, dann kann man schon verstehen, daß er Distanz haben wollte – persönliche Distanz von denen, die um ihn waren, und sachliche Distanz von dem Abschnitt der Weltgeschichte, in den sein Leben fiel. Denn nur in dieser Distanz war es möglich, dem neuen Orden innerhalb weniger Jahre tausend Mitglieder zuzuführen, die in der ganzen damals bekannten Welt verstreut achtundvierzig gelehrte Schulen und einunddreißig andere Niederlassungen unterhielten und sich schon bis nach Brasilien, Japan und an die Kongoküste vorgewagt hatten. Nur in der Distanz einer überpersönlichen Diskretion war es möglich, diese tausend profilierten Männer daran zu gewöhnen, schnell, gemeinsam, unbestechlich, exakt zu funktionieren und die Welt als einen Schauplatz zu betrachten, auf dem sich zeigen sollte, ob die Disziplin des Geistes in der Lage sein würde, Schwierigkeiten, Gefahren, Unmöglichkeiten mit exerzierender Sicherheit zu überwinden.

Man darf nicht glauben, daß die Gesellschaft Jesu in jenen ersten Zeiten ihrer Geschichte ohne Versager gewesen wäre. Schwärmer und Eiferer, erfüllt von allzu persönlicher Sehnsucht nach einer neuen Form des religiösen Lebens, waren dem Orden zahlreich zugeströmt, und bei vielen zeigte sich erst nach dem Eintritt in die Gesellschaft, daß sie den Sinn des Ordens mißverstanden hatten. Sie bildeten die schwerste Sorge des Ignatius – aber sie konnten das geschichtliche Resultat, das sich aus dem Leben des Heiligen ergibt, schon nicht mehr schmälern. Ein Ereignis, das unmittelbar nach dem Tode des Ignatius eintrat, beweist eindeutig, wie sehr der Geist dieses Mannes sich schon von seiner Person gelöst hatte und Besitz des Ordens geworden war. Noch unter der Erschütterung, die der Tod des Heiligen ausgelöst hatte, traten die Jesuiten im Profeßhaus ohne Zögern zur Wahl eines neuen Generals zusammen – und sie wählten den auf dem Sterbebett liegenden Pater Lainez, – nicht weil er das älteste Gründungsmitglied des Ordens war, sondern weil er in dem Rufe stand, bei dem feindseligen Papste persönlich gern gesehen zu sein. Und der todkranke Pater nahm die Wahl an. Der Orden war wichtig, nicht das persönliche Schicksal!

DIE GESELLSCHAFT JESU

Ignatius hat seine Gesellschaft eine Compañía genannt, und darunter ist nicht einfach etwas Soldatisches – etwa eine Kampfgruppe – zu verstehen, sondern etwas, das man mit dem Begriff des adeligen Corps vergleichen könnte. Die Compañía de Jesús ist eine durch strengste Zucht, durch freiwilligen und persönlichen Verzicht auf Eigenleben zusammengefügte Gemeinschaft kampfbereiter Männer, die nach dem Vorbild ihres Gründers die zerbrechlichen irdischen Waffen mit den unzerstörbaren geistigen vertauscht haben.

Ignatius, der immer ein Edelmann geblieben ist, hat den Himmel oft im Bild einer großen Hofhaltung gesehen, einer »corte coelestial«, wie er sagt. Die Hofhaltungen der großen Herren dieser Erde, der Könige und der Fürsten, hat er selbst erlebt, er hat in seiner Jugend als Page solchen Hofhaltungen angehört und ein genaues Gefühl ausgebildet für die Rangordnung von Ämtern und Würden. Im Verlauf seiner Hinwendung zum geistlichen Leben hat er dann die Vorstellung entwickelt, daß diese irdischen Hofhaltungen mit ihrem Glanz und Zeremoniell allsamt nur ein Abbild, eine dürftige menschliche Nachahmung des ungeheuren himmlischen Hofes seien, der um die erhabene Majestät Gottes geschart ist. Und er hat erkannt, daß der auf die Erde verlängerte Arm dieser himmlischen Hofhaltung die Hierarchie der Kirche ist, der er als geistlicher Ritter eine besonders geschmeidige, bedingungslos einsetzbare Compañía zuführen wollte. Sie sollte überall auf den Plan treten, wo der himmlische Hof hier auf Erden in seiner Herrlichkeit und seiner Glorie gestört oder beleidigt würde. Deshalb ist ein Mann, der in die Compañía eintritt, welcher Herkunft er auch immer sei, im höheren Sinne ein Edelmann als jeder Träger eines großen weltlichen Namens – deshalb ist auch noch für einen Vizekönig, der ein Herzogtum zurückläßt, um Jesuit zu werden, der Eintritt in die Gesellschaft eine aristokratische Rangerhöhung. Die Arbeit, die Aufopferung des persönlichen Willens, das Ertragen aller Widerwärtigkeiten im Jesuiten-Orden ist unmittelbarer Dienst, und wie in jedem Dienst soll der Verpflichtete bemüht sein, sich immer mehr auszuzeichnen. »Señalarse más en servicio«, sagt Ignatius: immer mehr sich auszeichnen im Dienst – und das wichtigste Wort in dieser Formel ist das Wort »Más« – das Mehr, das »darüber hinaus«. Dieser Wille zum Mehr, zur Auszeichnung im Dienst muß bei jedem einzelnen wie ein Fieber vorhanden sein – er darf keine Grenzen kennen, aber nur als Wille, denn wenn er zur Tat wird, muß es im Gehorsam geschehen. Die große geistige Leistung des Ignatius besteht darin, daß er dem ungebändigten, romantischen ritterlichen Willen den klassischen Gehorsam als Form gegeben hat. Der Jesuit darf nur eine einzige Möglichkeit kennen, sich immer mehr auszuzeichnen im Dienst, und diese Möglichkeit ist der Gehorsam. Alles »Más«, alles Mehr, ist nicht darauf zu verwenden, über die Ausführung eines Befehles hinaus sich noch zusätzlich durch Leistungen auf eigene Faust auszuzeichnen – das Mehr gilt lediglich der vollkommenen Ausführung des Befehles selbst, und nur innerhalb dieser Ausführung sind dem geistlichen Ehrgeiz keine Grenzen gesetzt. Gehorchen, das heißt für den Jesuiten nicht, einfach blind das tun, was der Obere ihm gebietet; es heißt sich mit allen Kräften in den Willen des Oberen einfühlen. Der Gehorsam im jesuitischen Sinne ist nicht so sehr eine Unterwerfung unter den Willen des Oberen, als eine Gleichsetzung mit dem Willen des Oberen. Auch innerhalb der Gesellschaft Jesu ist es erlaubt, einen Befehl als falsch zu empfinden, und dann hat man seine Gegengründe vorzubringen. Wird die Sache trotzdem befohlen, muß man sie so ausführen, als ob man mit ganzem Herzen damit übereinstimmen würde – man muß sich eben um jeden Preis dahin bringen, mit dem Befehl übereinzustimmen. Diese Art des Gehorsams ist nicht blind, sie ist übernatürlich – denn so kann nur einer gehorchen, der an die ausgleichende Wirkung der Vorsehung

glaubt, die menschliche Irrtümer letzten Endes doch immer zum Guten führt. Auch wenn der Befehl falsch ist – es ist in jedem Falle richtig, zu gehorchen.
Im unteren Flur des Jesuiten-Generalats in Rom hängt ein großes Gemälde, ein Stammbaum der Gesellschaft Jesu, worauf in kleinen, von den Zweigen herunterhängenden Medaillons die bedeutendsten Köpfe dargestellt sind, die der Orden hervorgebracht hat. – Ich sage: hervorgebracht, denn alle diese Männer waren ihrer Anlage nach Menschen mit leidenschaftlichen Regungen, Individualisten, und erst die unpersönliche, ungemütliche Schule des Jesuiten-Ordens hat sie zu den Bewegern der Weltgeschichte werden lassen, als die wir sie heute kennen. Da sind große Namen und unbekannte Gesichter: Francisco Borgia, Francisco de Xavier, Aloysius von Gonzaga, Petrus Canisius. Das sind Männer, die zu einer Zeit regierten, als die Gesellschaft Jesu in Südamerika das heilige Experiment der Indianer-Reduktionen begann, in denen es kein Privateigentum gab und zu denen den Weißen der Zutritt nicht gestattet wurde, um die Indianer vor der zivilisatorischen Infektion der korrumpierten westlichen Moral zu schützen. Auf dem Stammbaum dieser Tafel finden sich die Männer, die die Aufhebung des Ordens durch den Papst im 18. Jahrhundert erlebt haben, jene längste Krise der Gesellschaft Jesu, die nur überwunden werden konnte, weil Katharina II. sich weigerte, den Orden auszuweisen – und so in Rußland die Organisation des Jesuitenordens bis zur Neu-Einsetzung 1814 bestehen bleiben konnte. In der Mitte des gewaltigen Baumes, rings um den Heiligen Ignatius selber, sind jene Regenten zu sehen, die die Zeit der Gegenreformation erlebt haben, unter deren Leitung die große Erneuerung

der Beichtpraxis in Europa sich vollzog; da sind die Förderer eines neuen überschwenglichen Baustils, der die Kirchen in himmlische Theatersäle umwandelte, wo auf der Bühne des Altares im Meßopfer das Schauspiel der Erlösung gespielt wurde, während in den Predigten das Drama dieser Welt in der menschlichen Seele zur Sprache kommen sollte.

Alle diese Männer, die die glorreiche Geschichte der Gesellschaft Jesu repräsentieren, sind durch eine unkontrollierbare Zahl von Gehorsamsakten zu der Würde hinaufgelangt, die ihnen den Platz im Stammbaum der Gesellschaft gesichert hat. Sie haben die geistliche Hofhaltung verwirklicht, die ihr Gründer im Sinne hatte – sie haben sich eingereiht gefühlt in den Dienst des ständig wechselnden königlichen Haushalts, sie haben sich keine Muße gegönnt zu Beschaulichkeit und Selbstentfaltung – sie haben, wie Ignatius es wollte, sich nicht auf eine bestimmte Tracht, Wohnstatt, Fechtart festgelegt, sondern ihr ganzes Augenmerk auf die immer neu zu übende Behendigkeit gerichtet, stets auf Unerwartetes gefaßt zu sein, sich nirgendwo in Gemütlichkeit niederzulassen, sie waren die Zeugen des weltgeschichtlichen Beweises, den Ignatius antreten wollte: daß die strengste Form des menschlichen Daseins, das zuchtvolle, soldatische, männliche Leben nicht geführt werden soll, um Kriege zu gewinnen, sondern um Gott zu verherrlichen.

Der Ignatius der frühen Jahre war noch ein Mensch, der ebensogut ein Wüstenheiliger wie ein Kreuzfahrer hätte sein können: ein fast selbstmörderischer Asket von gewaltsamer und schonungsloser Bußfertigkeit. Erst in Rom wird aus diesem bedingungslosen geistlichen Einzelkämpfer ein anderer Mensch, ein Mann der

Kirche. Er hat immer gewußt, daß die Welt von zwei Heeren durchzogen wird, wovon das eine der Fahne Christi folgt und das andere dem Luzifer gehorcht. Aber er erkennt erst in Rom mit aller Deutlichkeit, daß das Heer Christi Soldaten braucht. Jeder seiner Schüler, bis auf den heutigen Tag, wird einmal im Verlaufe der ignatianischen Exerzitien an dieses Bild der beiden Heere herangeführt – und dann vor die Wahl gestellt, unter welches Banner er treten will.

Es ist ergreifend zu sehen, wie Ignatius in Rom sich wandelt. Früher hat er gefastet bis zur Übertriebenheit, in Rom genießt er einen einfachen, gut bereiteten Tisch und sagt von sich das bezeichnende Wort: sein geistliches Wohlbefinden stehe in geradem Verhältnis zu seinem leiblichen. Das Kleinste und selbst das Vergänglichste betrachtet er als Gottes Gabe, und wenn er sich zu Zeiten etwas versagt, so nur, um durch einen ununterbrochenen Gebrauch nicht zu vergessen, wie es sei, wenn er es nicht habe. In früheren Jahren hat er noch lange Stunden täglich im Gebete gelegen. In Rom erkennt er, daß für den religiösen Menschen das Gebet nur eine Weise ist, Gott zu verherrlichen. – Und so lobt er nun das lange Beten nur noch dort, wo es als Zweck für sich selber genommen wird: im beschaulichen Orden. Seinen eigenen Ordensbrüdern hält er – um ihnen zu zeigen, daß sie nicht in einen beschaulichen Orden eingetreten seien, die frappierende Wahrheit vor: ein Mensch, der sich in Zucht nehme, erreiche in einer Viertelstunde Betens mehr als ein nicht abgetöteter in vielen Stunden. Dieser innere Wandel vom ichbezogenen, fanatischen zum überpersönlichen, harmonischen Heiligen – dies ist der Anteil Roms am Schicksal des Ignatius. Nur inmitten der weltumspannenden Perspektiven dieser Stadt, die sich soeben mit der Selbstverständlichkeit eines nicht anzweifelbaren Auftrages daran machte, auch der Neuen Welt die Hauptstadt zu zu sein, konnten sich die starken Extreme dieses kompromißlosen Charakters zur Weisheit zusammenbinden. Das Leben auf dem Gipfel der Welt veranlaßte einen so eingezogenen Mann zu der letzten stillschweigenden Korrektur seines natürlichen Temperaments. Es zeigt sich an Ignatius in exemplarischer Deutlichkeit, daß die römische Weise des Einwirkens auf die Weltgeschichte nicht darin besteht, einen Gegensatz durch einen anderen aufzuheben –, sondern in einer über die Jahrhunderte vorausschauenden Behutsamkeit die Versöhnung der Gegensätze zu bewirken. In Rom erreichte Ignatius jenen Grad der Abgeklärtheit, der aus der Überzeugung resultiert, daß es einzig auf das letzte Blatt der Weltgeschichte ankäme und daß Rom die Aufgabe haben werde, es zu schreiben.

Wir haben aus diesen römischen Jahren sehr eindrucksvolle Berichte über Ignatius. Allen gemeinsam ist ein Wesenszug, über den seine Zeitgenossen immer wieder in Staunen gerieten: je mehr ein Mensch, der dem Ignatius begegnete, sich von dem Wege entfernt hatte, den der Heilige für den rechten hielt, umso größer war die Milde, die Nachsicht, die verzeihende Höflichkeit, die Ignatius auf ihn verwandte. Wenn einer ihm eine Klage zutrug, wies er ihn ab, oder er verlangte, daß der Ankläger sich schriftlich und mit genauen Einzelheiten äußere. War wirklich etwas Schwerwiegendes vorgekommen, so konnte es zwar geschehen, daß er den Sünder wie einen Schulbuben andonnerte; in der Regel aber trug er ihm ohne irgendeine weitere Bemerkung einfach den Tatbestand vor und ersuchte ihn hierauf, seine Strafe selbst zu bestimmen und auch gleich an sich zu vollziehen; denn immer war er darauf bedacht, das Ehrgefühl seiner Jünger möglichst zu schonen. Mit den Novizen vor allem hatte er große Geduld, denn er war sich bewußt, daß sie noch nicht das leisten konnten, was er von einem richtigen Jesuiten verlangte. Mit den alten erprobten Patres ging er dagegen meist rauh, rücksichtslos und unfreundlich um. Jerónimo Nadal, den er von allen seinen Jüngern vielleicht am höchsten schätzte und mit dem er am Anfang sehr zart verfahren war, sah sich später oft so scharf zurechtgewiesen, daß er, obwohl sonst ein nüchterner Mann, vor innerer Bewegung in Tränen ausbrach. Der Pater Lainez mußte sich ein paar Monate vor dem Tode des Ignatius einen so harten Tadel von ihm gefallen lassen, daß er bekümmert betete: »Herr, was habe ich gegen den Orden gesündigt, daß dieser Heilige mich so behandelt.«

In den Jahren 1552 bis 1556 hat Ignatius kühn und rücksichtslos über zweihundert Personen aus dem jungen, wachsenden Orden entlassen, weil sie seinen Anforderungen nicht genügten. Und er bekennt selbst: »Wenn es etwas gäbe, was mir ein längeres Leben für wünschenswert erscheinen ließe, so wäre es die Aufgabe, die Zulassung zur Gesellschaft möglichst zu erschweren.« Trotz aller dieser Strenge aber wurde er von seinen Ordensbrüdern geliebt und verehrt. Denn er war weise geworden, und jedermann spürte, daß in diesem kleinen, hinkenden General, dessen klopfender Gang bis nach Mitternacht im Hause zu hören war, eine fast übermenschliche Erleuchtung wirkte – jene demutsvolle, gütige Einsicht in die menschliche Seele und ihr Heil, deren Stimme immer noch ertönt.

»... Widersprich niemanden, weder mit Grund noch ohne Grund, nicht dem Vorgesetzten, noch dem Gleichgestellten, noch dem Untergebenen. Entschuldige Dich nicht, auch wenn Du es mit Recht könntest. Übe in allem blinden Gehorsam gegen Große und Geringe, Vorgesetzte, Gleichgestellte und Untergebene. Bedenke, daß Du dies vor Christus geschworen hast. Fixiere nie die Fehler des Nächsten. Sei stets bereit, sie zu entschuldigen. Und umgekehrt: sei immer bereit, Dich selber anzuklagen – es sei Dein Wunsch, von allen so durchschaut zu werden, wie Du innerlich bist.

Wahre Dir in allen Dingen die Freiheit des Geistes. Schiele in nichts auf Menschenurteil, sondern halte Deinen Geist innerlich so unabhängig, daß Du stets auch das Gegenteil von dem tun könntest, was Du gerade tust. Mache Dich niemals ohne kluge Unterscheidung gemein mit den Vielen. Meide die Vertraulichkeiten. Berate Dich mit Deinem Geist und sieh zu, wohin er Dich treibt. Halte Dich immerdar geübt – im inneren und äußeren Leben.

Es sei Deine Sehnsucht, den Menschen als ein Tor zu gelten, damit Du von Deinem Herrn Jesus Christus treu erfunden wirst. Denn wenn Du alles verachtest, wirst Du Ihn gewinnen. Amen.«

COLLEGIO ROMANO UND SAN IGNAZIO

Wenn man vom Gesù aus die Via del Plebiscito gegen die Piazza Venezia heraufgeht, trifft man auf die Via degli Astalli, die die Hauptverkehrsader kreuzt und zwischen den Palästen Altieri und Grazioli in das alte Viertel einmündet. Wer ihr folgt, gelangt bald auf einen weiten rechteckigen Platz, auf dem sich der gewaltige Bau des Collegio Romano erhebt – die Bildungsstätte des barocken Rom, von Gregor XIII., dem wir den Gregorianischen Kalender verdanken, 1583 gegründet und bis 1870 von den Jesuiten geleitet. Der nüchterne, rationale Zweckbau, der in seinem asketischen Pathos nur durch seine Dimensionen wirkt, verrät heute kaum mehr etwas von dem Notstand, dem er seine Gründung verdankt.

Mitten in dem vielfältigen Bildungsbetrieb der Renaissance gab es in Rom keine öffentlichen Schulen. Lediglich die »Scuole Regionarie« waren allgemein zugänglich, doch konnte man dort nur die primitiven Grundlagen der Grammatik erlernen. Alle übrige Bildung lag in den Händen der Hauslehrer und des geistlichen Standes und war für die mittellosen Schichten des Volkes nicht ohne weiteres zu erreichen. Ignatius von Loyola sah als erster die große Unterlassung ein, die hier geduldet wurde, schrieb Briefe an Papst und Kardinäle, Fürsten und Bankiers, aber erst, als sein zweiter Nachfolger, der Jesuiten-General Francisco Borgia, der vor seiner Ordination Vizekönig von Katalanien gewesen war, aus dem Vermögen seiner Familie 6000 Goldscudi flüssig machte, rückte das Projekt der Verwirklichung näher. Paul III. setzte der neuen Schule einen jährlichen Wechsel aus – und der Zulauf war so groß, daß man bald keinen Platz für den Unterricht mehr hatte.

Auf dem Portal dieser ersten öffentlichen Schule Roms stand zu lesen: Scuola di grammatica, die umanità e di dottrina cristiana – ein sehr bezeichnendes Programm. Von der Beherrschung der Sprache ging der Bildungsweg zur Vervollkommnung des Menschenbildes, dessen unangezweifelter Gipfel in der Wissenschaft der Theologie gesehen wurde. Die Gesellschaft Jesu hat als erster Orden der Kirche die Bedeutung der Jugenderziehung erkannt, und Gregor XIII. begeisterte sich so sehr an dem Projekt, daß er das große Gebäude aufführen ließ, das heute noch seine geometrische Form gewisser-

maßen als ein Zeichen dafür präsentiert, wie sehr man in der Zeit seiner Errichtung noch an die Durchdringung der Welt »more geometrico« geglaubt hat. Der Schulbetrieb erfuhr eine merkwürdige Unterbrechung, als 1798 die Truppen der französischen Revolution das Gebäude besetzten und in seinem Hof einen Baum der Freiheit einpflanzten, dessen Sinn allerdings durch die Einrichtung des napoleonischen Polizeihauptquartiers schlicht wieder aufgehoben wurde.
Bis 1870 läutete jeden Tag um acht Uhr früh die große Uhrglocke des Collegio Romano den Beginn der Studien ein. Man gab der römischen Jugend im Collegio Romano auch gleich einen himmlischen Schutzpatron von großer Macht in der Gestalt des Heiligen Aloysius von Gonzaga, der als Jesuitennovize sein Zimmer im rückwärtigen Teil des Hauses hatte, fast Wand an Wand mit jener grandiosen Kirche, die dem Heiligen Ignatius geweiht ist, und deren Fassade zugleich die Rückfront des Collegio Romano ist.

In dieser Kirche hat der Jesuit Andrea Pozzo zum erstenmal versucht, die Glorie der Ewigkeit leibhaftig in den Kultraum herunterzuholen. Das weiträumige Langhaus von S. Ignazio ist überwölbt von einer muldenartigen Tonnendecke. Aber davon ist fast nichts zu erkennen, wenn man in die Kirche tritt. Da oben, wo das Gewölbe auf den Pfeilern aufruhen sollte, öffnet sich ein von Säulen getragenes Geviert, dessen vielgegliederte Gesimse den Himmel hereinschauen lassen. Dort kniet in der Mitte auf einer blassen Wolke, schon sehr weit entfernt von der Architektur, der Heilige Ignatius in glorreicher Verzückung und empfängt von dem noch höher oben schwebenden kreuztragenden

Christus einen feinen, durchbohrenden Lichtstrahl in sein Herz. Und dieses Herz ist ein kleiner, unsichtbarer, intensiver Refraktor des göttlichen Gnadenstrahles, der in die vier Richtungen des Orbis terrarum auseinanderbricht und dort – am Rande des Gewölbes – eine ungeheure Bewegung hervorruft. Da thronen auf den Wolken die jesuitischen Patrone der Erdteile: St. Aloysius über der königlichen Gestalt der Europa, die in gelassener Schönheit, im Gewande einer Fürstin, in Brokat und Gold das Szepter in der Hand, über ihre Länder und Völker regiert; St. Franciskus Xavier über den Leibern der indischen Sklaven, die unter der halbverschleierten Gestalt der Königin von Asien mühsam den Weg zum Lichte suchen; St. Petrus Claver, der in Cartagena dreihunderttausend Negersklaven taufte, über der Fürstin von Afrika; endlich die amazonenhafte Gestalt der Amerika, der kein Heiliger zugeteilt ist, weil die Gesellschaft Jesu damals in Amerika in ihrem Wirken von einem so ungeteilten Erfolg begleitet war, daß man noch keinen Märtyrer aufzuweisen hatte. In der Mitte des Marmorbodens gibt es eine kleine, eingelegte Scheibe, die den absoluten Punkt für die Betrachtung des Gemäldes bezeichnet. Von hier aus steht alles still – und zugleich ist die Plastik des Gemalten so frappierend, daß man mit bloßem Auge kaum unterscheiden kann, was gemalt und was stukkiert sein könnte. Man hat die Perspektiven des Gemäldes nachgerechnet, und man hat keinen einzigen Strich gefunden, in dem sich Pozzo technisch geirrt hätte. Es ist eine vollkommene Illusion, ein wunderbares Traumbild, das dem Geist der spezifischen Jesuitenfrömmigkeit ganz gerecht wird.

Das Bauerk einer Kirche ist die irdische Repräsentation des großen Himmelssaales, das getreue Abbild jenes unermeßlichen Hofstaates, an dem durch die Einwirkung der Gnade und der Erlösung auch die irdische Welt ihren leibhaftigen Anteil hat. Der Mensch, der sich als ein legitimer Teil einer durch alle Kreise der Engel und Geister, durch alle Sphären der Schöpfung und durch alle Stufungen auch der materiellen Erscheinung ungebrochen hindurchwirkenden Hierarchie fühlt, ist nicht ein Geschöpf, das nur darauf hoffen darf, von der Gewalt der Gnade in den Himmel hinaufgezogen zu werden – ihm ist es gegeben, durch die Werke seines Lebens, durch die Freiheit seiner moralischen Person, von sich aus in den Himmel einzudringen, der ja nicht irgendwo in fernen und unerreichbaren, ewigkeitsgebundenen Sphären situiert ist, sondern mit dem Licht und der Offenbarung in den Erdkreis einbricht. Das exorbitante Theatrum Mundi kreist mit dem Pathos einer triumphanten Siegesgewißheit in so gewaltigem Schwung durch den Raum, daß die bindende Materie des Gewölbes von selber zurückweicht, um der sinnenhaft erlebbaren Einwirkung des Himmels Platz zu machen. Der eigentliche, maßgebende Schauplatz dieses turbulenten Schauspiels, das sich in den raffinierten Überschneidungen einer dialektisch aufgefaßten Perspektive bis in den Himmel hinauftürmt, ist der Mensch. Auf der Bühne seiner Seele trifft der geschliffene Strahl der Gnade mit der geschwärzten Macht des Bösen zusammen. Und jener auserwählte, erlesene Mensch, dem es unter dem Einsatz seines konzentrierten Willens gelungen ist, seine Seele so zu reinigen, daß sie ein Brennglas für die Gnadensonne wird, jener besondere Mensch ist der Heilige. Daß der Mensch in der Vollkommenheit des Heiligen sich zum Objekt eines

Antonio Canal (Canaletto), 1742

DAS PANTHEON

Windsor Castle

Sammlung I. M. der Königin von England

ungeheueren Himmelstriumphes aufschwingen kann, rechtfertigt hier auf Erden jede Entfaltung des Prunkes, der in den erschaffenen Dingen enthalten ist. Der Mensch ist es, der in der Gestalt des Heiligen sich den Himmel erobert und seinen Glanz auf die Erdteile herunterwirft. Die streitende Kirche, die in dem Deckenfresko von S. Ignazio die Gesetze der Erdgebundenheit hinter sich gelassen hat, die Gemeinschaft von Himmel und Erde herbeiführend, dokumentiert in der geöffneten Ewigkeit die Rechtfertigung ihrer Universalität. Und sie stützt sich dabei mit derselben glaubensfesten Sicherheit auf die Harmonie, auf das Consentire zwischen der Natur und der Übernatur, womit die Antike die Grundsätze ihres universalen Friedensrechtes von der Übereinstimmung der Götter mit dem Staat hergeleitet hat. Nur daß der Geist von Klugheit, Gerechtigkeit, Tapferkeit und Maß aufgefangen, erhöht und erlöst worden ist zu den Tugenden des Glaubens, der Hoffnung und der Liebe.

PIAZZA DI SAN IGNAZIO

Wenn man nach der Betrachtung dieser großartigen Schaustellung der Theologie wieder ins Freie tritt, erwartet einen das Musterbeispiel römischer Ironie in ihrer feinsten und subtilsten Pointe. Noch umrauscht von dem Flügelschlag der himmlischen Heerscharen, findet man sich auf einem Platz, der dem Welttheater die private Komödie entgegensetzt, ein in Stein aufgeführter Bühnenprospekt für die Commedia dell'Arte: die Piazza S. Ignazio. Auf dem Grundriß eines Rokoko-Ornamentes stehen da fünf »Palazzetti« beieinander, oder besser gesagt, vor-, über-, hinter- und nebeneinander, mit eingezogenen, vorschwingenden, verwinkelten, komplimentierenden Fassaden, Häuser, die aussehen, als seien sie im Begriffe, ein preziöses Menuett des achtzehnten Jahrhunderts mit Maske und Federhut zu tanzen, dazwischen Gassen, die ideale Auftritte ermöglichen für Truffaldino, Colombina, Capitàn Fracassa, il Dottore Balanzone und alle diese halb lächerlichen Marionetten im Gewand nicht ganz komischer Narren, an denen das flüchtigste und tragischste Jahrhundert unserer Kultur sich erheiterte. Wer diesen Platz des Nachts betritt, wird ihre Schatten sehen, auch wenn er nicht träumt oder verliebt ist. Denn die Konturen der Häuser, in denen keineswegs großartige Herrschaften, sondern schlichte Bürger wohnen, lassen das Mondlicht zu einem Reigen skurriler Ornamente werden, denen man alles mögliche zutrauen kann. Um zum Konkreten zurückzukehren, müssen wir in die nahe Via dei Pastini einbiegen. Dort finden wir es nach wenigen Schritten in Gestalt einer Pizzeria, in der sich der praktische Sinn der Römer gegenüber den Träumen ihrer Voreltern genußreich niedergeschlagen hat.

Pizzeria ist ein Lokal, in dem man Pizza ißt. Das ist leicht gesagt, aber gar nicht so leicht getan. Pizza, das ist ein Volksnahrungsmittel, die Spezialität des kleinen Mannes, zwar in Neapel erfunden, aber in Rom zu unglaublicher Wandlungsfähigkeit weiterentwickelt. Pizza, das ist mehr als ein pfannkuchenartiges Teiggebilde, auf dem in einer Substanz von flüssigem Käse alles mögliche durcheinander schwimmt, Pizza, das ist eine Wissenschaft, eine Zelebration. Pizza ist ein Abbild Roms: Altes und Neues durcheinander, in dem sanft erwärmenden Klima eines ungeheuren Ofens zur Reife gebracht, eine morbide Komposition von simplen Genüssen in ihren abseitigsten Übergängen – und der kleine Mann und der große Herr sind sich über die Wichtigkeit dieser Sache einig. Wie es schmeckt, kann ich nicht beschreiben. Wer guten und unverschnittenen Vino dei Castelli liebt, findet nichts besseres als Komplementärgeschmack, denn die Pizza bringt den Zecher in die angenehme Lage, sich dem Weingenuß lange, ausgiebig und in stets erneuter Freude hinzugeben. Schon die Namen, die man ihr gibt, je nach der Zusammensetzung ihrer Zutaten, sind aufschlußreich: Pizza alla Papàlina – eigentlich nur zu übersetzen (und zwar ausdrücklich ohne die geringste Blasphemie, im Gegenteil, fast zärtlich gemeint) à la »Heiliges Väterchen« – Pizza alla Capricciosa, die kapriziöse – Pizza alla bella signora, (das braucht man nicht zu übersetzen) – Pizza alla pescatora – nach der schönen Fischerin. – Neben der Pizza gibt es noch drei andere urrömische Gerichte, die man in der Pizzeria bekommt: Crostini, Calzoni und Supplì.

Crostini, das sind Weißbrotscheiben, geröstet, mit zerlassenem Büffelkäse und Schinken; Calzoni (wörtlich Hosen) bestehen aus dem gleichen Teig wie die Pizza, haben die Form eines unten geschlossenen Hosenbeines und sind mit einem großen Durcheinander von Käse, Fleisch und Sardellen angefüllt; Supplì endlich sind kleine Rollen aus Reis, in Semmelbrösel eingehüllt, und wer sie nicht auf einmal in den Mund bringt, der wird merken, warum man sie in Rom »Supplì al telefono« nennt: drin ist zerlassene Mozzarella, die sich zu telefonleitungsähnlichen Fäden zerdehnt, ohne zu zerreißen.

Alle diese Genüsse ißt man im Sommer im Freien auf der Piazza S. Ignazio, zwischen kleinen Holzgestellen mit ein paar Topfpflanzen, die ein Stückchen von dem verträumten Theaterplatz einzäunen. Auf diese Weise demonstrieren die Römer im Angesicht der Triumphkirche der Jesuiten, daß es zur Glorie der Schöpfung nur beitragen kann, wenn der Mensch die Wirklichkeit als eine heitere Komödie nimmt, deren solider Unterbau ohne theologische Schwierigkeit aus exquisiten, in Frascati getauchten Pizzen bestehen kann.

ISIS UND DIE VORWELT-TIERE

Von der Piazza del Collegio Romano führt eine Straße zur Minerva-Kirche, die den Namen Via del Piè'di Marmo trägt. Wenn man sie entlang geht, trifft man an der Mündung der Straße mit dem merkwürdigen Namen Via Santo Stefano del Cacco auf die Erklärung beider Bezeichnungen. Da steht auf einem meterhohen Postament ein riesengroßer Marmorfuß, den man beim Häuserbau an dieser Stelle gefunden hat. Er gehörte einmal zu einer Statue der Göttin Isis, die mit ihrem Kult im Gefolge der Kleopatra nach Rom gekommen war, um mit ihren orientalischen Mysterien die Wundergläubigkeit derer zufrieden zu stellen, die an den erstarrten Zeremonien der römischen Staatsgötter keinen Reiz mehr finden konnten, zum liberalen Freidenkertum aber zu fromm und zur stoischen Philosophie zu wenig gebildet waren.

Isis, nach der schon in der Zeit des Augustus eine Legion Roms ihren Namen bekam, erreichte in der Stadt eine ungewöhnliche Verehrung. Das Volk strömte in ihren Tempel, nicht nur um dort zu beten, sondern vor allem, um dort die Nacht zu verbringen und schlafend von Gebrechen und Krankheit geheilt zu werden. Als später die Tempel in christliche Kultstätten umgewandelt wurden, transformierte man das Heiligtum der

Göttin in eine Kirche, die dem Erzmärtyrer Stephanus dediziert wurde und in vielfach veränderter Gestalt heute noch besteht. Irgendwann einmal hat man in den Trümmern des rings um die Kirche verfallenden Isistempels zwei Cinocefali gefunden, zwei Vorzeittiere, die der afrikanischen Göttin wahrscheinlich als besondere Weihegaben von einem dankbaren Anhänger verehrt worden waren. Das Volk konnte mit den merkwürdigen Gebilden nichts anfangen, amüsierte sich aber über den offenbar nicht sehr intelligenten Gesichtsausdruck der beiden Tiere, und nannte sie nach einem seit uralter Zeit gebrauchten Schimpfwort »macacco«, was man am besten mit dem Worte »Aff« (im bayerischen Sinne) übersetzen kann. So kam der Heilige Stephanus am Isistempel zu dem etwas abstrusen Namen »Heiliger Stephan vom Affen«. Von der Isis ist, wie gesagt, nur der Fuß übrig geblieben, der der Via del Piè'di Marmo den Namen gegeben hat; Straße vom Marmorfuß – obwohl er später vor dem Leichenzug des Königs Vittorio Emanuele II., der auf dem Wege zum Pantheon hier durchkam, in die Seitenstraße hat ausweichen müssen.

Die Verehrung der Isis als Mutter der ägyptischen Götter hat einmal, unter Hadrian, einen eigenartigen Höhepunkt erreicht. Dieser freundliche, hochgebildete Kaiser hatte seine Kriege mit Glück geführt und seine Reisen mit Genuß unternommen. Er war fortwährend in seinem Reich unterwegs. Kaum einer der Cäsaren hat sein Herrschaftsgebiet so genau gekannt wie er. Schreibend, dichtend, philosophierend durchmaß er die Länder des Mittelmeeres mit dem Genuß eines luxusfreudigen Privatmannes, der weiß, daß er sein Geld nicht unnütz ausgibt. In Ägypten vor allem fühlte er sich wohl, von der starren Magie dieses unverändert die Geschichte überdauernden Kultes angezogen. Einmal wartete er vier Tage unter dem Memnonkoloss, um ihn singen zu hören. Er ließ sich sogar in die Priesterschaften aufnehmen und in die Mysterien einweihen. Das Ergebnis dieser Reise fand seinen gewaltigen Niederschlag in der Villa, die er sich auf dem Gelände unterhalb der Stadt Tivoli erbauen ließ. Dort stellte er in Gärten, Säulenhallen, Bädern und Festsälen die Schätze auf, die er aus dem Orient mitgebracht hatte. Kaiserliche Transportschiffe besonderer Konstruktion beförderten die Obeliksen übers Meer – man schleppte aus Griechenland, aus Kleinasien, aus dem Nildelta Götterbilder, Statuen und Tempelgerät herüber, und das Ganze wurde eine spätzeitliche Kopiensammlung von heiligen und profanen Dingen, deren Ruhm das Altertum erfüllte. Orte und Bauwerke, die den Kaiser besonders beeindruckt hatten, wurden mitsamt der Landschaft rekonstruiert – und in diesem, mit dem spätzeitlichen Ästhetentum eines feinsinnigen Menschen erfüllten Museum gedachte der Kaiser sein Alter zuzubringen.

Unter diesen Rekonstruktionen ist die größte das Tal von Canope – jenes berühmte, zwanzig Meilen außerhalb von Alexandria gelegene Heiligtum des Serapis, zu dem ein mit Lusthäusern und Kabaretts gesäumter, gondelbefahrener Kanal des Nil hinführte. Hadrian nahm sich die Mühe, dieses ganze Tal in Tivoli ausheben zu lassen – er baute einen Kanal, dessen rechtes Ufer mit kleinen Appartements in einem Portikus gesäumt war, wogegen auf dem anderen Ufer die Nachbildung eines orientalischen Bazars en miniature eingerichtet wurde. Am Ende des Kanals erhob sich der

Tempel des Heilgottes Serapis, und darin waren, umsprüht von den Fontänen eines Nympheums, die ägyptischen Bildwerke aufgestellt, die heute der Stolz der Vatikanischen Sammlungen sind. Die dunklen Kulte des Orients hatten in ihrer mystischen Wirkung auf den Westen das zurückgewonnen, was den Ländern des Ostens an politischer Macht verloren gegangen war.
Isis und Serapis eröffnen jenen geheimnisvollen Zug der orientalischen Götter nach Rom, der mit dem Triumph endet, den die Gestalt des halbwahnsinnigen Heliogabal ihnen darbrachte – hundert Jahre nach Hadrians Tod. In der amethystfarbenen Tunika, das Sonnendiadem auf dem Haupt, auf der Elefantenquadriga einherfahrend, hat dieser Kaiser die strengen und gerechten Götter Roms zugunsten der brünstigen Mysterien des Ostens schon zweihundert Jahre vor dem Zeitpunkt entthront, an dem der große Theodosius die Tempel aller Götter für immer geschlossen hat.

LA MINERVA

Die Via del Piè'di Marmo führt auf einen zierlichen, rüsseldrehenden Elefanten zu, dem die kapriziöse Phantasie Berninis einen kleinen Obelisk auf den Rükken gesetzt hat – übrigens einen der »jungen« Obelisken Roms, er ist nur aus dem sechsten Jahrhundert vor Christus und kann sich an Ehrwürdigkeit und Gewicht mit den älteren am Lateran und auf der Piazza di San Pietro nicht messen. In der Antike stand dieser Obelisk im nahen Heiligtum der Isis; im 17. Jahrhundert ließ dann der Papst Urban VIII. ihn hier aufstellen, um so dem alten Bezirk der Weisheitsgöttin Minerva ein neues Symbol der Weisheit hinzuzufügen. Er verfaßte für den Sockel des graziösen Gebildes die sehr reizvolle Inschrift:

QUISQUIS HIC VIDES – DOCUMENTUM INTELLIGE
ROBUSTAE MENTIS ESSE – SOLIDAM SAPIENTIAM SUSTINERE

was man, etwas frei, übersetzten könnte: »Der du dies zu sehen bekommst, erkenne darin den Beweis, daß man schon einen kräftigen Geist haben muß, um die Last der Weisheit zu ertragen.«

So genommen, könnte die Inschrift eine ganz kleine, feine Bosheit sein für die hellhörigen, geschliffenen Zöglinge der päpstlichen Diplomatenakademie, die hier im Angesicht des Elefanten ihren Palast haben. Auch die Novizen des Dominikaner-Klosters an der Minerva könnten sich die Sentenz des Papstes zu eigen machen.

Minerva, die keusche, gerüstet aus dem Haupt ihres Vaters hervorgekommene Göttin, hat in dem Areal ihres alten Tempels außer dem Namen keine Spuren hinterlassen. Dafür hat aber der Mann, der es unternahm, den größten irdischen Schüler der Weisheitsgöttin, den Aristoteles, mit dem Licht der geoffenbarten Wahrheit auszusöhnen, in der Kirche über dem Minervatempel einen großartigen Triumph bekommen. Der Sieg des Heiligen Thomas von Aquin, des Archischolasticus und Doctor Ecclesiae, über die Häresie, ist von Filippino Lippi am Ende des 15. Jahrhunderts an die Wände des rechten Querschiffes der Kirche gemalt worden. Wir wissen von der menschlichen Persönlichkeit dieses unermüdlich bohrenden Denkers nicht sehr viel, und Filippino wußte wahrscheinlich noch weniger – weshalb es erklärlich ist, daß der Heilige Thomas immer nur in der Erhabenheit seiner überzeitlichen Würde erscheint.

Immerhin kann man auch bei Filippino feststellen, daß er von ganz beträchtlicher Leibesfülle gewesen sein muß. Man erzählt von St. Thomas, er sei – weil es bekannt war, daß er gerne gut aß – von dem König Ludwig von Frankreich einmal zur Tafel geladen worden. Er habe aber einen so abwesenden Eindruck gemacht, daß man zweifeln konnte, ob er sich überhaupt bewußt war, ausgezeichnete Dinge zu verspeisen. Ohne ein Wort zu reden, mit nach innen gekehrtem Blick, sei er an der Tafel gesessen und die Nüsse seien schon aufgetragen worden, ohne daß er etwas gesagt hatte. Der König, der ein taktvoller Mann war, gab den Höflingen einen Wink, den großen Gelehrten keinesfalls zu stören. Plötzlich, ohne das geringste Zeichen vorhergehender Erregung, habe St. Thomas sich in seiner ganzen Fülle erhoben und die geballte Faust mit großer Wucht auf die Tischplatte niedersausen lassen. Unter dem Geklapper der springenden Nüsse rief er mit zorngerötetem Gesicht den erschrockenen Höflingen die Worte zu: »Das wird die Häretiker erledigen!« – Er hatte das entscheidende Argument gefunden, um die Irrlehre der Manichäer zu widerlegen. Es hat mir immer leid getan, daß der Maler Filippino Lippi diese Szene in S. Maria sopra Minerva nicht gemalt hat.

Unter dem Hochaltar der Kirche liegt die Heilige Katharina von Siena begraben, die Patronin Italiens, die Tochter eines Färbers in Siena, berühmt durch ihre aufopfernde Barmherzigkeit und durch die schonungslose Offenheit, mit der sie den Papst dazu überredete, aus Avignon wieder nach Rom zurückzukehren. Nicht weit von ihr ist in den Boden der Grabstein des »alter Apelles« eingelassen, des Fra Angelico, dem es gelungen ist, die himmlische Freude in makelloser Reinheit auf seine Malereien herabzuziehen, und der es wahrhaftig verdient, daß die ewige Lampe über seinem Grabe brennt. Endlich findet sich im Fußboden noch ein drittes Grab, das einen berühmten und liebenswürdigen Menschen deckt: die Ruhestätte des Kardinals Pietro Bembo, der mit fast allen großen Leuten der Renaissance eng befreundet war und die Reihe jener fürstlichen Purpurträger eröffnet, denen das Rom der Neuzeit so viel zu verdanken hat.

PANTHEON

Bis zum Pantheon sind es nun nur noch zwei Schritte. Das römische Volk nennt den gewaltigen Bau einfach la Rotonda – die Runde. Das ist vielleicht prosaisch, aber im Grunde berechtigt; denn nirgends sonst hat die Architektur das Element des Runden in solcher Vollkommenheit wiedergegeben. Der Mann, dem wir den Ursprung des Baus verdanken, wird in der Giebelschrift gefeiert: Marcus Agrippa, General, Mitregent und Schwiegersohn des Kaisers Augustus, ein bäuerlichhandfester, kluger Gefährte, den Augustus trotz aller späteren Differenzen mit Ehren überhäufte, weil er wußte, was er an ihm hatte. Agrippa beteiligte sich mit seinem ungeheueren Privatvermögen an den Bauvorhaben des Kaisers, der Rom aus einer Stadt von Ziegelsteinen in eine Marmorstadt verwandeln wollte. Er baute weitläufige Thermen, die an das Marsfeld angrenzten, und deren zentrales Heiligtum den sieben planetarischen Göttern geweiht war – den Göttern, die den Umlauf der Gestirne und damit die Ordnung der Welt garantieren. Dieser Tempel brannte ab, was dem Kaiser Hadrian Gelegenheit gab, an seiner Stelle den dreitausend Gottheiten des Reiches das Pantheon zu errichten, in dem sie Verehrung genossen.

Die sieben Planetengottheiten des alten Rom begegnen uns außerhalb des Pantheon noch an einer anderen entscheidenden Stelle. In den Katakomben von S. Sebastiano gibt es ein ziemlich frühes, wahrscheinlich gnostisches Fresko, worauf ein Mann zu sehen ist, der durch sieben Bogen schreitet. Die siebente Pforte läßt ihn einen Hain betreten, wo unter einem großen Baum die Seligen beim Mahle sitzen. Es scheint ein eingewurzelter Glaube gewesen zu sein, daß der Mensch vor seiner Geburt die sieben Planeten passieren müsse, damit sie ihm für den Weg auf der Erde ihre Gaben verliehen. Nach seinem Tode habe der Mensch dann denselben Weg wieder zurückzulegen, habe herauszugeben, was er bekommen, und kehre als gereinigtes Wesen in das Paradies ein. So sind es also die Schicksalsgötter der Römer gewesen, denen das Pantheon errichtet worden ist.

Im siebenten Jahrhundert, als die Thermen nicht mehr in Gebrauch waren, verwandelte man den herrlichen Bau in eine christliche Kirche mit dem Namen Sancta Maria ad Martyres, wozu der byzantinische Kaiser Phokas seine Zustimmung ab. Und dann begann sich unter den riesigen korinthischen Säulen das Leben des Mittelalters auszubreiten. Als Kirche wurde das Pantheon viel besucht; dies hatte zur Folge, daß man die Vorhalle in ein Geschäftshaus verwandelte. Zwischen den Säulen wurden Mauern eingezogen, kleine Händler richteten sich ein, und die Pilger, die vor der Märtyrer-Muttergottes ihr Gebet gesprochen hatten, konnten im schützenden Schatten von Dach und Säulen in der Vorhalle gleich ihre Kauflust befriedigen. Eugen IV.

Interno del Panteon

verbot den Bazar am Pantheon, ließ die Verbindungsmauern zwischen den Säulen einreißen, stellte die alte Form wieder her und verstarb. Der Popolo Romano ging daraufhin sofort ans Werk, den Bazar wieder aufzurichten. Erst im 18. Jahrhundert nahm das Pantheon ungefähr die Gestalt an, in der wir es heute sehen.

Das Erstaunlichste an dem Gebäude ist sein Licht. Durch eine kreisrunde Öffnung von neun Meter Durchmesser, die den Scheitel der Kuppel bildet, fällt das ungebrochene, durch kein Glas getrübte Licht des römischen Himmels in den Raum. Die kaum wahrnehmbaren Wandlungen seiner Intensität, seine Milderung durch Wolken, seine Trübung durch den Schirokko, sein Glanz in der Sonne und sein geisterhaftes Leben im Mond, diese tausendfältige, lebenspendende Variation des Lichtes durchdringt den Innenraum mit so feiner Gewalt, daß es scheint, als hätten die grau kassettierten Steine ein besonderes, beinahe körperlich spürbares Leben. Das Pantheon als Ganzes ist eine überwältigende Leistung, aber die Tat des Genies dabei ist die Öffnung in der Kuppel.

Michelangelo, der das Pantheon genau studiert hat, nahm sich seine Maße zum Vorbild für die Peterskuppel (die Durchmesserdifferenz ist nur ein halber Meter), ebenso wie er sich die Dimensionen der Maxentius-Basilika auf dem Forum Romanum zum Richtmaß für das Schiff der neuen Peterskirche nahm. Als man ihn fragte, wie denn nun dieser Bau aussehen solle, antwortete der verschlossene Mann: »Ich werde das Pantheon auf die Maxentius-Basilika setzen.« Tatsächlich hat man, wenn man im Pantheon steht, einen genauen Eindruck, wie groß die Peterskuppel wirklich ist – und es ist ein merkwürdiges Gefühl, sich vorzustellen, daß die Geisteskraft dieses Mannes in der Lage war, diese ungeheure Masse vierundvierzig Meter in die Höhe zu heben, wo sie seit vierhundert Jahren mit schwereloser Sicherheit schwebend verharrt.

Das Königreich Italien hat das Pantheon zur Grabstätte seiner Herrscher gemacht, aber schon zu Lebzeiten Michelangelos ist es ausersehen worden, die Reste großer Männer aufzunehmen. Zwischen der zweiten und dritten Säulennische auf der linken Seite liegt, unter einem flachgewölbten Bogen, das Grab Raffaels, der nach einem zarten und unfaßbaren Leben mit siebenunddreißig Jahren erlosch und hier beigesetzt wurde, von niemand mit größerer Erschütterung betrauert als von Michelangelo, der zu seinen Lebzeiten sein bitterer Gegner gewesen war. Der humanistische Kardinal Bembo, der Raffael sehr geliebt hatte, verfaßte das herrliche Distichon, das auf dem Sarg eingegraben ist:

ILLE HIC EST RAPHAEL, TIMUIT QUO SOSPITE VINCI
RERUM MAGNA PARENS ET MORIENTE MORI.

»Hier ruht jener Raffael, von dem zu seinen Lebzeiten die große Mutter aller Dinge – die Natur – fürchten mußte, besiegt zu werden, während sie jetzt, da er tot ist, glaubt, selber sterben zu müssen.« Heute noch, nach vierhundert Jahren, wird dieses Grab von den Römern, die ein Genie nie vergessen, mit den Blumen der Campagna geschmückt.

Wenn wir nun auf den Platz hinausgehen, der sich zur Eingangshalle des Pantheon heruntersenkt, geschmückt mit einem kleinen Obeliskenbrunnen Alexanders VII., treffen wir auf dichte Menschentrauben. Es sind nur Männer, die da stehen, und man sieht sie sonst an keinem Ort der Stadt Rom. Sie haben verschlagene, gegerbte Gesichter, manche tragen kleine silberne Ohrringe, alle haben die Hüte auf, ihre Beine stecken in derben Stiefeln, sie blinzeln ein bißchen in der Sonne, und haben keinen Blick für das große Monument des Agrippa. Es sind Bauern und Händler aus der Campagna, die Leute, die hier das Vieh und das Getreide verkaufen, von dem sich die Stadt Rom ernährt. Sie stehen hauptsächlich in der Nähe einer kleinen Bar, wo in einer Ecke grobe, herrlich duftende Säcke aufgestapelt sind, Säcke voll Kaffee.

Ich empfehle sehr, in diese Bar einzutreten, denn der Kaffee, den man hier bekommt, ist der beste von Rom. Der Mann an der Theke hat eine funkelnde, blitzende, sauber dampfende Maschine, auf der es das schwarze Getränk mit der Sorgfalt eines Künstlers herstellt.

Mittels eines besonderen Kniffes bringt er es fertig, an der Oberfläche des Kaffees eine schokoladenbraune Schicht von Schaum zu erzeugen, und es ist eine grobe Sünde, wenn man den Kaffee nicht austrinkt, so lange dieser Schaum noch da ist – denn darin sitzt der eigentliche Höhepunkt des Geschmackes.

Man kann den Römern in vieler Hinsicht Ignoranz nachsagen, aber was den Kaffee betrifft, sind sie Fachleute. Es gibt sehr viele Menschen in dieser Stadt, die einmal im Tag eine Fahrt mit dem Omnibus machen, um in einer ganz bestimmten Bar, die keineswegs auf ihrem Wege liegt, einen Kaffee zu nehmen. Eine Espresso-Maschine ist eine todsichere Lebensrente für den Besitzer. Die Quantität des gemahlenen Kaffees, die für eine Tasse verwendet werden muß, ist staatlich vorgeschrieben, das Maß ist geeicht. Niemand nimmt mit mehr als dem üblichen Geschimpfe davon Notiz, wenn in einem Restaurant die Preise steigen, aber Rom hatte schon ein paarmal eine recht empfindlich beunruhigte Bevölkerung, als die Kaffeepreise Miene machten, in die Höhe zu gehen. Ich kann aus eigener Erfahrung sagen: ohne Kaffee geht es nicht. Lassen Sie sich vor allem raten, bei den langen Wanderungen, die man als Fremder in Rom macht, immer wieder eine Espresso-Pause einzuschieben, selbst wenn Sie dabei aus einem Museum herausgehen müssen. Jeder Portier wird Sie auf dasselbe Billett wieder einlassen, wenn Sie sagen, Sie wollten »prendere un caffè«.

DIE MADDALENA

Zwei Schritte von der Piazza del Pantheon entfernt liegt die Kirche der Maddalena, die dem krankenpflegenden Orden der Camillianer gehört. Man sollte an ihr nicht vorübergehen, sie ist eine typische römische Andachtskirche, in den heiteren Formen des Rokoko ausgeschwungen, mit dem bräunlich dunklen Ton einer vertrauten Dämmerung im Innern, die Altäre besteckt mit kleinen Lämpchen, die das Gefühl freundlicher Geborgenheit erhöhen, und den Andachtsbildern, seien sie nun künstlerisch oder kitschig, den beruhigenden Charme liebevoller Verehrung verleihen. In Kirchen wie diese geht das römische Volk zum Beten, vor den spiegelnden Marmorgittern knien die Hausfrauen, die jungen Damen, die Telegrafenboten und die weißhaarigen Familienväter, dazwischen laufen die Kinder herum, und alle fühlen sich zu Hause. In kaum einer Kirche Roms kann man so sehr, wie in der Maddalena erleben, daß dieses Volk den Unterschied zwischen der geistlichen und der weltlichen Sphäre nicht kennt – das Haus des lieben Gottes und der Heiligen Maria Magdalena ist ein Haus für alle, die mit ihren Schwächen und Fehlern kommen, um sie dort abzuladen oder sie wenigstens eine kurze Zeit zu vergessen.

Wenn man bis in die Sakristei vordringt, wird man einen entzückenden Rokoko-Salon von maßvoller Größe vorfinden, zurückhaltend und nobel mit Stuck und blassen Farben ausgeziert, ein Stückchen heiterer Anmut im geistlichen Gewande, die ideale Stätte für einen geistreichen Abbé des vielgeliebten 18. Jahrhunderts, der noch fromm genug sein müßte, um sich überhaupt in eine Sakristei zu begeben, und schon geistreich genug, um es mit der Grazie des gebildeten Hofmannes zu tun. Das spätere 18. Jahrhundert hat in Rom verhältnismäßig wenig Spuren hinterlassen, gemessen an den immensen Bauten, die der Frühbarock geschaffen hat. Es scheint fast, als habe sich die galante Zeit unter dem erdrückenden Gewicht der Gravitas des barocken Rom in die Verstecke der privaten Salons zurückgezogen, und um so erheiternder ist das Erlebnis der Sakristei in der Maddalena.

Wenn man wieder in die Kirche zurückkehrt, leuchtet von der Rückwand über dem Hauptportal die dunkle Goldfarbe einer überquellend geschnitzten Empore herunter, die eine Orgel trägt, worin die Pfeifen des 18. Jahrhunderts noch unverändert ihre sanften und freudigen Stimmen erheben. Im ganzen ist diese Kirche sehr liebenswert; denn sie ist eine zarte und behutsam ausgereifte Frucht jener Form von Andacht, die sich nicht mit der Präsenz beim Meßopfer begnügt, sondern abseits von dem in Rom immer offiziell empfundenen Ablauf der Liturgie den persönlichen Weg zu einem sehr gütigen und nachsichtigen lieben Gott aufsucht.

CAPRANICA

Wenn wir von der Maddalena aus an der rechten Seitenfront der Kirche die Gasse entlang gehen, kommen wir auf einen Platz, dessen Breitseite durch einen Palast mit gotischen Fenstern eingenommen wird. Er trägt den Namen Capranica und beherbergt heute, unter spartanischen Umständen, eines der bedeutendsten Kollegs der römischen Priesterschaft. – Ich habe selber einmal die Zelle gesehen – um nicht zu sagen, das Mauerloch – in dem einstmals Papst Pius XII. als junger Priester gewohnt und studiert hat. Das Capranica, gebaut von einem Kardinal im 15. Jahrhundert, ist eine der in Rom nicht seltenen, nüchternen, unkomfortablen Stätten, die von lachenden und gewandten jungen Priestern angefüllt sind. In ihm wird jenes Erziehungsgeheimnis der höheren Ränge der katholischen Priesterschaft geübt, das – abgesehen von der selbstverständlichen philosophischen und theologischen Bildung – hauptsächlich in der vervielfältigten und virtuosen Übung einer einzigen Kunst besteht: der Diskretion. Ich meine das Wort hier nicht nur in seinem gebräuchlichen Sinne, nicht nur als die sympathische Mischung von Takt, Schweigsamkeit und Mitgefühl, die wir umso mehr zu schätzen lernen, je seltener sie anzutreffen ist, ich meine Diskretion im Sinne von »Unterscheidung« – und das ist nicht eine Eigenschaft, das ist das Programm einer Lebenseinstellung. Es ist damit der zur äußersten Sensibilität ausgebildete Spürsinn für die kaum erkennbare Grenze gemeint, an der die Infiltration des Bösen im menschlichen Charakter ihren Anfang nimmt. Das Wesen der Diskretion besteht dabei in dem Vorbehalt, der Feststellung auf keinen Fall sofort ein Urteil folgen zu lassen. Auf diese Weise wird der Charakter eines Menschen, der eine religiös gefestige geistige Basis hat, zu jener frühen Weisheit und Güte erzogen, die es den Spitzenkandidaten des römischen Klerus erlaubt, schon in jungen Jahren in verantwortliche Stellungen einzurücken.

Die Diskretion in diesem weiteren Sinn ist zugleich die Lehrmeisterin für das Verständnis der Weltgeschichte, ohne das die Leitung der Kirche nicht auskommen könnte. Man gewöhnt sich nur durch eine sehr geschliffene Fähigkeit der Unterscheidung an den Gedanken, Fehler, Schuld und Irrtümer, die vor dreihundert Jahren begangen worden sind, mit selbstverständlicher Dienstbereitschaft auf sich zu nehmen. Die Rechnung der Geschichte hat in der dünnen Luft der römischen Kleriker für die Vergangenheit ein ebenso präzises Soll und Haben wie für die Zukunft – und wenn es der Kirche zustößt, daß in Indien die Mission sich in Verfolgung oder im Rückgang befindet, daß in Afrika blühende christliche Gebiete sich plötzlich im Aufruhr – nicht nur gegen die Weißen, sondern gegen Gott – befinden, dann bedarf es einer demütigen und gelassenen Hand, diese Schulden der Vergangenheit mit Würde und Geschick zu bezahlen. In den Angesichtern dieser jungen Priester wirkt, selbst wenn man von den Spuren ihres geistlichen Lebens absieht, eine heitere und sehr transparente Ruhe; die Leichtigkeit der Jugend verbindet sich in ihnen mit einer Hellhörigkeit, wie man sie nur aus den Erfahrungen eines jahrhundertelangen Lebens auf dem Gipfel der Welt erlernen kann. Die Form dieser universalen Diskretion aber ist die Höflichkeit, die, mit vollkommener Eleganz geübt, diesen bewundernswerten Geistlichen genau die Distanz verleiht, welche zur perfekten Anwendung der Diskretion unerläßlich ist.

Das Volk von Rom weiß nicht sehr viel von den Priestern des Collegio Capranica. Wenn man Capranica sagt, wird jedermann an das Kino denken, das in einem Teil des alten Palastes eingerichtet ist – Wand an Wand mit den betenden, studierenden und diskreten Geistlichen. Dies ist wieder sehr römisch: sub specie Aeternitatis macht es wenig aus, ob die Vergnügungen der Vielen mit ihrem Lärm an die stillen Stuben der Einsichtigen branden; wesentlich ist, daß bei den Vergnügungen das Programm flüchtig ist und eine Illusion bleibt, während die Geprüften eine einzige Wahrheit haben, die der Vergänglichkeit widersteht.

IM SCHATTEN DER MARK AUREL-SÄULE

Um zur Via del Corso zu gelangen, überquert man von der Piazza Capranica aus nach wenigen Schritten einen Platz, in dessen Zentrum ein fast dreißig Meter hoher Obelisk steht. Augustus hat ihn einst von Heliopolis herüberbringen lassen und auf das Marsfeld gesetzt, mitten in die großen Sportanlagen, die schon Cäsar dort begonnen hatte. Die Hieroglyphen rühmen die Taten des Pharao Psametich, die Basis ist aus dem Granit der Mark Aurel-Säule von der nahen Piazza Colonna genommen, den Scheitel des rosenfarbenen Pfahles krönt ein Bronze-Globus mit dem Wappen Pius VI., der ganz durchbohrt ist. Wenn die Strahlen der Sonne durch das Loch fallen, ist es genau Mittag. Hinter der großmächtig vorgewölbten Fassade des Parlamentspalastes, der einmal den Ludovisi, dann den Pamphili, dann dem päpstlichen Tribunal gehörte, von Bernini begonnen und von Fontana beendet wurde, tagen die italienischen Politiker in erregten und wildbewegten Sitzungen, um nachher umso friedlicher in die kleinen Restaurants zum Essen zu gehen, die überall in der Altstadt verstreut liegen. Hier hört man schon das Brausen der Via del Corso herüber, von der uns nur noch die Piazza Colonna trennt.

Die Piazza Colonna ist ein rechteckiger Platz, weder schön noch häßlich, zu gleichen Teilen umstanden von einem Ministerium, einem Zeitungspalast, einer Wohnhäuserfront und einer Galerie. Inmitten des hoffnungslosen Gewimmels von fahrenden und parkenden Autos steht die Säule des Marcus Aurelius, des Sarmaten- und Germanen-Besiegers, aufgerichtet im 2. Jahrhundert, und niemals gefällt. Sie ist das letzte erhaltene

Monument des alten Campus Martius, der sich als eine kühle Parkfläche an den sanft geschwungenen Ufern des Tiber ausdehnte, bevor die imperiale Baumanie der ersten Kaiserzeit ihn mit der Pracht ihres Marmors zudeckte. Hier war einstmals das große Sportfeld der römischen Jugend, von dem Strabo berichtet, daß es bewundernswürdig sei, weil seine weite Fläche den Reitern freien Lauf lasse und den zahlreichen Jünglingen Gelegenheit gebe, sich mit dem Ball, dem Diskus und im Ringkampf zu üben.

Die körperlichen Übungen der Jugend in Rom waren von staatsbildender Wichtigkeit, denn durch sie allein verschafften sich die jungen Leute die Geschmeidigkeit, den rigorosen Strapazen der Armee gewachsen zu sein. Dabei spielte sich das Leben auf dem Marsfeld nicht etwa in der Form einer vormilitärischen Ausbildung, sondern in der ungeschmälerten Freiheit eines privaten Vergnügens ab.

Unter den Nachfolgern des Augustus bedeckte sich das Marsfeld mit großen öffentlichen Bauten. Nero errichtete hier seine luxuriösen Thermen, Domitian das Stadion und das Odeon, Hadrian die Basiliken der Marciana und der Matidia, Antoninus Pius den Hadrianstempel, und als Mark Aurel diesen weitläufigen Bauten seine Triumphsäule hinzufügte, war das Marsfeld schon ein Zentrum der eleganten Welt geworden. Man kam hierher, wie man heute in die Villa Borghese geht – um dem Staub, der Enge, den Dünsten der Großstadt ohne allzu große körperliche Anstrengungen zu entfliehen. Die Jeunesse dorée des Altertums gab sich hier der alten Kunst der Beschäftigungslosigkeit hin. Unter dem Schatten der Mark Aurel-Säule präsentierten die Damen mit derselben Gleichgültigkeit, die heute von den Filmschauspielerinnen mit Charme verwechselt wird, die Ergebnisse der konzentrierten Bemühungen von Schneidern, Haarkünstlern, Kosmetikern und Sandalenmachern, und die Neugier der Öffentlichkeit war ebenso schwatzhaft wie heute. Man kann es nur für ein Glück der römischen Männer halten, daß die heutigen Damen der Gesellschaft im allgemeinen keine Ahnung mehr davon haben, wieviel das make-up ihrer Vorgängerinnen die Männer der Antike gekostet hat.

Seit jenen glücklichen Jahren sind viele dunkle Zeiten über Rom gegangen, die Barbarei hat der feineren antiken Kultur ein Ende gesetzt. Die Mark Aurel-Säule hat das wütende Schnauben der Stiere gehört, die im Mittelalter zum Wettlauf über den Corso gehetzt wurden, die edleren Rennen arabischer Vollblutpferde sind vergangen, aber immer noch gleitet der Schatten der Mark Aurel-Säule wie der große Zeiger einer Sonnenuhr über den Platz, und immer noch fällt er auf vieles, was des Aufzählens wert ist.

Da ist ein alter Schuhputzer, der nie ein Wort spricht, eine Viertelstunde braucht, bis die Schuhe glänzen, und niemand auf der Welt etwas Böses wünscht, außer dem schmächtigen Mann an der Ecke, der »sciuscià« ruft, »shoeshine« meint, zwei Minuten braucht und von den Amerikanern erfunden worden ist. Da sind die Männer, die im Auf- und Abgehen mit halblauter Stimme merkwürdige Litaneien von sich geben: ... cambio... dollari... Changemonny... und sich beim Anblick von Polizisten in schlichte, desinteressierte Bürger verwandeln. Da ist ein Brunnen, den man im 16. Jahrhundert errichtet hat, mit einer bescheidenen flachen Schale, von niemand mehr beachtet, als von den Droschkenkutschern, die ihren *cavalli* daraus zu trinken schöpfen.

An den Fenstern des Palazzo Chigi stehen adrett gekleidete Herren, blinzeln ein bißchen in der Sonne und genießen die Pause, in der sie nicht dazu verpflichtet sind, die Sorgen des italienischen Außenministeriums zu besprechen. Aus den Säulengängen der Galerie dringt das Geschmetter eines Tenors hervor, durch den Lautsprecher vervielfältigt, dem eine dichtgedrängte Menge zuhört. Eine Galerie – das gibt es bei uns gar nicht mehr, eine mit Glas überdeckte Straßenkreuzung, die ein Salon sein sollte, ohne dessen Verbindlichkeit zu haben. Die römischen Bürger, die ja überhaupt noch ein bißchen in den Lebensformen des ausgehenden 19. Jahrhunderts verharren, leisten sich in der Galerie heute das flanierende Vergnügen, das die elegante Welt vor fünfzig Jahren genoß. Aus der dunklen Höhle des Zeitungspalastes von »Il Tempo« sausen die Austräger hervor, und rufen mit splitternden Stimmen die Schlagzeilen aus – wenn sie interessant sind. Wenn nicht, erfinden sie neue, die nicht in der Zeitung stehen. Vor dem Ristorante Fagiano, das immer noch zu den besten Roms gehört, sitzen die älteren Herren mit den jüngeren Mädchen und essen Cannelloni, Teigröhrchen mit einer Füllung aus Huhn, Kalbfleisch und Leber, übergossen mit zerlassenem Käse und Tomatensaft. Aus der engen Schlucht der Via della Colonna Antonia kommt ein Zug junger Kleriker in himmelblau gegürteten Soutanen hervor, sie gehen in dem Geschwindschritt über den Platz, der allen Geistlichen Roms in belebten Straßen zu eigen ist. Mitten im Gewühl steht ein Mann vor einem Klavier und dreht an einer Kurbel, was eine rapide Folge glöckchenumzirpter Töne hervorbringt, und seine Frau geht mit einem kleinen Blechteller bei den Leuten herum und kassiert das Honorar.

Unvermeidlich auf der Piazza Colonna, oder besser auf dem Stück des Corso, der die Piazza Colonna schneidet, ist auch der Polizist mit der Trillerpfeife, der sich anschickt, einen anarchisch fahrenden *vespista* aufzuschreiben, den Besitzer einer Vespa, eines Motorrollers von insektenhaftem Charakter. Und damit wären wir bei dem verzweiflungsvollen Gegenstand angelangt, der in den Mittagsstunden an der Piazza Colonna in seiner ganzen Ausweglosigkeit zu studieren ist: beim römischen Verkehr. Die Polizei hat schon alles mögliche versucht. Heute sperrt man eine Straße, morgen erhofft man sich die Lösung vom Kreisverkehr, übermorgen stellt man an jede Ecke einen Hilfsschutzmann; man zieht auf dem Asphalt ein Labyrinth von weißen Strichen mit Pfeilen, die zeigen sollen, wohin der Mensch zu fahren hat. Aber – wie immer – sind die Römer weiser als die ihnen gegebenen Vorschriften. Sie wissen: theoretisch geht es längst nicht mehr. Wenn man angesichts der engen Gassen Roms, angesichts der darin reißend anschwellenden Verkehrsflut eine Theorie für reibungslose Fortbewegung aufstellen wollte – es käme nur das Durcheinander heraus, das man sowieso schon hat. Also arrangiert man sich. Man fährt rechts vor, obwohl es verboten ist, man läßt die Fußgänger noch über die Straße, obwohl die Ampel schon rotes Licht zeigt, man hält und winkt dem andern höflich zu, auch wenn er von der falschen Seite kommt, man fährt mit rapidem Tempo an und bremst mit kreischendem Elan. Rom ist die verkehrsmäßig unmöglichste Stadt Italiens; aber nirgends wird mit größerer Noblesse, mit mehr Charme und mit sichtbarerer Freude improvisiert. Und in dieser Improvisation ist – wieder einmal – das Gesetz des Ausgleichs wirksam, das die

Alten Prudentia nannten. Anderswo mögen die Dinge hart im Raum sich stoßen, in Rom liegt die Versöhnung mitten im Streit.

AUF DEM CORSO

Im Jahre 1854, am Dreikönigsabend, ist der Corso mit der Zustimmung des Papstes zum erstenmal mit Gaslicht erleuchtet worden. Zugleich erschien ein Edikt der päpstlichen Kanzlei:

»Es wird für unzuträglich gehalten, daß auf der Via del Corso, die doch für den freien und unterhaltsamen Verkehr des Publikums bestimmt ist, weiterhin Läden und Verkaufsstände existieren, in deren Natur es gelegen ist, der Würde und der Sauberkeit abträglich zu sein. Deshalb haben innerhalb dreier Monate alle Schlächter, Trippa-Verkäufer, Leber-Metzger, Ziegenfleisch-Händler, Garköche und Geflügel-Brater – ob sie nun richtige Läden haben oder ihr Zeug nur auf fliegenden Ständen auslegen – sich von der Straße zurückzuziehen auf Plätze, um die sie sich in der obgenannten Zeit selber kümmern können.«

So hat es also noch vor hundert Jahren auf dem Corso ausgesehen. Belli, der Romantiker im römischen Dialekt, setzt die Aufzählung wütend fort: Flintenmacher, Buchhändler, Bader, Knopfdreher, Geschirrhändler, Kaffeebrüher, Uhrmacher, Modistinnen, Putzweiber, Trödler, Wurstbrotmacher – das alles ist ihm sehr zuwider, denn dazwischen flanierte die »bella gente« des 19. Jahrhunderts, die Bürger zu Fuß, die feinen Herren im Wagen, die Offiziere zu Pferd. Gegen Ende des Jahrhunderts muß der Corso eine unglaublich elegante Straße gewesen sein – es gibt noch Leute, die sich daran erinnern. Da waren die *equipaggi padronali,* die achtspännigen Kutschen der Standesherren und die luxuriösen Wagen der Herzogin von Sermoneta und der Marchesa Marignoli. (Der alte Herr, der mir das erzählte, schlug die Augen zum Himmel: ach, Sie haben ja keine Ahnung, was das für Frauen waren ...) Der Fürst Massimo fuhr im Cab, der Conte Bennicelli im Landauer, peitschenschwingend, sechsspännig, in einem unmöglichen Tempo, eine Witzfigur, ebenso wie der sparsame Holl, der von der Höhe seines Wagens mit dröhnender Stimme die Sticheleien der Römer zurückgab. Jedesmal zur gleichen Zeit am Nachmittag pflegten die Wagen auf dem Corso anzuhalten und die Karosse der Königin Margherita vorbeizulassen, die schon von weitem durch die roten Livreen der Dienerschaft zu erkennen war. Der König Umberto kam ebenfalls oft vorüber, er kutschierte seinen Phaeton selber und mit einer Hand, während er mit der anderen immerfort den Zylinder abnahm und wieder aufsetzte. Diese Dinge, die so sehr vergangen zu sein scheinen, werden heute noch in Rom mit einer Liebe und Hingabe erzählt, als seien sie gestern geschehen. Der rührende und liebenswürdige Pietro Romano, dem ich viele kleine Geschichten über die vecchia Roma verdanke, hat über alles das den Satz geschrieben: Soltanto noi vecchi possiamo conservare il lieto ricordo della vita romana ... Tutto questo mondo gaio e caratteristico è scomparso, ucciso dall'automobile ... Nur wir alten Leute können noch eine fröhliche Erinnerung bewahren an diese ganze lebensprühende und unverwechselbare Welt, die jetzt versunken ist, ermordet durch das Automobil ... Ich erlaube mir indessen, anzufügen: so ganz ist sie gar nicht versunken, diese Welt des 19. Jahrhunderts. Sie lebt in tausend kleinen Dingen weiter, die man nördlich der Alpen vergessen hat. In Rom ist es noch nicht lächerlich, wenn ein Mann einer Dame, der er seine Verehrung zu verstehen geben will, ein kleines Bukett kandierter Veilchen überreicht, in Rom warten die Cavalieri noch geduldig zwei Stunden, wenn die Angebetete sich verspätet, man trägt zu den großen Bällen im Winter noch Kleider, die über und über mit echten Orchideen besteckt sind, und es wird als schön und rühmenswert angesehen, wenn ein Mann für eine geistreiche und sehr anziehende Frau sich ruiniert. In Rom hassen sich die Frauen untereinander noch mit atavistischer Leidenschaft, und sie sagen sich dabei die ausgesuchtesten Komplimente über ihr Aussehen. Die Männer werden von ihnen als eine Art betörter Leibeigener betrachtet, denen eigentlich nichts Besseres zustoßen kann, als schlecht behandelt zu werden. Niemand auf der Welt macht einen genaueren Unterschied zwischen dem Verehrer und dem Geliebten, wobei normalerweise der Verehrer die Kosten zu tragen hat, wogegen der Liebhaber Gefahr läuft, bei dem geringsten Seitenblick ermordet zu werden.

Das Besitzrecht auf ein männliches Wesen scheint den römischen Frauen eingeboren zu sein, und man fragt sich oft, wenn man sieht, wie die uralten weisen Matronen ihre Familien kommandieren, ob nicht die Hauptstadt der patriarchalisch orientierten katholischen Welt in ihrer eigenen Bevölkerung dem Mutterrechte folgt. Das weltgeschichtliche Problem Augustus – Livia setzt sich in der verborgenen Herrschaft der Frauen in Rom bis auf den heutigen Tag fort: der Mann garantiert unter schwerer Anstrengung die Beständigkeit der Geschicke, die Frau lenkt mit der Gelassenheit einer eingeborenen Autorität ihren Verlauf.

VON FÜRSTEN UND KÖCHEN

Auf der Höhe des Largo Goldoni zweigt vom Corso die Via della Fontanella Borghese ab. Wer ihr folgt, gelangt sehr bald an einen Palast, der mit einer ungeheueren geknickten Fassade versehen ist, weshalb das Volk ihn *il cembalo* genannt hat. Papst Paul v., dessen Namen in erzenen Lettern dem Hauptgesims der Peterskirchenfront entlanglaufen, hat diesen Palast für seine Familie erworben, als er noch Kardinal war. Wieviel dem Papst der Name dieser Familie galt, ist aus der besagten Inschrift an der Peterskirche leicht abzulesen. Da steht: Paulus Borghesius Romanus Pontifex Maximus – erst Borghese, dann Römer, dann Pontifex. Die Borghese gehörten zu den mächtigsten und reichsten Familien Italiens, sie bewohnten den übergroßen Palast ganz allein, stellten darin ihre herrlichen Sammlungen auf, und fanden bald, daß er ihnen zu klein war. Also errichteten sie gegenüber einen zweiten Palast in den strengen Formen der Spätrenaissance. Er war für die *famiglia* bestimmt, oder besser für die Familiaren, die Klienten, Kämmerer, Hauslehrer, Künstler und Dienstleute, die den Hof des Signor Borghese bildeten.

Erst die napoleonische Besatzung hat die Familie gezwungen, näher zusammenzurücken, als sie die Aufgabe zudiktiert bekam, den etwas komplizierten König Karl IV. von Spanien und seine Königin aufzunehmen. Einer der Fürsten Borghese gründete im 19. Jahrhundert die erste römische Sparkasse, eine Tat, die dafür bezeichnend ist, wie sehr die großen Familien sich damals noch für das öffentliche Wohl der Römer verantwortlich fühlten. Später, gegen Ende des Jahrhunderts, beherbergten die Borghese einen Maler, den Fürsten unter den damaligen Porträtisten, den Deutschen Franz Lenbach, der in den weiten Sälen des Palastes seine Bilder auszustellen pflegte, umschwärmt von den schönsten und interessantesten Frauen Roms. Auch d'Annunzio hat einmal – »in splendida miseria«, wie er selber sagt – hier gewohnt.

Nach der Finanzkrise von 1887 sah dieser Palast ein erschütterndes Schauspiel, dessen Erinnerung in Rom noch heute lebt. Die Borghese machten bankrott. Sie hatten sich an der allgemeinen Mode, in Grundstücken und Häusern zu spekulieren, allzusehr beteiligt – und, was niemand für möglich gehalten hätte trat ein: der gesamte Besitz ging unter den Hammer. Damals erwarb die Stadt Rom die exquisiten Stücke der Galerie, zugleich mit dem Lustschloß des Kardinals Scipio Borghese und der grenzenlosen Parklandschaft auf dem Pincio-Hügel. Mit unbewegtem Gesicht sahen die Mitglieder der Familie es mit an, als die Schätze ihres Hauses in die Hände begehrlicher Spekulanten übergingen, und nur, als die große, berühmte und kostbare Bibliothek zum Verkauf gebracht wurde, soll sich der Hausherr mit Tränen abgewendet haben.

Wenn man auch zugibt, daß die Geschichte derartige Transformationen von altem und traditionsreichem Besitz zu allen Zeiten geduldet und vielleicht sogar gefördert hat, so bleibt die Auflösung einer organisch gewachsenen Ansammlung echten Reichtums doch auch für eine Generation bedauernswert, der die Fragwürdigkeit zeitlichen Besitzes blutig vordemonstriert worden ist. Denn was wirklicher, durch geschichtliches Verdienst und durch patriarchalische Lebensform erworbener Reichtum ist, weiß heute fast niemand mehr.

»Reichtum« ist heute gleichbedeutend mit »viel Geld haben«. In den Zeiten der Borghese enthielt diese Tatsache zugleich die moralische Pflicht, ein großer Herr zu sein.

Auf dem Platz zwischen dem Herrschafts- und dem Dienerschaftspalast, auf der Piazza Borghese, stehen die Stände der Antiquare, die heute zu teuerem Preis alles verkaufen, wovon sie meinen, es könne von den Fremden für alt und echt gehalten werden. Zur Zeit sind englische Stahlstiche sehr im Schwung. Es ist überhaupt merkwürdig, wie sehr die Lenkung des Geschmacks in Rom einer geheimen, durch alle Schichten der Bevölkerung reichenden Verabredung zu unterliegen scheint. Wenn die Innenarchitekten in Parioli, wo sich die reichen Leute in kühnen modernen Häusern ansiedeln, heute beschließen, daß ein englischer Stahlstich das Beste ist, womit man das Arbeitszimmer eines Diplomaten ausstaffieren kann, steigen auf der Piazza Borghese die Preise. Was die Bücher angeht, so ist der Hauptteil wohl aus Beständen genommen, die verarmte Gelehrte, ausländische Studenten und notleidende Witwen zum Verkauf angeboten haben – und dies kann mitunter zu ungewöhnlichen Glücksfällen führen.

Wenn dieses Jahrhundert in Frieden zu Ende gehen sollte, wird man vielleicht auf der Piazza Borghese einmal eine Gedenktafel für einen historischen Buchkauf anbringen. In Rom lebt seit langer Zeit ein Mann, der in seinem bürgerlichen Beruf der Empfangschef eines gut besuchten, aber nicht eleganten Restaurants war. Er hatte schon in seiner Jugend eine bemerkenswerte Hinneigung zu alten Kochrezepten. Er war von dem Gedanken besessen, zu ergründen, wie die Leute früherer Zeiten gegessen haben, wenn sie gut gegessen haben –

und er müßte kein Römer sein, wenn ihn nicht von allen Menschen früherer Zeiten am meisten die alten Römer interessiert hätten. Eines Tages, vor ungefähr fünfundzwanzig Jahren, spazierte er über die Piazza Borghese und fand durch Zufall eine philologische Ausgabe eines lateinischen Textes. Da stand: Apicius.
Der Träger dieses Namens war der Chefkoch des Lucullus gewesen, schon durch die Tatsache dieses Ranges eine bedeutende Persönlichkeit. Was es geheißen hat, die Küche eines solchen kompromißlosen Feinschmekkers zu regieren, geht aus einer Geschichte hervor, die der Schlagfertigkeit des alten Lucullus dieselbe Ehre erweist, wie der Zauberkunst seines Koches Apicius. Einmal hatten sich Pompejus und der Bankier Crassus verabredet, herauszufinden, wie Lucull speise, wenn er allein sei. Sie drangen um die Mittagszeit bei ihm ein, verhinderten, daß er mit irgendjemand vom Personal in Berührung kam, erklärten sich als seine Gäste und warteten. Lucullus, der in seiner Villa mehrere Triclinien hatte, ließ seinen Haushofmeister kommen, und sagte nur: »Wir speisen heute im Apollosaal«. Darauf bekamen die beiden Verblüfften ein Essen im Werte von 30.000 Sesterzien vorgesetzt. Hut ab vor solchem Koch!

Als unser guter Gastronom das Buch entdeckte, das den Apicius zum Autor hatte, beschloß er sofort, die darin angegebenen Gerichte zu rekonstruieren. Dies war in mancher Hinsicht ein Problem. Klassische Philologen konnten sich an dem Apicius die Zähne ausbeißen, denn seine Kräuternamen waren kaum mehr zu enträtseln. Unser Koch-Historiker aber hatte eine geniale Idee. Er befragte ein Kräuterweib in Trastevere – dem transtiberischen Stadtviertel, wo die Leute noch einen

Dialekt sprechen, der dem Lateinischen fast näher ist als dem Italienischen –, dazu lud er einen Professor für Latein und einen alten Apotheker ein, und mit Hilfe dieses Teams gelang es ihm, wenigstens fünfundzwanzig der Apicius-Rezepte zu realisieren.

Als er soweit war, erlaubte ihm sein Römerstolz nicht mehr, weiterhin Empfangschef zu bleiben. Er eröffnete sein eigenes Lokal – die Trattoria Romana auf der Piazza dell'Oratorio. Wer bei ihm vorherbestellt, muß seine Börse spicken, aber er hat das Vergnügen, eine auf Pergament geschriebene lateinische Speisekarte zu haben, altrömische Gerichte zu essen und den Wein dazu aus tönernen Amphoren gereicht zu bekommen.

Übrigens ist die Behandlung des Weins vielleicht die wichtigste Erfindung des Apicius. Er rät uns, den Rosé aus der Gegend von Sorrent, den man im Altertum Falerner nannte – Horaz liebte ihn besonders – in große Fässer einzulagern, und drei mal sieben Tage eine bestimmte Quantität Rosenblätter von der Riviera einzustreuen. Das Verblüffende des Resultats besteht darin, daß der Wein – wenn er eisgekühlt serviert wird – keineswegs nach Rosen schmeckt, aber ihren Duft in betäubender Fülle verbreitet.

Nach einem solchen altrömischen Essen ist man zu der Theorie geneigt, die Renaissance habe ihre letzte Vollendung erst in unseren Tagen erfahren – durch die Wiedergeburt des Apicius, die von der Piazza Borghese ihren Ausgang nahm.

Und weil wir nun schon beim Essen sind, soll hier noch die Geschichte eines anderen römischen Kochs angeführt werden, der unweit der Piazza Borghese sein Restaurant hat und dessen Schicksal eine ›Goldoniana‹ ist.

In jedem halbwegs brauchbaren Romführer steht unter der Rubrik »Ristoranti« ein Name von internationalem Klang: Alfredo, König der Fettuccine. Man wird aber in Verlegenheit kommen, wenn man nach der Adresse dieses weitberühmten Koches sucht. Denn er ist dreimal angeführt, mit den Bezeichnungen Alfredo alla Scrofa, Alfredo all'Augusteo und Alfredo alla Chiesa Nuova. Ich dachte zuerst, es seien einfach drei Filialen. Als ich aber eines Tages am Augustusgrabmal vorüberging, bekam ich einen Zipfel der Komödie zu fassen, die nun hier folgen soll.

Das Augustus-Grabmal ist eine rauhe Steintrommel, die man unter einem Gewimmel alter Häuser unweit des Tiber ans Licht geschaufelt hat. Auf der Höhe des Rundsockels erhob sich der beste Konzertsaal Roms, der 1936 den Hoffnungen der Archäologen zum Opfer fiel. Zwischen dem Grabmal und dem Tiber fanden die Reste der Ara Pacis Aufstellung, jenes Friedensaltares, den Augustus als das kultische Symbol der Pax Romana errichten und mit den besten Reliefplastiken seiner Zeit schmücken ließ – ein wunderbares, durchgeistigtes Kunstwerk, von der klassischen Kühle und Vornehmheit überhaucht, die den Werken und der Person des älteren Augustus eigen ist. Die heutige Gestalt der Ara Pacis und des Augustus-Mausoleums ist der faschistischen Ära Roms zuzuschreiben. Als man entdeckte, daß der Boden außer rohen Trümmern nichts Bemerkenswertes hergeben wollte, zog man um das nutzlose Fragment ein arkadengesäumtes Geviert von Gebäuden in nicht ganz glaubwürdigem heroischen Stil, der trotz großer Ausmaße den göttlichen Manen des Augustus, des Agrippa, des Drusus und des Germanicus nicht gerecht werden kann.

Unter den Arkaden, die der Stadtseite des Mausoleums zugewandt sind, liegt ein Restaurant mit spiegelnden Scheiben, und dort sah ich an jenem Tag vor der blitzblanken Drehtür einen älteren Mann in der Jacke eines Oberkellners stehen, in erregter Unterhaltung mit zwei englisch sprechenden Fremden. Was sich dabei abspielte, widersprach der Nachbarschaft des Friedenskaisers auf das Eindringlichste. Der Mann hatte, indes die Spitzen seines rötlichen Bartes vor Grimm zitterten, den einen der beiden Fremden am Rockaufschlag genommen und gab einen, mit tollem Englisch untermischten, römischen Redeschwall von sich. »Was denken Sie denn, ich soll nicht Alfredo sein, ich soll nur ein Abklatsch von dem großen Alfredo sein, den die ganze Welt kennt, wie können Sie, so einfach dahergeschwommen übers Wasser, wissen, wer der wahre Alfredo ist. Bitte hier steht's geschrieben, in Neonschrift: »IL VERO ALFREDO!« – »Das ist alles gut und schön«, sagte der Fremde, »aber vor sechsundzwanzig Jahren war mein Vater hier und da gabs nur einen Alfredo und der war nicht am Augusteo.« »Das stimmt«, schrie der andere, »aber das war auch ich. Ich allein habe die Kunst des Fettuccine-Kochens zu einer internationalen Angelegenheit gemacht!«

Aber warum er dann seinen Stammplatz verlassen habe, wo doch jetzt auch ein Alfredo sitze, der ebenfalls von sich behaupte, der wahre zu sein? Und nun entwarf der Mann die Geschichte seines Lebens.

Die Fettuccine, die Alfredo schon als junger Koch in seiner winzigen Trattoria in der Via della Scrofa den Gästen vorsetzte, waren von so raffinierter Einfachheit, daß er bald berühmt wurde. Fettuccine, das sind Nudeln (fast die Hälfte aller großen Gaumenspezialitäten in Italien hat irgend etwas mit Nudeln zu tun), und sie unterscheiden sich von Spaghetti durch ihre flache, ausgewalzte Form. Alfredo machte sie im eigenen Haus, es wäre ihm verbrecherisch vorgekommen, sie – wie sonst üblich – vom Pasta asciutta-Händler zu kaufen. Hinter verschlossenen Türen wurde Tag für Tag ein geheimnisvolles Rezept ausprobiert, das noch von Alfredos Großmutter aus den Franzosenzeiten stammte. Als das zarte Geflecht aus hauchdünnen Teigbändern, von halbflüssigem Käse und zerlassener Butter mäßig durchmischt, endlich zur Vollkommenheit entwickelt war, begannen Alfredos Goldene Zeiten. Mitglieder gekrönter Häuser beehrten ihn, die Amerikaner folgten auf der Stelle. Alfredo ließ von den Prominenten Photos machen, bat um Unterschriften und hängte alles an den Wänden auf. Schließlich entwarf er eine Speisekarte, auf der man einen nudel-umsponnenen König sieht: *il re delle fettuccine*. Die Millionen kamen, und blieben. Frau Alfredo hatte die Hand drauf, und hätte nichts dagegen eingewendet, wenn das Geschäft überhaupt nie aufgehört hätte. Da aber kam der Tag, an dem Alfredo nicht mehr wollte. Er könne die Fettuccine nicht mehr sehen, er wolle gehen, sagte er. Nach langem Hin und Her wurde beschlossen, Fettuccine, goldenes Besteck, Erinnerungsbilder, Musikkapelle und Restaurant zu verkaufen – an die beiden Oberkellner, die das Rezept sowieso schon kannten. Sie sollten dem König der Fettuccine zwei brave Prinzregenten sein – Alfredo handelte instinktiv nach altrömischen Grundsätzen: die Herrschaft und die Amtsgewalt zu teilen. Zwei Konsuln – zwei Alfredi.

Nun kam eine Zeit der Ruhe für Alfredo, er ging spazieren, vermied allerdings, dem Lokal in der Via della Scrofa nahezukommen. Aber sein Geist war noch zu rege. Unentwegt erfand er neue Fettuccine-Kombinationen, er hatte eine unstillbare Sehnsucht danach, die streichelnde Bewegung wieder aufzunehmen, mit der die Fettuccine auf der heißen Platte mit dem Käse vermengt werden, er wollte wieder König sein, und nicht ein abgedankter Koch. So kam der Tag, an dem er sich langsam wieder an seine beiden Konsuln heranschlich, die aber nicht hören wollten; schließlich gab es Krach und man schied im Zorn. Da beschloß Alfredo, sich selber Konkurrenz zu machen. Er zog unter die Arkaden des Augusteo, kochte wieder, und das Publikum kam. Er hatte richtig gerechnet: seine Persönlichkeit war stärker als die von ihm selbst geschaffene Tradition. Um sich von seiner eigenen Vergangenheit zu distanzieren, nannte er sich nun »il vero«, die Oberkellner machten ihm den Prozeß, er antwortete mit der Verlängerung seines Nudelmaßes, und heute thront Alfredo auf den Speisekarten inmitten eines riesigen Fettuccine-Berges, nicht mehr als »Re«, sondern als »Imperatore delle Fettuccine«.

SPANISCHE TREPPE

Vom Largo Goldoni aus kann man die Spanische Treppe schon sehen. Um sie zu erreichen, nehmen wir die Via Condotti, möglichst vormittags um elf, wenn sie von den *gagarelle* bevölkert wird, von den neu eingekleideten Damen, denen sie als Laufsteg dient zum *farsi vedere*. Aus allen Teilen der Stadt strömt das elegante Publikum um diese Zeit hier zusammen, man taucht in die winzigen Läden ein, in denen es die teuersten Handtaschen, die zartesten Blüschen, atemberaubende Krawatten, Handschuhe und Taschentücher gibt, man nippt an einem Aperitif in einer liliputgroßen Bar, die

Hunde tragen die Halsbänder in der Haarfarbe ihrer Herrin, es ist ein Genuß ohne Reue, sich das anzusehen. Gegen den Spanischen Platz zu, auf der linken Seite, trifft man auf das Caffè Greco – das die Erinnerung an die Romantikerzeit deutlicher wach erhält, als jeder andere Platz in Rom. An den ganz außerordentlich unbequemen Marmortischchen haben viele große Leute gesessen: Goethe, Liszt, Gogol, Wagner, Thorwaldsen, und das Ganze ist zwar ein finsteres Loch – boshafte Römer nennen es ob seines schlauchartigen Charakters »den Omnibus« – aber man geht selten vorüber, ohne einzutreten. Hier ist einer der Orte Roms, von denen kein Mensch sagen kann, warum sie einen nicht loslassen – es hängt einfach in den Wänden, in dem verschossenen Plüsch, in den mittelmäßigen Ölbildern, die aus Gründen unbezahlter Rechnungen hier aufgehängt worden sind, an den Gipsfiguren und den martervollen Stühlen, – man sieht sie förmlich noch, die genialischen Pfeifenraucher, voll Nachlässigkeit und Einbildungskraft, in summa: es ist der Hauch einer der Kunst zugeneigten Zeit, der uns anweht, wohltuend verstaubt in unserer polierten Epoche.

Und wenn man dann heraustritt auf den Spanischen Platz, aus dem Schacht der Straße in das blaugewölbte Lichtfeld dieses unbeschreiblichen Himmels, dann kann dies einer jener köstlichen Augenblicke sein, in denen der Mensch auf dem Boden der Stadt Rom das beflügelnde Gefühl eines unbegründbaren, vollkommenen und reinen Glückes erfährt.

Der Spanische Platz ist weder der volkreichste von Rom noch der vornehmste. Er ist der eleganteste. Im Grundriß gleicht er der Kontur, wie sie alte Stundengläser haben, mit einem engen Hals in der Mitte – und

Trinità di Monti

an der Stelle, wo die Menschen wie der zeitmessende Sand zwischen den beiden Hälften hindurchgetrieben werden, wo alle Lebenslinien dieses Platzes, die architektonischen und die alltäglichen, zusammenschießen, dort trifft man die drei Dinge an, die die Piazza di Spagna berühmt gemacht haben: die Spanische Treppe, die Blumenverkäufer und den Brunnen des älteren Bernini.

Von der Höhe des Pincio-Hügels, von dem aus die doppeltgetürmte Kirche der Trinità de'Monti die Perspektiven beherrscht, fällt über die ganze Bergwand herunter die Kaskade einer Treppe: Inbegriff alles dessen, was das 18. Jahrhundert an technischer Virtuosität und sinnlicher Schönheit in Rom hervorgebracht hat. Das Leben dieser Treppe ist körperlich: wer sie heruntersteigt, wird von ihren flachen Stufen dazu verführt, die Füße in jener graziös gespreizten Weise zu setzen, wie wir sie aus den Balletten der galanten Zeit kennen. (Dieser heimtückische, im Stufenmaß liegende Verwandlungszauber verschafft dem Betrachter, der sich Zeit nimmt, den Genuß, die langmähnigen Söhne des Westens plötzlich im Stile des fünfzehnten Herzogs von Torlonia einherschreiten zu sehen.) Wer aber die Treppe hinaufsteigt, dem verwandeln Terrassen und Balustraden, Geländer und Treppenkurven die geringe körperliche Anstrengung in den ausgewogenen Genuß eines barocken Bilderspiels.

Die höchste Terrasse trägt einen Obelisk, der aus den Gärten des Sallust stammt – eines Mannes, der zur Zeit Julius Cäsars nicht nur ein berühmter Schriftsteller, sondern auch ein ausgesuchter Lebenskünstler war. Die romantisch-epikureischen Gefühle, die man damals, Kleopatra zuliebe, für die mysteriösen Erfahrungen Ägyptens hatte, vereinigten sich in der Phantasie des Sallust mit dem Bewußtsein des Triumphes, daß dieses Land vertrackter Religionen und Liebeskünste nunmehr von der realen Potenz der römischen Streitkräfte erobert worden war – und so ließ er einen zierlichen Schaft aus Rosengranit kommen, um ihn mit den Hieroglyphen des alten Ägypten zu bedecken. Die Inschrift rühmt die Taten des Pharao Ramses II., der schuld daran war, daß die Juden aus Ägypten fort mußten und so einen entscheidenden Beitrag zur Fortentwicklung der Heilsgeschichte geleistet hat, und Papst Pius VI., der am Ende des 18. Jahrhunderts den Obelisk hier hat aufstellen lassen, setzte auf den Stein des Sallust und über die Inschrift des Pharao das Kreuz – Symbol einer Macht, die schon geplant war, als der Herrscher des Nillandes das auserwählte Volk ver-

trieb, und die die Universalität des alten Rom geerbt und verwandelt hat.
Wenn man von der Obelisken-Plattform über das Gefälle der Treppe hinuntersieht, ist es leicht, ihr Geheimnis zu entdecken: so ausgewogen, so maßvoll, so harmonisch sie auch scheint, symmetrisch ist sie nicht. Die Kirchenfront und der Obelisk auf dem Gipfel haben eine andere Achse als die Flucht der Treppen. Es ist ein gewagtes Spiel mit den Proportionen, das die beiden Architekten Alessandro Specchi und Francesco de Sanctis sich hier ausgedacht haben – ein Spiel, das eine versteckte Darstellung alles dessen sein könnte, worin der Charme der Stadt Rom beschlossen liegt. Die Freude, den festen und strengen Ernst der Ordnung ins Ungewisse gelockt zu haben, die uralte Lust am Verbotenen, die gerissene Kunst der perfekten Schaustellung von etwas, das stimmt und doch nicht ganz stimmt, das abenteuernde Behagen, durch eine makellos vorgeführte Repräsentation den harmlosen Betrachter über den Unterschied zwischen Theater und Wirklichkeit getäuscht zu haben, dazu die urrömische Eigenschaft, allem, was allzu streng, allzu konsequent, allzu gerade ist, mit schläfriger Durchtriebenheit fast zärtlich die Hörner aufzusetzen – der überreife Geist dieses unwandelbaren Stadtvolkes, diese tausendmal getrübte, von unbegreiflichen Weisheiten angefüllte Seele – all dieses Römische, Erzrömische und Aberrömische ist in der Spanischen Treppe.
Seit alters haben hier die Blumenverkäufer ihre Stände aufgeschlagen, sie machen das ganze Jahr über ein gutes Geschäft, weil diese auf- und niederwogende Komposition von Balkonen, Stufen und Geländern ein idealer Ort für Liebespaare ist. Man kann sich auf die-

ser Treppe, deren Lobes kein Ende ist, inmitten der auf- und absteigenden Menschen wie in einem Versteck niederlassen und sein Mädchen umarmen: in der sonst so prüden Stadtordnung, die das Küssen unter freiem Himmel mit Geldstrafe belegt, ist offenbar hinsichtlich der Spanischen Treppe ein Luftloch gelassen. So ist diese romantische Blüte des Barock heute ein Asyl für Liebesleute geworden, so wie der Platz zu ihren Füßen vor drei Jahrhunderten ein Asyl für flüchtige Edelleute war. Einer der Paläste dieses Platzes beherbergt seit langer Zeit die Spanische Botschaft am Heiligen Stuhl. Man weiß, daß die katholische Macht des Königs von Spanien in der Geschichte des barocken Papsttums eine Geltung hatte, der schwerlich widersprochen werden konnte. Der Papst hatte in dem Getriebe der um Amerika vergrößerten aufrührerischen Erde seinen weltlichen Arm ziemlich nötig und dieser starke, sehr gepanzerte und sehr goldene Arm war Spanien. Es ist nun an sich nichts Außergewöhnliches, daß der Spanische Platz als Gelände der Spanischen Botschaft exterritorial war und nicht unter der päpstlichen Jurisdiktion stand. Es ist aber immerhin bemerkenswert, daß die Botschafter der katholischen Majestät dieses exterritoriale Gebiet im Herzen Roms als Asyl *gegen* den Papst gebrauchten. An den Grenzen dieses Platzes endete die Gewaltherrschaft der gefürchteten päpstlichen Sbirren – und mancher Edelmann, der in die Ungnade des Heiligen Stuhles gefallen war, pries das schutzgewährende doppelte Dreieck als willkommene Zuflucht.

Unmittelbar unterhalb der Treppe, im Zentrum des engen Halses, der die beiden Hälften der Piazza di Spagna miteinander verbindet, liegt ein Schiff aus Stein, das der Vater des großen Lorenzo Bernini dort als Brunnen aufgestellt hat. Aus den stumpfen, kurzen Kanonenrohren kommen kleine Wasserstrahlen hervor, und auch Mast und Segel sind zum Teil durch geschickt geleitete Wasserstrahlen angedeutet. Das Aufstellen von steinernen Schiffen auf öffentlichen Plätzen ist eine alte römische Sitte. Zwar waren die Römer ehemals ein seefahrendes Volk, aber schon in der Antike gingen die großen Herren nicht allzugerne auf Reisen. Wenn es doch sein mußte – wenn dann während der Reise sich Neptun wider Erwarten gnädig gezeigt hatte und man von Sturm, Seekrankheit und Piraten verschont geblieben war, pflegte man den Göttern des Meeres als Dank ein Schiff aufzustellen – tröstliches Symbol für eine gute Heimkehr. Heute sitzen um die ›Barcaccia‹ und ihr sanftes Wasserspiel zu bestimmten Stunden des Tages junge Männer mit kurz geschorenen Haaren, in großkarierten Hemden und Kordsamthosen. Manche tragen, um ihre Unabhängigkeit zu demonstrieren, einen nicht sehr gepflegten Bart um das Kinn, keiner von ihnen ist je um ein Gesprächsthema verlegen und jeder von ihnen um Geld. Man weiß nicht mehr genau, was den Vater Bernini seinerzeit veranlaßte, den Spanischen Platz mit einem Schiff zu versehen, aber immerhin auch den jungen Leuten, die heute auf seinem Rand sitzen und an den Abgründen des Nichts, an der Lebensangst und der Einsamkeit Jean Paul Sartres nagen –, auch ihnen bietet sich dieses Schiff, selbst wenn sie es nicht wollen, als ein freundliches Zeichen dar für eine glückliche Heimkehr in die Wirklichkeit.

Und wie hinreißend schön diese Wirklichkeit ist, wird jedesmal offenbar, wenn die Sonne über der fernen Kuppel von St. Peter untergegangen ist und der westliche Himmel seinen Feuerschein über die Spanische Treppe wirft.

AUF DEM PINCIO

Dies ist auch die Stunde, in der man die große Passeggiata entlang gehen muß, die von der Trinità dei Monti unter einer Allee alter Steineichen bis zur Pincio-Terrasse hinüberführt. Vor der goldgelb strahlenden Front der Villa Medici schickt die antike Schale eines flachen granitnen Brunnens der Spätrenaissance ihren schwachen Strahl in den Abendhimmel, an dem über Dächer und Türme hinweg in schwereloser Klarheit die Kuppel von St. Peter sich erhebt. Die kleine Fontäne, die schon Goethe gezeichnet hat, kommt aus einer steinernen Kanonenkugel hervor, die auf Grund einer Wette hierher gelangt ist.

Die mannhafte, extravagante und etwas schwierige Königin Christine von Schweden, die nach ihrer Abdankung konvertierte und ihren Wohnsitz am Hofe der Päpste aufschlug, war sehr stolz auf ihre militärischen Fähigkeiten. Als sie einmal in Begleitung eines römischen Granden auf der Bastei der Engelsburg spazieren ging und soeben wieder von den Schießkünsten sprach, die sie der Erziehung ihres Vaters Gustav Adolf verdanke, bemerkte sie an ihrem Begleiter das Lächeln der Ungläubigkeit. In ihrem Ärger ließ sie ein Geschütz der Engelsburg auf das große Bronzetor der Villa Medici richten, stellte das Ziel selber ein, die Kugel flog über die Stadt, und die Delle, die sie in der Tür gemacht hat, ist heute noch vorhanden. Man sieht – in den vitalen Zeiten des Barock ging man das Risiko einer Detonation und eines Einschlags ein, wenn man einer Dame auch nur mit einem Lächeln widersprach. Christine hätte, was dies betrifft, eine Römerin sein können.

Monte Pincio

Von der Brüstung des Pincio-Hügels aus sieht man hinunter auf die Piazza del Popolo. Sie war in den Zeiten des Barock der Empfangssalon der Stadt Rom. Hier kamen vor allem die Gesandten der fremden Staaten an, die dem Heiligen Vater ihre Huldigung darzubringen wünschten – und der Einzug eines neuen Botschafters am Heiligen Stuhl war damals ein Schauspiel von farbensprühender Pracht. Nicht der Vertreter eines Landes war es, der hier aufzog, sondern das Land selbst, mit den besten seiner Söhne, mit seinen Trachten und Besonderheiten, mit fremden Tieren und den Schätzen seiner Berge. Heute noch singt man in Rom – auf eine bezaubernde Melodie – zur Erinnerung an die Gesandten-Empfänge: ... è arrivato l'ambasciatore, colla piuma sul cappello – der Ambassadeur ist angekommen, eine Feder hat er auf dem Hut.

Vielleicht hat auch ein unbekannter Augustinermönch da unten in dem Kloster neben der heutigen Carabinieri-Kaserne von Valadier an der Porta del Popolo den sündhaften Prunk eines solchen Aufzugs mitangesehen – ein gelehrter, eifriger, von seinem Gotteserlebnis geschüttelter Mann, Dr. Martin Luther. Im Kirchenbuch von S. Maria del Popolo ist er als Frater Martinus eingetragen – im Bewußtsein des römischen Volkes lebt er in einer merkwürdigen Gestalt fort, die in einer Seitenstraße des Corso in die Mauer eingelassen ist. Da sieht man einen Mann in Wams und Kappe, der ein breitbebändertes Faß quer vor seinen Bauch hält, und aus dem Spundloch kommt ein dünner Wasserstrahl hervor. Dieser Mann, dessen Gesicht nicht mehr erkennbar ist, mit dem Bierfäßchen in den Armen – dieser Mann ist für das Volk der Vater der Reformation.

Man hat Luther in Rom nicht verstanden. Seine Mitbrüder und seine Oberen standen fassungslos vor einem Menschen, der zwei Stunden brauchte, um die Messe zu lesen. Man hielt ihn für einen Skrupulanten, voll des besten Willens, aber von jenem teutonischen Fanatismus besessen, der in Rom noch nie besonders geschätzt worden ist – gleichviel, ob innerhalb oder außerhalb der Kirche. Niemand hat die Gewissensqualen bemerkt, die Luther in Rom zu ertragen hatte – denn noch fühlte er sich als katholischer Mönch und Priester, wenn auch das weltfreudige Getriebe an der Kurie seinen heiligen Zorn schon erregt hatte. Es ist wahrscheinlich selten ein Mann wieder von dieser Stadt fortgezogen, den das Leben in Rom weniger milde entlassen hat – er ist die einzige große historische Figur, die das Wort seines Zeitgenossen Erasmus (der nicht weniger deutlich gesehen hat, in welchem Zustand sich die Kirche befand) von Grund auf Lügen strafte – das Wort von der sanften und liebevollen Erziehung, die die Stadt Rom noch dem rauhesten Geist mit auf den Heimweg gibt. Luthers Tragik gegenüber Rom war, daß er die Gestalt der römischen Kirche von ihrer Schicksalsbindung an die Geschichte und an das antike Erbe trennen wollte, – und er hat nicht zu sehen vermocht, daß jede Epoche Roms nichts anderes ist, als der verblüffende Beweis für die Sentenz des Heiligen Augustinus, Gott könne auch auf krummen Zeilen gerade schreiben.

Wenn es nicht gerade regnet, ist die Terrasse des Pincio-Hügels voll von Menschen. Die wenigsten von ihnen sind Fußgänger. Man kommt mit der *macchina*, mit dem Auto hier an, zwängt sich haarscharf in eine Lücke im Parkplatz und bleibt im Wagen sitzen, ohne die erhabene Aussicht, die man von hier aus auf die Kuppel des Michelangelo hat, auch nur einen Augenblick zu beachten. Kein Mensch versteht, warum die Leute überhaupt herkommen – ihren Aperitif könnten sie ja gerade so gut anderswo trinken. Das Wesentliche und Einmalige dieses piniengesäumten Platzes ist eben seine Lage über den Dächern Roms, der freie Blick, den man über die zirkusartig gerundete Fläche der Piazza del Popolo und über den Tiber hinweg bis zum Vatikan hat – und die Römer tun so, als ginge sie das alles gar nichts an. Wenn sie schon aus ihren Fahrzeugen aussteigen und sich an das Marmorgeländer stellen, dann sicher mit dem Rücken zu der sonnenüberglänzten Schauseite der Stadt – als wollten sie damit besonders demonstrieren, wie unabhängig und gleichgültig sie gegenüber den Dingen sind, die ihre Stadt dem Rest der Menschheit teuer machen. Man kann nicht ohne weiteres erkennen, welche psychologischen Gründe hinter diesem merkwürdigen Verhalten verborgen sind. Der Fremde fragt sich mit Recht, was für eine eigenartige Teilnahmslosigkeit gegenüber Rom die Menschen zur Schau tragen, denen die Stadt nicht ein ersehntes Reiseziel und ein geistiger Mittelpunkt, sondern einfach Vaterstadt, Heimat ist. Wir haben – nach dieser ersten Wanderung unter dem Aspekt der Prudentia – genügend erfahren und gesehen, um die Frage zu stellen: Wie sieht der Römer Rom?

Wenn die großen Nickelautobusse der Reisebüros mit Dolmetscher und Mikrophon durch die Altstadtgassen fahren, um dem eiligen Reisenden an einem Tag – oder gar nur an einem halben – die Stadt vorzuführen, ohne daß die Fahrgäste auch nur einen Fuß auf das römische Pflaster zu setzen brauchen, kann man manchmal von einem alten Portier, der sich im Rahmen seines Palastportales sonnt, die Worte hören ... proveri diavoli – arme Teufel. Damit meint er, daß sie überhaupt nichts sehen – sie haben keine Ahnung, was das ist »la nostra Roma«, und sie werden Gott sei Dank auch nie eine haben. Und wenn man ihn dann fragt, ja was ist denn eure Roma nun eigentlich – dann fängt er vielleicht an, einem die eine oder andere Geschichte zu erzählen.

In diesen Erzählungen kommen immer wieder große Monumente vor, Kunstwerke, Denkmäler, berühmte Plätze – aber weder deren Wert noch ihre künstlerische Vergangenheit sind dem Römer interessant. Da ist zum Beispiel – noch einmal – die Reiterstatue des Kaisers Mark Aurel auf dem Kapitol. Der Fremdenführer im Autobus erklärt, wenn er sehr gründlich ist, daß es sich hier um das einzige vollständig erhaltene Reiterstandbild der Antike handelt, und daß im 14. Jahrhundert der Revolutionär Cola di Rienzi zur Feier seiner Krö-

Giuseppe Canella d. Ä., Anf. 19. Jahrh.
PIAZZA DEL POPOLO

nung Wein aus den Nüstern des Pferdes springen ließ. Der alte filzbeschuhte Portier dagegen wird erzählen, daß das einzig Wichtige an diesem Standbild die deutlichen Reste von Gold am Leib des Pferdes seien. Die werden nämlich Jahr um Jahr eine winzige Spur größer, und wenn einmal Roß und Reiter vollständig golden geworden sind, bricht der Jüngste Tag an.

Der Portier wird wahrscheinlich auch nichts vom Forum Romanum wissen, aber er wird den Drachen kennen, der dort unter den drei Säulen des Castor- und Pollux-Tempels begraben liegt. Noch vor fünfzig Jahren wurde dieser Ort von den Römern gemieden, weil man glaubte, die Luft sei dort verpestet, wenngleich der Drache selber schon lange dahin war. Im Altertum hatte er vielen Menschen mit seinem Gifthauch den Tod gebracht, und die Legende erzählt von der unerschrockenen Tat des Papstes Silvester, der, unter Zurücklassung seines Gefolges, sich mit dem Kreuz in der Hand allein an den Abgrund gewagt habe, um den Drachen durch die Kraft seines Gebetes zu besiegen. Das Untier, so erzählen die Römer, sei beim Anblick des Papstes gelähmt vor seiner Höhle liegen geblieben und man habe es mit einem dünnen Seidenfaden fesseln und dann töten können. Unter den drei hochragenden korinthischen Säulen des Dioskurentempels sei der riesige Leib begraben worden. Zum Dank für die Hilfe des Himmels errichtete der Papst an dieser Stelle eine Kirche, die den Titel S. Maria Liberatrice bekam – zur Heiligen Maria der Befreierin. Man riß sie ab, als das Forum wieder ausgegraben wurde, wobei man auch die versumpfte Juturna-Quelle entdeckte, die wahrscheinlich eine Brutstätte der Malariamücken war, und so als Ursache der Volksmeinung von der verpesteten Luft gelten kann.

Solche Legenden, in denen der Papst mit seiner besonderen geistlichen Macht das römische Volk von irgend einem Übel befreit, werden heute noch in den Quartieri popolari von den alten Leuten häufig erzählt. Eine besondere Rolle spielt darin oftmals der Kaiser Nero, um dessen Grab es nie ganz ruhig wurde. Nach einer Überlieferung liegt dieses Grab am Fuße des Pincio-Hügels, in der Nähe der Kirche S. Maria del Popolo. Da gibt es in der Aurelianischen Stadtmauer, die in einer großen Doppelkurve von der Höhe herunterkommt, eine uralte Bresche. Man weiß, daß sie schon zu der Zeit bestand, als die Goten im 6. Jahrhundert die Stadt belagerten. Rom wurde damals von dem byzantinischen Feldherrn Belisar verteidigt, der die ausgedehnte Stadtmauer überall neu befestigen ließ, mit Ausnahme der einen beschriebenen Bresche. Es scheint kaum glaublich, ist aber verbürgt, daß die Goten während der ganzen Zeit ihres Sturmes auf Rom niemals den Versuch machten, über diese offensichtlich schwache und eingefallene Stelle der Mauer in die Stadt einzudringen. St. Peter, so hieß er, habe selbst versprochen, den Ort gegen jeden Angriff zu verteidigen. Es ist zwar nicht ganz klar, warum ausgerechnet die Ruhestätte des Christenfeindes Nero den besonderen Schutz des Apostelfürsten verdienen sollte – aber die Legende liebt es, die Gegensätze zu vereinen. Jedenfalls hatte der Ort immer eine merkwürdige Atmosphäre, die noch verstärkt wurde, seit man begann, die Gräber für die Selbstmörder und für die ohne Absolution gestorbenen Todsünder hier anzulegen. Seit vielen hundert Jahren glaubt der Popolo Romano daran, daß Teufel und Dämonen hier umgehen. Im Mittelalter soll es einmal so toll gewesen sein, daß sich das Volk an den

Papst Paschalis II. wandte und um sein Eingreifen gegen den Spuk gebeten hat. Der Papst ordnete ein dreitägiges Fasten an, zog sich selbst in die Einsamkeit zurück und wurde von der Heiligen Jungfrau aufgefordert, den Nußbaum zu fällen, der Neros Grab kennzeichnete. In einer großen Prozession begab man sich zu der Stelle, grub den Baum mitsamt den Gebeinen des kaiserlichen Selbstmörders aus, verbrannte alles und streute die Asche in den Tiber. Heute noch ist in der Kirche S. Maria del Popolo ein Relief zu sehen, worauf der Papst den ersten Axthieb gegen den Nußbaum führt – umringt von der in prächtiger Uniform auftretenden Schweizergarde, die erst vierhundert Jahre nach Paschalis ins Leben gerufen wurde.

So sind die heidnischen Geister in Rom vielfach noch lebendig. Sie gaben Anlaß zu manchen Kirchengründungen und drangen manchmal bis in die Vorhallen der Gotteshäuser ein – wie das Beispiel der Bocca della Verità zeigt, der Mund der Wahrheit, jenes furchterregende Tritonengesicht, das in der Eingangshalle der Kirche S. Maria in Cosmedin zu sehen ist. Diese Kirche ist auf den Grundfesten der antiken Behörde für das städtische Marktwesen erbaut, in unmittelbarer Nähe der Tempel des Herkules und der Ceres. Beim Nachgraben in dem Trümmerareal hat man irgendwann einmal eine fast mannshohe Marmorscheibe gefunden, deren Fläche im Relief die Gesichtszüge eines finster drohenden Riesen zeigt, mit dem offenen Mund in der Mitte der Scheibe. Hier hinein ließ man im Mittelalter die Lügner und Heuchler ihre Hand stecken, und der Sage nach schnappte der Mund jedesmal zu, wenn einer nicht die Wahrheit gesagt hatte. Möglicherweise hat man in jenen rauhen Zeiten mitunter auch etwas nachgeholfen, indem man bei krassen Fällen hinter der Marmorscheibe einen Häscher mit scharfem Schwert versteckte. Aber auch heute noch bringen die römischen Mütter ihre Kinder, die zu lügen pflegen, hierher und lassen sich nur durch viele Tränen und Versprechungen davon abhalten, das Funktionieren des Wahrheitsmundes auszuprobieren. Man sieht, die Römer häufen auch heute noch einen ungeheueren Wust von Aberglauben, Mißdeutungen, Irrtümern auf ihre alten Monumente. Aber vielleicht ist dies ein Teil des Geheimnisses, warum in Rom die Ruinen leben. Nicht Bildung oder ästhetischer Genuß ist es, was die Römer mit ihrer Stadt verbindet, sondern eine besondere, mit leichtem Spott untermischte Liebe. Diese Liebe ist eine Art Naturzustand, sie bedarf keiner besonderen Äußerungen, sie hat kein Wissen und keine Fragen.

Pantheon

Wenn bei den großen Kirchenfesten die Engelsburg ihren Flammenkranz trägt, kann man viele Hunderte von Römern am diesseitigen Tiberufer spazierengehen sehen, hingerissen von dem Anblick. Hört man aber, was sie dabei reden, so wird kaum eine Bemerkung aufzufangen sein, die sich unmittelbar auf den Anlaß des rotgelben Lichtschauspiels bezieht. Aber wenn es darauf ankommt, für irgendeine große Gelegenheit, für das Jubeljahr oder die Heiligsprechung eines Papstes Monumente, Kirchen, Brunnen und Plätze in Szene zu setzen, kommt der untrügliche Instinkt zum Vorschein, mit dem die Römer mit Rom umzugehen wissen. Es gibt keine genialeren Regisseure. Nicht nur die Behörden, die den Verlauf und die Beleuchtung der großen römischen Feste zu regeln haben, beherrschen diese Kunst, auch die kleinen Leute, die zu Ehren der Madonna oder zum Geburtstag der Stadt Rom oder zum Fest der Noiantri in Trastevere ein Fenster schmücken, ein Stockwerk beleuchten, einen Wirtsgarten dekorieren, haben ein unverwechselbares Talent, mit den alten und erhabenen Dingen dieser Stadt, mit Säulenstümpfen, Kirchenengeln, Torbogen und Fontänen den unsterblichen Geist Roms transparent werden zu lassen, zu vergegenwärtigen, zu re-präsentieren.

So erweist sich denn bei unserem ersten Blick über die Stadt, daß in ihr die Geschichte gemildert, das Monumentale vertraut, das Schwache begreiflich und das Gegensätzliche versöhnt erscheint. Was uns daran bewegt und ergreift, ist die Einsicht, daß nicht ein doktrinärer Geist diese Stadt bedrängt, sondern daß durch die behutsame Übung der Prudentia das Leben in ihr zu reiferem Spiele gefördert wird.

MODERATIO

NON FUI · FUI

NON SUM · NON CURO

Ich war einst nicht,
dann war ich,
jetzt bin ich nicht –
und es grämt mich nicht.

Grabschrift, 1. Jh. nach Christus

DIE KAISERFOREN

In der Moderatio liegt Ruhe. Sie ist die Tugend der Mäßigung, die Kunst des Innehaltens vor dem Höhepunkt. Sie setzt die Leidenschaft voraus, um ihr Beständigkeit zu verleihen, sie läßt die Ekstase zurück, um zur Klarheit aufzusteigen. In den Freuden der Welt ist sie das ästhetische Regulativ, in den Problemen der Geschichte das »Respice finem«, in der Stadt Rom das klassische Maß. Auch die Moderatio hat in Rom ihren Weg – ihre in die Zeiten und die Regionen der Stadt verschlungene Straße, die – wie die der Prudentia – im Schatten des Kapitols beginnt und unter Pinien und Zypressen endet. Suchen wir also, um ihr zu folgen, erneut den Umkreis des Goldenen Meilensteines auf, der in unseren Betrachtungen das Richtmaß aller Wege ist.

Die Via dei Fori Imperiali durchschneidet den Bezirk der aufgehäuften Reste des antiken Rom vom Kapitol bis zum Kolosseum, als ein gerades asphaltiertes Band, das zwei sehr verschiedene Epochen des alten Rom reinlich voneinander scheidet. Zur Rechten grenzt sie die Zone des Forum Romanum ein, dem trotz aller späteren kaiserlichen Zutaten der freiheitliche Hauch der Republik anhaftet. Zur Linken läßt sie drei Foren frei, die den Kaisern Augustus, Nerva und Trajan ihre Entstehung verdanken. Zur Rechten, in der unmittelbaren Nähe des Senatsgebäudes, steht vor den drei weißen Säulen der Venus Genetrix als einziges Standbild das erzene Denkmal des Diktators Gajus Julius Cäsar, der – noch aus den letzten Jahrzehnten der Republik aufsteigend – das Weltalter der römischen Kaiser heraufgeführt hat. Zur Linken sind – ein jeder vor seinem Forum – die drei Kaiser aufgestellt, die hier nebeneinander gebaut haben. Man empfindet es als eine sinnvolle Anordnung der Geschichte, daß der Kaiser Trajan, von den dreien dem Julius Cäsar zeitlich am meisten entfernt, ihm örtlich am nächsten gerückt ist. Aus dem Abstand von achtzehnhundert Jahren, der uns von diesen hervorragenden Herrschern Roms trennt, fällt es uns leicht, zu erkennen, daß Trajan es war, der das Werk Cäsars wahrhaft vollendet hat. Unter seiner Regierung erreichte das Römische Reich seine größte territoriale Ausdehnung, fand die Idee der Pax Romana ihre vernünftigste Anwendung, erfuhr die Universalität des römischen Gedankens ihre stärkste Integration.

Den Cäsar hat die Errichtung seines verhältnismäßig kleinen Forums etwa zwanzig Millionen Mark gekostet, die er aus seiner Privatschatulle zu bestreiten hatte. Wenngleich er dafür berühmt war, in den entscheidenden Jahren seines Lebens das Geld seiner Gläubiger bedenkenlos und mit vollen Händen ausgegeben zu haben, – so war doch bis zum Ende seines Lebens sein Privatvermögen von der Staatskasse getrennt geblieben. Kaum hundertfünfzig Jahre später hatte man sich an die imperatorische Gewalt eines Alleinherrschers – deren Ausübung und Stabilisierung dem Cäsar das Leben gekostet hat – schon so sehr gewöhnt, daß der Kaiser überhaupt kein persönliches Vermögen mehr hatte, sondern über das Gesamteinkommen des Reiches frei verfügen konnte. Dies ermöglichte die riesigen Bauten zur Wohlfahrt der Öffentlichkeit, die sich unter Trajan erhoben.

Ihr bedeutendstes erhaltenes Beispiel ist jenes ziegelrote, eingeschwungene Gebäude, das sich im Rücken der Trajansstatue am Rand der Via dei Fori Imperiali erstreckt, ein höhlenreiches ebenmäßiges Halbrund, dessen majestätischer Bogenrhythmus kaum vermuten läßt, daß es sich hier um ein Kaufhaus handelt. Trajans Prachtwille verband die goldstrahlende Repräsentation des römischen Rechts in der Basilika Ulpia mit der aufgehäuften Weisheit zweier Bibliotheken – aber sein praktischer Sinn setzte in die Mitte ein von Straßen, Gängen und Gewölbehallen durchzogenes Gebäude, worin das Volk, gegen die Abgabe vorher verteilter Blechmarken, sich Waren zum eigenen Bedarf aussuchen konnte, ohne zu bezahlen. Die Blechgutscheine, deren Wert durch die Feldzugsbeute gedeckt war, hat man allenthalben in den Bazarstraßen gefunden, die den Mercato di Traiano – den Trajansmarkt – durchziehen. Wer dieses wunderbare Bauwerk, dessen technische Anlage ebenso ausgewogen ist, wie seine ästhetische Proportion, an einem Samstag oder Sonntag abends bei der großen Beleuchtung sieht, wird kaum glauben können, daß es sich nicht um einen Kaiserpalast handelt. Der Mercato di Traiano ist in der Stadt Rom eines der klassischen Beispiele dafür, wie sehr der Sinn für das richtige Maß, der allenthalben in den Römern zu spüren ist, Zweck in Schönheit umwandeln kann.

Dreizehnhundert Jahre nach der Errichtung des Mercato di Traiano ist der römischen Architektur mit dem zweckgebundenen Verwaltungsbau der Cancelleria dasselbe römische Wunder geglückt: die Verwendung so perfekt und sinnreich einzurichten, daß sich die Schönheit ganz von selbst, wie der Glanz einer späten Sonne, über dem Bauwerk ausbreitet.

Bis in unser Jahrhundert herein war der Mercato di Traiano fast ganz mit einer Kruste kleiner mittelalterlicher Wohnbauten überzogen, deren pittoreske Verschachtelung erst der archäologischen Wißbegier der Gegenwart weichen mußte. Jedoch, was zum Vorschein kam, läßt es nicht bedauern, daß die romantischen Winkel der Spitzhacke zum Opfer fielen. Denn über dem Trajansmarkt liegt, wie über vielen Gebäuden der Antike, nach der langen Zeit des Verborgenseins, jener Schmelz des Vollkommenen, der uns immer wieder dazu verführt, die Zeit des alten Weltreiches als eine Zeit des Glückes zu betrachten.

Als der Dakerkrieg beendet war, kehrte Trajan im Triumph nach Rom zurück und führte eine Million Pfund Silber und eine halbe Million Pfund Gold mit sich. Jeder Bürger, der ein Gesuch einreichte, konnte aus diesem Schatz 650 Denare erhalten, das sind mehr als tausend Mark. Man nimmt an, daß etwa dreihunderttausend Römer dieses Geschenk erhalten haben, was bei einer Bevölkerungszahl von eineinhalb Millionen ein Beweis dafür ist, wie gut es dem Rest der Einwohnerschaft gehen mußte. Von den Summen, die nach der Verteilung der Volksspende übrig blieben, baute der Kaiser sein Forum, dessen architektonische Gestalt das Werk eines berühmten Griechen aus Damaskus ist, von dem wir sogar den Namen kennen.

Apollodorus hatte den Kaiser nach Dakien begleitet und dort seine ungewöhnlichen Fähigkeiten erwiesen. Durch die große Brücke, die er in kürzester Zeit über die untere Donau geschlagen hat, wurde der schwer erfochtene endgültige Sieg ermöglicht, der die kriegerischen Vorfahren der Rumänen zu Bürgern des Römischen Reiches machte. Nach Rom zurückgekehrt, gab der Kaiser dem Architekten den Auftrag, ein Forum von solchem Glanz zu bauen, daß man es unter die sieben Weltwunder rechnen sollte.

Bei den unbeschränkten Baumitteln wäre das eine schöne Aufgabe gewesen, hätte nicht das Problem des Platzes dem Architekten große Schwierigkeiten bereitet. Das Trajans-Forum mußte in der Nähe des Kapitols liegen. Hier aber war das Gelände schon mit den Prachtbauten früherer Zeiten übersät, und so blieb, um für ein Projekt von solchen Ausmaßen Raum zu schaffen, nur eines übrig: man mußte den Bergrücken abtragen, der damals in Höhe von etwa dreißig Metern das Kapitol mit dem Quirinalshügel verband. Die Gedenksäule des Kaisers Trajan, die an der Stelle errichtet ist, wo dieser Bergrücken verlief, zeigt genau die Höhe der Erdmassen an, die damals bewegt worden sind.

Auf das mit solcher Mühe gewonnene Gelände setzte Apollodorus dann die fünfschiffige, von Marmor und Gold strahlende Basilika Ulpia, von deren Wirkung man sich noch eine ungefähre Vorstellung machen kann, wenn man den Innenraum der nach ihrem Vorbild errichteten Kirche von San Paolo fuori le mura betrachtet. Die Basilika war eine ungeheuere Gerichtshalle, an deren linke Seitenfront sich zwei Bibliotheken anschlossen, die ihrerseits die Trajanssäule einrahmten. An der rechten Seite der Basilika Ulpia dehnte sich ein sehr großer, mit feinstem Marmor sorgfältig ausgelegter Platz, dessen Rückfront durch die Exedra des Mercato di Traiano gebildet wurde. Der auf diese Weise vielförmig ineinanderkomponierte architektonische Komplex war, wie uns Augenzeugen berichten, der bewundernswerteste Baukomplex des alten Rom.

MARCUS ULPIUS TRAJANUS
OPTIMUS PRINCEPS

Die Stadt Rom war damals schon ein vollkommenes Abbild des Erdkreises. Das Bürgerrecht, noch zur Zeit Cäsars ein ängstlich gehütetes stadt-römisches Privileg, hatte sich längst über die Provinzen ausgebreitet. Die gesetzgebende Körperschaft des Senats bestand nicht mehr nur aus den Mitgliedern der römischen Aristokratie; die großen Familien in Spanien, Afrika und im Orient waren in die Regierung der Welt eingedrungen. Das Volk von Rom, zu immenser Zahl angewachsen, sprach mit kosmopolitischer Sicherheit die beiden Sprachen griechisch und lateinisch, wobei das Griechische dem persönlichen, intimen, freundschaftlichen Umgang vorbehalten, das Lateinische der öffentlichen Wirksamkeit zubestimmt war. Die Zusammensetzung der Einwohnerschaft war völlig international geworden. Die Griechen, über deren Gerissenheit man schimpfte, wurden von den Syrern an Geschäftstüchtigkeit überboten, die Ägypter hatten Ärzte, die Äthiopier Sänftenträger in die Stadt geschickt, Gallier und Britannier erlernten mit der unverbrauchten Intelligenz junger Völker das komplizierte römische Verwaltungssystem, die Germanen standen in geschlossenen Formationen als Legionäre in den Kasernen. Die Spanier vollends, seit den Zeiten des älteren Scipio zum Reiche gehörig, fühlten römischer als Rom. Von einer exklusiven, beherrschenden Hauptstadt hatte sich Rom in eine universale Metropole verwandelt. Der Kaiser Augustus, der kaum hundert Jahre vor dieser Zeit gestorben war, hatte noch seine Bedenken angemeldet, einem »Transpadaner« die Aufnahme in die Garde zu gewähren. Inzwischen aber war der Prozeß des römischen Gemeinschaftsgefühls unter den Völkern und in der Stadt so weit fortgeschritten, daß man es ohne jede Kritik und mit freundlicher Zustimmung hinnahm, als einem ebensolchen Transpadaner die Kaiserwürde zufiel. Der Entschluß des alten Nerva, den spanischen General Marcus Ulpius Trajanus zu seinem Sohn zu machen, hat die glücklichste Epoche der römischen Geschichte eingeleitet.

Bei diesem Thronwechsel kam zum erstenmal das Prinzip der Adoption in einem hochpolitischen Vorgang zur Anwendung. Im Privatrecht war es in Rom seit langem geübt worden, denn es war der praktische Ausdruck des tief eingewurzelten Bestrebens, der Familie ewige Dauer zu verleihen. Ein Mann, der von einem Familienoberhaupt adoptiert wurde, ohne blutsverwandt zu sein, trat in alle Rechte des legitimen Nachkommen ein, fügte dem eigenen Namen den des Vaters hinzu und hatte die Verwandtschaftsgesetze zu respektieren. Die durch die Adoption eingegangene Familienbildung war sakrosankt und das Familienerbe fiel ebenso sicher an den Adoptierten wie an den leiblichen Sohn. Auf der Höhe des Kaisertums hatte die Adoption den Sinn, dem besten Mann, der zu finden war, das komplizierte Reich als ein unbestrittenes, durch geheiligtes Recht legitimiertes Familienerbe zu hinterlassen, ohne daß die Nachfolge in der Herrschaft durch Übergriffe der Garde, durch die Unfähigkeit eines Leibeserben, durch Mißwahl des Senats oder durch Bürgerkrieg gefährdet war. So vollzog sich zwischen Nerva und Trajan ohne die geringste Unruhe der Wechsel in der Herrschaft, bei dem es im voraufgegangenen Jahrhundert schon eine Art Naturgesetz geworden

war, daß er nur mit Blut und Gewalttat erkauft werden konnte.
Trajan weilte in Köln, als ihn die Nachricht von seiner Erhebung erreichte. Jeder andere wäre nach Rom geeilt. Trajan blieb, wo er war, führte die Grenzbereinigung in Germanien zu Ende und kam erst nach zwei Jahren – dann allerdings triumphal. Es schien ihm kein Risiko, dem Zentrum seiner Herrschaft so lange fernzubleiben, denn die Verwaltung des Reiches lief reibungslos. Sie hatte im voraufgegangenen Jahrhundert genügend bewiesen, wie unabhängig sie von den Vorgängen am Hof war. Für uns heute ist es beinahe unverständlich, auf welche Weise ein so weit verzweigtes sensibles Gebilde wie das Römische Reich die Eskapaden seiner Herrscher ertragen konnte, ohne in seinen Grundfesten erschüttert zu werden. Für die Antike

Foro Trajano

aber war die Gesetzgebundenheit des Verwaltungsapparates und damit die Kontinuität des Lebens im Staate unantastbar, und weder der Cäsarenwahnsinn Caligulas noch die abgründige Verschwendung Neros, noch die Großmannssucht des Domitian konnten ihr etwas anhaben. In dem Jahrhundert, das auf den Bürgerkrieg Cäsars und auf den schlimmeren der Cäsar-Mörder folgte, war die Stabilität des Reichszusammenhalts das Verdienst von mehreren Generationen ungenannter Beamter, die in den flüchtigen und blutigen Wechselfällen der römischen Geschichte ein festes Element darstellen, dessen Solidität aus den Zügen ihrer zahllosen Porträts heute noch hervorleuchtet. Diese Beamten hatten nicht nur eine genaue Kenntnis ihrer Aufgaben, sondern vor allem ein Berufsethos von hohen Graden. Der Geist des Censors Cato, der inmitten des morbiden Luxus der Kaiserstadt einen Anflug von unzeitgemäßer Altväterlichkeit bekommen hatte, lebte in der römischen Verwaltung fort, ungetrübt durch zivilisatorische Perversion. Ob nun in Rom ein Herrscher regierte, der – wie Caligula – sich zwischen den Statuen der Dioskuren im Forumstempel als lebender Gott anbeten ließ, ob die Gattin eines Kaisers – wie Messalina – sich in aller Öffentlichkeit mit einem Bonvivant vermählte, während sie doch dem Claudius noch angetraut war: weder die korrupte Moral noch die Erschütterungen des Wahnsinns konnten die Sorgfalt und das rechtliche Gewissen derer schwächen, die als Verwalter, Offiziere und Richter die Pflichten ihrer öffentlichen Ämter erfüllten.

Vollends die Armee war von einer großartigen Disziplin. Jeder Soldat tat seinen Dienst in dem Vollgefühl der Würde des römischen Bürgers, zu der er de jure aufstieg, gleichviel aus welchem Stande oder Volke er gekommen war. Die Stabsoffiziere, dem senatorischen Stande und dem Ritterstand entstammend, bildeten ein erfahrenes Korps. Auch für den Kaiser war der Felddienst unerläßlich. Er hatte das Leben des einfachen Soldaten zu teilen, durch das Beispiel seiner persönlichen Tapferkeit zu überzeugen, dem Spott der Legionäre witzig und wohlwollend zu begegnen und jene persönliche Beziehung zwischen dem miles ignotus und dem Repräsentanten der Reichsidee herzustellen, die dazu führen konnte, daß Legionen nach einer verlorenen Schlacht in verzweiflungsvoller Selbstanklage um exemplarische Strafen baten, weil sie es nicht verstanden hatten zu siegen. Der Heroismus der Antike war individuell, das Vaterland zu verteidigen war gleichbedeutend mit der Liebe zum Imperator, die ethische Grundlage der Armee war die Persönlichkeit.

Trajan hatte die Stufenleiter dieser von Disziplin und Kameradschaft untermischten Autorität bereits hinter sich gelassen, als er in Rom eintraf. Die psychologische Erfahrung, die ihm in der Behandlung des einfachen Mannes zur Verfügung stand, war durch die Bewältigung zahlreicher kritischer und gefährlicher Situationen erhärtet worden. Sie prägte seinem Persönlichkeitsbild den Stempel jener natürlichen Bescheidenheit auf, die die Grundlage aller Befehlsgewalt ist.

Hinzu kam seine persönliche Furchtlosigkeit. In Rom machte damals ein Mann von sich reden, der Licinius Sura hieß, ein ungeheures Vermögen besaß und den Ehrgeiz hatte, es dem Maecenas gleichzutun, ohne daß er dessen politische Desinteressiertheit hätte an den Tag legen können. Man trug dem Trajan die nicht unbegründete Nachricht zu, Sura habe die Absicht, ihn zu stürzen. Darauf schickte Trajan einen Boten zu ihm und sagte sich zum Essen an. Sprühend vor guter Laune saß er an der Tafel, wies die Vorkoster zurück und verlangte zum Schluß nach dem Barbier des Licinius, dem er – das Attentat provozierend – seine entblößte Kehle darbot. Nichts geschah. Im Verlauf seiner Regierung scheiterte jeder Versuch, das Leben des Trajan mit Gewalt zu beenden, an der unbekümmerten Freude dieses Mannes, sich Gefahren auszusetzen.

Sein Umgangston war die Sprache des Soldaten, kurz und ein wenig rauh. Den Schöngeistern seiner Zeit brachte er das skeptische Interesse eines Mannes entgegen, der sich nicht zuständig fühlt. Er lud den goldmundigen Rhetor Dion Chrysostomus zu langen Wagenfahrten ein, unterhielt sich mit ihm über die Dinge, die ihm des Nachdenkens wert erschienen, und beendigte die Darlegungen des glattzüngigen Redners mit der Bemerkung an seine Umgebung: er sei zwar beeindruckt, hätte aber leider nichts verstanden. In seiner persönlichen Lebensführung war er sparsam und zurückhaltend. Das Geld der Staatskasse, in die sein eigenes Vermögen ohne weiteres Aufsehen eingeflossen war, gab er, wo es ihm nötig schien, mit vollen Händen für das öffentliche Wohl aus. Davon berichtet ein marmornes Dokument, das heute im Haus des Senats zu sehen ist.

Es handelt sich um zwei reliefgeschmückte Schranken, die Trajan, nicht frei von Eitelkeit, an der altberühmten Rostra auf dem Forum anbringen ließ. Auf dem einen Relief verkündet der Kaiser die alimenta – das sind staatliche Zuschüsse für die Ernährung und Erziehung elternloser Kinder. Er gewährte den Bauern Staatsdarlehen zur Hälfte des üblichen Zinsfußes, wenn sie ein verwaistes Kind in ihre Familie aufnahmen und warf aus den eingehenden Zinsen sechzehn Sesterzien für einen Knaben und zwölf für ein Mädchen aus, die in der Stadt von unvermögenden Eltern aufgezogen wurden. Das zweite Relief zeigt eine Maßnahme des Trajan, die uns neidisch machen könnte: die Streichung der öffentlichen Schulden. Durch ein Dekret des Kaisers brauchten von einem bestimmten Stichtag an die von Privatpersonen beim Staat aufgenommenen Kredite nicht mehr zurückgezahlt werden. Man sieht den langen Zug der Rechnungsbeamten mit unbewegten und beinahe etwas bedauernden Gesichtern, wie sie die Schuldbücher auf dem Forum zu einem großen Haufen zusammenschichten, den Trajan anzünden ließ.

Der Kaiser hat für seine Person weder neue Paläste noch neue Villen bauen lassen. Nur ein einziges Denkmal hat er sich gesetzt, das allerdings, wie durch eine geheime ausgleichende Gerechtigkeit der Geschichte, inmitten der antiken Trümmer unversehrt auf uns gekommen ist: die Säule, die sein Grabmal war. In ihrem Sockel setzte man nach dem Tode des Kaisers die goldene Urne mit seiner Asche bei – wozu ein besonderes Privileg notwendig war, weil es seit den Zeiten des Zwölftafelgesetzes in Rom nicht gestattet war, einen Toten, und sei er noch so verdienstvoll, innerhalb der Mauern zu bestatten.

Auf dem zweihundert Meter langen Reliefband der Säule rollt eine nahtlose Monsterszene ab, die die Taten des Trajan verherrlicht. In voller Ausdehnung ist sie allerdings nur für Götteraugen erkennbar – die Möglichkeit, das Relief im Zusammenhang sichtbar zu machen, wurde von Trajan gar nicht erwogen. Ihm genügte es für die Unsterblichkeit vollauf, wenn seine Taten überhaupt einmal in zwanzig schwere Trommeln aus parischem Marmor eingehauen worden waren. In neuer Zeit hat man das Relief vollständig abgießen lassen – und so kann man es jetzt in dem Garten hinter der Vatikanischen Pinakothek in waagrechter Folge betrachten.

Zweitausend Figuren auf vierundzwanzig Spiralen: In der Morgenfrühe brechen die Legionen von ihrem Lager auf, in geschlossener Formation, sie überqueren die Donau auf einer Brücke von Pontons, werfen sich gegen den Feind, in einem Getümmel von Speeren, Schwertern und Steinen; sie brennen Dörfer nieder, deren schutzflehende Bewohner vor dem Kaiser zur Erde sinken; sie zeigen dem Feldherrn die Häupter erschlagener Feinde, lassen sich, mit offenem Munde stöhnend, von ihren Wundärzten verbinden, pflegen sich mit Wein, feiern ihren Sieg. Auf der Donau fahren die Schiffe mit dem Nachschub, die Marketender bieten ihre Waren feil, während lange Prozessionen von gefangenen Barbaren zur Ansiedlung in andere Länder fortgeschafft werden. Mit einem unglaublich liberalen Respekt behandeln die Künstler die Feinde Roms. Der Daker-König Decebalus ist ein ritterlicher Mann von feinem Gesicht, dessen Haupt als größte Trophäe dem Trajan dargebracht wird. Die dakischen Frauen, die in rasender Wut den gefangenen römischen Soldaten fürchterliche Martern zufügten, sind mit derselben liebevollen Genauigkeit porträtiert, die man den hoheitsvollen Fürsten des Daker-Volkes zubilligt, welche in stoischer Ruhe gemeinsam den Giftbecher leeren. Das Porträt dieses wilden, freiheitsliebenden Volkes an der unteren Donau hinterläßt keineswegs den ungepflegten und halbwilden Eindruck, den wir mit dem Begriff des Barbarischen zu verbinden pflegen.

Trajan selbst ist auf dem Relief allerorten zu finden. Er richtet, lenkt die Heere, verteilt Gnaden, schont sich niemals, greift immer ein und findet keinen Schlaf. Inmitten des Gewimmels ist er der einzig Ruhige, der von keiner Leidenschaft Getrübte, maßvoll und zurückhaltend – für das Volk von Rom das Idol der moralischen Kraft des Imperium Romanum, das im Relief der Trajanssäule auf der Höhe seiner Macht erscheint. Trajan ist es, der mit gelassener Hand dieser Macht die Zügel der Moderatio angelegt hat. Von bürgerlichem Charakter, ohne besonderes Genie, von ordentlicher Bildung, mäßigen geistigen Interessen, vorurteilsfrei und redlich, hat er sich auf dem Gipfel der römischen Geschichte über das Maß seiner natürlichen Anlagen hinaus bewährt. Seine vorsichtige Gerechtigkeit kulminierte in dem Gesetz, lieber sollten Schuldige straflos ausgehen, als daß ein Unschuldiger verurteilt würde.

LOGGIA DER RHODOSRITTER

An der rechten Flanke des Halbrundes, das durch die Front des Mercato di Traiano gebildet wird, erhebt sich ein Haus mit schräggestellter Schauseite. Es fällt einem sofort auf, denn die edle Bogenfolge der Loggia auf seinem Scheitel beherrscht den Platz ebenso gebieterisch, wie die Trajanssäule gegenüber. Was unterhalb der Loggia von dem Hause zu sehen ist, stammt aus der Zeit des Augustus, war im Mittelalter unter gleichgültigen Mauern verborgen, wurde in der Renaissance ausgegraben und diente dem merkwürdigen und unglücklichen Orden als Palast, der einst in Jerusalem als Johanniter-Orden gegründet wurde und in unseren Tagen noch als Orden von Malta besteht. Die Säulenhalle wurde errichtet, als der Hauptsitz dieses Ordens in Rhodos war und heißt deshalb heute noch die Loggia der Rhodosritter.

Für den tragischen Aspekt der Moderatio ist der Orden von Malta ein sehr ernstes Beispiel. Er ist der einzige Orden der katholischen Kirche, dem die staatliche Souveränität erhalten blieb, ein letzter Träger jener unverletzlichen aristokratischen Welt, der die Verteidigung des Glaubens ebenso eine Sache des Schwertes wie des Geistes war. Im Verbande dieses Ordens wurde aus dem Zusammenwirken körperlicher Tüchtigkeit und charakterlicher Reinheit jenes exklusive geistliche Menschenbild geformt, worin sich auf dem Wendepunkt des Mittelalters das antike Ideal des mens sana in corpore sano in die theologisch gerechtfertigte Lebensform des Glaubensritters verwandelte.

Bei seiner Gründung hatte der Orden noch den Charakter einer Hospitalbruderschaft mit charitativer Aufgabe. Die steigende Gefährdung des Heiligen Landes ließ jedoch diese Tätigkeit bald aufgehen in der notwendigeren des ritterlichen Krieges gegen die Heiden. Und damit beginnt schon das tragische Schicksal des Ordens, das im Verlauf seiner Geschichte wie ein mit unerklärlicher Insistenz wiederkehrendes Verhängnis wirksam blieb. Das Schicksal des Ordens vom Heiligen Johannes dem Täufer ist der Rückzug, die ritterliche, unter höchster Zucht und in aristokratischer Kühle durchgeführte Verteidigung hoffnungsloser Positionen.

Nach dem Fall von Akkon war man sich im Orden klar, daß keine Aussicht mehr bestand, den kollektiven Stürmen der Moslem durch individuelle Kühnheit zu begegnen. Also beschloß man, die Terra Sancta zu verlassen und sich auf Rhodos festzusetzen, das in den

Händen islamischer Seeräuber war. Man erfocht einen glänzenden Sieg, die Roseninsel wurde besetzt, die Herrschaft gefestigt – und der einzige Schatten, der auf der Souveränität der ritterlichen Ordensherren lag, war die unbestrittene Tatsache, daß Rhodos zum Herrschaftsgebiet des byzantinischen Kaisers gehörte – selbst wenn dieser nicht in der Lage war, die Insel selber zu verteidigen. Hier bereits beginnt die eigenartige Verlassenheit sich abzuzeichnen, mit der der Orden durch die Geschichte geschritten ist – stets von den Mächten der Welt nicht nur in der Herrschaft, sondern auch im Recht bedroht.

Am Anfang des sechzehnten Jahrhunderts ließ sich Rhodos gegen die Türken nicht mehr halten. Die Ritter verließen die Insel und gaben damit auch das Meer verloren, das die Gestade des Heiligen Landes berührt. Man wandte sich an den Kaiser und erhielt Malta – und so hatte man wenigstens noch die Straße in die Terra Sancta. Hier jedoch machte die spanische Krone Schwierigkeiten wegen der Souveränität, denn Malta war ein Lehen des spanischen Sizilien. 1798 endlich war auch dieser Traum zu Ende, Malta fiel durch Verrat an Napoleon, dem es die Engländer nach kurzer Zeit abnahmen, und der Orden war heimatlos. Man wandte sich an den Papst, der aber selbst in tödlich bedrängter Lage war. Nachdem das Land verloren war, ging es nun doch immer noch um das Recht. So begab sich der Orden in den Schutz des russischen Zaren, der immerhin als der legitime Nachfolger der byzantinischen Kaiser gelten konnte. Ihm – dem schismatischen Oberhaupt einer nichtrömischen Kirche – verdankt es der Orden, daß seine Unabhängigkeit nicht den zerrütteten Verhältnissen der napoleonischen Zeit zum

Opfer fiel. Der Zar setzte es gegen die Proteste Preußens und Englands auf dem Wiener Kongreß bei Metternich und Talleyrand durch, daß man die alten selbständigen Herrschaftsrechte des Malteser-Ordens anerkannte, die heute noch sein eifrig gehüteter Besitz sind.

Wenn man vom Trajansforum aus unter dem loggiengekrönten Haus dem Laufsteg folgt, der an seiner Front entlang führt, gelangt man bald über ein paar Treppen hinauf zu dem kleinen Platz, von dem aus der alte Rhodosritterpalast zu betreten ist – und dort hängt über dem Eingang noch immer die Fahne mit dem Johanniter-Kreuz, als Zeichen dafür, daß hier das Territorium des letzten Hoheitsträgers des Mittelalters beginnt. In einer Welt, die nicht mehr nach dem Glauben, sondern nach der Macht verlangt, in der nicht mehr die Nobilität des Geistes und des Charakters, sondern die Stärke des Willens und die Kraft des Kollektivs den Ausschlag geben, hält der Orden von Malta noch heute mit zäher Beständigkeit die Prinzipien des Rittertums aufrecht, die den christlichen Erdkreis einstmals beherrschten.

BEIDERSEITS DER FEUERMAUER DES AUGUSTUS

Die Rhodosritter richteten ihre Kapelle in dem wunderbar erhaltenen Hof des augusteischen Hauses ein, das den Tempelbezirk des Mars Ultor abschließt. In den Gewölben der antiken Verkaufsläden, die in die Front des Hauses gegen das Trajansforum hin eingebaut waren, ist heute ein kleines Museum untergebracht. Man übergeht es normalerweise, aber der Besuch ist lohnend. Hier sind von sehr verständiger

Hand die köstlichen Bruchstücke zusammengetragen, die in dem Bezirk des nahen Augustusforums gefunden worden sind – zarte, kühle Gebilde von höchster plastischer Perfektion, eine Hand, ein halbes Gesicht, ein Fuß, – kaum irgendwo wird einem so eindringlich gezeigt, wie sehr das Fragment unsere spätzeitliche Phantasie entzünden kann. Die edle Wölbung einer Fußspanne bekommt für unser empfindlich gewordenes Auge gerade durch das Fehlen jeder Ergänzung die stellvertretende Suggestivkraft, die bewirkt, daß die Dinge der Antike in so hohem Grade unser eigen werden. Wir haben stets unseren Teil hinzuzufügen, und dies verleiht unserer Begegnung mit dem Altertum den maßvollen Ausgleich zwischen Intimität und Freiheit.
Von einem Fenster des Museums sieht man hinunter auf den gewaltigen Tempel, den der Kaiser Augustus zum Andenken an den Sieg von Aktium errichtet hat. »Den Tempel des Mars hatte er im Kriege von Philippi gelobt, den er um seinen Vater (Cäsar) zu rächen, begonnen hatte. Daher verordnete er, daß hier der Senat über Kriege und Triumphe beratschlagen, daß die Provinzstatthalter von hier aus bei ihrer Abreise in die Provinzen das Ehrengeleit empfangen und die aus siegreichen Kriegen heimkehrenden Feldherrn hier die Auszeichnungen ihrer Triumphe niederlegen sollten.« (Sueton, Cäsarenleben.)
Man sieht von diesem Tempel noch vier Säulen stehen, zusammengesetzt aus den Fragmenten, die man gefunden hat. Die Maße waren gewaltig, die Bildhauerarbeiten von seltener Reinheit. Eine Atmosphäre klassischer Zurückhaltung muß über dem ganzen Forum gelegen haben, das inmitten der weitläufigen öffentlichen Bauten früherer Zeit ein deutlich abgegrenzter,

feierlicher Bezirk gewesen ist. Gegen das brausende Leben in der benachbarten Subura schützte Augustus sein Forum durch eine hohe Mauer, nahtlos aus großen Quadern zusammengefügt, die zugleich verhindern sollte, daß die häufigen Brände in den leichtgebauten Wohnhäusern des volkreichen Viertels auf den geheiligten Bezirk übergriffen. Sie ist heute noch zu sehen.

Das Viertel der Subura war in der Antike ebenso bevölkert wie verrufen. Mietskasernen, Hinterhöfe, Proletariat und Armut waren seine Kennzeichen, wie sie es heute noch sind. Wer einmal von einer Dachterrasse in der Via Cavour auf die Dächer der Subura hinuntergeblickt hat, wird dieselben Spuren des Lebens armer Leute vorfinden, wie sie uns in den Beschreibungen antiker Schriftsteller schon begegnen: zahllose, über die Schluchten der Gassen gespannte Leinen mit trocknender Wäsche, auf Balkonen, Terrassen und Altanen Mädchen mit aufgestecktem Haar, alte Weiber beim Nudelwalken und Katzen beim Jagen, Weintrinker in den Schänken und johlende Kinder. In diesen schattenreichen Abgründen, in den winkeligen, von Gerüchen geschwängerten Sackgassen haust ein Urvolk Roms, das durch die Feuermauer des Augustus seit zweitausend Jahren von dem glanzvollen Bezirk des Marmors getrennt wird.

Dieses Quartier war im Altertum die bevorzugte Gegend für die Einkäufe, mit deren Besorgung man am Morgen die Sklaven beauftragte – das klassische Viertel für die Prozente, die jeder von jedem nimmt und die im Altertum wie heute den himmelschreienden Preisunterschied ausmachen, den ein und dieselbe Sache manchmal in verschiedenen Teilen der Stadt aufweisen kann. Wir wissen von den Läden der Barbiere, der

Schuster, der Wollhändler und Leinenweber, der Schmiede und der Perückenmacher. Letztere standen in besonders hohem Ansehen, denn es galt als blamabel, keine Haare zu haben. Cäsar, der darunter litt, benützte den vom Senat genehmigten Lorbeerkranz, um seine Glatze zuzudecken.

Die Gegend, nicht ganz geheuer, war arbeitsam und von lärmender Betriebsamkeit. Nachts rumpelten auf dem Plattenpflaster die Karren der Lieferanten, denen es untertags nicht erlaubt war, die Innenstadt zu passieren – und die paar Vornehmen, die inmitten des Gewimmels ihre abgeschlossenen Häuser hatten – auch Cäsar gehörte zu ihnen –, fanden keinen Schlaf. Das Volk, das seinen Tag auf der Straße zubrachte, hauste in armseligen, lichtlosen Kammern, deren hölzerne Fensterläden man überdies bei Regenwetter noch schließen mußte. Glas war ein Luxus.

Inmitten der Subura war das Haus des Tarquinius Superbus zu sehen, des letzten und verhaßten etruskischen Königs von Rom – aber wenn ein Fremder in der Kaiserzeit verlangt hätte, es zu besuchen, hätte er es nur mit Hilfe eines Führers finden können, denn die Straßen trugen im Rom der Antike ebensowenig Namen, wie die Häuser Nummern. Als Ortsangabe behalf man sich mit Beschreibungen – etwa: »grad an dem Punkt, wo man vom Palatin zum Forum heruntersteigt« – oder »am Eingang der Subura, wo sich die Peitschen der Henker befinden.«

INTERMEZZO GRAZIOSO

Nun wollen wir aber die schwer mit Geschichte und Tradition befrachtete Welt einen Augenblick verlassen und uns – jenseits der Feuermauer – an der Piazza del

Grillo erfreuen. »Graziosissima« – würde man italienisch sagen, denn sie ist wirklich ein kleines Wunder. Wo fände man schon, in der gravitätischen Nachbarschaft zweitausendjähriger Quadermauern solch charmante, gesims-umtanzte Fensterfronten, ein so glückliches Beispiel für die lässige und lächelnde Aufgeklärtheit, mit der ein spätes Jahrhundert – das achtzehnte – die wehrhafte und drohende Geste des mittelalterlichen Geschlechterturmes spielerisch und skeptisch ihrer Bestimmung beraubt? Drinnen im Gartenhof rauscht eine leise Fontäne, umwuchert von Grün, zwei Genien halten einen Früchtekorb in die Luft, ein aufgelöstes Gartenportal läßt seidenverhängte Salons und knarrendes Parkett hinter der verblaßten braunen Front vermuten, und die Sonne Roms treibt ihr köstliches Spiel darüber hin, das Spiel mit den drei Farben, die Roms Farben sind: das alte, stumpfe Grau der antiken Reste, das rostrote Braun der Palastfassaden und das seidige Blau des von der Freudigkeit des Lichtes überströmenden Himmels.

Die Piazza del Grillo ist eine jener verschwiegenen Verführungen auf den Wanderungen durch Rom, denen man erliegen sollte – eine Verführung, das Nachdenken sein zu lassen, den Wissensdurst, die historische und die künstlerische Betrachtung aufzugeben, einfach mit dem Auge da zu sein, und dem Gefühl der Dankbarkeit zu leben, daß so schöne Dinge noch keinen Stern im Baedeker haben.

Der Palazzo del Grillo ist ein Haus der Stille. Seine glücklichen Bewohner leben mitten in der Stadt Rom wie auf dem Lande und hören des Morgens die Vögel in den Zweigen der Orangenbäume singen. Die Verbindung von überquellender Natur, altem Gemäuer und Brunnenrauschen gibt dem Garten die zeitlose Köstlichkeit der Idylle; die Komposition aus Prunk, Großräumigkeit und Anmut, die Bernini und seine Schüler dem Hause gaben, fördert auch heute noch in seinen Bewohnern jenes aus Distanz und Vertrautheit wohltuend gemischte Gemeinschaftsgefühl zutage, das die Römer dazu veranlaßt, von den ›Grillisti‹ zu reden. Ein Grillisto zu sein, bedeutet aber nicht nur, hier zu wohnen und zu leben, es setzt die Anerkennung des ganzen Quartiers voraus, dessen Mittelpunkt der Palazzo del Grillo ist – es bezeichnet jene intime Seelenverwandtschaft zwischen dem Subura-Volk und seinen Signori, ohne die der Mensch in der Bannmeile des Forum Romanum sein Glück nicht finden kann.

UNVERMEIDLICHE TURMBESTEIGUNG

Wenn wir uns aber doch entschließen, auf der Straße der Moderatio weiterzugehen, müssen wir uns für große Dinge rüsten. Denn nun haben wir einen Turm zu bewältigen, dessen Besteigung allerhand guten Willen verlangt. Von seiner Plattform aus bietet die Torre delle Milizie die schönste Aussicht, die man über Rom haben kann, und ich kann Ihnen nicht helfen: Sie müssen hinauf! Sagen Sie nicht, schließlich sei ja die Aussicht vom Gianicolo oder vom Pincio oder vom Dach der Peterskuppel aus auch nicht schlecht – die Torre übertrifft sie bei weitem. Dem Blick vom Gianicolo ist die Kuppel von St. Peter nicht hinzugefügt, auf dem Dach der Peterskirche ist der Stadtkern zu weit entfernt, vom Pincio aus vermißt man das antike Rom und den Fluß – nur auf der Torre ist dem beglückten Auge alles vereinigt.

Während des unbequemen Aufstiegs können wir uns

mit der Vorstellung unterhalten, daß das Volk von Rom sich heute noch erzählt, die Torre sei für den Kaiser Nero der sichere Aussichtspunkt gewesen, von dem aus er singend und hingerissen dem Brande Roms zugesehen habe. Tatsächlich hat der Turm einen antiken Kern, wenngleich er in seiner heutigen Gestalt erst dem dreizehnten Jahrhundert entstammt. Später gehörte er den großen guelfischen Familien der Annibaldi und der Gaetani, die ihn als Geschlechterturm benutzten – als Zuflucht für eine große Zahl von Anhängern, die man in den Stockwerken übereinander sicher unterbringen konnte, während sich der Zugang mit ganz wenigen Bewaffneten sehr lange verteidigen ließ. Auch der deutsche Kaiser Heinrich VII. hat auf seiner dramatischen Romfahrt inmitten der erbitterten Kämpfe der kaiserlichen und der päpstlichen Partei in der Stadt die Torre als Zufluchtsort gewählt und von hier aus in den Kampf eingegriffen. Damals ging es nur mit Leitern in die Höhe, und so können wir uns doch glücklich preisen, wenigstens eine stabile Treppe zu haben.
Und dann oben, da hat man die Mühe bald vergessen. Die Luft ist frei und leicht, von den Albanerbergen kommt ein kühler Wind herüber, der Lärm der Straßen dringt nur gedämpft herauf ...

... und da liegt Rom
das alte Rom und das barocke Rom
die Stadt und die Landschaft
ROM

GESPRÄCH – HOCH ÜBER ROM

Personen:

CAROLA, eine junge Dame.
DR. PHIL. JOCHEN SCHMIDT, etwas übertrieben belesen.
MONSIGNORE STEINBRECHER, ein Gelehrter aus dem Vatikan.
GIUSEPPE, der Turmwärter.

CAROLA. Ich verstehe das nicht, Rom ist eine Stadt ohne Türme. Und wenn Sie sich diese Kuppeln ansehen … bei unseren Städten zeigt sich doch durch das hochragende Element der Türme ein ganz anderes Profil.

DR. SCHMIDT. Oh, verzeihen Sie, man hat natürlich auch in Rom Türme gebaut – ich darf Sie nur an den Glockenturm von St. Peter erinnern, den Bernini aufgeführt hat.

CAROLA. Ja, aber wo ist er denn?

MONSIGNORE. Der Papst hat ihn wieder einreißen lassen.

CAROLA. Sehen Sie, es ist nichts mit den Türmen.

DR. SCHMIDT. Aber wir haben doch eine ganze Menge Veduten vom mittelalterlichen Rom, wo es von Türmen nur so wimmelt, wir selber stehen ja auf einem von ihnen.

CAROLA. Offenbar hat man das doch dann mit einem Mal nicht mehr gemocht – man hat die Breite vorgezogen, und ich möchte gerne wissen, wieso denn die Kuppeln, die man hier im Umkreis sieht, alle gleich aussehen – sie sind doch ein Turmersatz und stammen offenbar alle aus derselben Zeit.

MONSIGNORE. Tatsache ist, daß Rom vor dem Jahre 1500 eine Stadt ohne Kuppeln war.

GIUSEPPE. Cupole, si, si, tante, tante cupole … vogliono vedere, qui c'è Santa Maria in Loreto, poi il Santissimo Nome di Maria, poi Il Gesù, Sant'Agnese, Sant'Andrea della Valle, San Carlo ...

DR. SCHMIDT. Ja, ja, guter Mann, das wissen wir ja alle.

MONSIGNORE. Es gibt einen bestimmten, geschichtlichen Zeitpunkt: vor ihm waren Türme die Akzente Roms, nachher Kuppeln.

DR. SCHMIDT. Aber so genau auf das Jahr ist das doch nicht zu sagen; ich meine, Wölfflin ...

MONSIGNORE. Das war der Sacco di Roma.

DR. SCHMIDT. Ah, ja, 1527, deutsche Landsknechte unter dem Kommando des Connétable von Bourbon, der von seinem König abgefallen war, und Frundsberg und Benvenuto Cellini ...,

MONSIGNORE. ... die aber alle nichts dafür konnten. Erstens ist es ein Märchen, daß der alte Frundsberg dabei war, der lag in Ferrara im Bett, hatte einen Schlaganfall.

DR. SCHMIDT. Ach ...

MONSIGNORE. ... und zweitens ist der Sacco di Roma nicht damit abgetan, daß der großsprecherische Benvenuto Cellini in der Engelsburg die Tiaren der Päpste einschmolz, weil die Kurie kein Geld mehr hatte. Es gibt da einen Gesandtschaftsbericht des Prinzen Gonzaga ...

(Der Monsignore erinnert sich nicht an den Wortlaut, stellt die Sache dar, so gut es geht, wir hingegen machen uns das Vergnügen, währenddessen zu zitieren: »In Rom, der Hauptstadt der Christenheit, wird keine Glocke mehr geläutet, keine Kirche geöffnet, keine Messe gelesen. Die reichen Läden der Kaufleute dienen als Pferdeställe, die Paläste sind verwüstet, viele Häuser verbrannt, die Straßen voll Unrat. In den Kirchen streunen die Hunde, auf den Plätzen der Stadt stehen Tische, auf denen um Haufen Dukaten gewürfelt wird. Gotteslästerungen erfüllen die Luft.«)

Johann Georg von Dillis, 1815
BLICK AUF DEN QUIRINAL

Schack-Galerie, München

MONSIGNORE *(fährt fort)*. ... das war Rom, 1527.

DR. SCHMIDT. Ja, und die Pest brach aus, Konstantins Goldkreuz wurde versteigert, die algerischen Korsaren blockierten die Tibermündung, der Fluß trat über die Ufer ...

CAROLA. Dann ist also das meiste von dem, was wir hier sehen, nach dem Sacco di Roma erbaut worden. Wann hat Michelangelo denn eigentlich die Peterskuppel begonnen?

DR. SCHMIDT *(wie aus der Pistole geschossen):* Um 1550.

MONSIGNORE. Aber entscheidend sind die Jahre dazwischen. Fünf Jahre nach dem Sacco gab es einen Karneval in Rom, wie man ihn nie zuvor geshen hatte.

CAROLA. Warum gibt es eigentlich heute keinen römischen Karneval mehr? Goethe beschreibt ihn doch noch.

GIUSEPPE. Ah Carnevale ... questo è stato una gran bella cosa – anni, anni fa ...

MONSIGNORE. So lange die Päpste in der Stadt Rom etwas zu sagen hatten, also bis 1870, hat es den Karneval gegeben.

CAROLA. Hätte den Papst das nicht eigentlich stören müssen?

MONSIGNORE. Nein, Luther hat es gestört.

DR. SCHMIDT. Aber man muß doch sagen, Paul IV. ließ an inquisitorischer Strenge nichts zu wünschen übrig.

MONSIGNORE. Er war aber auch der Nachfolger von Julius III., der ein Poet war, sich mit Künstlern und Gelehrten umgab, und mit Blumenbooten und Musikanten zwischen dem Vatikan und seiner Villa Giulia hin und herfuhr – während das Volk verrottete.

CAROLA. Aber das war doch alles unmittelbar nach dem Sacco di Roma.

MONSIGNORE. Es war eine tiefgreifende Reaktion, wie

sie immer auf die Zerstörung großer Städte folgt. Erinnern Sie sich, welche Atmosphäre über unseren Ruinenstädten lag, in den ersten Jahren nach dem Krieg, wo man auch aus dem äußersten Elend in eine wüste und unbefriedigte Vergnügungssucht fiel. So war es auch hier. Man begann, die Säle und Zimmer der Paläste in Rom mit gewirkten Teppichen anzufüllen; es war unvornehm geworden, einen Palast wie eine Burg zu befestigen, weil man gesehen hatte, daß selbst die unbezwinglichen Mauern Roms einem konzentrierten Landsknechtssturm nicht standhielten. Im Aufwand des Adels kam die Grenzenlosigkeit der sozialen Gegensätze zur vollen Auswirkung: niemand hielt mehr damit zurück, seinen Reichtum zu zeigen. Samtgewänder, goldne Ketten, Rüstungen und Waffen hatte es vorher schon gegeben, jetzt überzogen sich diese Dinge mit Krusten von Edelsteinen. Es war den Menschen zu deutlich vordemonstriert worden, wie vergänglich das Irdische ist – also begann man, es in vollen Zügen zu genießen, und es gerade deshalb so schön zu finden, weil es so flüchtig war. Eine Welle schrankenloser Diesseitsfreude machte die Menschen Roms damals zu einer Gesellschaft karnevalistischer Narren. Der Mensch war nicht mehr das Maß aller Dinge, das Walten einer mit Engeln und Dämonen erfüllten Übernatur hob die Sicherheit auf, die die Renaissance mit ihrem harmonischen Menschenbild zuwege gebracht hatte. Der religiösen Leidenschaft, die damals in Bußübungen und Inquisition hochflammte, stand ein fataler Aberglaube gegenüber, Gespenster gingen am hellen Tage um, angeführt vom Oberteufel aller römischen Erscheinungen, dem Geist des Kaisers Nero, der die Seelen der Todsünder magisch in ein höllisches Jenseits zog. Die Welt hatte den Traum von Schönheit, den das Quattrocento heraufgeführt hatte, endgültig ausgeträumt, eine neue Zeit hob an.

CAROLA. Sie sagten vorhin, diese Jahre nach dem Sacco seien die entscheidenden gewesen?

MONSIGNORE. Schauen Sie sich die Peterskuppel an. Von hier aus sieht man, daß sie eigentlich über alles Menschliche hinausgeht. Sie ist wie ein Werk der Natur, unkorrigierbar und vollkommen wie das Matterhorn, eine makellos in der Laterne zusammenlaufende Frucht aus Stein, ein unwiederholbares Gebilde, vor dem man Ehrfurcht haben muß, wie vor dem Himmelsgewölbe. Es hat ein Leben großer Qualen bedurft um dies hervorzubringen, und Michelangelo, der ein Greis von achtzig Jahren war, als er diesen Bau entwarf, hat darin die Erschütterungen seines Lebens in einer ungeheueren Anstrengung der Moderatio beruhigt.

DR. SCHMIDT. Ist diese Kuppel nicht doch viel eher der letzte und reifste Ausdruck der Renaissance, die nun schon vorüber war?

MONSIGNORE. Nein, sie ist eine gewaltige Prophetie des Barock. Das auf Michelangelo folgende Jahrhundert ging fast ganz dahin, ehe man der Idee dieser Kuppel folgen konnte, und in Deutschland ist man ihr zum Beispiel überhaupt nicht gefolgt.

CAROLA. Wollen Sie uns das nicht erklären, anstatt in Rätseln zu sprechen?

MONSIGNORE. Die Zeit, die nach dem Sacco di Roma anbrach, ist eine Zeit der Extreme. Der Tod war ebenso wichtig geworden wie das Leben, das Jenseits brach in das Diesseits ein, die Mitte war verloren. Die Materie hatte ihre Festigkeit eingebüßt – und Michelangelo hat den Beweis erbracht, daß man sie in Lüften schweben lassen konnte. Während aber an anderen Orten diese Erkenntnis dazu führte, daß man – in der Architektur, in der Plastik, in der Musik, in der Philosophie – darin ging, die Materie vollends aufzulösen, hat Michelangelo sie in eine neue, fast möchte man sagen übernatürliche Form gebracht. Und das ist das Kennzeichen des römischen Barock geblieben. Er ist niemals, auch in der Lebenshaltung und in der Politik nicht, dazu übergegangen, die Illusion an die Stelle der Realität zu setzen, er hat niemals versucht, dem Stein seine Schwere, dem Menschen seine Logik zu nehmen, und wenngleich das Lebensgefühl sich der Schönheit des Zeitlichen zuwandte, blieb doch das dogmatische Richtmaß der gottgewollten Ordnung in ihm erhalten.

Die Kuppeln verkörpern das kollektive Wahrzeichen der Moderatio in der Erscheinungen Flucht. Sie haben Teil an den Gesetzen des Himmels und der Erde, sie sind über das menschliche Maß hinausgehoben, und folgen doch der Ordnung des menschlichen Daseins, sie sind schwer in ihrer Masse, und sind Geist in ihrer Form.

DR. SCHMIDT. Aber Borromini hat es doch zuwege gebracht – an S. Ivo dort drüben zum Beispiel –, die Materie wirklich aufzulösen.

MONSIGNORE. Zugegeben, aber dann hat er sich auch – bedauerlicherweise – umgebracht.

CAROLA. Sie sagten vorhin, die Geburt des Barock habe sich auch in der Musik abgezeichnet.

DR. SCHMIDT. Nun ja, ich bitte Sie, wir haben doch in Rom die Entstehung des Oratoriums zu verzeichnen, Carissimi und Cavalli ...

MONSIGNORE. ... die aber nur die Konsequenzen aus den Jahren nach dem Sacco di Roma zogen.

CAROLA. Wer war denn nach Ihrer Meinung der erste Musiker des römischen Barock?

MONSIGNORE. Palestrina.

DR. SCHMIDT. Aber der ist doch geradezu der klassische Komponist der Renaissance; die Musik kommt ja meistens ein Jahrhundert hinterher.

MONSIGNORE. Vergegenwärtigen Sie sich bitte einmal die Kompositionsprinzipien, die Palestrina vorfand. Als er nach Rom kam, war die niederländische Polyphonie, die letzte Frucht des Mittelalters, in Italien große Mode. Man liebte dieses kunstreiche Geflecht gleicher Stimmen, worin nicht einer Melodie aller Ausdruck und einer Begleitung aller Wohllaut gegeben war, sondern eine Vielzahl großer Melodien in der Aufnahme und der Verarbeitung des einen Grundthemas über- und untereinander dahinliefen. In Venedig hatte man, durch die Übersteigerung der Klangapparate und die Ausnützung der Doppelchörigkeit der Markus-Kirche, einige Jahrzehnte vor Palestrina den Akkord entdeckt, der plötzlich nicht mehr das Resultat aus dem Verlauf selbständiger Stimmen war, sondern ein eigenes Leben erhielt; man hatte das Chroma – die Klangfarbe – in der Musik gefunden und den chromatischen Stil entwickelt, aus dem unser Musiksystem heute noch lebt. Die beiden Prinzipien: Polyphonie und Homophonie, wurden von den Musikern zur Zeit Palestrinas in gleicher Weise geübt, und auch Palestrina selbst beherrschte sie in Perfektion. In der Zeit, als Michelangelo das Holzmodell zu der Peterskuppel zusammensetzte, ging Palestrina daran, diese beiden Prinzipien zu integrieren – den Verlauf der einzelnen Stimmen einer Komposition zu natürlichen Abfolgen von Akkorden zu moderieren. Auf diese Weise gelang es ihm, die musikalische Materie in eine Bewegung zu setzen, die so selbstverständlich schien, daß man sie als gottgewollte Ordnung empfinden konnte. Die Harmonie wurde erreicht durch den Zusammen- und Auseinanderfluß mehrerer Stimmen, die zugleich Konsonanz und Dissonanz, Hebung und Senkung, das Prinzip des Gegensatzes und des Fortschreitens verwirklichten. Hier trat in der Musik zum erstenmal das Element der Zeit als ein Wesensfaktor auf – denn in der Flüchtigkeit der Tongebilde, in ihrem gegensätzlichen Wechsel zwischen Lösung und Spannung, verrauschte die Schönheit ebenso ins Vergängliche, wie sie im menschlichen Schicksal an das Hinsterben gebunden zu sein schien. Das Ziel der Musik, die Ruhe hinter dieser tönenden Dialektik, lag außerhalb des Hörbaren, war geistig geworden. Der Mensch, der die Musik übte, war nicht mehr ihr Maß, sondern ihr Schauplatz, sie selbst ein Abbild der Schöpfung, die durch die Gegensätze des Guten und des Bösen zu einer endzeitlichen Beruhigung fortschreitet. Palestrina hat den Barock in der Musik ebenso vorgeformt, wie ihn Michelangelo in der Architektur vorausgenommen hat – und zwar nicht nur die Vitalität und das Pathos des Barock, sondern auch die Lösung seines Problems.

DR. SCHMIDT. Und wie soll die Lösung dieses Barockproblems in der Musik ausgesehen haben?

MONSIGNORE. Jeder Ton dauert, solange man ihn hält. Sein Ende ist ein anderer Ton oder die Stille. Jede Melodie steigt auf, um wieder zu fallen. Wenn Melodien zusammen klingen, führen sie auf Konsonanzen hin, die von Dissonanzen abgelöst werden. Der Schlußakkord ist das Resultat aller Melodien, allen Wechsels von Wohlklang und Mißklang, nach ihm kommt die

Stille. Wenn ich mehrere Melodien zur gleichen Zeit zum Klingen bringe, kann ich sie so führen, daß jeder Ton in ihnen zugleich Baustein eines spannenden oder lösenden Akkordes ist. Die Summe aller Akkorde ist die Stille. Solange die Musik tönt, läuft die Zeit fort. Wenn die Musik verstummt, tritt die Harmonie ein. Auf den Barock angewendet: solange der Mensch lebt, geht es mit ihm auf und ab. Er sündigt und bereut. Die Gegensätze in ihm leben und wirken, die Zeitlichkeit verhindert den Frieden, die Harmonie ruht in der Ewigkeit. Je stärker, unmittelbarer und hingebender der Mensch die Auseinandersetzung zwischen Gut und Böse erlebt, um so näher kommt er der Erlösung.

CAROLA. Liegt darin nicht eigentlich ein tiefer Pessimismus – wenn man die Harmonie aus der greifbaren Welt hinausverlegt und der Flüchtigkeit des Zeitlichen ein solches Gewicht beimißt?

MONSIGNORE. Der Pessimismus ist ein entscheidendes Kriterium des barocken Geistes – oder glauben Sie, die Theorie von Leibniz, daß auf Grund der prästabilierten Harmonie diese unsere Welt die beste aller denkbaren Welten sei, könnte als optimistisch bezeichnet werden?

DR. SCHMIDT. Wir haben ja auch eine Menge Zeugnisse, wie sehr der Prunk des Todes damals in Mode kam – bei den Begräbnissen gingen die Mendikanten-Bruderschaften in schwarzen Kapuzenmänteln, mit knochenbestickten Bannern, und Wagen voller schwarzgekleideter Skelette wurden mitgeführt.

MONSIGNORE. Man war von einer abgründigen Leidenschaft beseelt, den Menschen in seinen äußersten Grenzen darzustellen, und man begann sich als ein vergänglicher und tragischer Schauplatz zu fühlen für den mörderischen Kampf zwischen der Dissonanz und der Konsonanz der Welt.

CAROLA. So ist also das barocke Rom aus Himmel und Hölle geboren worden – aber das muß doch in den Menschen, die von diesen seelischen Stürmen getrieben wurden, eine gewaltige Unsicherheit hervorgerufen haben.

MONSIGNORE. An diesem Punkt könnte eine Unterscheidung einsetzen, die man zwischen dem römischen Barock und dem Barock der übrigen Welt treffen muß. Es hat in den Jahrzehnten nach dem Sacco in Rom einen Seelsorger gegeben, der sein ganzes Leben daran setzte, die Menschen aus dem seelischen Taumel herauszubringen, in den sie das neue, extreme, gegensätzliche Weltgefühl gebracht hatte. Er hieß Philipp Neri.

DR. SCHMIDT. Ach ja – der »Humoristische Heilige« aus Goethes Italienischer Reise!

MONSIGNORE. Der Kampf zwischen Gott und Luzifer, der sich auf der Tenne der menschlichen Seele ständig erneuert, war seine große Sorge. Er litt selber unter den gewaltigen Heimsuchungen mystischer Visionen und hatte deshalb ein geschärftes Ohr für alle die scheinbaren übersinnlichen Erlebnisse der Römer, die sich damals einstellten. Immer war er auf der Hut vor falschen Wundern und erschrak jedesmal zu Tode, wenn sich an ihm selbst etwas vollzog, was er mit natürlichen Gründen nicht mehr erklären konnte. Er wollte, inmitten eines abgründigen Wollust- und Buß-Getriebes, aus den Römern wieder Christen machen, denen ein guter Wille und ein persönliches Opfer keine Anlässe waren, für die man durch übernatürliche Gnadenerweise belohnt werden mußte. Er wollte seinen Seelsorgskindern aber andererseits weder die hochtreibende Weltfreude noch die schlotternde Angst vor den Strafen der Hölle nehmen – weil er sie selber allzusehr spürte. Also wich er aus. Wenn die Ekstasen ihn überkamen, suchte er ihnen mit Gewalt zu entrinnen, indem er sich zum Narren machte. Er war in der Lage, im Augenblick, da er sich von übernatürlichen Kräften davongetragen fühlte, einen Schweizergardisten, der gerade neben ihm stand, völlig grundlos am Bart zu zupfen, um sich mit Gewalt zu ernüchtern. Man nannte ihn einen Harlekin, einen Menschen, der das Abseitige, das Abstruse ergreift, um zu jener Koinzidenz, zu jenem Zusammenfallen aller Gegensätze in Gott zu finden, die dem Cusaner hundert Jahre vorher noch auf dem Wege der reinen Spekulation zugänglich gewesen war. So wie Michelangelo die Peterskuppel genau auf den Integrationspunkt zwischen Himmel und Erde erhoben hatte, wie Palestrina die Einbindung der schweifenden Melodie in die statische Kraft der Akkorde erreicht hatte, so wollte Neri die Gebundenheit des Menschen an ein übernatürliches Prinzip demonstrieren, das hinter aller Flüchtigkeit von Leben und Welt unwandelbar bleibt. Die Materie – Steine, Töne, menschliche Wesen – war in Bewegung geraten, und nur der unmittelbare Wille Gottes konnte in dieser Bewegung die Ordnung sein. Dieser Wille Gottes war für Neri, wie für uns heute, den Menschen geoffenbart und im Dogma festgelegt.

CAROLA. Ja, dann ist ja das Dogma mehr eine Form als eine Wahrheit.

MONSIGNORE. Nein, das Dogma ist die Form der Wahrheit.

CAROLA. War das vor dem Barock auch schon so?

MONSIGNORE. Die Wahrheit hängt nicht von der Geschichte ab, sondern die Geschichte von der Wahrheit. Der Barock war die letzte große Anstrengung, den Menschen durch die Erschütterung der Natur zur Ahnung der Übernatur zu bringen, das Prinzip der Zeit auf das Universum anzuwenden und dem schweifenden Geist die Unerreichbarkeit des Göttlichen vor Augen zu führen.

CAROLA. Und was ist die Moderatio darin?

MONSIGNORE. Daß diese Anstrengung nicht zur Anbetung der Vernunft, sondern zur Verherrlichung des Glaubens geführt hat.

GIUSEPPE *(dem das alles viel zu langweilig ist, weil er schon auf ein Trinkgeld wartet, singend):*
Quanto sei bella, Roma . . .

Quanto sei bella, Roma, a prima sera:
er Tevere te serve da cintura,
San Pietro e er Campidojo da lettiera.

De qua e de là dar fiume c'è 'na stella,
e tu nun pôi guardalla, tanto brilla:
e questa è Roma mia, Roma mia bella.

Tu ciai la primavera ne' la chioma:
er vento passa dentro e se profuma
e pare ch'è un giardino tutta Roma.

Gira, si la vôi gira . . .
canta, si la vôi canta.

AUF WEGEN DES RÖMISCHEN BAROCK

Der Garten des Palazzo Colonna breitet sich wie eine ernste klare Landschaft über den westlichen Hang des Quirinal-Hügels aus. Die Straße des Ballspieles, die Via della Pilotta – die darunter hinführt –, ist ein mauergesäumter grauer Weg und scheidet die Rückfront des Palastes von der dunkelgrünen Feierlichkeit seines schweigenden Parks. Vier flachgeschwungene Brücken führen über die Straße, von einer Mauer zur andern, und wenn man die Konturen des Himmelsausschnittes betrachtet, den diese aus Garten, Brücken und Palast komponierte Architektur freiläßt, so scheinen seine Linien bewegt wie die klaren Stimmen einer schönen und ernsten Musik. Diese Straße mit der hohen Gartenmauer, mit den Zypressen darüber, mit den souverän gebauten Brücken, mit den Ahnungen einer noblen und verschlossenen Parklandschaft inmitten der brausenden Stadt – diese Straße ist reiner römischer Barock. Sie gehört der Zeit an, in der sich die Heiligenstatuen auf den Kolonnaden von St. Peter zu ihrer eleganten und verzückten Prozession zusammenfanden, als das glänzende, fontänengleiche Gefälle der Spanischen Treppe über die Pincio-Hügel gebreitet wurde, als in den Kirchen das geschliffene Marmorspiel wappengeschmückter Fußböden begann, und eindringlicher, zurückhaltender, moderierter als all dies führt uns diese Straße den musikalischen Geist des Barock vor Augen, aus dessen höchster Reife sich vor fast dreihundert Jahren die Melodie der Geigen Archangelo Corellis erhob.

Rom war in seinen glanzvollen barocken Jahren erfüllt von Musik. Die einzelnen Kardinäle der Kurie, fast durchweg Mitglieder alter und mächtiger Familien, wetteiferten in der Veranstaltung von Konzerten und Opern. Feste und Bälle verlangten ein großes Aufgebot von Musik. Es gab zahlreiche Hofhaltungen, die ein eigenes Orchester hatten, und die Gesandten vieler Länder führten dem Papste und der Stadt unablässig ihre besten Künstler zu. Inmitten der umfassenden Bautätigkeit, inmitten der allseitigen Bemühung, den bewegten Geist in Stein und Erz, in Palästen und Brunnen, in Kirchen und Plätzen festzuhalten, ertönte Abend für Abend in den aristokratischen Theatern die flüchtige Klangpracht reichbesetzter Orchester. In riesigen Kulissen, auf denen gewaltige Tempel und phantastische Landschaften zu sehen waren, traten gefeierte Sänger auf, die in freier Rezitationsweise den ganzen Umfang menschlicher Leidenschaften vor dem Zuhörer auszubreiten suchten. Denn Musik war die Darstellung des Übermaßes – an Gefühl, an Leidenschaft und Rührung –, eingehüllt in den Rahmen eines vergänglichen, und dadurch nur großartigeren Schauspiels, dessen Gegenstand der Mensch in seiner Fülle war.

Als Archangelo Corelli, neunundzwanzigjährig, nach Rom kam, kannte er ein Geheimnis, das ihm zur Unsterblichkeit verhalf. Er wußte, daß hinter den tausend Spielarten des Theatralischen eine noch feinere, geistigere Darstellung alles dessen möglich war, was die römische Welt damals bewegte. Er wußte, daß ein einziges Instrument in der Lage war, jenseits aller prunkvollen Bühnen, aller Heiligengestalten, jenseits aller Bewegung von Stein und Farbe den inneren Gehalt aller dieser Dinge auszusprechen: die Geige. In eine einzige Geigenmelodie mündete der Glanz und die Unruhe dieser Zeit. Was vorher die Grenzen des Darstellbaren schon verwischt hatte, wurde in der Melodie dieses wortlosen Gesanges deutlich, ernst und klar. Im Jahr 1682 verband Corelli unter dem Protektorat des Kardinals Ottoboni hundertfünfzig Streicher zu einem Orchester, dem er drei Solisten gegenüberstellte. In dieser aus dem Gegensatz wirkenden Form führte er das erste Concerto Grosso auf – ein Konzert ohne Worte, ohne handgreifliches Programm, ohne gegenständliches Thema. Diese Musik hat klare Konturen, nichts in ihr verschwimmt, nichts ist Zufall. Sie ist ein sicherer Weg durch eine feierliche Zeit, voll von Ahnungen wie der Blick in das Innere eines alten Parks. Der barocke Weg der Via della Pilotta, dem alten Park des Colonna-Palastes entlang, dem die Natur den Ernst und der Himmel die Gelöstheit gibt, läßt in uns die Sehnsucht nach Corellis Geigen erwachen, und wer sie hören kann, dem ist geraten, hier innezuhalten und sie zu hören.

FONTANA TREVI – CON VARIAZIONI

Aus einem Schulaufsatz von Glauco Battistini:

Wir kommen jetzt zur Fontana Trevi. Sie ist sehr schön. Alle Fremden werfen eine Münze hinein. Deshalb heißt ein Film »Drei Münzen im Brunnen«. Der Brunnen ist die Fontana Trevi. Sie ist wirklich sehr schön. Wenn keine Fremden da sind, steigen die Knaben in das Wasser und holen die Münzen wieder heraus. Dann essen sie zu Hause Spaghetti. Im Sommer steht ein Polizist da. Er paßt auf, daß die Fremden es nicht sehen, wenn die Knaben die Münzen wieder heraus holen. Über dem Felsen, wo das Wasser herunterfällt, sind Figuren. Sie sind alle grau und haben nicht viel an. Es gibt auch einen Wein, der heißt Acqua di Trevi. Er ist sehr gut, weil er schäumt und weil man die Äpfel schmeckt, die sie hineingetan haben, damit er mehr wird. Die Fremden, die zur Fontana Trevi kommen, haben alle Fotoapparate, und der Polizist muß sich dann immer an den Brunnen stellen, als Andenken. Es gibt auch ein Kino, das heißt Fontana Trevi. Wenn ich einmal hundert Lire aus der Fontana Trevi herausgeklaubt habe, gehe ich hinein und schaue mir einen Wildwestfilm an.

Tagebuchaufzeichnung des Herrn Richard H., zum ersten Male in Italien:

Gestern abends mit »See Rome by Night« Fontana Trevi. Bestimmt eindrucksvoll. Kolossaler Brunnen, aber so enger Platz, daß der Omnibus nicht um die Kurve kam. Mußten aussteigen. Verstehe nicht, warum das Wasser nur so aus dem Felsen kommt, hätte gedacht, es würde richtig springen, vielleicht ist der Mechanismus kaputt, ist ja oft so in Italien. Viele ungewaschene Kinder, wollen alle Geld. Wenn man den Neptun ansieht, kann man nur sagen, Michelangelo ist besser. Oben Inschrift von irgend einem Papst, der das ganze gebaut hat, angeblich weil zu wenig Wasser da war. Wegen des Wassers allein einen solchen Aufwand – die Päpste wußten eben nicht, wohin mit dem Geld. In der Nähe ungarisches Restaurant mit original Pußta-Musik. Blieben bis drei Uhr morgens dort. Trank endlich wieder mal richtig deutsches Bier.

Auszug aus dem Brief von Fräulein Isolde Hausmann an Herrn Siegfried König:

Ach Du, weißt Du wo ich heute war? An der Fontana Trevi!!! Du kannst Dir nicht vorstellen, wie wunderbar sie ist, dieser alte Brunnen auf dem kleinen süßen Platz, und diese bezaubernden Kinder, die lauter kleine heitere Putten sind und auf dem Brunnenrand spielen. Ich hab auch Geld hineingeworfen, weil man das doch muß um wiederzukommen, eine Münze für mich, und eine für Dich, und der alte bärtige Neptun hat dazu gelächelt . . .

Monolog des Polizisten gegen Ende seiner Dienstzeit:
Heute reichts mir schon. Diese blöden alten Schachteln in dem Cadillac. Wenn sie nicht um die Ecke kommen, sollen sie halt aussteigen. Fahren da einfach in die Einbahnstraße herein. Und dann haben sie noch nicht einmal verstanden, wie ich ihnen auf englisch gesagt habe, daß sie da nicht reinfahren dürfen. Ich versteh gar nicht, warum sie ausgerechnet hierher alle kommen müssen – alle Fremden, die der Padre Eterno nach Rom schickt, bekomme ich zu Gesicht. Ah . . . meno male– (laut) Buona sera signorina – (leise) Donnerwetter, das ist aber wirklich eine bella ragazza, (laut) sehen Sie, Signorina, was wir für einen schönen Brunnen haben. . .
DIE DAME *(die nichts verstanden hat):* Thank you very much indeed . . . please, tell me, who made this . . .
POLIZIST: Maikelängelo.

Auszug aus dem Baedeker:
Die Fontana Trevi ist an der südlichen Schmalseite des Palazzo Poli in Anlehnung an Entwürfe Berninis von Nicolo Salvi (1735 bis 1762) aufgebaut; in der mittleren Nische Neptun, in den Seitennischen Allegorien der Gesundheit und der Fruchtbarkeit; davor ein großes tiefliegendes Becken. Monumentalster der römischen Brunnen.

BETRACHTUNGEN AUF DEM QUIRINAL

Im Jahre 1637 gab es in Rom eine Theateraufführung, die der Cavaliere Bernini inszeniert hatte. Im Saal waren unter dem flackernden Schein von dreihundert Kerzen vierzehn Kardinäle versammelt – jeder mit den Edelleuten seiner Hofhaltung – dazu die Blüte der römischen Aristokratie, die damals gerade begann, sich in der spanischen Mode heimisch zu fühlen, weiterhin eine große Anzahl von Prälaten und die schönsten Frauen, die das von Schönheiten stets überquellende Rom aufzuweisen hatte. Der Vorhang hob sich über einer Bühne, auf der eine Menge Leute standen. Man wußte im ersten Moment nicht, welche von ihnen auf Leinwand gemalt und welche wirklich vorhanden waren. Mitten unter ihnen redeten zwei Hanswurste in einer Flut von Anzüglichkeiten aufeinander ein. Sie stritten sich um die Frage, wie sie sich zu placieren hätten, um keinem Teil des vorhandenen Publikums den Rücken zu kehren, und da die Rückwand der Bühne voll von gemalten Gestalten war, schien dieses Problem nicht lösbar. Unter vielen Plattheiten (wenn man den Text liest, wundert man sich, über was die Leute damals gelacht haben) einigten sie sich auf einen Kompromiß – sie spannten eine Leinwand quer über die Bühne, so daß der eine der beiden Spaßmacher, vom tatsächlichen Publikum ungesehen, sich seinen gemalten Zuschauern zuwenden konnte. Der andere hielt unterdessen eine barocke Conférence, bis der erste wieder unter der Leinwand hervorkam, um zu erzählen, womit er seine Zuschauer inzwischen amüsiert habe. Er gab ein Zeichen, die Leinwand verschwand, aber anstatt der gemalten Zuschauer breitete sich vor der überraschten Gesellschaft ein mit Sternen übersäter Rundhorizont aus, über den – unter den Klängen einer sanften Musik – die leuchtende Sichel des Mondes langsam emporstieg. Bei anschwellendem Orchester jagten Wolken über den Himmel, und als das Crescendo seinen Höhepunkt erreicht hatte, begann das Dunkel der Nacht dem strahlenden Aufgang der Sonne zu weichen. Eine grüne, von Palästen und Pavillons gegliederte Landschaft tauchte auf. Kavaliere zu Pferd erschienen im Jagdkostüm, Damen, üppig dekolletiert, im blitzenden Schmuck ihrer Geschmeide, von Pfauenfedern umrauscht, von Negersklaven umgeben, wurden in Sänften über die Bühne getragen, eine besonders gefeierte Schönheit fuhr in einer sechsspännigen Kalesche vor, auch das muntere Landvolk durfte nicht fehlen, vertreten durch reinlich gekleidete Winzerinnen, die unter Tanz und Schäkern ihre Traubenkörbe graziös vorüber trugen.

In all den Vorbeiziehenden konnte das Publikum mit Leichtigkeit sich selber erkennen, denn jede der agierenden Figuren stellte ein getreues Porträt eines Mitgliedes der anwesenden Gesellschaft dar. Es war ein ungeheueres Kompliment, das der Ritter Bernini sich für die *Società Romana* ausgedacht hatte – und die Verwirklichung schien unübertrefflich.

Langsam wurde aus den verschiedenen Gruppen auf der Bühne, unter stets festlicher dahinbrausendem Orchester, ein richtiger Triumphzug, eine überschäumende Apotheose jener unbeschreiblich bunten, aus sicherem Familienhochmut und abenteuerlicher Schmeichelei gemischten Oberschicht, die damals den Hof des Papstes mit dem Pathos eines illusionsreichen Welttheaters umgab. Nachdem die Sache lange genug gedauert hatte und jeder Eitelkeit ihr Tribut geworden war, erschienen plötzlich Pagen in schwarzem Samt. Sie trugen brennende Fackeln, das Licht verdüsterte sich, die Musik schlug in ernste und getragene Melodien um, und im Prunk eines silberüberglänzten Wagens erschien der Tod – ein letzter Triumphator, die Sense in der Hand, von Gerippen begleitet. Die beiden Hanswurste, die noch immer auf der Bühne standen, brachen in laute Lamentationen aus und beklagten sich beim Publikum, daß der Tod jedes Vergnügen zunichte mache und alle Freuden zerstöre. Mit einem dumpfen Trauermarsch schloß das Schauspiel. Der Beifall war frenetisch.

Dies ist Bernini, dies ist der Barock, dies ist die Welt, in die wir eintreten, wenn wir über die Salita di Monte Cavallo von der Fontana Trevi aus den Quirinalshügel emporsteigen.

Es fällt uns schwer, während wir die stille, palastgesäumte Fahrbahn hinaufgehen, uns vorzustellen, daß dieser Hang des Quirinal noch am Anfang des sechzehnten Jahrhunderts mit Gärten, Lusthäusern und Weinbergen bedeckt war. Wir sehen die Kardinäle nicht mehr, die sich, abseits vom Pomp ihres Amtes, hier von den hitzigen Tagen in der Tiberniederung erholten. Damals war dies noch ein sonnenbeglänzter Hügel, in dessen feuchten Gärten die schwermütigen Madrigale und die zwitschernden Villanellen des Luca Marenzio gesungen wurden, den man den »più dolce cigno d'Italia« nannte. Hier waren Schatten, Kühle und Beschaulichkeit; die Reste der antiken Statuen, die man voll kennerischen Entzückens dem umgegrabenen Boden entlockt hatte, leuchteten, umrauscht von kleinen Brunnen, aus den Girlanden des Efeu. Das klare, bescheidene Leben der Wunschlosigkeit hatte inmitten einer stürmevollen Zeit auf dem Quirinal eine Idylle hervorgebracht.

Tausend Jahre vorher dehnten sich auf dem Hügel die Thermen des Kaisers Konstantin aus, schimmernd von Mosaiken und Gold, und noch tausend Jahre früher hatte sich hier der ehrwürdige Tempel der Gesundheit erhoben, einer der ältesten Roms, von dem legendären Zensor Gaius Julius errichtet. Martial, der sarkastische Poet der späten Kaiserzeit, hatte hier gewohnt, in der Nachbarschaft der Villa, in der der Kaiser Domitian geboren worden war und die später dem Vulcatius Rufinus gehörte, dem Onkel des hochgebildeten und unglücklichen Apostaten Julian. Im Mittelalter lag über dem Gartengelände des Quirinal der befestigte Palast des Crescentius, des gefürchteten Senators und Alleinherrschers, vor dem die Päpste zitterten. Dieser gewalttätige Mann nannte sein Castell schon »de caballo« – und meinte damit die Rosse der beiden Dioskuren, die man in den benachbarten Konstantinsthermen gefunden hatte. Sie sind Kopien nach einem griechischen Original und wurden in spätkaiserlicher Zeit in der Nähe des Gesundheitstempels aufgestellt, weil man die Dioskuren – die Protektoren Roms – seit den ältesten Zeiten mit der Heilung von Krankheit in Zusammenhang brachte. (In ihrem Tempel auf dem Forum wurde der Schlaf geübt, der über Nacht die Heilung bewirkte.) Die beiden übergroßen marmorgrauen Jünglinge, die ihre bäumenden Rosse mit spielerischer Kraft zügeln, stehen heute im Zentrum des Quirinalsplatzes, als einzige Zeugen jener Zeit, in der der höchste der sieben römischen Hügel noch nicht mit einer vielschichtigen Kulisse aus Stein bedeckt war.

Weder der großzügige Luxus der Antike noch die reizvolle Intimität der Renaissance haben auf dem heutigen Platz des Quirinal ihre Spuren hinterlassen. Sein Pflaster, das sich hebt und senkt wie der atmende Wellengang eines ruhigen Meeres, läßt keinen grünen Halm aufsprießen. Alles an diesem Platz ist Monument geworden. Er erhielt sein heutiges Gesicht durch die Päpste des Barock.

Die Front ihres riesigen Palastes zeigt deutlich, welcher Geist mit ihnen auf dem Quirinal eingezogen ist. Man kann noch sehen, daß der Palast als eine friedliche Residenz geplant war, aber offenbar ist er es nicht lange geblieben. Es waren noch keine fünfzig Jahre vergangen, seit der gelehrte Gregor XIII. in die neuen Räume gezogen war, da sah sich sein Nachfolger Urban VIII. schon genötigt, am strategisch günstigsten Punkt des

Monte Cavallo

Platzes einen schweren Festungsturm mit Schießscharten für die Artillerie zu errichten, an dem die aufgeklebten kleinen Marmorbalkone wie eine unglaubwürdige Entschuldigung wirken. Der massiven Gewalt dieses Turmes vor der Front des Quirinalpalastes hält nicht einmal das großzügige, von der Benediktionsloggia gekrönte Säulenportal stand – denn wenn auch versöhnliche Worte von hier aus gesprochen wurden, so hatte das Volk den Nachdruck der Geschütze doch im Blickwinkel, wenn es sich hier versammelte, um seinem geistlichen Herrscher seine Liebe oder seine Empörung kundzutun.

Heute scheinen uns jene Zeiten, in denen der Nachfolger Petri zugleich der unbestrittene Herr der Stadt Rom war, schon sehr weit in die Geschichte hinabgerückt zu sein, obwohl das päpstliche Regiment über die Stadt bis 1870 gedauert hat. Wenn die Römer heute auf dem Petersplatz dem Papst zujubeln und ihn mit Beifallklatschen überschütten, dann ist das nur mehr ein schwacher Abglanz der Verbundenheit, die noch vor hundert Jahren zwischen dem Papst und dem Popolo Romano geherrscht hat. Denn in Rom war der Heilige Vater Bischof, Seelsorger, Haupt einer Gemeinde, und als solcher residierte er wie ein geistlicher König auf dem Quirinal, während der Bezirk des Vatikans drüben über dem Tiber die Repräsentation des Papstes als des Oberhirten der Christenheit darstellte. Hier auf dem Platz des Quirinal machte das Volk von Rom durch dreihundert Jahre Gebrauch von dem angestammten Recht, mit dem Inhaber des Stuhles Petri wie mit einem Familienvater zu verkehren.

Die Römer waren es schon von den Cäsaren her nicht gewohnt, gegenüber ihren Regenten ein Blatt vor den

Mund zu nehmen, und so wurden auch die Päpste nicht verschont, wenn das Volk in seine ungebärdige und zügellose Spottlust verfiel. Man hat sich in dieser Stadt niemals gescheut, zu revoltieren, wenn ein Gebieter sich erkühnte, gegenüber den Römern Gewalt ohne Moderatio zur Anwendung zu bringen. Und so hat man das päpstliche Regiment durch Jahrhunderte mit einer Flut von Bissigkeiten kommentiert, die jeder unduldsamen Maßnahme die Zügel der Mäßigung anlegten.

Zum Teil hat sich das römische Volk sehr origineller Mittel bedient, um seine Meinung zu äußern: man legte die boshaftesten Äußerungen antiken Statuen in den Mund. Die beliebteste Figur dieser Art war der Pasquino, der in der Nähe der Piazza Navona zu finden ist, dessen Geschichte jedoch hier erzählt werden soll, weil sie erkennen läßt, wie Volk und Papst zueinander standen.

Pasquino war ursprünglich nicht eine Steinfigur, sondern ein Schneider mit einer unglaublich losen Zunge, der überdies die Gabe hatte, seine Bosheiten in die Form geschliffener Epigramme zu kleiden. Seine Respektlosigkeit war stadtbekannt, aber man ließ ihn, so lange er lebte, ungeschoren. Kaum war er tot, kam die Rache der Behörden: sein Haus wurde zerstört. Als man bei der Türschwelle angelangt war, zeigte sich, daß der Stein in Wahrheit der Rücken einer ausgezeichneten antiken Plastik war, die nun aus dem Boden gehoben wurde. Kenner behaupteten, es handle sich um ein griechisches Original, also stellte man das Bildwerk auf ein Postament an den Rand der Straße. Tags darauf hatte der schöne Fund den Namen Pasquino, und trug einen Zettel mit einem klassischen Epigramm, das die jüngste Verordnung des Papstes verhöhnte. Als wenig später die Statue des Flußgottes Marforio ein korrespondierendes Epigramm aufwies, freute sich ganz Rom – und aus diesem stummen Briefwechsel wurde eine so hartnäckige Gepflogenheit, daß die Behörden sich entschlossen, den Pasquino zu entfernen. Glücklicherweise fragte der Gouverneur vor der Ausführung des Planes den Dichter Tasso um Rat, der seine Römer kannte und dringend widerriet: man werde damit nur eine unschuldige und überdies köstliche Plastik treffen, die Sache selber aber nicht ausrotten können. So blieb der Pasquino, wo er war, und fuhr fort, in geistreichster Form Spott und Hohn von sich zu geben.

Beinahe ein Jahrhundert später war jener Papst an der Regierung, dem der Quirinalpalast den unfreundlichen und bedrohlichen Geschützturm verdankt: Urban VIII. aus dem Hause Barberini, ein egozentrischer, pathetischer Mann ohne jede Menschenfurcht, das Beispiel eines selbstherrlichen Fürsten, von dem Drang beseelt, der Zeit seines Pontifikats und dem Andenken seiner Person durch die Errichtung großer Monumente die Unsterblichkeit um jeden Preis zu sichern. Als für den Guß des neuen Tabernakels von St. Peter, den Bernini entworfen hatte, kein Erz mehr vorhanden war, ließ er den mit Gold untermischten antiken Bronzeschmuck des Pantheon abreißen und verfügte, man habe daraus achtzig Geschütze zu gießen (von denen einige im Artillerieturm des Quirinals zur Aufstellung kamen), während der Rest, 8372 Pfund, zur Herstellung des St. Peter-Tabernakels verwendet werden sollte. Daraufhin äußerte sich Pasquino mit dem bis heute unvergessenen Wort: quod non fecerunt Barbari, fecerunt Barberini – was die Barbaren nicht getan haben, brachten die Barberini zuwege.

Damals sah der Quirinalsplatz bewegte Szenen. Das Volk war nicht darüber zu beruhigen, daß der Papst das geheiligte Pantheon angetastet hatte. Urban sah sich gezwungen, unter dem Schutz seiner Garde das Sommerschloß Castel Gandolfo aufzusuchen, und sein Auszug aus Rom glich einer Flucht vor den Römern, die ihn mit uralten Flüchen und Verwünschungen überschütteten. Die Stimmung schlug erst wieder um, als das Volk den Tabernakel von St. Peter zu Gesicht bekam, auf dessen Herrlichkeit dann mehrere Bände von Gedichten verfaßt worden sind.

Heute ist der Platz des Quirinal zu einer fast feierlichen Ruhe zurückgekehrt. Er hat wenig Verkehr. Die Könige Italiens, die nach den Päpsten hier regiert haben, sind dem stillen, bescheidenen und vornehmen Präsidenten der Republik gewichen. Ein Hauch von kühler Endgültigkeit hat sich über das große Geviert ausgebreitet, über dessen Marmorgitter man die Kuppel von St. Peter zeitlos und vollkommen schweben sieht. In das Becken zwischen den Dioskuren ergießt sich der geschlossene Strahl der Acqua Vergine, und niemand glaubt mehr den Inschriften, die die beiden Rossebändiger als Opus Phidiae und Opus Praxitelis bezeichnen. Verlassen liegt das flache, rostbraune Haus der Garde, und die trophäenselige Fassade des Consulta-Palastes findet für ihren theaterhaften Prunk kein dankbares Auge. Die Straße vollends, die auf der Höhe des Hügels in gerader Richtung auf die unendlich entfernte, hochragende Porta Pia zuführt, zeigt das etwas einförmige und sehr vornehme Gesicht, das die Dinge des Barock anzunehmen pflegen, wenn sie allzu gut konserviert sind. Man wird kaum erwarten, an dieser Straße mit der unendlichen Perspektive ihrer geraden Palastfront noch etwas Dramatisches vorzufinden. Es scheint, als sei hier die Tugend der Moderatio in die Langeweile eines ganz und gar aufregungslosen Zustands hinübergeglitten.

BERNINI UND BORROMINI

Lorenzo Bernini aber, der Mann, der ganz Rom umgebaut hat, wählte sich diese gerade Straße, um das letzte architektonische Werk seines Lebens zu schaffen. Es ist die Kirche S. Andrea al Quirinale, und wir wissen, daß er, als sie vollendet war, oftmals davor stand, um sie zu betrachten –, und daß er seinem Sohne, der ihn begleitete, einmal gesagt hat, von allen seinen Werken, einschließlich der Kolonnaden von St. Peter, freue ihn eigentlich nur dieses eine.

Es mag ein Zufall sein, oder eine Laune des Auftraggebers, daß die letzte Frucht dieses phantasiebegabten Gehirns in eine so maßvoll-verhaltene Umgebung eingesetzt worden ist. Aber die Geschichte des menschlichen Geistes spielt mit ihren Schauplätzen auf verborgene Weise, und im Abstand der Jahrhunderte gewinnt die Wahl eines Ortes oftmals tieferen Sinn. Es scheint, als habe die Atmosphäre der geradlinigen, konventionellen Straße in dem alten Bernini die Sehnsucht nach jenem klassischen Maß aufleben lassen, worin die Architektur von der pathetischen Bewegung der Massen nicht zu ihrer ekstatischen Auflösung, sondern zu ihrer geistvollen Ordnung fortschreitet.

Die Stirnseite der Kirche ist ein sehr hohes, klar übergiebeltes rechteckiges Portal. Vor die in dieses Rechteck eingeschriebene rundbogige Öffnung hat Bernini zwei Säulen und ein halbkreisförmiges Gesims gestellt. Der Halbkreis setzt sich in den Stufen fort, die zum Eingang hinauf führen – und so empfängt der Besucher schon vor dem Eintreten den feinen Impuls des Gegenspiels von Kurven und Geraden, auf dessen vollkommener Harmonie die Schönheit dieses Baues beruht. Hier ist ein Höhepunkt des Einfachen erreicht, und wenn man zugesteht, daß die Leidenschaft – ob in der Kunst oder in der Geschichte – stets den Charakter des Verzweigten, Vielförmigen, Schweifenden trägt, so haben wir hier die Abstraktion der Leidenschaft vor uns. Nirgends in Rom sind die Bewegungsprinzipien des Barock natürlicher entwickelt, souveräner gehandhabt und strenger gebunden worden.

Wenn man eintritt, erweist sich der Raum als eine Ellipse, deren Achse quer zur Altarrichtung liegt – den Eindruck großer Weite und besonnener Höhe verbreitend. Die sich verjüngenden Felder der Kuppel streben zur Laterne zusammen, der Raum ist erfüllt von blaugrauen, rötlich-braunen und goldenen Farben; es gibt keine Fläche, und sei sie noch so gering, die nicht mit sanftem Zwang in die elliptische Kuppellinie einmündete, es gibt keine Farbe, die nicht durch die spielerische Führung des Lichtes zu tönender Wärme gebracht worden wäre. Jede Perspektive ist beruhigt, jede Last bewegt.

Der Barock setzt voraus, daß der Bewegung in der Welt ein organisches Prinzip zugrunde liegt, daß das Auge nicht nur ein konstatierendes, sondern ein komponierendes Element ist, daß die Materie in Bewegung versetzt und durch Bewegung belebt werden kann. Der Mensch, dem alles dies gegeben ist, erscheint in einer dreifachen Wirksamkeit: die Fähigkeiten seiner Sinne, in Bewegung gebracht, steigern sich zu irrationaler Ausdruckskraft, die unterscheidende Hellsichtigkeit seines Intellekts durchdringt die Möglichkeiten der Materie, – der Geist aber läßt das Gefühl zum Glauben werden und den Verstand zur Einsicht gelangen. Dies ist ein ordnender, bindender, gesetzgebender Vorgang, der in der Philosophie zur *Ethica more geometrico,* in der Musik zur Kunst der Fuge, und im Lebenswerk des Architekten Bernini zu S. Andrea al Quirinale geführt hat. Diesem Raume ist alle Sensibilität verliehen; das Einwölben der Kalotten in die Kuppelfelder löst die Materie dieses steinernen Goldhelmes von jeder Starrheit, das Widerspiel zwischen der bindenden Kraft des Kuppelringes und der strebenden der Wölbungsglieder legt die Ordnung des Ganzen dar. Nirgends werden die Grenzen des Natürlichen gesprengt, nirgends wird die Illusion als Ausweg gesucht. Aus der genauen Balance zwischen Schwere und Kraft leuchtet das Organische dieses Baues hervor, der nicht im schweifenden Nacheinander eines hingerissenen und taumelnden Auges erfaßbar ist, sondern in der Einsicht eines einzigen Blickes.

Nur wenige Schritte entfernt von S. Andrea al Quirinale treffen wir auf ein anderes architektonisches Temperament des Barock, Francesco Borromini, in allem Widerpart, personifiziertes Aufbegehren gegen den Harmoniker Bernini. An der Kirche S. Carlo alle quattro Fontane zeigt sich ein unruhiger, das Ungewöhnliche aufsuchender Geist, der gegen die Klarheit protestiert, die Überraschung provoziert, die Verzerrung nicht scheut. Ein schillernder brillanter, dem originellen Detail verfallener Künstler, der die Fassade seiner Kirche zweimal einwölbt, um sie an ihren Enden mitten im Schwung abzureißen, ein einzelgängerischer, verquerer Charakter, dem es gegeben war, seinen Gebilden zu gleichen Teilen Skurrilität und Eleganz zu verleihen. Wenn man die Kirche betritt, wird man einen Kuppelraum finden, in dem jede Linie gebrochen, durch einen unsymmetrischen Kontrapost in ihrer Funktion in Frage gestellt und durch die Witzigkeit des Einfalls zu einem geradezu snobistischen Leben gebracht ist. Schon die Grundidee deutet darauf hin: die Kirche ist genau so groß, daß sie in einem Vierungspfeiler von St. Peter Platz hätte. An den Elementen wird man vieles finden, was kritisiert werden könnte; die Säulenordnung ist unbefriedigend, das Kranzgesims ist zu hoch, die Kassettierung der Kuppel ist ein phantastisches Gewirr verschiedener geometrischer Formen, die Einwölbung der Orgelempore ist sogar regelrecht verpfuscht, es steckt in allem eine leise Unzufriedenheit, eine gewollte Originalität, man spürt das Ressentiment. Man spürt aber auch die ungewöhnliche Begabung. Denn hier ist mit einem Raffinement vorgegangen worden, das den Schöpfer der späteren Sapienza-Kirche schon ankündigt. Es ist kein Mittel vergessen, um eine von sicherem Formgefühl getragene Extravaganz hervorzubringen, und wenn man in den winzigen, zweigeschossigen Kreuzgang hinaustritt, wird dieser Eindruck noch gesteigert.

Das Höfchen ist eine in den Barock übersetzte Anregung Bramantes, ausgeführt mit nur drei Elementen: Säulen, Galerie und Bogen. Eine rechtwinkelige Ecke ist dem Borromini ein Greuel. Also biegt er sie zur Rundung, aber nicht, indem er den Winkel abrundet, sondern indem er ihn durch die Einschiebung eines Kreissegments aufhebt, das dann in der praktischen Lösung des zweigeschossigen Kreuzgangs eine theaterhafte Logenwölbung wird. Während Bernini den Proportionen – bei aller Gewalt der Dimension – nie feindlich gegenübersteht, will Borromini ihre Verkehrung, und sein Genie ist, daß es ihm gelingt, damit Eleganz und nicht Banalität zu erzeugen.

Die Rivalität zwischen Bernini und Borromini ist bekannt. Borromini war dabei der hassende, Bernini der leidende Teil. Borromini wollte den Mann, in dessen Werkstatt er einstmals gezeichnet hatte, unter allen Umständen überflügeln, und in einem Anfall von Wahnsinn stieß er sich, als er sah, daß Berninis Ruhm nicht mehr zu erschüttern war, einen Dolch in den Leib. Er muß von finsterem, sprunghaftem und gewaltsamem Charakter gewesen sein, und vielleicht erklärt sich gerade aus dieser seelischen Veranlagung, warum ihm – der den Barock in seinen kühnen Einfällen weit vorangetrieben hat – in manchen Werken wie in einem unerfüllten Traum diese unglaubliche Leichtigkeit gelingt, diese entzückende kapriziöse Anmut, die schon etwas morbid und noch immer sehr sinnenfällig ist. Rom liegt diesem Mann und seiner Vorstellung von Eleganz im Grunde noch heute zu Füßen, denn bis in die jüngsten Schöpfungen der Mode hinein kann man etwas von seinem Geist spüren. In Rom sagt man, wenn ein Kleid besonders raffiniert und elegant ist, »ha una linea da morire« – es hat eine Linie, zum Sterben ... Dasselbe kann man von den Bauten Borrominis sagen.

ALLEGORIE UND MYSTIK

Wieder ist es nur eine kleine Entfernung, die wir, an der wunderbar perspektivischen Kreuzung der Quattro Fontane nach links abbiegend, zurückzulegen haben – um zu einem Bauwerk zu gelangen, dessen Gestalt die Spuren beider Künstler, des Bernini und des Borromini

Piazza Barberini

trägt, weil sein Besitzer und Bauherr der Papst war, in dessen Diensten beide standen. Urban VIII. ließ seiner Familie am Abhang des Quirinalrückens einen Palast errichten, weitläufig wie ein Kloster, pathetisch wie ein Grabmal, ein ungemütliches, grandioses Gebäude. Dieser Papst, der sich selbst für einen Dichter hielt und die Monarchie des Pontifikats auf eine absolutistische Spitze trieb, war für die beiden Künstler ein idealer Auftraggeber. Anstelle seiner Lebensgeschichte, und anstelle einer Beschreibung dieses hoffnunglos überdimensionalen Palastes sei hier das Programm des großen Fresko wiedergegeben, das der Maler Pietro da Cortona 1633 im Thronsaal über die Decke geworfen hat – mit dem flüchtigen, erregten und hinreißenden Temperament eines barocken Römers in einem Zuge aussprechend, was der Lebensinhalt von Papst und Jahrhundert war.

»Die Bienen des Barberiniwappens« sind die honigsammelnden Genien der päpstlichen Dichtkunst. Sie schwirren empor inmitten eines riesigen Lorbeerkranzes, den stürmische Musen tragen. Den Weg weist ihnen die »Göttliche Vorsehung«, die in einem Lichtkreis von Tugenden in die Unendlichkeit aufsteigt, die »Zeit« hinter sich im Gewölk zurücklassend. Kronos mit der Sense und die Parzen mit ihrem Rocken bleiben tief zu ihren Füßen und verstecken sich im Schatten. Der »Vorsehung« zugewandt sind alle Eigenschaften des Papstes. Von rechts steigt seine »Weisheit« mit seiner »Frömmigkeit« zu ihr hinauf, die Lockungen der Venus und des Bacchus verachtend. Links thront seine »Herrschergewalt« mit der »Staatsklugheit« an der Seite, in Gesellschaft der »Concordia«, die »Victoria« zur Schließung des Janus-Tempels aussendet. Aber wenn Friede herrschen soll, müssen die Waffen ihn garantieren. Daher: rüstige Arbeit in der Schmiede des Vulkan! Gegenüber an der Längsseite ergötzen sich die »Laster« unter schattigen Bäumen. An der Schmalseite wird die »Ketzerei« mit Hilfe der Minerva bekämpft, an der Fensterseite schwingt der Papst-Herkules die Keule gegen die als stymphalische Vögel dargestellten Räuber und Mörder.

In dem Saal, über dessen Marmorfläche sich dieses gigantische Gemälde spannt, hat Bernini einmal eine Schaustellung der Tiberüberschwemmung gegeben, in der ein Dammbruch gezeigt wurde. Das Wasser stürzte den Zuschauern mit derartiger Wucht und in kompakter Masse entgegen, daß das Publikum die Flucht ergriff. Hier wurden alle Mittel aufgeboten, um Tugenden und Engel, Himmel und Hölle zum Ruhme des Papstes zu mobilisieren. Und nur der makabre Zug des

Rekonstruktion des Inneren der
DIOKLETIANSTHERMEN

(aus Edm. Paulin, Les thermes de Dioclétien, Paris 1890)

Todes, der auch bei diesem Schauspiel unerwartet über die Bühne schritt, gab all' dem Glanz eine düstere Folie. Aber nicht nur auf dem Theater – auch in Wirklichkeit wollte man es so haben. In der nächsten Nachbarschaft des Barberinipalastes ist jenes Kapuzinerkloster zu finden, in dessen Gruftgewölben man aus den Skeletteilen der Bestatteten, aus Knöchelchen und Wirbelchen, ein sanft makabres Rokoko zusammengesetzt hat. Die Zeit, der Kronos, die Vergänglichkeit, die Auflösung warfen den Schatten der Notwendigkeit, des Pessimismus und der Melancholie über ein Zeitalter, dessen Charakter sonnenhaft und dessen Streben mystisch war.

Die Mystik des Barock, oder besser gesagt, die mystische Inklination des barocken Geistes ergreift uns in der Klarheit der römischen Atmosphäre mit einer ungewissen und bedeutenden Faszination. Wenn wir uns jetzt, der Via xx Settembre folgend, in die Kirche S. Maria della Vittoria begeben, um das plastische Hauptwerk dieser Mystik zu betrachten, so ist es an der Zeit, Überlegungen, Theorien und Kenntnisse zurückzulassen. Berninis Verzückung der Hl. Theresa fordert nicht unsere Analyse, sondern unsere Kontemplation.

Ich glaube nicht, daß man diesem Werk durch eine kulturhistorische Betrachtung gerecht werden kann –, wie denn überhaupt das Verharren in der greifbaren Gegenständlichkeit in der Luft Roms mitunter etwas beunruhigend wird, weil auch noch den klarsten Konturen dieser Stadt die Vibration des Irrationalen anzuhaften scheint. Versenken wir uns also in den Vorgang. Dargestellt ist eine sehr aristokratische Frau in klösterlicher Tracht, im Aufruhr der Sinne zurückgesunken, überknittert von einem Gewand, das den Leib nicht verhüllt, sondern abstrahiert. (Wenn man in tausend Jahren die Theresa aus Trümmern hervorgraben würde – und es wäre von der Gruppe nur noch dieses Gewand übrig, würde man es für eine abstrakte Plastik halten.) Ein Engel lüftet mit dem Ausdruck des Entzückens das Tuch über ihrer Brust, um dem gezückten Pfeil der Liebe die Bahn zu öffnen. Es ist sehr dürftig, den Zustand, den dieses Bildwerk darstellen will, mit dem Worte »Verzückung« zu beschreiben. Denn was hier auf einen Augenblick zusammengezogen ist, will als der nicht mehr meßbare Kulminationspunkt eines sehr komplizierten seelischen Prozesses verstanden sein. Um vom Gegenstand zum Thema fortzuschreiten, fangen wir bei der Behandlung des Steines an.

Daß Bernini eine besondere Leichtigkeit hatte, mit dem Marmor umzugehen, kann man sich von der Kunstgeschichte bestätigen lassen. Daß diese Leichtigkeit nicht so sehr eine erworbene Gabe, als ein Teil seines Genies ist, wissen wir von ihm selbst. Der materielle Unterschied in der Bearbeitung des Steines bei der Gruppe von Apollo und Daphne, die er mit vierundzwanzig und der Hl. Theresa, die er mit funfzig Jahren gemacht hat, ist geringfügig. Was sich geändert hat, ist die Art der Anwendung des Virtuosen auf den Gegenstand. Bei dem Frühwerk diente ihm die technische Brillanz dazu, einen Vorgang darzustellen – bei der Theresa handelte es sich um die Re-Präsentation eines Zustandes. Bernini schritt von der Vollkommenheit der Illusion beim legendären Thema zu der Abstraktion des Wirklichen beim mystischen Gegenstand fort. Daphne verwandelt sich – Theresa löst sich auf. Während der Stein – als Material genommen – für die flüchtige Metamorphose der Daphne nur unzulänglich erscheint, verhält er sich, seiner Natur nach, zu dem Geschehen bei Theresa geradezu feindlich. Denn: während der Stein in der heidnischen Gruppe dahin gebracht wird, als Unbewegtes Träger der höchsten Bewegung zweier Körper zu werden, soll er bei der Heiligengestalt zur Auflösung eines zarten, sensiblen Fleisches dienen, das unter dem Einbruch des Irrationalen, wie vom Blitz getroffen, sich selber verzehrt. Hier bietet sich schon vom Material her erneut das Problem der Zeit in der barocken Kunst an – das Problem des Verhältnisses von Materie, Bewegung und Auge, das im Grunde nicht eine Frage der Darstellung, sondern der Theologie ist. Damit sind wir mitten in der barocken Mystik.

Der Mensch ist mit seinem Leib ein Teil der Natur. Mit seiner Seele – die die Fähigkeit besitzt, das Gefäß der göttlichen Gnade zu sein – hat er Teil an der Übernatur. Das materielle und das spirituelle Prinzip sind in ihm zu einem Wesen vereinigt, dessen Vollkommenheit außerhalb der Zeit liegt: im Paradies war der Mensch ein harmonisches Geschöpf, das in ungetrübtem Gleichgewicht von Leib und Seele dahinlebte – am Ende der Tage, wenn er aus dem Grab ersteht, wird er im verklärten Leib wieder harmonisch sein. Solange er aber sterblich ist, der Zeit unterliegt, und nur im Nacheinander zum Bewußtsein seiner selbst gelangen kann, streben Leib und Seele auseinander. Das Fortschreiten in der Zeit und die Gnadengabe des Gewissens bringen die beiden Prinzipien in Widerstreit – und so ist der Mensch der Schauplatz jenes Dramas, worin die Materie und der Geist versuchen, einander zu überwältigen. Ist der Leib stärker, so sündigt der Mensch, ist die Seele stärker, so betet er.

Solange wir dem Diesseits angehören, vollzieht sich an uns der Prozeß der Vervollkommnung. Das Gewissen ist sein Regulator, der Tod sein Ziel. Die Gnade ist darin die Hilfe, die Sinne sind die Verführung. Es kommt also darauf an, die Seele durch ein sublimes Training dahin zu bringen, daß ihr die Überwältigung der Sinne gelingt. Geschieht das durch das herausgeforderte Absterben des Körperlichen, so bleibt der Leib eine leere Hülle. Es kann aber auch geschehen, indem man die Erregung der Sinne auf einen Gegenstand konzentriert, der nicht der sinnlichen Welt, sondern der Einbildungskraft angehört. Wenn die seelische Bewegung des Menschen im Gebet eine hingerissene Einkreisung Gottes vornimmt, kann die von der Gnade unterstützte Einbildungskraft den Körper in der Ekstase aller Sinne daran teilnehmen lassen. Dann setzt jene rasende Qual der mystischen Liebe ein, die wir auf dem Gesicht der Theresa vergegenwärtigt finden.

Die »Verzückung der Hl. Theresa« von Lorenzo Bernini wurde 1647 in der Kirche S. Maria della Vittoria aufgestellt. 1739 besuchte sie der Präsident de Brosses und schrieb darüber wie folgt: »Der Ausdruck ist wundervoll. Aber frei heraus, ein bißchen allzu lebendig für eine Kirche. Wenn das die himmlische Liebe ist, kenne ich sie auch. Davon sieht man schon hinieden in Fleisch und Blut gar manches Abbild.«

DER LUST DER RÖMER GEWIDMET

Romanis suis dedicaverunt . . .

Nun möchte ich Sie zu einem Spaziergang einladen, der einmal nicht mit »Besichtigung« verbunden ist. Wir beginnen ihn an der kleinen Kirche S. Bernardo, schräg gegenüber von S. Varia della Vittoria (von der ich noch nicht gesagt habe, daß sie zur Erinnerung an die Schlacht am Weißen Berge – der Ouvertüre zum Dreißigjährigen Krieg – gebaut worden ist). Wir werfen einen Blick in das Innere von S. Bernardo, um festzustellen, daß es dem Pantheon ähnlich sieht, gehen dann am Mosesbrunnen vorbei, die Straße entlang, an der das Grandhotel liegt, kommen auf den weiten, halbkreisförmigen Platz der Esedra, wo der mit üppigen Nereiden versehene Brunnen säulengleich aufsprüht (es gibt einen Hotelportier in Rom, der das Modell für eine dieser spielenden Meerdamen zur Großmutter hat und sich davor fotografieren läßt), dann geht es weiter an der Front der klementinischen Kornspeicher entlang, bis wir auf die einmündende Via Viminale treffen. Dort finden wir in der Mauer einen alten Rundturm, der der Gestalt von S. Bernardo ziemlich ähnlich sieht. Nun gehen wir über den Bahnhofplatz bis zur Via Volturno, und dann vorbei an dem großen Glaskaufhaus bis auf die Via XX Settembre zurück, die wir ganz in der Nähe von S. Maria della Vittoria wieder erreichen. Dann trinken wir einen Kaffee und machen uns darüber Gedanken, daß wir mit diesem Rundgang um das riesige Geviert die Außenfronten eines einzigen Bauwerkes umschritten haben – der Thermen des Diokletian. S. Bernardo ist einer ihrer Eckpfeiler, der Rundturm an der Via Viminale ein zweiter, in ihrem Bezirk liegt heute der halbe Bahnhofplatz, die Piazza Esedra ist ihre Götterhalle, die Kirche S. Maria degli Angeli ihr Frigidarium, das Grandhotel und das Kaufhaus stehen auf Grundmauern ihrer Nebengebäude. Heute würde man ein solches gigantisches Bauwerk höchstens aufführen, um einen Aufmarschplatz oder ein Fußballstadion zu haben – in der Antike strengte man sich derartig an, um zu baden. Hören wir uns zunächst einmal Seneca an, um zu erfahren, was in einem solchen römischen Bade los war.

»Ich wohne gerade über einem Bad. Ihr könnt euch vorstellen, was für ein Schwatzen, Lärmen und Schreien in allen Tonarten heraufdringt, so daß man wünchen möchte, taub zu sein. Ich vernehme das rhythmische Rufen derer, die sich mit Hanteln betätigen, sie stoßen kurze Laute aus und keuchen angestrengt. Wenn jemand sich massieren läßt, hört man das Schlagen der Hände auf den Schultern, das einen verschiedenen Ton gibt, je nachdem der Schlag mit der flachen Hand oder mit dem Handrücken gegeben wird. Wenn dann noch jemand kommt, der nicht mit dem Ball spielen kann, ohne zu schreien, dann ist es ganz aus. Es gibt dann auch noch den Streitsüchtigen, den Dieb, den man auf frischer Tat ertappt hat, den Schwätzer, der seine Freude daran hat, sich selbst zu hören. Und dann die Taucher, die sich ins Schwimmbecken stürzen, so daß das Wasser nach allen Seiten hoch aufspritzt. Diese betätigen sich wenigstens noch mit ihrer eigenen Stimme. Hingegen ist aber da der Haarentfernungskünstler, der alle Augenblicke seine Dienste mit einer häßlichen Fistelstimme anbietet, und nicht eher schweigt, bis er nicht jemand gefunden hat, dem er die Haare entfernen kann. Dann aber fängt der zu schreien

an, den er unter den Händen hat, ganz abgesehen ferner von den Straßenhändlern, die Getränke, Würste und Pasteten anpreisen, oder den Kellnern der Kneipen, die herumziehen, um ihre Ware anzubieten, wobei sich ein jeder eines besonderen Tonfalles befleißigt.«
Dies wäre ein perfektes Programm für eine antike Rundfunk-Reportage, und nun ist es an uns, zu allen diesen Geräuschen, die den armen Philosophen gequält haben, auch noch diejenigen uns vorzustellen, die sie hervorgebracht haben. Im Jahre 33 vor Christus zählte man in Rom 170 Thermen. Vierhundert Jahre später wird uns erzählt, es gäbe 856, und dazu noch 1352 öffentliche Schwimmbecken. (Schwimmen konnte übrigens fast jeder Mensch im alten Rom – es galt als Schande, diesen Sport nicht zu beherrschen.) Das Bad war nicht so sehr ein Mittel zur Reinigung, als eine Methode zur Erzeugung körperlichen Wohlgefühls, sogar den Sklaven hat man es nicht vorenthalten. Wenn nach einem Wechselbad zwischen heißem und kaltem Wasser, nach einer ausgiebigen Massage und Schönheitspflege der Mensch, in Flanell gehüllt, sich wie neugeboren fühlte, entstand in ihm das Verlangen nach Geist. Und so wurden die Thermen zugleich eine Art freier Universität – man diskutierte mit Philosophen und Geschichtsschreibern, man hörte sich Lyrik an, man lachte über Komödianten, man vertiefte sich in die Fragen des ästhetischen Geschmacks, man betrachtete Plastiken und Mosaiken. Es waren Abteilungen für das Schach- und Würfelspiel vorhanden, kleine Vortragssäle für Musiker, Dichter und Philosophen, Speiserestaurants und Räume, die die Funktion unserer Hotelhallen hatten. Der Genuß all dieser Dinge kostete kein Geld, wenn man von dem lächerlichen Ein-

tritt absieht, den die Thermenpächter erhoben, und in den die Handtücher und das Öl für die Massage schon einbegriffen waren. In den Diokletianthermen konnten 3600 Personen zu gleicher Zeit baden – die nicht mitgerechnet, die sich sonst noch in den Säulenhallen herumtrieben, um zu flirten, zu intrigieren und zu klatschen, eine Tätigkeit übrigens, an der die Römer auch heute noch ihren Spaß nicht verloren haben.

Wenn man sich einen Begriff machen will, wie das Innere dieser Thermen ausgesehen hat, so braucht man nur in die Kirche S. Maria degli Angeli zu treten. Sie ist nach der Peterskirche die größte Kirche Roms und wurde von Michelangelo aus einem einzigen Raum der Thermen errichtet. Wahrscheinlich war es das überdeckte Kaltwasserbad, das diese atemberaubende Ausdehnung hatte, und Vasari schreibt mit Recht, es zeuge von Michelangelos Genie, daß er darauf verzichtet habe, das Gerüst des Baues zu verändern, weil er von der Größe und den harmonischen Proportionen dessen, was aus der Antike noch vorhanden war, so sehr begeistert gewesen sei. Tatsächlich ist der Eindruck über alle Erwartung. Man hält inne, läßt den Blick über die in ferner Höhe gespannten Gewölbe und über die monolithischen Säulen aus rotem Granit gleiten, und sagt dann kopfschüttelnd – so haben also im vierten Jahrhundert Schwimmbäder ausgesehen.

Hier kommt mehr zum Ausdruck als die monumentale Baugesinnung und die soziale Repräsentation der Kaiser. Denn ein Bauwerk dieser Art mußte einen gemeinsamen Sinn zur Voraussetzung haben, den der Bauherr hegte und den das Volk verstand. Dieser common sense zwischen Kaiser und Stadtvolk hieß aber in jener Zeit ganz einfach: das gute Leben; das nicht anstrengende, von Kosten unabhängige genußreiche Nichtstun, das Erwecken eines großen körperlichen Wohlbehagens, das zur ausgeruhten, freudigen Bewegung des Geistes führen konnte. Die Prunksäle der Thermen waren für den kleinen Mann da, sie gaben ihm, verbunden mit dem Genuß physischer Reinigung, das Gefühl, in einem Kaiserpalast zu sein, der ihm selber gehörte. Es ist ehrlich gemeint, wenn die Kaiser die Dedikationsinschriften, mit denen sie ihre Thermen der Öffentlichkeit übergaben, mit den Worten schlossen – »und sie widmeten die Thermen ihren geliebten Römern«.

Die Thermen sind die monumentalsten Bauwerke des antiken Rom. Sie sind errichtet worden, um dem Körper Angenehmes und dem Geist Unterhaltsames anzubieten. Es wohnt ihnen nicht ein Prinzip inne, sondern nur eine Absicht, und diese Absicht ist nicht pädagogisch, sondern nur freundlich. Nicht Ruhm ist der Sinn der Thermen, sondern Freude. In ihnen lebt das epikuräische Rom, das sich in seinen zahllosen, dem Genuß zugeneigten urbanen Wesen mehr um den Platz an der Sonne als um die Exaltiertheiten der Politik gekümmert hat. Man muß sich diese ungeheueren Hallen mit Menschen angefüllt denken, die mit dem ausdrücklichen Vorsatz hierherkamen, einen guten Teil ihres Tages in der angenehmsten Weise zu vertrödeln. Sofern das sich mit der Wonne des Krachmachens, die dem Seneca so auf die Nerven ging, verbinden ließ, war der Genuß unvergleichlich.

Heute ist in den weiten Hallen, in die Michelangelo an der Seite der Kirche auch noch das Kartäuserkloster eingebaut hat, das Römische Nationalmuseum untergebracht, und wenn auch der Lärm der Antike verstummt ist, so sind doch auf diese Weise ihre Menschen wenigstens im Abbild in diesen Räumen gegenwärtig geblieben. Nirgends in Rom begegnet einem das Volk der alten Welt in so geschlossener und origineller Gesellschaft – auf Sarkophagen, Mosaiken, Götterbildern, Kaiserbüsten, Gladiatorendarstellungen und Porträts – man geht durch eine Galerie von höchst lebensvoll erstarrten Zeitgenossen. Viele von ihnen haben sich wahrscheinlich mit derselben Hingabe wie wir an den griechischen Plastiken erfreut, die heute wenige Schritte von ihren eigenen Standbildern entfernt aufgestellt sind: wir Heutigen sehen die Menschen der Antike bedenkenlos und in einem Blick zusammen mit ihren Museumsstücken – eines der Beispiele für die Verkürzung des Geschichtsablaufs in der Sicht größerer zeitlicher Distanz. Wenn wir den Luxus, die Raffinesse, die korrupte Genußsucht der Antike zusammennehmen, wenn wir dazu den Wankelmut, die leichtgeschürzten Lebensgewohnheiten und die vergnügungssüchtige Unbekümmertheit des römischen Stadtvolkes betrachten, wenn wir endlich das klaffende soziale Problem und die irrlichternde Vielfalt der Götter bedenken, dann sind wir leicht geneigt, im Rom der späteren Antike nur den Verfall zu sehen – ebensosehr, wie uns das republikanische Rom als Ausbund des Heroismus von den Schulzeiten her geläufig ist. Der Anblick dieser in den Thermen versammelten, ohne Schmeichelei abkonterfeiten Römer der späten Zeit kann dieses Urteil leicht ins Wanken bringen. Denn wenn auch der Reichtum die Moral unterhöhlen soll, so muß man doch zugeben, daß auf diesen Gesichtern im allgemeinen nicht viel davon zu merken ist. Die gestrengen Matronen, die ehrenwerten Beamten, die besorgten Familienväter, die entzückenden jungen Mädchen, die konventionellen Senatoren, alle die antiken Besucher dieser Thermen zeigen nichts von der Laszivität, die man der zermürbenden Wirkung der Zivilisation in die Schuhe schiebt. Im Orient – in Alexandria, in Antiochia, in Ephesus – mag es anders gewesen sein: in Rom hat eine ganz bestimmte, konstante Grundeinstellung zum Leben den Verfall der Generationen aufgehalten: die Moderatio.

Der geistige Genuß besteht darin, den sinnlichen zu beenden, bevor er übermäßig wird. Man hat es, inmitten aller Extravaganzen der Kaiser, der Mode und der Religion, auch noch im Rom des späteren Altertums verstanden, die Dinge und die Welt vor Übertriebenheiten zu bewahren. Und so können wir unter den lanzengleichen Zypressen des Kartäuserkreuzgangs im Inneren des Thermenbezirkes den Weg der Moderatio mit dem leichten Flügelschlag eines klassischen Verses beschließen.

Martial, der das Leben sehr liebte, hat einmal, befragt nach den verlohnenden Dingen dieser Welt, eine Aufzählung gegeben, in der bemerkenswerterweise weder Geld noch Macht vorkommen, sondern nur:

CAMPUS · PORTICUS · UMBRA · VIRGO · THERMAE

FORTITUDO

So wollen wir die Gewalt zur Verleihung
von Macht und Herrschaft
einzig und allein dem wahren Gotte zuschreiben,
der die Glückseligkeit im Himmelreich
nur den Frommen schenkt,
die irdische Herrschaft aber
Frommen und Unfrommen,
so wie es ihm gefällt,
dem nichts mit Unrecht gefällt.

AUGUSTINUS

DER KAISER KONSTANTIN

Cicero fügte einst seinem berühmten Traktat DE REPUBLICA ein bemerkenswertes Kapitel an, worin er dem jüngeren Scipio eine Art Traumbericht in den Mund legt über die heiligen und unfaßbaren Dinge, die Rom in seiner Tiefe zusammenhalten. In gewaltigen Ahnenprophezeiungen und Gesichten stellt der philosophierende Redner die Epochen der Geschichte dem Kreisen der Sphären gleich und dokumentiert damit, daß der Grund, worauf die Macht und das Recht Roms sich erheben, ein irrationaler ist: das erhabene Spiel des uralten Dämon, der seine Geschöpfe zu ekstatischer Leistungsfähigkeit antreibt und den Weg der römischen Geschichte mit zahllosen Beispielen der Fortitudo gesäumt hat.

Ich habe dieses »somnium Scipionis« immer sehr geliebt, weil es mir schien, als sei in ihm manches über Rom ausgesagt, was dem sensiblen Auge auch heute noch zugänglich ist. Manchmal, besonders am sinkenden Abend und in der Stille der entfalteten Nacht, weht der Dämon Roms über die Trümmer der Vergangenheit hin – und dann beleben sich die Züge eines goldstrahlenden Christus zu endzeitlicher Gewalt, die Konturen gleichgültiger Ruinen steigen zu magischer Kraft auf, und das uralte Gebet der Mönche in den dunklen Konventen wird dem schweifenden Sinne deutlicher vernehmbar.

Dies ist der Grund, warum wir für den dritten Weg, den Pfad der Fortitudo, die Nacht wählen. In dem nächtlich verstummten Rom entzündet sich unsere spätzeitliche Phantasie an Konturen und Symbolen, der Tageslärm der Gegenwart wird zum nichtssagen-

Arco di Costantino

den Geräusch, und das Bild des alten Rom steigt mit schweigender Majestät herauf.

Während der Flammenschein des Abends über dem Kolosseum sich rötet, betrachten wir – in den Bannkreis des Goldenen Meilensteines zurückgekehrt – den Triumphbogen des Konstantin. Im schwindenden Licht verschlägt es nichts mehr, daß die Reliefs an seinen Flanken den Ruhmesmonumenten anderer Kaiser geraubt sind, um Konstantins Siege zu verewigen. Herrlich und gewaltig bleibt die Linie dieses Bogens, der inmitten der lichterblinkenden Kette schnellfahrender Autos unberührbar die Ruhe der Nacht erwartet. Wir stehen auf dem antiken, holperig gewordenen Pflaster, über das Konstantin bei seiner Siegesfeier gefahren ist, und erleben den in Rom stets glorreichen Augenblick, an dem sich vor einem Himmel, der die kühle Farbe blauer Seide angenommen hat, die Lichter der Stadt entzünden.

Der Triumph des Konstantin, zu dessen Ehren der mächtige weiße Bogen erbaut worden ist, bezeichnet einen Wendepunkt der Weltgeschichte, dessen Folgen wir heute noch spüren. Der Orient und der Okzident traten in eine neue Konstellation ein, und die Welt drehte sich seufzend in ihren Angeln. Aus dem Osten kam das Christentum herüber, durch Verfolgungen gestärkt, durch Standhaftigkeit geläutert, durch Tapferkeit bewährt. Ein Zehntel der antiken Welt war schon gewonnen, die römischen Begriffe von Recht und Gerechtigkeit hatten schon begonnen, sich mit dem Evangelium zu verbinden, die Bischöfe waren bereit, dem Kaiser zu geben, was des Kaisers ist, um dafür ein Rom zu errichten, das Gottes ist. Da aber erschien der junge Konstantin, der nicht das alte, sondern ein neues Rom im Sinne hatte, das im Osten lag: Byzanz. Während das Christentum im Westen daran ging, sich der geheiligten Hauptstadt der Welt im Geiste zu bemächtigen, um von ihr aus den Erdkreis zu bekehren, wälzte der Kaiser den Schwerpunkt des Imperiums nach dem Osten hinüber. Während Konstantin im Begriffe stand, die Stadt vom Purpur zu entblößen, gingen die hochgebildeten Lenker der Kirche daran, die ehrwürdige Roma in ihrem Sinn zu erneuern, in ihrer Macht zu verwandeln und in ihrer Würde zu bestärken. In jenen Jahren, die der bleiche Bogen vor uns repräsentiert, beginnt schon der nicht genug zu preisende Prozeß der »Transformatio Romae«, worin sich die Metropole irdischer Gewalt in die geistliche Herberge der Völker wandelt, als die wir sie heute noch verehren.

Verweilen wir ein wenig bei Konstantin. In seinem

Antonio Canal (Canaletto), um 1745

MAXENTIUSBASILIKA

Mailand, Sammlung Campanini-Bonomi

Charakter unbeugsam, in seinem Feldherrntalent unbestritten, von einfachen, großen und mit Leidenschaft verfolgten Zielsetzungen, war er eine mehr politische als geistige Natur, untrüglich im Instinkt für die weltbewegende Macht des Religiösen und von erstaunlicher Witterung gegenüber dem unbekannten Staatsbürger. Von rührender Sohnesliebe für seine alte Mutter, bietet er in allen seinen Entscheidungen – auch in den grausamen und blutigen – das Bild einer geschlossenen, großflächigen Persönlichkeit. In Bulgarien geboren, im Feldlager erzogen, körperlichen Anstrengungen spielend gewachsen, hat er den Legionen die fanatische Stoßkraft zu geben vermocht, die notwendig ist, um in einem Bürgerkrieg zu siegen. Als er zur Macht gelangte, hat er dem Reich das mühsam ausgeklügelte Gleichgewicht der diokletianischen Regierungsform geraubt, das ungeheuere Risiko der vollständigen Umwälzung eines so alten Völkergebildes auf sich genommen und die Ära des christlichen Rom heraufgeführt.

Der Mann, über den Konstantin triumphierte, hieß Maxentius und war ein stadtrömischer Kaiser. Die Römer hatten ihn mit Gewalt ausgerufen, nachdem Galerius es gewagt hatte, den Regierungssitz nach Mailand zu verlegen: sie brauchten einen Kaiser für die Zeremonien der Säkularfeiern, für die öffentlichen Spiele, sie brauchten einen Mann, der die spiegelnden Säle der Paläste mit Prunkgelagen füllte, sie brauchten das Schauspiel und die Klatschgeschichten eines in Gold gehüllten kaiserlichen Hofes. Maxentius, von dem man sagt, er sei lasterhaft und ausschweifend gewesen, hatte nie damit gerechnet, auf den Thron zu gelangen; als er aber Kaiser war, erfüllte er die begehrlichen Wünsche seines Stadtvolkes und seiner Garde mit bramarbasierender Großzügigkeit. Er baute – zu Ehren seines früh verstorbenen Sohnes Romulus – dem Volk einen neuen Zirkus, er führte unweit des Kolosseums die riesenhafte Basilika auf, deren Ruinen wir heute noch unfaßbar und gewaltig finden. Man wurde es in Rom unter der Herrschaft dieses Kaisers kaum gewahr, wie sehr die Provinzen damals schon ihr eigenes Leben führten, und man nahm es zu leicht, als die Kunde kam, in der Grafschaft York in England hätten die Legionen den Cäsar-Sohn Konstantin zum Kaiser ausgerufen. Bevor man gerüstet war, diesem wie im Sturm daherfliegenden Feldherrn zu begegnen, stand er an der Milvischen Brücke. Maxentius, der verweichlichte, stellte sich zur Schlacht, verlor, und sprang – ein Beispiel für das Fortwirken altväterlicher Vorbilder auch bei ungefestigten Charakteren – in voller Rüstung in den Tiber.

Die Legende erzählt, dem Konstantin sei vor der Schlacht an der Milvischen Brücke im geöffneten Himmel ein Kreuz erschienen, und eine Stimme habe gerufen: *in hoc signo vinces* – in diesem Zeichen wirst du siegen. Auf dem Triumphbogen, der als Zeichen dieses Sieges – mit seinem bleichen, schweren Steingefüge vor uns steht, ist keine Kreuzesspur zu finden. Denn der Mann, dem das Christentum die Legalisierung im Staate verdankte, hat bis zur Todesstunde gewartet, bevor er sich taufen ließ. Er war kein Mann des Glaubens, sondern ein rechnerischer, wägender und abschätzender Geist. Er hatte erkannt, welch eine bedeutende Rolle das Irrationale im politischen Geschehen einnehmen kann, und er betrachtete aus der kühlen Ferne seines Thrones mit klarem und ungetrübtem Blick die Chancen, die den einzelnen Religionsgemeinschaften in seinem Reichsplan zufallen konnten. Er sah, daß die Heiden keinen Ehrgeiz mehr hatten, er betrachtete mit Skepsis die seltsamen Zeremonien der geheimen, unverständlichen esoterischen Kulte der zahllosen Sekten, die das erstarrte System der Staatsgötter aufgesplittert hatten und die nun schon selber wieder verfielen. Die Lehre Christi erschien dagegen einfach, für alle verbindlich und von hoher Moralität. Die Organisation der Kirche war übersichtlich, rechtsfähig, planvoll und von dem frühzeitlichen Schwung eines universalen Lehrauftrages getragen. Das Christentum allein schien fähig zu sein, das im Geistigen erschütterte und im Religiösen auseinanderbrechende Reich aufs neue in einem gefestigten irrationalen Grund zu verankern. Deshalb erhob Konstantin die Bischöfe zu legalen Rechtsprechern, setzte sie als Verwalter ein und machte sie zu Staatspersonen. Indessen: obwohl er sich einen gewandten Hofbischof – den berühmten Eusebius – hielt, blieb er selber dem Glauben fern, denn er war als Kaiser und Pontifex Maximus Oberhaupt aller Religionen seines Reiches, und er mußte das auch bleiben, solange das Christentum nicht die einzige Religion seiner Untertanen geworden war. Er ließ sich von einem mit großer Titelpracht ausgerüsteten Hofstaat mit voller Absicht immer mehr in die Ferne einer unerreichbaren Sonnengestalt hinauftragen, um aus dieser, von der allgemeinen Aura der Heiligkeit umgebenen Höhe mit kühler Hand den Prozeß der Christianisierung seiner Völker zu leiten – nicht weil er sie selig machen wollte, sondern weil sie sich eins fühlen sollten. Er machte seine Mutter, die Kaiserin Helena, an deren Grab in Aracoeli wir uns noch erinnern, zum Haupt der kirchlichen Partei – und nur in der Person dieser gläubigen

Gastwirtstochter aus Bulgarien war der Kaiser Christ. In seiner eigenen aber blieb er – mit dem Titel »Heiligkeit« geschmückt – der erhabene Heide, der dem ewigen König den Weg auf die Throne bereitete, die die auf Konstantin folgende Zeit in den Apsiden der Basiliken dem Weltenrichter Christus errichtet hat.
Unmittelbar neben der Maxentius-Basilika, in deren Höhlungen der Lampenschein nicht eindringt, liegt die Kirche der Heiligen Cosmas und Damianus in einem schmucklosen Klostergebäude verborgen. Durch einen langen Pfeilergang gelangen wir an ihre Pforte. Wir treten ein – und Gold leuchtet uns entgegen. Die Apsis schmückt ein Mosaik, das die Muschel des Gewölbes wie eine funkensprühende lebendige Haut überzieht: in der Mitte Christus auf den roten und blauen Wolkenbänken des Jüngsten Tages, gekleidet wie ein Kaiser, daneben die Apostelfürsten Petrus und Paulus im Gewande römischer Senatoren, ferner die beiden Heiligen Cosmas und Damianus, die als Ärzte aus Arabien nach Rom gekommen und als Märtyrer hier gestorben sein sollen, und schließlich der Papst Felix IV. mit dem Modell der Kirche in der Hand. Unter der gewölbten Pracht des Mosaiks haben die Mönche ihr Chorgestühl, wir hören sie den Hymnus vom Licht vor aller Zeit singen, der den Höhepunkt des kirchlichen Abendgebetes bildet, und es scheint, als bringe der Gesang mit der Feierlichkeit seiner uralten Worte das Gold zum Glühen, das den dunklen Weltenrichter zu Häupten der Sänger umgibt.
Ich habe mich oft gefragt, wie es kommt, daß alle Farben in der Stadt Rom eine solche unmittelbare, ja magische Kraft ausstrahlen. Man wird von ihnen auf eine fast gewaltsame Weise unterworfen (ein Kardinal im

Purpur ist etwas anderes als ein rotgekleideter Mann), und so läßt sich auch hier vor diesem unerhörten Mosaik des sechsten Jahrhunderts der Eindruck des Bannenden schwerlich mit dem Argument der romantischen Sicht abtun. Es scheint, als strahle aus dem Gold die starre Macht der Weltgerechtigkeit hervor, in deren Anblick der Mensch nicht betet, weil er will, sondern weil er muß.

Die Kirche der beiden heiligen Ärzte ist auf dem alten Templum Sacrae Urbis Romae errichtet worden. Ursprünglich war dies ein Bau, den Maxentius zum Gedächtnis an seinen früh verstorbenen Sohn errichten ließ, der merkwürdigerweise den Namen Romulus trug. Es ist der Betrachtung wert, daß die Geschichte des heidnischen Rom mit diesem Romulus endet, wie sie mit einem anderen Romulus begonnen hatte – ebenso wie die Geschichte des christlichen Rom als ersten und als letzten Kaiser einen Konstantin hat.

Als Konstantin der Große zur Herrschaft kam, lag ihm daran, das Andenken an seine Vorgänger in der Stadt zum Erlöschen zu bringen. Die lang geübte »damnatio memoriae« wurde wieder einmal angewendet. Nicht auf die Denkmäler oder die Bauwerke kam es an, sondern auf die Namen. Man ließ die Gedenkstätte für den schuldlosen Kaisersohn unberührt, aber man machte aus ihr den Tempel der heiligen Stadt, und folgte damit demselben Prinzip, das uns an einer Vestalinnenstatue im Vestakloster begegnet, an deren Sockelinschrift nur der Name ausgemeißelt ist, weil es sich um eine Priesterin gehandelt hatte, die – noch in der Katakombenzeit – Christin geworden war.

Der Tempel der heiligen Stadt blieb aber nicht lange, was er war. Schon hundert Jahre nach Konstantin zogen die beiden Heiligen Cosmas und Damian hier ein. Und kaum war das Heiligtum als christliche Kirche wieder geöffnet, da strömten die Römer in großen Scharen herbei – nicht nur die Christen, sondern auch die Heiden. Denn der Ruf der beiden Ärzte als himmlische Helfer in Krankheiten hatte sich schnell verbreitet – und die Methode, ihre Hilfe zu erlangen, war in Rom seit Jahrhunderten bekannt: man verbrachte die Nacht schlafend im Heiligtume. Der Tempel der Dioskuren auf dem Forum, nur ein paar Schritte von der Kirche entfernt, war bisher die Stätte dieses heilenden Schlafes gewesen, und nun, da er geschlossen war, wurden Cosmas und Damian die Erben der Söhne des Zeus.

Wir sehen diese Kranken vor uns, wie sie mit erwartungsvoller und hingebender Wundergläubigkeit den Duft des Weihrauches einziehen, die Namen christlicher Heiliger und heidnischer Götter in die dunkle Luft flüsternd, während die Priester mit Gelassenheit dieselben Gesänge anstimmen, die wir genau so heute noch hören, indes das Gold des Jüngsten Tages aus der Wölbung der Apsis seine glühende Macht über die Seelen wirft.

ZU DEN KETTEN DES HEILIGEN PETRUS

Bevor wir weitergehen, rate ich zu einem Trunk in der Trattoria ai Fori, die im Schatten der Torre dei Conti am Eingang der Via Cavour liegt. Wer Hunger hat, wird hier gut zu essen finden, – so wie das Volk in der Subura es gewöhnt ist, kräftig und würzig, ohne Raffinessen von solider Einfachheit und reichlicher Quantität. Wenn wir nach getaner Arbeit dann wieder auf die Straße heraustreten, bietet sich uns ein volkreiches

Bild. Die kleinen bunten Metallstühle vor den Bars sind besetzt mit den Menschen, die in den Häusern ringsum wohnen und hauptsächlich über Geld und Frauen reden, die Luft ist erfüllt vom Lärm der Motorräder, vom Rumpeln der Straßenbahnen und vom Gekreisch bremsender Autos. Weiter oben in der Straße leuchtet im Schacht einer Seitenstraße ein Stück der angestrahlten Fassade des Kolosseums herüber, und noch hundert Schritte weiter oben führt eine Treppe zu einem rohen Palast mit sehr feiner, dreigeteilter Marmorloggia hinauf. Hier wollen wir die Betriebsamkeit der Via Cavour verlassen und finden uns nach einigen Schritten erneut von der Geschichte aus der Gegenwart entführt.

Die Rampe, die in halber Höhe der Treppe an der Häuserfront entlang führt, folgt dem alten Vicus Sceleratus, dem Weg des Verbrechens aus Roms ältester Zeit. Auf dieser Rampe, die heute nach dem Heiligen Franz von Paula genannt wird, soll die sagenhafte Tullia im Wagen über die Leiche ihres ermordeten Vaters, des Königs Servius Tullius, gefahren sein. Diese Tat versetzte Rom in einen solchen abergläubischen Schrecken, daß die Scheu vor dem Ort noch bis in die Neuzeit sich erhielt. Und als ob ein Verbrechen durch die Geschichte nicht zu tilgen sei und mit seiner untergründigen Kraft ein anderes nach sich zöge: in diesen Palast, unter dessen Mauern die Treppe sich verliert, lud der furchtbare Cesare Borgia eines Abends im Jahr 1497 den Herzog von Gandia in den Saal hinter dieser feinziselierten Loggia zum Abendessen und vergiftete ihn. Die Treppe heißt Salita dei Borgia. Während wir in die Höhle ihres Durchgangs unter dem Palast eintreten, stehen sie plötzlich vor uns, die Mitglieder dieser außerordentlichen Familie, in der Verbrechen und Schönheit, Laster und Genie, Gewissenlosigkeit und Intelligenz sich vereinigt finden. Der berüchtigte Papst Alexander VI. war nicht nur ein wollüstiger und skrupelloser Priester, sondern auch ein hochbegabter Theologe. Sein Sohn Cesare war nicht nur ein intelligenter Verbrecher, sondern der größte Kavalier seiner Zeit, den man auf jedem Maskenfest durch die Eleganz seines Tanzes erkannte, schlangengleich faszinierend, mit allen Gaben des Geistes ausgestattet. Und wenn er im Verfolg seiner politischen Pläne den Mord als ein normales Mittel zur Annäherung an ein wünschenswertes Ziel betrachtete, so muß man doch immerhin zugeben, daß dieses Ziel selbst nichts weniger als die nationale Einheit Italiens war. Lukrezia endlich, die Tochter, war nicht nur eine blutschänderische Schönheit, sondern die glänzendste Dame ihrer Zeit, die Freundin Bembos; sie beherrschte das Griechische wie ihre Muttersprache und trat mit Leichtigkeit in Gebiete des Geistes ein, die in den Köpfen der gerühmten Schönheiten unserer Zeit nur den Schauer hoffnungsloser Inferiorität hervorrufen würden, falls überhaupt noch irgend jemand sie dazu bringen könnte, sich mit solchen Dingen zu beschäftigen.

Die Höhle des Treppenanstiegs entläßt uns nun auf die Piazza San Pietro in Vincoli. Der Lärm der Stadt ist verstummt. Die Arkaden vor der Front der Eudoxianischen Basilika ruhen im Licht des Mondes, und die gefächerten Blätter der einsamen Palme neben dem bewehrten Geschlechterturm sind hier das einzig Lebendige. Ein freier, klarer Platz liegt vor uns, so einfach wie die dorischen Säulen, die das Gewölbe der

Basilika tragen. Zwei Gestalten begegnen uns hier, die ein geheimnisvoller Zusammenhang verbindet, obwohl sie durch ein Jahrtausend getrennt sind – die Kaiserin Eudoxia und der Kardinal Cusanus.

Eudoxia, die Gemahlin des Kaisers Valentinian III. besaß in dieser Zone des Esquilin einen Palast, der vorher dem Präfekten von Rom zur Residenz gedient hatte. In seinem Untersuchungsgefängnis hat wahrscheinlich Petrus in Ketten gelegen, und fromme Tradition wollte diese Ketten durch die Jahrhunderte bewahrt haben. Auch in Jerusalem war damals ein Kettenstück bekannt, das zur Fesselung Petri im Kerker gedient haben sollte. Eudoxia hatte die Idee, diese beiden Kettenfragmente hierher in ihre Basilika bringen zu lassen, und als man sie in feierlicher Zeremonie berührte, schlossen sie sich durch ein Wunder zusammen. Es ist ganz unwichtig, ob die Geschichte tatsächlich vor sich gegangen ist, denn die Absicht der Legende ist klar: das Reich war bereits in zwei Teile zerfallen, der Orient hatte seine eigene Kaiserherrschaft schon zu sehr gefestigt, als daß man in der alten Hauptstadt nicht alles hätte daran setzen müssen, die innere Einheit des Sacrum Imperium immer wieder zu symbolisieren. Von den beiden Ketten vertrat die eine den Osten, die andere den Westen – und indem durch einen gottgewollten übernatürlichen Vorfall die beiden Stücke sich vereinigten, tat sich in klarer Sprache der Wille des Himmels kund. Die Gegensätze, die damals politisch zwischen Byzanz und Rom bestanden, mußten in einer jenseitigen Sphäre aufhebbar sein – der Machtspruch des Himmels mußte die Einheit und Harmonie des Erdkreises dokumentieren, die zu vergehen drohten.

Tausend Jahre nach Eudoxia, als die Ketten des Heiligen Petrus in der Basilika San Pietro in Vincoli längst Gegenstand gläubiger Andacht waren, trug man hier einen Mann zu Grabe, der sein ganzes Denken auf das Problem konzentriert hatte, die klaffenden Gegensätze in den Erscheinungen dieser Welt in Gott zusammenfallen zu lassen. Es ist der berühmte Kardinal Nicolaus Cusanus, der Winzersohn aus Cues an der Mosel, der Visitator Deutschlands, der die »Coincidentia oppositorum in Deo« erfunden hat. Was bei Eudoxia noch ein Wunder sein konnte, mußte bei Cusanus durch Geisteskraft erweisbar werden. Denn die Einheit der Welt war inzwischen aus der politischen Realität in die philosophische Theorie geflüchtet, und Cusanus hatte dies in seinem Wirken als Fürst der Kirche oft genug tragisch erfahren. Was dem Glauben nicht mehr zu gelingen schien, mußte also durch die Vernunft klargelegt werden. Wir nehmen es als eine tragische Anstrengung dieses scharf unterscheidenden Geistes, daß er die nüchternste der Wissenschaften, die Geometrie, heranzog, um das Geheimnis des Weltlaufes darzulegen. Die Reformation war schon am Horizont des Jahrhunderts aufgegangen, als man dem Kardinal den Grabstein in San Pietro in Vincoli setzte, auf dem er so zu sehen ist, wie er selber in seinem Traktat vom verborgenen Gott den wahrheitsuchenden Heiden gesehen hat: devotissime prostratum.

Inzwischen ist die Nacht vorgerückt und die vergitterte Front der Basilika wehrt schweigend den Wunsch ab, sie in dieser Stunde zu betreten. Käme nun aber ein frommer Küster mit seiner kleinen Lampe und dem klirrenden Schlüsselbund, um uns die Pforte zu öffnen, so würden wir in dem reinen Rhythmus der kannellierten Säulenschäfte im Inneren leicht die Prozessionsstraße erkennen, als die den frühen Christen das Schiff der Basiliken erschien. In mächtiger Tiefenbewegung würde der weite Raum uns umfangen, und aus der schwarzen Rückfront des rechten Seitenschiffes würde der ungeheure Moses des Michelangelo auftauchen. Der Küster könnte uns mit seinem Lämpchen bis in die Kniehöhe des Riesen hinaufleuchten, das Gewirr des Bartes würfe die Schatten eines ohnmächtigen Zornes über uns, während das gehörnte Haupt über uns hinweg in das hohle Dunkel drohen würde. Wir hätten die Tragödie des berühmten Grabmals Julius II. vor uns, aber ohne die Reisegesellschaften, die es bei Tage »beautiful« finden.

Der zum Zwerg zusammengeschrumpfte Papst, der da oben auf seinem Sarkophag liegt, Julius II., ist der tragische Gegenspieler Michelangelos, der Mann, der den größten Künstler seiner Zeit zu einem ungeheueren Werk inspirierte, und ihm nicht die Zeit und nicht die Mittel ließ, es auszuführen, weil andere ungeheuere Werke ihm ebenso am Herzen lagen. Michelangelo ist gegenüber diesem Papst in der qualvollen Situation des gehetzten Künstlers, der von Projekt zu Projekt getrieben, nicht die Kraft findet, sich den Aufträgen zu verschließen, weil sein genialer Geist dem Höhenflug des Auftraggebers zu verwandt ist. So blieb sein Werk ein Torso, von dem die Figur des Moses nur den ohnmächtigen Protest dessen verkündet, der nicht vollenden durfte, was in seinem Geist schon vollkommene Gestalt angenommen hatte. Daß wir das vollendete Grabmal nicht besitzen, ist im Grunde zu verschmerzen. Denn es sind viele Werke der Kunst nicht auf uns gekommen, von denen man einmal gesagt hat, daß nichts Zukünftiges sie noch übertreffen könnte. Daß aber Michelangelo das Grabmal nicht verwirklichen konnte, hat bei ihm einen Schmerz hervorgerufen, den wir heute noch verspüren. Denn es ist der leidende Mensch, der die Werke der Kunst erschafft, und wer ihn daran hindert, bricht seinen Geist.

VOM KAISER NERO

Wenn wir die Via Eudossiana hinuntergehen, finden wir an ihrem Ende das Areal der Domus Aurea. Dort hat sich ein Restaurant etabliert, von dem man das Kolosseum und die Gärten sieht, die sich über dem Erdgeschoß des Goldenen Hauses des Kaisers Nero ausbreiten. Da sind wieder Menschen. Die großen Dinge der Vergangenheit, die uns auf diesem nächtlichen Wege so sehr beschäftigen, weichen für einen Augenblick wieder den kleinen Freuden unserer leiblichen Gegenwart. Lassen wir uns also einen Augenblick hier nieder, trinken wir einen *Quarto di vino* (wer jetzt sagt, schon wieder, der möge erwägen, daß bei einem solchen Aufwand an historischer Phantasie zu nachtschlafender Zeit der Geschmack des Weines eigentlich überhaupt nicht von der Zunge verschwinden sollte) – und bedenken wir den Ort, an dem wir uns befinden.

Bevor der Kaiser Nero zur Herrschaft kam, war hier ungefähr dasselbe zu sehen wie heute: Gärten für die Großen und Weinschenken für die kleinen Leute. Vom Kolosseum allerdings war noch keine Spur vorhanden. Der Park war das äußerste Eckchen der immensen Gärten, die der Fürst Maecenas sich auf dem Esquilin hatte anlegen lassen, da wo vorher Henker und Hexen ihr Wesen trieben. Horaz, der Vielgeliebte, und Vergil, der Erhabene, haben hier ihre piniengesäumten Häuser bewohnt, getragen von der Munifizenz eines Mannes, der ein schwerreicher, hochgezüchteter Faulpelz war, aber – wenn er schon selber nichts tat – wenigstens die anderen auf seine Kosten Großes vollbringen ließ. Nach dem Brand von Rom baute sich der phantastische Nero hier sein Goldenes Haus: nicht etwa nur einen Palast, sondern ein von vierzehn Kilometer langen Säulenhallen umzogenes Gelände mit bebauten Feldern, Wiesen und Weiden. Es war der romantische Versuch, eine klassische Landschaft mit einer erlesenen Architektur zur Kaiserresidenz zu vereinen – und man hat uns überliefert, daß der Kaiser, als er das Goldene Haus zum erstenmal betrat, ausgerufen habe: endlich eine menschenwürdige Wohnung! Nachdem seine Einbildungskraft endgültig in Wahnsinn umgeschlagen war, bewog man Nero, sich umzubringen – was unter Seufzen und Stöhnen schließlich auch geschah. Hinter sich jedoch ließ dieser wollüstige, hochbegabte Poseur eine heillose Verwirrung. Galba, Otho und Vitellius – der Feldwebel, der Ästhet und der Fresser – wechselten innerhalb eines Jahres in der Herrschaft, bis der Federfuchser Vespasian – »Geld stinkt nicht!« – durch seine Sparordnung so viel zusammengescheffelt hatte, daß sein Sohn Titus mit den zwanzigtausend gefangenen Juden, die er aus dem unterworfenen Palästina mit sich schleppte, das Kolosseum bauen konnte. Er wurde dafür »amor et deliciae generis humani« genannt. Diesem Riesenunternehmen fiel das Goldene Haus zum Opfer. Die Fliesen, über die Poppäas zarter Fuß geglitten war, versanken in der Erde, und die Gärten des Nero überzogen sich mit den dichten Scharen des Volkes, das die Ränge des Kolosseums lärmend zu füllen begann.

Colosseo

DAS KOLOSSEUM

Es lohnte sich im Altertum, in das Flavische Theater zu gehen. Diesen Namen führte das Bauwerk damals, – den Namen Kolosseum hat man ihm erst später gegeben, wegen der dreißig Meter hohen Kolossalstatue des Nero, die vor dem Eingang stand und den Fall des Kaisers überdauert hatte. Fünfzigtausend Zuschauer konnten in den Rängen Platz finden. Die Arena war mit Wasser zu füllen, so daß man Galeeren schwimmen lassen konnte, die mit Gladiatoren besetzt, sich blutige Seeschlachten lieferten. Wenn die Sonne zu stark war, zog eine Abteilung der kaiserlichen Marine über dem marmorglänzenden Krater ein Purpursegel auf, den Rängen entlang rauschte in gefaßten Rinnsalen parfümiertes Wasser, und man unterhielt sich königlich, während unten die Menschen sich schlachteten. Der Tod galt nichts im Altertum, das Sterbenkönnen hingegen so viel, daß es zum Spektakel wurde. Man hielt es in Rom für moralisch, einem zum Tode verurteilten Verbrecher die Chance zu geben, sich durch persönliche Tapferkeit die Freiheit zu erwirken. Man rüstete ihn mit Waffen aus, in denen er geschult worden war, hetzte wilde Tiere auf ihn, ließ ihn mit Schicksalsgefährten kämpfen und war bereit, ihn zu vergöttern, wenn er die Gefahren der Arena überlebte. Viele moralisch gesinnte Männer haben schon im Altertum gegen all dies protestiert, aber kein Kaiser würde auch nur einen Tag länger regiert haben, wenn er gewagt hätte, die Spiele abzuschaffen. Denn das Volk war gierig nach der Möglichkeit, über den Tod und das Leben eines Menschen zu entscheiden. Ohne sich selbst dabei in die geringste Gefahr zu begeben, war man lüstern nach dem Vergnügen, äußerste Tapferkeit zu bewundern und über verständliche Furcht zu zischen. Auf dem blutgierigen Altar der römischen Volksseele wurden Tausende von Menschen geopfert, weil die Spiele das Narkotikum waren, das den Popolo Romano dazu brachte, die Tyrannei seiner Kaiser durch die Jahrhunderte ohne nennenswertes Aufbegehren zu ertragen. Es ist – glaube ich – ein Irrtum, anzunehmen, der Charakter des römischen Volkes sei von Augustus an schon so gezähmt und verbraucht gewesen, daß man die Alleinherrschaft als selbstverständlich hinnahm. Denn noch fünfzig Jahre vorher hatte der Diktator Sulla die größten Schwierigkeiten. Spiele und Brot waren es, die den Römern die öffentlichen Gewalttaten ersetzten, womit sie im Verlaufe des ersten halben Jahrtausends ihrer Geschichte gegen ihre erwählten Herren aufbegehrt hatten.

Wenn man dies bedenkt, dann kommen einem diese harmlosen Bürger, die da ringsherum in der Trattoria beim Wein sitzen, plötzlich vor, wie wenn sie immer noch nicht ganz vergessen hätten, was ihre Vorfahren hier getan. Fragen wir – zur Probe – einmal den biederen Familienvater am Nebentisch ein bißchen über das Kolosseum aus. »Mbè«, wird er sagen, »Signorino mio, das Coliseo ist eine große Sache. Nächsten Sonntag wird die Banda, das Blasorchester von den Carabinieri wieder dort spielen, da gehn wir hin.« – »Ja, ja, die Romani antichi, die haben allerhand bauen können. Wissen Sie eigentlich, woher die vielen Löcher kommen, da an der Mauer des Coliseo?« – »Das sind die Barbaren gewesen, die wollten einmal das Ganze in die Luft sprengen, und da haben sie diese Löcher gebohrt. Aber unser Coliseo ist nicht eingefallen, weil es stärker ist als alles Pulver.« – »Und was habt ihr denn früher damit gemacht, als noch keine Fremden kamen, um es zu besichtigen, und als noch keine Barbaren es kaputt machen wollten?« – (Seine Augen leuchten bei der Antwort): »Amazzato i Cristiani« – die Christen umgebracht.

AUF DEN SPUREN DER FRÜHEN PÄPSTE

Unten im Tal, zwischen dem Abhang des Goldenen Hauses und dem Anstieg des Coelius-Hügels, eingegraben in den Boden der Senke, liegt die Kirche des heiligen Papstes Clemens, der der dritte Nachfolger Petri war. Wir können es ihren einfachen Mauern nicht ansehen, was sich hinter ihnen verbirgt. Der grün-goldene Schimmer ihres Mosaiks dringt nicht nach außen, und auch der Brunnen ist nicht zu hören, der in der Tiefe ihrer Substruktionen rauscht.

Dies ist der Ort, der von frühen und verblaßten Päpsten zu einigen jener haarspalterischen Konzilien benützt worden ist, durch die das Gewissen der jungen Christenheit sich schärfte. In diese Kirchenhalle zogen im fünften Jahrhundert die Männer ein, denen es auferlegt war, das kaum erstarkte Christentum mit übermenschlicher Anstrengung gegen seine sublimsten Feinde zu verteidigen: gegen die Irrlehrer in den eigenen Reihen. Solange die Gemeinde Christi durch weltliche Gewalt verfolgt und unterdrückt worden war, hatte man im Grunde nur äußerlich gelitten. Nun aber, da die irdischen Gefahren durch Gesetz gebannt waren, begann die Krise im Geist. Die Menschen, die sie hervorriefen, waren gläubige Christen von fanatischer Denkschärfe, deren einziger Fehler war, sich so heftig in die Fragen der christlichen Lehrdefinition einzubohren, daß ihre verschiedenartigen Resultate die Welt in Aufruhr brachten. Wir können uns nicht mehr vorstellen, wie empfindlich die Menschen des fünften Jahrhunderts auf die Erkenntnisse der Theologie reagierten. Was heute in der Wissenschaft von der göttlichen Offenbarung ein seit Jahrhunderten festgefügtes Gebäude ist, war damals noch gar nicht entstanden. Es war für den einfachen Mann christlichen Glaubens in jenen Zeiten noch eine wirkliche Lebensfrage, ob Christus Gott nur ähnlich oder ob er ihm wesensgleich sei. Es gab hochgebildete Priester, die diese Wesensgleichheit bestritten – aber nicht um die Majestät Christi zu schmälern, sondern um seine Verdienste zu erhöhen. Arius, der große Sektierer, formulierte den Gegensatz in der griechischen Sprache so zugespitzt, daß es sich um einen einzigen Buchstaben, um ein Jota handelte, um dessentwillen die Glaubenslehren auseinanderbrachen: die Gottgleichheit wurde mit homo-ousios, die

Gottähnlichkeit mit homoi-ouisos definiert. Es wird uns berichtet, daß – besonders im Orient – diese Frage die Massen in tobenden Aufruhr versetzte. Wenn man, so erzählt ein Kirchenvater, in einen Laden trat, um Brot zu kaufen, legte einem der Bäcker, anstatt das Wechselgeld herauszugeben, zuerst die Frage nach dem Jota vor. Es ging darum, mit äußerster Klarheit festzustellen, welche der vielen möglichen Auslegungen des Evangeliums die absolute Wahrheit enthielt. Die Frage war, ob die Natur des auf Erden weilenden Christus nur die menschliche, oder nur die göttliche gewesen sei, oder ob er beide Naturen hatte. Es ging um die Anfechtbarkeit oder Gültigkeit des Erlösungsbegriffes. Die Menschen zerstritten sich bis aufs Blut über die Frage der Dreieinigkeit, und die Kaiser, die dies alles mit Sorge und Erregung verfolgten, sahen sich genötigt, mit ihrem weltlichen Machtspruch in den Verlauf der Konzilien einzugreifen. Der menschliche Geist vollzog in jenen Jahrhunderten die ungeheuere Anstrengung, der geoffenbarten Wahrheit eine klare und verständliche geistige Form zu verleihen. Die Dogmen, die damals entstanden, waren im Grunde nichts als Verteidigungsthesen, und der Zwang, den sie der Glaubensfreiheit aufzuerlegen scheinen, ist in Wirklichkeit ein Schutz, eine unanfechtbare Sicherheit gegen haarscharfe Fehlentscheidungen.

Uns liegt diese Welt heute fern. Aber in San Clemente lebt sie noch. Der Innenraum hat die Harmonie ausgefochtenen Streites. Da ist ein in das Hauptschiff eingezogener weißer Marmorchor mit den beiden Kanzeln für Epistel und Evangelium; da sind die beiden Schranken mit dem Monogramm des Papstes Johannes II. aus dem sechsten Jahrhundert, die man der liturgischen Komposition dieses Chores eingefügt hat, da ist ein ziselierter Osterleuchter, ein königlicher Baldachin über der Altarwanne, ein majestätischer Thron in der Apsis und ein triumphierender Kruzifixus inmitten des Lebensbaumes im Mosaik darüber. Der ehrwürdige Atemzug der untadelig gefeierten Liturgie weht durch den Raum, und man spürt wenig von den verzweifelten Auseinandersetzungen, von denen wir soeben sprachen.

Anders aber wird es, wenn wir in die Erde hinuntersteigen. Da liegt unter der Kirche noch eine Kirche: spärliche Bruchstücke aufgefundener Antiken, in einer Ecke versteckt ein figurenüberwucherter heidnischer Sarkophag, abgeblätterte Fresken vom Wunder des Papstes Clemens, feuchte Luft und Dunkelheit – dazu die sorgsam konservierten Mauern, die die behutsamen Hände der Archäologen freigelegt haben und – das Rauschen aus der Tiefe. Wir stehen auf dem Boden des antiken Rom.

Noch einmal geht es Treppen hinunter – und dann kommt das Geheimnis von San Clemente: eine Höhle, kaum mannshoch, mit einem Opferstein in der Mitte und zwei hochaufgemauerten Bänken, die einen schmalen Gang freilassen. Hier wohnt Mithras, der Sonnengott aus Persien, der der Lichtgestalt Christi den Weg bereiten half, die Zuflucht der Ratlosen in der Zeit, in der das Christentum dem Staate noch feindlich schien. Auch in dieser Religion gab es schon eine geistige Gottdreiheit: Mithras, der Creator der Welt, der die in der Gestalt des Stiers zusammengeballte Lebenskraft zur Vielgestalt des Universums erlöst, indem er den Stier verfolgt, tötet und aus seinem auf der Erde verrinnenden Blut die Geschöpfe hervorsprießen läßt – Helios, der Gott der Sonne, der das Leben erhält und erneuert und Pneuma, der Geist, der allem die Seele einhaucht. Hier unten traten die Priester im Dunkel zusammen, um die Geburt des Lichtes zu feiern, um die auf den Tod gerichteten Mysterien zu begehen, in deren Text die Worte vorkommen: »Da ich erhöht bin, sterbe ich, ein Wiedergeborener, und werde in den Tod erlöst, auf dem Wege, wie du das Sakrament gestiftet hast.«

Es ist unerhört, sich vorzustellen, daß dieser dem Lichte, der Erlösung, der Entmaterialisierung des Leiblichen, der Transformierung der stofflichen Welt zugewandte Glaube hier unten in seinem verborgenen Grabe, an der Quelle seines heiligen Wassers ruhte, während oben die Erben dieser Erlösungssehnsucht im Besitz der geoffenbarten Wahrheit sich in schärfsten Gefechten um ihre Beständigkeit bemühten.

San Clemente – das ist einer der mystischen Punkte Roms. In der Tiefe trifft der steinerne Held Mithras den Stier, aus dessen Blut die Geschöpfe erwachsen. In der Höhe oben erlöst der an den Kreuzesstamm des Lebensbaumes geschlagene Christus diese Geschöpfe mit seinem Blute. Unter dem Hochaltar ruhen die Zeugen, die die Wahrheit dieser Erlösung mit ihrem Blute besiegelt haben.

Wir wollen diese Welt des sich entfaltenden Christentums noch nicht wieder verlassen – und werfen deshalb nur einen Blick auf die hoch sich auftürmende, festungsartige Rückfront der Kirche von SS. Quattro Coronati, die sich auf der halben Höhe des Coelius-Hügels unmittelbar oberhalb von San Clemente erhebt. Ihr Kreuzgang mit seinem wunderbaren Frieden sei jedem ans Herz gelegt, der auf seinen Wanderungen durch Rom einmal ausruhen möchte, in vollkommener Abgeschiedenheit, von keiner Gegenwart bedrängt. Kleine bescheidene Nonnen wohnen heute dort oben in den düsteren Mauern, die einmal Kaiser und Päpste beherbergt haben. Sie lassen den Besucher unbegleitet durch die klaren Säulenpaare des schmucklosen Gevierts gehen, worin die Blumen in der dankbaren Fülle gedeihen, die die Spur weltabgewandter, unschuldiger Liebe ist.

Durch die Straße der Vier Gekrönten – die Via SS. Quattro Coronati – gehen wir zum Kolosseum zurück, und gedenken dabei der vier römischen Soldaten Severus, Severianus, Carpoforus und Victorinus, die dem Äskulap das Staatsopfer verweigerten und mit vier glühenden Kronen gemartert wurden. Unser Ziel liegt jenseits des Kolosseums, wo in den Gärten des Coelius-Abhanges der Clivus Scauri bergan führt. Hier glänzen uns im Licht des Mondes die drei durch Treppen erhöhten Fassaden von San Gregorio Magno entgegen, und wir halten ein – am Kloster des Papstes Gregor des Großen.

Wer den päpstlichen Hof noch in seiner üppigen Pracht erlebte, dem scheint es fast unvorstellbar, daß ein Papst vom Range des großen Gregor sein Leben in einem Kloster verbracht haben soll. Denn heute hat sich das monastische Leben schon so sehr aus der Welt zurückgezogen, daß wir uns unter einem Mönch nur mehr einen Weltflüchtigen vorzustellen pflegen. Es schiene uns geradezu paradox, wenn der Oberhirte der Christenheit mit seiner tausendfältigen, auf die Welt gerichteten Wirksamkeit an dem eingezogenen Leben festhalten wollte, das hinter den Klostermauern sich verbirgt. Gregor der Große indessen wollte das. Aus einer hervorragenden altrömischen Familie stammend, wollte

er auch als Papst das bleiben, was er vorher gewesen war, ein Sohn des Heiligen Benedikt. Er verwandelte, kaum gewählt, sein Vaterhaus nach den Vorschriften des großen Ordensgründers in ein Kloster, in dem er selbst als Abt mit zwölf Mönchen lebte. Er unterwarf sich auch als Papst den strengen Gepflogenheiten, die Benedikt verlangt hatte, er rezitierte die Stundengebete mit seinen Mönchen im Chor, er speiste zwölf Arme an seinem Tisch (der noch zu sehen ist; man sagt, als dreizehnter Gast habe einmal ein Engel an dem Mahle teilgenommen), er pflegte den Gesang und wachte in der Nacht. Die Regel des Heiligen Benedikt, die heute die ehrwürdigste der Christenheit geworden ist, war damals noch eine revolutionäre Idee. Denn vor dem Erscheinen des Patriziersohnes aus Nursia hatte es nur Mönche in der orientalischen Weise gegeben – Wüstenheilige und Anachoreten, die der Zerstörung des Leibes oblagen, um den Geist für die Mystik ihrer selbstmörderischen Gottessehnsucht freizumachen.
Benedikt, der Römer, hat der ausschweifenden Negation der geschaffenen Welt, die aus diesem ekstatischen Asketentum entsprang, die positive Bewältigung der Welt durch die Zucht des »ora et labora« entgegengesetzt. Er hat dem brennenden, das Verdorren des Fleisches provozierenden Bußwillen die Aufgabe einer geduldigen Ordnung der Erde gegenübergestellt, er hat aus einem wirren, über die abgeschiedenen Gegenden der Welt verstreuten Einsiedlertum einen kultivierenden Orden gemacht. Das genaue Gleichgewicht zwischen dem Dienst an Gott und der Arbeit an der Schöpfung, die vernünftige Unterscheidung des Zuträglichen und des Übertriebenen, die furchtlose Konzeption des Menschen als eines in Fleisch und Geist gleicherweise

erschaffenen Wesens, dem man – auch zu seiner eigenen Seligkeit nicht – keinen Teil seines Selbst nehmen dürfe: diese Idee hat aus den Trümmern der Antike unser Abendland hervorgehen lassen. Gregor, der benediktinische Papst, hat in seinen Homilien diesen neuen Geist der Ordnung, diese tapfere Festigkeit gegenüber den flüchtigen Praktiken seelischer Selbstvergewaltigung immer wieder dargelegt – und er hat der Welt ein Zeugnis hinterlassen, das der Unbeirrtheit seines ordnenden Wesens die Unsterblichkeit verlieh: den Gregorianischen Choral.

In den Mauern dieses Klosters vor uns wurde vielleicht der Gedanke geboren, dem liturgischen Gesang eine verbindliche Gestalt zu geben, die musikalischen Sonderformen gottesdienstlicher Praxis zu einem universalen Stil zu vereinigen. Was der Gregorianische Choral für das Abendland bedeutet, können wir hier nur flüchtig erwägen. In dem freien, von keinem wiederkehrenden Rhythmus eingeschränkten Atem seiner Melodien lebt die Musik der Antike fort. Der menschlichen Stimme allein wird die Aufgabe zuerkannt, während der heiligen Zeremonien der Liturgie den Lobpreis der Erlösung zu verkünden. In der Zurückhaltung, die dem gemeinsamen Gesange eigen ist, entsteht die Objektivation der Frömmigkeit, jenes geheimnisvolle Abstrahieren des individuellen Gefühls zugunsten eines kollektiven, der Zeit und dem Schwanken der Leiblichkeit nicht mehr unterworfenen Gebetes. Aus der so geübten Frömmigkeit erwächst eine Reinheit des musikalischen Geschehens, die auf der Welt ihresgleichen nicht hat. Das Mittelalter hat auf der geistigen Grundlage dieser Musik aufgebaut, und die alte Idee von der Harmonie des Weltalls liegt darin verborgen. Die berühmte Dreiteilung der Musik ist das philosophische Gegenstück zum Gregorianischen Choral: dem Weltall sei die *musica mundana* eingeboren, die sich im Zusammenklang der kreisenden Sphären stets erneuert, die Harmonie zwischen dem Leib des Menschen und seiner Seele sei als *musica humana* eine Individuation der Sphärenharmonie, und die mit Wohllaut der Stimme hervorgebrachte *musica instrumentalis* sei das tönende Abbild alles dessen. In der Renaissance haben sich die großen Polyphoniker des Gregorianischen Chorals als eines unausschöpfbaren Themenmaterials bedient, und noch Bach hat dem Geiste des Papstes Gregor seinen verehrungsvollen Tribut gezollt.

EIN MÄRTYRERGRAB

Wenn wir ein wenig bergan steigen, und die von einem Kranz feiner Säulchen kronenhaft geschmückte Apsis der Kirche SS. Giovanni e Paolo zur Linken hinter uns lassen, treten wir bald in einen Hohlweg zwischen zwei Mauern ein, der von sechs kühnen Bögen überspannt wird. Die linke der beiden Mauern ist die Seitenfront der genannten Kirche, in flachen, antiken Ziegeln aufgeführt, die zuweilen uralte, über vermauerten Fenstern eingesetzte Holzbalken freilassen. Lange bevor die Kirche hier errichtet wurde, war dies die Fassade eines römischen Hauses. Ich erzähle seine Geschichte so, wie sie mir erzählt worden ist, und hoffe, daß meine Leser es mir nicht verübeln, wenn ich an den Erörterungen der Archäologen nicht hängen bleibe.

Das Haus, das wir da vor uns haben, war in der Antike mit einer Reihe von Ladengewölben versehen, deren Türstöcke heute noch zu erkennen sind. Das Anwesen gehörte im vierten Jahrhundert einem Kaufmann

aus dem Orient, der den syrischen Legionären aus der Kaserne auf dem Coelius griechischen Wein und Marketenderwaren verkaufte und daran reich wurde. Als er genug Geld hatte, schloß er seine Läden, vermauerte das Haus nach der Straße hin, kaufte das Nachbargrundstück gegen den Claudiustempel dazu, verwandelte eine dazwischen durchführende kleine Straße in einen Privatweg und gewann so einen großen, stillen Hof, den er mit heiteren Fresken ausmalen ließ. In blühenden Farben sind sie uns erhalten: die Hochzeit des Peleus mit der Thetis, mit Putten und Meeresgetier, Barken und Nymphen. Ein tiefer Brunnen stand inmitten des Hofes, und eine Laube für die friedlichen Abende schloß sich an. Im Hause selbst gibt es viele Räume mit feinen, fast nur hingehauchten Malereien – Blumengirlanden, Delphine, Pfauen, Seepferdchen und Faune –, und es ist eine erstaunliche Überraschung, wenn man inmitten dieser sorglosen heidnischen Gemälde plötzlich die aufgerichtete, mit ausgebreiteten Armen dastehende Gestalt einer Orante erblickt, eine christliche Figur in der Haltung des Gebetes. Es muß sehr dramatisch gewesen sein, als man diese Dinge ausgrub. Warum war diese Orante so nachdrücklich umgeben von den Emblemen des Heidentums, warum war sie in der Höhe des Gemachs in einer Ecke angebracht?
Im Hof fand man eine Grube, in der, obwohl sie nicht sehr tief ausgehoben war, offensichtlich jemand bestattet worden war. Die Grube schien zu breit, um nur für eine Person gedient zu haben, und sie schien andererseits zu kurz für normale Körpermaße.
Damit haben wir die Requisiten für die Tragödie, die sich hier abgespielt hat, schon beisammen. Kehren wir für einen Moment zurück in die Jahre 360 bis 363, in

denen ein hochkultivierter idealistischer Kaiser den römischen Thron innehatte. Die Geschichte hat ihm den Namen Julian »Apostata« gegeben, weil er – christlich erzogen – sich durch die Schauseite der vorhin geschilderten inneren Krisen des Christentums so abgestoßen fand, daß er zum Heidentum zurückkehrte. Noch einmal, nachdem schon alles gewonnen schien, brach eine Verfolgungszeit über die Kirche herein, noch einmal wurde die inzwischen zur Farce pervertierte Zeremonie der Opferung vor den Staatsgöttern vorgeschrieben. Die Häscher eilten durch die Stadt, wer sich weigerte zu opfern, wurde auf der Stelle hingerichtet – es bedurfte keines Urteilsspruches mehr. Damals wurde dieses Haus von zwei jungen Leuten bewohnt, die Johannes und Paulus hießen, Christen waren und der schwärmerischen und blutigen Romantik des Julian zum Opfer fielen. Im Hofe dieses ihres Vaterhauses hat man sie enthauptet – und vielleicht war es ein treuer Sklave, der die kurze Zeitspanne zwischen der Exekution und der Abholung der Leichen durch die amtliche Kommission dazu benützte, sie im Hofe zu verscharren; – deshalb die seichte Grube, deshalb die kurzen Maße für zwei Körper ohne Kopf.

Unmittelbar nach dem Sturz des Julian begann man über diesem Grab, das nicht angerührt wurde, den Aufbau einer Andachtsstätte. Und hier, an einer der ältesten Stellen des Märtyrerkultes in der Geschichte der Christenheit, wollen wir uns dem Gegenstand zuwenden, um dessentwillen hauptsächlich dieser ganze Abschnitt unter den Titel der Fortitudo gestellt worden ist: der geschichtlichen Situation der römischen Christen in der Verfolgungszeit. Am Grabe der Opfer des letzten antiken Progroms gegen die Bekenner

Christi schauen wir zurück auf die ersten drei Jahrhunderte, wie sie sich uns heute darstellen, in dem Bemühen, die Heldenhaftigkeit dieser Christen in ihrem Wesen zu erkennen.

URSPRUNG UND WANDEL DER CHRISTENVERFOLGUNGEN

Das Bild des antiken Rom läßt es nicht zu, anzunehmen, die Christen seien von lasterhaften und blutrünstigen Kaisern einfach als Sündenböcke zur Kaschierung ihrer eigenen himmelschreienden Verbrechen benützt worden. Es handelte sich bei der Anklage, die man von seiten des Staates gegen die Anhänger der frohen Botschaft erhob, stets um den echten Verdacht der Verletzung des Majestätsgesetzes. »Wegen Gottlosigkeit« wurden sie vor den Richter zitiert. Das sollte heißen, daß sie die göttliche Rechtskraft des Imperium Romanum nicht anerkannten, für die nun einmal die Formel der Huldigung an die zwölf Staatsgötter und die Ehrfurchtsbezeugung vor dem Kaiser verbindlich waren. Da die absolute Gültigkeit des römischen Rechtsbegriffes als Grundlage des Staates angesehen wurde, stellte sich derjenige, der den im Kaiser verkörperten Göttern die schuldige Ehrfurcht versagte, notwendig außerhalb der Gesetze. Dies traf auf die Christen zu. Erst fünfzig Jahre nach dem Tode des Kaisers Nero (von dem Tacitus irreführend berichtet, er habe »eine ungeheuere Menge Christen« umbringen lassen, während die ganze christliche Gemeinde Roms damals nur einige tausend Seelen zählte) hat Trajan sich entschlossen, die Rechtsprechung gegenüber diesen merkwürdigen Staatsfeinden überhaupt in eine Form bringen zu lassen, die das bisherige Gewohnheitsrecht aufhob. Und vom Standpunkt des Majestätsverbrechens aus sind die Verordnungen des Kaisers noch recht weitherzig und tolerant. Er verfügte:

1. Die Christen sind nicht aufzusuchen. Kein Beamter ist verpflichtet, jemandem einen Prozeß zu machen, weil er weiß, daß er ein Christ ist. Dagegen muß er den Prozeß einleiten, wenn von irgendeiner Seite her – offiziell oder privat – gegen einen Staatsbürger die Anklage der Gottlosigkeit erhoben wird, weil damit der Tatbestand des Hochverrats gegeben ist.
2. Ist die Anklage einmal erhoben, muß der Prozeß bis zur Entscheidung durchgeführt werden. Ein Niederschlagen des Verfahrens ist nicht möglich.
3. Straflos gehen alle aus, die als Christen angeklagt sind, sich aber bereit erklären, die symbolische Kulthandlung vor den Staatsgottheiten zu vollziehen.

Man muß dabei festhalten, daß es sich im Falle einer solchen Kulthandlung um eine reine Formalität handelte – ähnlich erstarrt wie der Ahnenkult des Shintoismus im heutigen Japan. Denn die römische Toleranz in Religionsfragen war absolut. Für den einzelnen bestand als ein unantastbares Recht der Persönlichkeit die absolute Gewissensfreiheit – man verlangte von ihm nur einen bündigen Beweis seiner Loyalität gegenüber dem geheiligten, nach unumstößlichen göttlichen Ordnungen aufgebauten und regierten Imperium. Der Gedanke einer Rechtseinheit der Welt, die durch irrationale Kräfte garantiert war, erschien den weltbürgerlichen Römern so zwingend, so sehr als Grundlage ihrer Existenz, daß ein vernünftig denkender römischer Richter es unerklärlich und höchst verdachtswürdig finden mußte, wenn jemand sich weigerte, diese Ordnung auch für sich als vorbildlich anzuerkennen.

Wir haben in den Prozeßakten der Märtyrer eine lange Reihe von Zeugnissen dafür, daß den Richtern regelmäßig daran lag, den Freispruch des Angeklagten zu erreichen. So entwickelten sich manche dieser Prozesse zu ausgesprochenen Zweikämpfen zwischen Angeklagten und Richter. Der Richter gab sich wahrlich alle Mühe, einem Angeklagten Freiheit und Leben zu erhalten – dieser aber schien auf seiner Verurteilung hartnäckig zu bestehen. Die Angehörigen der Kirche glichen einer Organisation von Verstockten, die den Staat dadurch zu unterhöhlen versuchten, daß sie alles daran setzten, von ihm umgebracht zu werden. Tertullian erzählt, der Statthalter von Kleinasien, Arrius Antonius, habe in einer Sitzung seines Tribunals den Christen wütend ins Gesicht geschrien: »Ihr Schurken, wenn ihr schon durchaus sterben wollt, so nehmt Abgründe und Stricke!«

Erst im dritten Jahrhundert ändert sich das Bild. Nun richtete der Staat nicht mehr, nun klagte er auch selber an. Man stellte eigene Kommissionen zusammen, die bis in die kleinsten Ortschaften des Reiches hinauszogen, um von jedem Bürger das vorgeschriebene Staatsopfer zu verlangen. Der Kampf galt nun der Kirche – als einer gefährlichen Untergrundbewegung, die mit Gewalt ausgerottet werden sollte. Eine wilde Säuberungswelle ging über das ganze Reich. Aus dem ägyptischen Dorf Theadelphia besitzen wir ein Stückchen Papier, auf dem eine Art eidesstattlicher Erklärung zum Beweis politischer Untadeligkeit niedergeschrieben ist. Da wendet sich der Aurelius Diogenes, der Sohn des Satabutis aus dem Dorf Alexandru Nesos, zweiundsiebzig Jahre alt, Narbe über dem rechten Auge, »an die, die als Zeugen der Opfer im Dorf aufgestellt sind. Ich habe zwar allezeit den Göttern geopfert, jetzt habe ich aber in eurer Gegenwart der Verordnung entsprechend geopfert und Libation dargebracht« – also ein wenig vom Opfertrank den Göttern auf die Erde geschüttet und vom Opferfleisch verkostet – »was ich euch zu bestätigen ersuche. Lebt wohl! Ich, Aurelius Diogenes, habe geopfert.«

Darunter steht von anderer Hand: »Ich Aurelius Syrus bestätige, daß Diogenes geopfert hat, im ersten Jahr des Imperators Cäsar Caius Messius Quintus Trajanus Decius Pius Felix Augustus, am 2. Tag Epiph.« – also am 25. Juli 250.

Das Opferdekret galt für alle – die Christen wurden darin gar nicht erwähnt. Man wußte, daß sie die einzigen waren, die sich auf Grund ihrer Gewissensverpflichtung nicht bereit finden würden, die verlangten Opfer – nicht einmal in symbolischer Form – zu vollziehen.

Außerdem scheint es der Regierung gelungen zu sein, das verfängliche Dekret im ganzen Reich bis zum Tage seiner öffentlichen Proklamation geheimzuhalten – so daß die Christen durch den plötzlichen Opferzwang vollständig überrascht wurden.

Auf dem Kapitol zu Rom waren damals gleichzeitig drei Opferkommissionen tätig, die die Zertifikate auszufüllen hatten. Man stellte eine Reserve-Götterstatue gegenüber dem Jupitertempel auf, man suchte die Straßen häuserblockweise ab und kontrollierte in den Einwohnerlisten nach, ob niemand vergessen worden sei. Den Heiden schien das alles ziemlich lächerlich; für die Christen bedeutete es den Tod oder – wenn sie opferten – die Gewissensnöte eines Glaubensabfalls. Dionysius erzählt, daß das Volk manchen prominenten Christen, der sich seinen Stempel holte, mit Hohngeschrei begleitet habe. Natürlich wurde mit den Scheinen, die als Ausweis der offiziell bewiesenen Staatstreue dienten, ein schwunghafter Schwarzhandel getrieben. Es gab Vertrauensleute, die einem das begehrte Papier nach Dienstschluß in der Privatwohnung des entsprechenden Beamten gegen eine kleine Entschädigung aushändigten. Viele Christen flohen in die Berge und die Bischöfe hatten schwere Befürchtungen. Aber bald nachdem die Regierung die vollzogene Ausrottung des Christentums verkündet hatte, sammelten sich die Verstreuten wieder. Hinzu kamen die meisten derer, die unter Druck abgefallen waren und nun durch das Erleiden schwerer Bußen wieder um Aufnahme warben. Das Christentum hatte die Krise überlebt. Unter Diokletian wiederholte sie sich, aber die Kirche blieb stärker als je.

Die Standhaften aber, die nicht geopfert hatten, sondern gestorben waren, erhielten in den Augen ihrer schwächeren Brüder den Glanz der Heiligkeit – sie waren Märtyrer, deren Gräber man verehren, deren Andenken man bewahren und deren Fürbitte man anrufen mußte. Je mehr Blut für die Verteidigung der christlichen Kirche auf Erden vergossen wurde, um so stärker wurde das Heer jener, die nun mit übernatürlicher Kraft durch ihr Fürspracherecht bei Gott den Geschicken dieser Kirche beizuspringen vermochten. Und so bedeutete der Besitz der Märtyrerleiber für die Gemeinden ein Faustpfand auf die Hilfe der himmlischen Heerscharen. Die Heiligen der ersten Tage bildeten von diesen Zeiten an die unbesiegbare himmlische Phalanx für das von der Zeitlichkeit geschwächte Heer der irdischen Glaubensbrüder.

Giovanni Pannini, um 1720
STUDIO IN ROM

Sammlung Lord Ellesmere
(Ausschnitt aus dem Umschlagbild)

Es hat Beispiele gegeben, in denen sich allzu erhitzte Gläubige mit einer wilden Manie zum Martertod drängten, obwohl die Kirche sich auch damals schon gehütet hat, das Martyrium als untrügliche Sicherheit auf die Anschauung Gottes anzuerkennen. Überdies war der pathologische Drang zum Opfertod nicht sehr verbreitet; denn die meisten dieser Christen, dieser standhaften Zeugen des Kreuzes, waren Römer – Römer, die am Leben, an der Unverletztheit ihrer Haut, an ihrem täglichen Essen und Trinken und an ihrem Müßiggang mit Leib und Seele hingen. Diese Märtyrer waren keine weltabgekehrten Fanatiker, die die Vernichtung ihres Fleisches provozieren wollten, um dadurch umso sicherer in den Himmel einzugehen. Sie waren Heilige in einem viel weltlicheren Sinn, als wir uns heute die Heiligen vorzustellen pflegen. Sie wußten, daß sie für den Glauben auf etwas sehr Schönes zu verzichten hatten: auf das Leben – und noch dazu auf das römische Leben, dessen spielerischer Glanz, dessen glückliches Gleichmaß, dessen reiche Güter auf den Malereien von SS. Giovanni e Paolo in einem Zauber erscheinen, der deutlich verrät, wieviel diesen Menschen an den schönen Dingen der Welt gelegen war. Deshalb schien die Tatsache des Blutzeugnisses auf die überlebenden Christen einen ungeheueren Gnadenschatz auszugießen.

Die Gräber der Märtyrer wurden bald der Gegenstand und das Ziel tiefer Verehrung. Der Leichnam des Standhaften in seinem Sarge wurde gewissermaßen zur geschichtlichen Garantie für seine ewige Ruhmestat und nur hier hielt man den Kult des Heiligen ab. So kam den Gräbern der Märtyrer in jenen frühen Tagen eine geistliche Bedeutung, eine Würde und ein Rang zu, der weit über das Verehrungsmaß hinausging, das heute den Reliquien entgegengebracht wird. Man stellte sich den Heiligen in seiner himmlischen Existenz nicht abstrakt, sondern ortsgebunden vor, und die Möglichkeit seiner Fürsprache und seines hilfreichen Eingreifens in den Gang der Welt schien in erster Linie an dem Grab wirksam zu werden, worin seine Überreste lagen. Die große Wanderung der Reliquien in alle Welt gehört einer sehr viel späteren Zeit an; in den ersten Jahrhunderten dachte man noch nicht daran, die Gebeine der Märtyrer zu zerstreuen. Man ließ vielmehr durch die Libationsröhre der Gräber kleine Tücher oder Holzstücke an Fäden bis zum Sarg hinunter und glaubte an die durch Berührung übertragene Kraft. Die Gegenstände, die auf solche Weise mit den Leibern der Heiligen in unmittelbare Berührung gekommen waren, trug man als Talisman – und sie waren es, die ursprünglich unter dem Namen Reliquien verstanden wurden. Das Grab selber blieb der Angelpunkt der Verehrung, Unterpfand für die Macht, die den davor Versammelten durch das übernatürliche Wirken des Heiligen zur Verfügung stand. Daß der Heilige und Märtyrer im Himmel diese Macht innehabe, darüber konnte kein Zweifel bestehen; denn er hatte sein Leben in den Augen der Welt einer Lächerlichkeit zum Opfer gebracht. Niemand hatte von ihm verlangt, an die Götter zu glauben. Er hatte nur seine Treue zu einem Kaiser dokumentieren sollen, von dem sein König Christus selber gesagt hatte, man solle ihm geben, was sein sei. Die Tapferkeit der Heiligen der ersten Tage bestand in der Überwindung einer Versuchung, die alles an Vernunftsgründen für sich hatte. Daß sie ihr trotzdem widerstanden, erklärt uns die Macht ihrer Gräber.

AUF DEM COELIUS

Der Platz von SS. Giovanni e Paolo liegt in nächtlicher Ruhe. Über die Säulenvorhalle der Kirche fällt der schwache Schein einer einsamen Laterne, irgendwo – weit entfernt in den Klostergängen des hochgebauten Passionistenkonvents – vermeinen wir den scheppernden Schall einer mitternächtlichen Glocke zu vernehmen, der viereckige, ziegelgefügte Kampanile mit seinen zarten weißen Fenstersäulchen ragt in das Lichtfeld des Mondes hinein, das Mittelalter träumt. Gegenüber dem düsteren Tor, das zu der Majestät des Claudiustempels führt, öffnet sich das heitere Portal des Coelimontanaparkes und unsere Gedanken schweifen von der Geschichte ab zur Betrachtung der Natur.

Während wir zwischen den betauten Rasenflächen und den Asphodeloswiesen dahingehen, bringt uns der nächtliche Wind die Frische des Meeres zu. Wo auf der Welt wäre dies noch zu finden: eine Millionenstadt, die sich innerhalb ihrer siebzehnhundertjährigen Mauern den reinigenden und kräftigen Atem der grünen Natur in so keuscher Schönheit erhalten hat. Ein römischer Park ist keinem anderen vergleichbar. Er verzichtet auf Prunk, auf Künstlichkeit, auf Idylle, er bescheidet sich in der ernsten Freiheit des natürlichen Wachstums, er wird von verborgenen Wassern durchrauscht, die – in Brunnen gefaßt – die Kühle seiner Schatten mehren. Er ist überhaucht von der Anmut des Heidentums, das sich im Traume verjüngt.

Wenn wir der Parkmauer an der Innenseite folgen, gelangen wir bald auf die Höhe des Coeliushügels, wir kommen an den Ruinen der Castra Peregrina vorüber, (jener Kaserne, deren Soldaten der Kaufmann von SS.

Giovanni e Paolo seinen Reichtum verdankte) und erreichen die Kirche S. Maria in Domnica. Vor der Front finden wir eines der graziösen Marmorschiffchen, von denen ich schon auf dem Spanischen Platz erzählte, daß sie aus Dank für glückliche Heimkehr von weiter Seefahrt den Göttern aufgestellt wurden. Dies hier hat Leo x. nach einem verwitterten antiken Modell kopieren lassen, das früher hier stand, wahrscheinlich als ein Ex-Voto an Isis, die für die Antike die Beschützerin aller Meerfahrer war, bis sie durch die Muttergottes – »Stella Maris« – abgelöst worden ist.

Im Innern der Kirche zieht uns ein Marienbild an. Da sitzt in der Apsis zwischen den Scharen der weißgekleideten Engel Maria auf einem Thron, und zu ihren Füßen blühen in unverwelkten Farben die Blumen der Paradieseswiese auf, während der Papst Paschalis, dessen viereckiger Heiligenschein sagt, daß er eine sakrosankte Würde hatte, aber noch unter den Lebenden war, der gewaltigen Muttergestalt den Fuß küßt. Christus, als vollerwachsener Mann, erscheint in kindhafter Größe auf dem Schoße der erhabenen Jungfrau, eingehüllt von ihren Konturen wie von einer kostbaren Schale. Die frühen Zeiten – das Mosaik stammt aus dem neunten Jahrhundert – haben der Madonna den hieratischen Glanz eines unfaßbar hoch erhobenen Himmelswesens verliehen. Damals war die Trennung von Welt und Überwelt noch nicht vollzogen. Das Himmelreich, das in den Basiliken seinen golddurchwirkten Niederschlag fand, war noch eine Realität, mit deren vorstellbarer Gestalt ebenso sicher zu rechnen war, wie mit dem Umlauf der Gestirne. Die Madonna, die uns heute als eine menschliche Hoffnung über dem furchtbaren Abgrund erscheint, der die Welt von Gott trennt, war damals noch viel mehr Gottesgebärerin als Menschheitshelferin. Sie war die Wurzel, aus der das Heil entsprossen war, die Pforte, durch die das Licht der Erlösung in der Welt aufging. »Salve radix, salve porta, ex qua mundo lux est orta«, sang man damals von der Frau, die wir heute fast nur noch um Schutz und Schirm anzurufen pflegen. Von der starren Würde, mit der man Maria damals umgab, bis zu der fürsorgenden Gestalt der Muttergottes von Fatima ist ein sehr weiter Weg. Vor dem Mosaik der Domnica-Kirche ergreift uns die Einsicht in ein eigenartiges Paradoxon der Weltgeschichte. Es waren die frühen Zeiten, die sich der Vollendung der Welt, dem Jüngsten Tage, dem endgültigen Reiche des Himmels nahe fühlten. Und je mehr sich die Welt tatsächlich durch das Voranschreiten der Zeit und der Geschichte den letzten Dingen näherte, um so fühlbarer schwand dieses Bewußtsein von der Einheit des Universums dahin. Wir Heutigen haben uns längst daran gewöhnt, den Himmel zu individualisieren, wir sehen über dem leidenden Erlöser den richtenden König Christus nicht mehr, wir haben über unseren persönlichen Anliegen an Maria fast vergessen, daß sie nicht nur unsere Fürsprecherin, sondern auch der lebendige Thron des Herrn der Welt ist. Wir geben uns damit zufrieden, die Schöpfung subjektiv – von unten her – zu betrachten. Der endzeitlichen Ordnung aller Dinge sind wir um ein historischen Jahrtausend näher, als die Schöpfer des Domnica-Mosaiks es waren. Aber unser Geist hat fast ganz verlernt, zu sehen, was jene noch sahen.

Von hier aus ist es zu den Caracallathermen, die unser nächstes Ziel sind, nicht mehr weit. Wir werfen noch einen Blick auf die graue Rundkirche S. Stefano Rotondo, die, unter Diokletian als Markthalle errichtet, im sechsten Jahrhundert zur Kirche umgewandelt wurde und von den Römern hauptsächlich besucht wird, weil ein mittelmäßiger Barockmaler von phantastischem Sadismus an die runde Innenwand ihrer pfeilergestützten Halle die Martern der frühen Christen gemalt hat: eine Orgie von gekonntem Gemetzel, mit der Lüsternheit dessen ausgeführt, der einen frommen Vorwand gefunden hat, um seiner abgründigen Blutrünstigkeit freien Lauf zu lassen. Und – merkwürdig genug –, dieses Blut, wenngleich es nur an die Wand gemalt ist, zieht die Römer magisch an. Sie kommen mit ihren kleinen Kindern hierher, um sich an der Vorstellung der qualvollsten Schindereien zu laben. Es hat beinahe den Anschein, als fänden sie darin einen späten Ersatz für die grausamen und tödlichen Zirkusvorführungen, mit denen man sie im Altertum bei Laune zu halten pflegte. Wenn wir nun den Hügel nach Süden hinuntersteigen, finden wir im Tal zahllose Autos versammelt und darüberhin streift der pompöse Klang eines großen Orchesters. Im Hintergrund steigen die düsteren Ruinen der Caracallathermen auf – wir sind an der Stätte der sommerlichen römischen Nachtoper, und wenn wir Glück haben, kommen wir zum vierten Akt noch zurecht.

NÄCHTLICHE OPER IN DEN THERMEN DES CARACALLA

Die Thermen des Caracalla liegen inmitten ausgedehnter Parkanlagen am Rande einer piniengesäumten prachtvollen Straße, die den Namen »Passeggiata Archeologica« trägt – archäologischer Spaziergang. Der Komplex der geborstenen Mauern würde die Fläche eines modernen Großstadtbahnhofs fast ganz bedecken. Die Anlage ist fast ein Jahrhundert älter als die Diokletiansthermen, von denen her wir ja noch wissen, wie kaiserliche Bäder in der Antike ausgesehen haben. Rote und grüne Säulen aus ägyptischem Granit, alle Marmorfarben, Alabaster und Gold, Mosaikfußböden, Tausende von Statuen und Standbildern, Badewannen aus Porphyr und Basalt, Gewölbe mit feinstem Stuck, warme und kalte Bäder, Heißluftheizung, eine ausgedehnte Bibliothek, Götternischen und Wandelhallen. Im Mittelalter wurden die Thermen als Steinbruch benützt, die Quadern nahm man als Baumaterial für einen der größten Paläste Roms – den Palazzo Farnese, an dem auch Michelangelo als Baumeister beteiligt war –, die Bronzeportale wanderten in den Lateran, und trotz dieser Zerstörung blieb noch so viel übrig, daß es uns leicht fällt, die luxuriöse Urgestalt vor uns zu sehen.

Der Mann, der die Thermen baute, hatte seinen guten Grund. Er brauchte die Gunst der Römer um jeden Preis, denn seine Herrschaft hatte unter schrecklichen Ereignissen begonnen. Der Vater Caracallas, der afrikanische Kaiser Septimius Severus, war, nachdem er das Reich noch einmal zusammengefaßt hatte, nach einer strengen und erbarmungslosen Herrschaft mit den an seine beiden Söhne gerichteten Worten gestorben: macht die Soldaten reich und verachtet alle anderen! Caracalla und sein Bruder Geta versuchten sich darnach zu richten. Caracalla war damals noch ein junger Mann mit niedriger Stirn, gekräuseltem Haar und einer verräterischen Querfalte an der Nasenwurzel. Kaum war sein Vater tot, überfiel er persönlich seinen Bruder, der bei ihrer Mutter weilte, bekam ihn am

Fußgelenk zu fassen und warf ihn mit dem Kopf gegen die Wand, was seinen sofortigen Tod zur Folge hatte. Die Mutter zwang er, zu dieser Mordtat zu lächeln. Man war damals in Rom schon einiges an Greueln gewöhnt, aber der Kaiser war trotzdem etwas beunruhigt. Er suchte das Volk durch Prunk davon abzuhalten, über die Art seiner Herschaftssicherung allzuviel nachzudenken. Das Ergebnis waren die Thermen.
Durch viele Jahrhunderte lagen sie verlassen da, der Unterschlupf für mancherlei Leute, und wo einst geschickte Sklaven sich um Hunderte von Badegästen bemühten, weideten später die Ziegen das Gras ab, das zwischen den gesprungenen Fußböden hervorsproß. Noch bis in die jüngste Zeit hinein haben die Römer in den Thermen des Caracalla Zuflucht gefunden. Die Obdachlosen des Bombardements von San Lorenzo im Jahr 1944 suchten die alten Gewölbe auf, bauten sich kleine Verschläge und legten winzige Gärten an, nicht ohne auf die etwas ironische Namengebung *Villa del Paradiso* zu verzichten. Erst vor kurzem ist der letzte dieser späten Thermenbewohner mit großem Protest aus seiner Höhle ausgezogen.
Von dem alten Tepidarium stehen noch die Wände und zwei der riesigen Pfeiler, die das Gewölbe auf der Außenseite stützten. Sie reichen in die Höhe einer gotischen Kathedrale hinauf und schließen einen weiten Raum ein, der eine ideale Schaubühne ergibt. Hier beschloß man, die Triumpfstätte der italienischen Oper zu errichten, die ja mehr als jede andere von zwei Dingen abhängt: von der pompösen Ausstattung und der Entfaltung der menschlichen Stimme. Für die Ausstattung war in den Caracallathermen der Raum geboten, für die Stimmen kam eine ausgezeichnete Akustik hin-

zu. Und so strömt nun Sommer für Sommer ganz Rom am Abend zu den Thermen hinaus, um Verdi zu hören. Wir, die wir aus den verstummten Bezirken früher Zeiten aufgetaucht sind, hören ein wenig mit – den vierten Akt der Oper Troubadour.

Noch erklingt das Vorspiel. Das weite Amphitheater vor der Bühne ist mit viertausend Zuschauern gefüllt, die Damen in hochsommerlichen Kleidern, die Herren im Smoking, im Sommeranzug, in Hemd und Hose, wie es jedem einfällt. Man raucht und redet: das Vorspiel ist noch nicht die Oper. Die starken Scheinwerfer, die einen Lichtvorhang vor die Bühne legen, erlöschen plötzlich und der sagenhafte Burghof wird sichtbar mit dem Turm im Hintergrund, in dem der arme Troubadour seinem Tode entgegenschmachtet. Leonore, seine Geliebte, die ihn heimlich besucht, beginnt ihre große Arie von des Kerkers tiefer Nacht und von ihrer schmerzzerrissenen Klage – und plötzlich hört das Rauchen und das Reden auf, man setzt sich zurecht, jeder der Zuhörer kennt Ton für Ton, und aus einem gleichgültig-unaufmerksamen Publikum wird mit einem Male eine Versammlung von Kennern, die jede Koloratur mit einem fast körperlich spürbaren Genuß verfolgen. Die Primadonna schluchzt und seufzt, und jeder hier im Parkett schlürft das ein, wobei niemand an Verdis Genie denkt, weil alle mit der Stimme beschäftigt sind, die da singt. Manrico, der Troubadour aus dem Keller, antwortet mitten in das Miserere der Mönche hinein, das schon seine Hinrichtung ankündigt, mit einer rauschenden Melodie an seine Leonore. »Madonna mia«, sagt einer hinter uns, »com'è bello« – heilige Muttergottes, ist das schön.

Das 19. Jahrhundert hat seine ganze Plüschgarderobe

aufgeboten, um dieser Oper einen Rahmen zu geben. Wann immer der Verlauf der Handlung auch nur die geringste Möglichkeit bot, läßt man Hunderte von spießbewehrten Statisten mit Pferden und Fahnen über die Bühne ziehen, bei der Zigeunerszene ist eine Schmiede mit richtigem Feuer aufgebaut, an der die Gesellen die Eisen im Takt des Chores zurechthämmern. Und jetzt, vor dem düsteren Verließ, dessen zyklopische Pappendeckelmauern so raffiniert beleuchtet sind, daß man nicht weiß, wo die Kulisse aufhört und die Ruine der Thermen beginnt, eilt das Geschehen seinem blutigen, tragischen, verzweiflungsvollen Höhepunkt zu, die Mönche kommen mit über das Gesicht gezogenen Kapuzen hervor und das Publikum, ohne eine Spur von Mitleid mit dem Helden, schwimmt in Seligkeit. Es ist die alte Sache: ob die Oper tiefgründig und wahr ist, ob sie ein ganz großes Kunstwerk ist, oder nur ein weniger großes, das ist unwichtig. Es kommt allein auf die Schönheit der Stimme an, auf die Makellosigkeit und den schmeichlerischen Wohllaut der Melodie.

Das Bild ist großartig: der Mond über den Ruinen mit ihren tiefen Schatten, das Halbrund des Parketts mit Tausenden von hingerissenen Zuschauern, der andächtig versunkene Mann mit dem Coca-Cola-Kasten, ein Flugzeug mit wechselnden Positionslaternen, verstaubte Requisiten des vorigen Jahrhunderts, zeitlose Reste der Antike und unbekümmerte Gegenwart, gesteigert und zusammengehalten durch den Wohlklang der Stimme, die in verschwenderischer Stärke durch die Nacht ertönt.

VON VERDI ZUM HEILIGEN FRANZISKUS

Die Passeggiata Archeologica, auf die wir nach dem Schlußakkord der Oper zurückgekehrt sind, endet in einem großen Platz. Von hier aus zweigen in südlicher Richtung zwei Straßen ab, die berühmte Namen tragen: die Via Appia Antica und die Via Latina. Solange sie innerhalb der Mauern dahinlaufen, sind sie von Gärten gesäumt, deren herrliche alte Pinien und Zedern ihre breiten Schirme über die hohen, aufgemauerten Böschungen ausbreiten. Die schönsten dieser Zedern wollen wir jetzt aufsuchen, sie steht in dem Vorhof der Kirche San Giovanni in Porta Latina, und um sie zu erreichen, verzichten wir zunächst noch ein wenig auf die ruhmbedeckte Appia und folgen der mäßigen Steigung der lateinischen Straße.

Rom ist sicher nicht arm an Orten, die zur Meditation einladen, aber selten wird das stille, betrachtende Nachdenken so leicht gemacht wie im Vorhof von San Giovanni. Eine kleine Säulenvorhalle, ausgewaschenes Pflaster, dessen Steine noch mitten in der Nacht die Sonnenwärme des Tages widerstrahlen, ein runder, antiker Brunnen, überschattet von einem alten, großen Baum – das ist alles. Aber vielleicht liegt es gerade an dieser abgeschliffenen Einfachheit hohen geschichtlichen Alters, daß wir hier die Harmonie einer intakten Welt verspüren. Wir wollen uns an die Steinfassung setzen, aus der die mächtige Pinie aufsteigt, und uns einem Thema zuwenden, das eines stillen Ortes und einer späten Stunde bedarf.

Noch klingen die Stimmen der Oper in unseren Ohren nach, noch sehen wir die hingegebenen Gesichter der Zuschauer vor uns, wie sie dem Verlauf der musikalischen Linie gefolgt sind, wie Begleitung, Handlung, Ausstattung unwichtig wurden vor der Gewalt der Melodie. Nach all dieser Leidenschaft erscheint uns der schlichte alte Hof hier als ein willkommenes schweigendes Asyl, wohin das falsche Pathos nicht gelangt. Wenn wir zu dem Anblick dieser schöngefügten altersgrauen Steine uns schon eine Musik ausdenken sollten, müßten wir zum Gregorianischen Choral zurückkehren, zu der kühlen Objektivität des liturgischen Gesanges, aus dessen keuscher auf- und niedersteigender Linie sich der sichere Geist der Frühzeit in unsere Gemüter senkt. Immerhin ist es der Überlegung wert, daß die heißbewegten Kantilenen Verdis und die verhaltenen Weisen des Chorals etwas gemeinsam haben. Und mit der Betrachtung dieses verborgenen Zusammenhangs wollen wir uns die Zeit bis zum Morgengrauen vertreiben.

Hören Sie einmal, werden Sie mir sagen, ist das nicht ein bißchen blasphemisch und überdies an den Haaren herbeigezogen, wenn Sie behaupten, der Choral und Verdi hätten mehr miteinander gemeinsam, als daß beide im Musiklexikon stehen?

Nein, hochzuverehrender Leser, es ist nicht blasphemisch. Es ist ein faszinierendes kulturgeschichtliches Phänomen. – Um Ihnen das auseinanderzusetzen, müssen wir uns in jene Zeit begeben, in der der Gregorianische Choral schon jahrhundertealte, festgefügte Tradition war, während die Melodie in unserem modernen Sinne, dieses von gleichförmigem Rhythmus und persönlichem Ausdruck getragene Gebilde überhaupt noch nicht erfunden war. Können Sie sich eine Zeit vorstellen, in der alle Musik, die man im Laufe eines Lebens hören konnte, alle Volksgesänge, alle Jahrmarktsrufe, alle Liebeslieder nach denselben Prinzipien erklangen wie der Gregorianische Choral – so daß es also im Grunde nur gregorianische Musik gab? Diese Zeit war das Mittelalter, und es blieb so, bis sich im dreizehnten Jahrhundert die Stimme des Heiligen Franziskus von Assisi erhob.

Aber – Franziskus war doch ein Heiliger und kein Musiker? Man wird doch nicht behaupten können, daß ein einzelner Mann die moderne Melodie erfunden hat?

Sicher nicht, aber Franziskus wandelte die Frömmigkeit um, er lehrte die Menschen eine neue Art zu beten, und so fingen sie dann selber an, auf neue Weise zu singen. Er hat mit seinen glühenden Gedanken den Impuls gegeben, von dem die Geburt des Volksliedes in diesem Lande ausgegangen ist. Als er nach Rom kam, fand er die Stadt so vor, wie sie uns dieser Hof hier noch ahnen läßt. Das Leben war durchdrungen von Liturgie, die persönliche Andacht vollzog sich noch in Gebets-Formen, die zugleich die durch die Geschichte unberührte Bindung der ganzen Christenheit an ihren Erlöser repräsentieren. Die Welt und der Himmel hingen zusammen, auf Erden regierten die »zwei Schwerter« des Kaisers und des Papstes, das religiöse Fühlen der Christenheit war eingespannt in den zeitlosen Rhythmus des Mysteriums; das Ineinanderwirken von Glauben und Lebenswirklichkeit ließ die Frömmigkeit des Einzelnen ganz natürlich in der objektiven Kultfeier aufgehen, und die Gesänge der Menschen waren auch dort noch mit dem Zauber des Choralhaften bekleidet, wo sie nichts mit dem liturgischen Geschehen zu tun hatten.

Im dreizehnten Jahrhundert begann sich das alles zu ändern. Es war offensichtlich, daß die geheiligte Ordnung des einen Reiches der Christenheit im Begriffe stand, sich aus der geschichtlichen Wirklichkeit in ein unerreichbares Ideal zu verwandeln. An Stelle der gemeinsamen Anstrengung der Christenheit um Heiligung trat die verzweifelte Bemühung um die Rettung der einzelnen Seele. Mit außerordentlicher Macht überfiel die Menschen die Erkenntnis von der Nichtigkeit irdischen Tuns. Die Nationen erhoben ihren ersten Anspruch auf völkische Unabhängigkeit. Die Theologen gerieten in die Wirbelstürme der Ketzerei. Die leidenschaftslosen Wirtschaftler der Seerepubliken führten ein neues Banksystem ein. Die hundertfünfzig Jahre vorher vollzogene Spaltung der Christenheit in Ost und West nahm den Charakter der Endgültigkeit an. Jerusalem ging zum letztenmal verloren. Die Philosophen begannen den Streit über die Frage, ob die Universalien, die Ordnungprinzipien des Universums, wie wir sie kennen, die Gegenstände der Wirklichkeit hervorgebracht hätten, ob sie ihnen nur innewohnten oder ob sie bloße Namen seien. Die Menschen erwachten zum erstenmal seit der Antike zu dem Bewußsein, daß ein jeder im Grunde allein ist; in der Frömmigkeit des Volkes entstanden Unsicherheit, Ungenügen und Ratlosigkeit. So war der Boden bereitet, der die Gedanken des Heiligen Franziskus aufnehmen sollte.

Dieser Heilige forderte einen neuen Weg zu Gott, und er forderte ihn singend. Er wollte über die Liturgie hinaus einen gewaltigen Gegenstand zum Objekt vertrauensvoller persönlicher Andacht machen: die Natur. Er rief mit einer Kühnheit ohnegleichen, abseits der festgefügten Offenbarung, die Elemente, Tag und Nacht, die Pflanzen, die Tiere, die Gestirne und das Licht zu Zeugen auf. Die Schönheit der Welt erschien plötzlich als eine Wahrheit, die sich selbst bewies, ein universales Dokument, eine Bestätigung für den eingeborenen Liebesdrang der Geschöpfe zu ihrem Schöpfer.

Dies war ein direkter Weg zu Gott, und es war ein undogmatischer, individueller, radikaler Weg. Der Asket von Assisi war kein rührseliges Lamm, sondern ein Revolutionär. Wie jede Revolution, so brauchte auch diese die Massen – das Volk. Da reichte die Predigt nicht aus – da setzten die fast primitiven, von regelmäßigem Takt, von Strophen und Refrain getragenen Lieder ein, die von allen mitgesungen werden konnten. Nicht mehr nur in der feierlichen, abgeklärten Form der Liturgie sollte nun der Lobpreis Gottes erklingen, sondern vor allem im hinreißenden Schwung der Volksprozessionen. Und weil der gregorianische Gesang dies nicht leistete, erfand man eine neue Musik: das Lied, die Lauda. Darin wird die sich wiederholende Strophe des Chores zum eigentlichen Träger der musikalischen Substanz, auf deren Hintergrund sich der Vorsänger mit seiner persönlichen, rezitierenden Betrachtungsweise erhebt. Das Ganze ist ein Andachtslied, ein Mittel, sich durch die konzentrische Kraft des gemeinsamen Gesanges in einen geistlichen Gegenstand, in eine Situation des Lebens Christi, in die Heldentat eines Heiligen, in den inneren Kern einer Legende mit ekstatischer Inbrunst hineinzuversetzen. Aus diesem mystischen Gemeinschaftserlebnis erwuchs die gültig bleibende Form des Liedes, die alle Profanierungen späterer Jahrhunderte überstanden hat. Aus den franziskanischen Gesängen erhob sich mit der Gewalt der Begeisterung die Melodie Italiens, deren Glanz wir heute noch erliegen. Noch in der geringsten Kantilene eines Sängers, der in einer Trattoria zur

ORANTIN

Wandgemälde in der Katakombe der Vigna Massimo, Mitte 4. Jahrh.

Gitarre singt, lebt auf diese Weise das Erbe des glühenden Heiligen fort, der es verdienen würde, zum Patron aller erhoben zu werden, die mit unversieglicher Kraft ihre Stimmen unter dem südlichen Himmel ertönen lassen.

AN DER AURELIANISCHEN MAUER

Nun aber gerät die Große Mauer in unseren Blick und zieht uns an. Nur im Vorbeigehen bemerken wir das kleine achteckige Oratorium, das die Stelle bezeichnet, wo man den Evangelisten Johannes in einen Topf siedenden Öls setzte (als er heil wieder daraus hervorging, wandelte man seine Todesstrafe in die Verbannung nach Patmos um), wir erreichen die Porta Latina, die Belisarius, Justinians gewaltiger Feldherr, in die Mauer einschneiden ließ, wir treten hinaus und haben vor uns die rote Front dieses ungeheuren Bauwerks, über dem der Morgen graut. Das ist die Mauer des Kaisers Aurelian, die den Leib der alten Roma sicher einschließt, sechzehn Meter hoch, mit schweren Türmen bestückt, die geschlossene Fassade des antiken Rom, aufgerichtet in einer Zeit, in der die Provinzen schon von tobenden Germanenschlachten erfüllt waren, das pathetische Schutzwerk der heiligen Stadt, siebzehnhundert Jahre alt. Der Lauf der Jahrhunderte hat viele Teile dieser Mauer zerstört, aber heute noch trifft man sie allenthalben in Rom an, auf dem Pincio, auf dem Gianicolo, am Bahnhof entlang, auf dem Wege nach San Paolo, bei San Giovanni in Laterano. Mit einer rauhen Majestät legt sie sich wie ein schwerer Gürtel um den geheiligten Nabel des Erdkreises, und ihre Zinnen haben den Namen des Aurelian unsterblich gemacht.

Der Mann, der den Senat und das Volk von Rom zwang, der fünfhundert Jahre lang unbewehrten Stadt diese rostfarbene Rüstung anzulegen, war ein gewaltiger Kriegsheld. Seine Soldaten hatten ihm schon in jungen Jahren den Spitznamen »manu ad ferrum« – Hand am Eisen – gegeben, und sie sangen im Gleichschritt seiner Feldzüge ein hartes Lied über ihn:

Tausend köpft er, tausend, tausend,
Tausend köpft der eine Mann.

Tatsache ist, daß Aurelian, der nur fünf Jahre regierte, ein illusionsloser Realist war, unbeugsam in der Disziplin, erbarmungslos und streng, ein zorndrohender Herkules, der in eine verworrene Zeit keulenschlagend einbrach, ein Illyrier niederer Herkunft, glänzend als Soldat, weitsichtig als Herrscher, unbestechlich als Mensch. Das verwöhnte römische Stadtvolk beugte er ohne Rücksicht unter die Fron des Mauerbaues, er zerstörte jeden romantischen Traum von der Unberührbarkeit der Ewigen Roma, er hatte die Germanen erlebt und wußte, daß der römische Frieden zu Ende war. In den kurzen Jahren seiner Regierung hatte er kaum Zeit, sich in der Hauptstadt aufzuhalten, es schien ihm notwendig, das Imperium in Blitzkriegen zu verteidigen. Er führte die Legionen im Sturm durch die syrische Wüste, warf das machtlüsterne Palmyra nieder und führte dessen grünäugige Königin Zenobis, die zweite Kleopatra des Altertums, in goldenen Ketten in seinem Triumphzug mit, der auf der Via Appia begann und der glänzendste der späteren Kaiserzeit genannt wird. Als er, durch die Eifersucht eines seiner Geheimschreiber, mitten in einem neuen Feldzug ermordet wurde, war dieser Tod eine nicht geringere

Katastrophe als der des Cäsar an den Iden des März. Es hat von da an nur noch 150 Jahre gedauert, bis der erste Germane die dräuende Mauer erstieg.
Im Angesicht der Mauer des Aurelian weht uns der Hauch des Dämons wieder an, der die Lebenskräfte dieses an Blut und Größe geketteten Stadtwesens durch die Geschichte vorantreibt, wir spüren den magischen Sog, mit dem Rom die Macht über den Erdkreis ausübt, wir denken an die Heere aus allen Teilen der Welt, die diese Mauern berannt haben – die Goten, die Byzantiner, die Sarazenen, die Langobarden, die deutschen Kaiser, die Spanier, die Franzosen. Und wenn wir nun, nachdem wir ein Stück an der Mauer entlang gegangen sind, die Via Appia Antica betreten, kehren wir erneut zu jenen Zeiten zurück, die die geschichtliche Voraussetzung für alle diese Stürme waren – die Zeiten, in denen Christus wider Cäsar aufstand, und die Christiani schweigend in die Katakomben eindrangen.

AUF DER VIA APPIA

In der Kühle des römischen Morgens gehen wir zwischen armseligen Vorstadthäusern dahin, wir werfen einen Blick auf die seltsamen Bauwerke, die sich aus den angenagten Trümmern antiker Grabmäler und den Wohnungen kleiner Leute zusammensetzen, wir nehmen uns vor, auf dem Heimweg in einer der Osterien einzukehren, wo man unter einem alten Weinstock sitzt und Landbrot, rohen Schinken, Oliven und weissen Wein bekommt, wir denken beim Anblick des verwitterten schäbigen Kirchleins ›Quo vadis Domine‹ daran, daß der rührselige Roman und der bombastische Film gleichen Titels das ihrige dazu beigetragen haben, um unser Bild von Heiden und Christen der Katakombenzeit hoffnungslos zu verwirren. Wenn dann endlich die alte Basilika San Sebastiano vor uns liegt, wollen wir innehalten.

Man sieht von hier aus über die Campagna hin bis hinüber zu den Albanerbergen. Das Gelände fällt leicht ab, es ist bedeckt von Gärten mit Wein, Oliven und Artischocken. In der flachen Talmulde sehen wir ein paar Trümmer in der altersroten Farbe Roms: ein weites Mauergeviert, darin ein merkwürdiger trommelartiger Bau, eine Art Rundturm, der oben glatt abschließt. Darauf stehen Kaninchenställe und an langen Leinen flattert – wie auf dem Deckaufbau eines Schiffes – die Wäsche im Wind. Dies ist das Grab des Romulus, des Sohnes des Maxentius, von dem wir schon auf dem Forum hörten, und die turmartigen Aufbauten im Hintergrund sind die Trompeteremporen für den anschließenden Zirkus, mit dessen Spielen der Vater das Andenken des Frühverstorbenen ehren wollte. Am Horizont erhebt sich der gekrönte Turm des Grabmals der Cecilia Metella. Dies ist das Tal, in dem sich die Eingänge in die geheimnisvolle Unterstadt befinden, wo die Zeugnisse der ersten Christen unser harren.

Wären wir vor zweitausend Jahren, also noch vor Christi Geburt, hier hinausgewandert, so hätten wir an dieser Stelle ein Wirtshaus gefunden, dessen Schild eine »kymbe« zeigte, ein Trinkgefäß. Wahrscheinlich hat es »Zum schäumenden Humpen« geheißen. Die Bewohner des nahen Judenviertels und die zahlreichen Vorstadtgriechen dehnten diese Bezeichnung bald auf das ganze Tal aus, dessen flache Sohle quer zur Via Appia verläuft, und nannten die Senke »ad catacumbas«.

Damals war die Via Appia noch die Regina Viarum – die Königin der Straßen. Wie sie ausgesehen hat, können wir nur noch ahnen, wenn wir uns – später – noch ein Stück weiter hinaus begeben in die Campagna, wo die Häuser aufhören, die Pinien beginnen und die Grabmäler noch in Resten erhalten sind, die sich beiderseits der Straße in einer langen Prozession hinziehen. Die Via Appia hat in jenen Zeiten die Triumphzüge der Feldherrn und der siegreichen Heere, die Kaufmannszüge nach dem Süden und die Sklaventransporte nach dem Norden gesehen, auf ihr zogen die Kaiser in ihre schimmernden Villen hinaus, und auf ihr bewegten sich mit Tänzerinnen und Flötenspielern jene anderen Triumphzüge dahin, die man den Toten zu veranstalten pflegte.

Man hatte im Altertum den Brauch, im Atrium der Wohnhäuser die Totenmasken der Ahnen aufzureihen, so daß ein Besucher, während er auf den Hausherrn wartete, die Glorie der Familie in vergangenen Jahrhunderten um sich versammelt sah. Wenn ein Familienmitglied verstarb, engagierte man Schauspieler, steckte sie in die Staatsgewänder der Ahnen, setzte sie – mit den Totenmasken vor dem Gesicht – auf Wagen und demonstrierte so die Einholung des Verstorbenen durch seine ruhmreichen Vorfahren, die ihm auf dem Wege in das Schattenreich ein feierliches Geleit gaben. So bewegte sich auf dieser Straße nicht nur das gegenwärtige Leben in brausendem Rhythmus dahin, sondern auch die Vergangenheit: ein jeder Römer großen Hauses starb in dem Bewußtsein, daß er im Abbild seiner irdischen Gestalt fortfahren würde, die Via Appia zu betreten. An den Gräbern wurden große Gastmähler abgehalten, und der Lärm der Staatsstraße drang als Zeichen des ewigen Lebens der Stadt Rom in die Grüfte ein. Die Toten sollten weiter teilhaben an dem Gang der römischen Weltgeschichte, sie sollten den Marschtritt der Legionen, das Rumpeln der Handelskarren und das Singen in den Weingärten hören, es sollte heiter um sie sein. Heute liegt unter der Erde, was damals von der Sonne beschienen war.

IN DEN KATAKOMBEN

Katakomben – dieses Wort ist einer der ehrwürdigsten Begriffe der christlichen Welt geworden. Wir denken an Irrgärten von unterirdischen Gängen, vielverzweigte Schächte, die mit Gräbern angefüllt sind, an Unterdrückung und Folter, Flucht und Martyrium. Die Vorstellung von den Leidenszeiten des ersten Christentums verbindet sich mit der Ehrfurcht vor den Heiligen, deren Gebeine einmal hier beigesetzt worden sind und deren Gedächtnis man hier bewahrt hat. Es fällt uns heute leicht, in den kleinen Kapellenräumen die zitternden Scharen der verfolgten Christen zu sehen, wie sie, die Todesgefahr vor Augen, den Worten ihrer Bischöfe zuhörten und ihre einfachen Gottesdienste abhielten. Die vielen, halb unleserlichen Inschriften, die symbolischen Christuszeichen von Anker und Fisch, die Tausende von offenen Grabhöhlen, die dunklen Kammern und die rohen Beträume, dies alles ist wohl geeignet, in den Besuchern ein bestimmtes Bild des frühen Christentums hervorzurufen, in dem Andacht, Legende und persönliche Vorstellungskraft sehr dicht ineinanderwirken.

Indessen hat die christliche Altertumskunde in den Katakomben Roms Dinge zutage gefördert, die diese Bilder frommer Phantasie erheblich korrigieren. Bei aller

Ehrfurcht vor der Legende hat man nach der Kenntnis des tatsächlichen Sachverhaltes ein Bild vor sich, worin die Zeit der ersten Christen in einem helleren und großartigeren Licht erscheint, in einer Klarheit, die der Andacht den Glanz des Wahren hinzufügt. Denn aus den Zeugnissen der Katakomben steigt nicht nur die Welt der Märtyrer herauf, sondern der Alltag der Antike, diesseitig, heiter, realistisch, ein kunterbuntes Gemisch von Schicksalen, von vollendetem und unvollendetem Leben, aus dem der Ernst und die Heiligkeit der frühen Martyrien feierlich hervorleuchten. Zunächst müssen wir bedenken, daß diese Christen Römer waren. Sie hatten eine Familie, an der sie mit Leib und Seele hingen, sie hatten einen Packen voll irdischer Sorgen, sie nahmen teil an dem gewaltigen und sinnenfreudigen Leben der Weltstadt, Prüderie lag ihnen ebenso fern wie Fanatismus. Die Kinder dieser Bekenner spielten mit den Kindern der Heiden ohne einen Unterschied zu kennen. Sie hatten Freunde, die Heiden waren, und bezogen ihre Gehälter von Institutionen, die vom Gebot der Nächstenliebe nichts wußten. Sie hatten in ihren Geschäften Kunden, die an überhaupt nichts glaubten, und die Banken, die ihnen Kredit gaben, waren im Besitz von Menschen, denen nichts fremder war als Demut und Bescheidenheit. Sie wurden von Kaisern regiert, die nicht das geringste Verständnis für Sonderbündelei hatten, und sie zahlten ihre Steuern einem Staat, dem nichts weniger wichtig war, als die persönliche religiöse Überzeugung seiner Untertanen. Mitten unter den Heiden tranken sie voller Zufriedenheit ihren Wein und an Festtagen zogen sie mit ihren Kindern heraus auf die Via Appia, um zwischen den Gräbern sehr diesseitige und lärmende

Picknicks zu veranstalten. Diese Christen der ersten Tage, die noch kein Kreuz über ihrer Brust schlugen, unterschieden sich von den übrigen Zeitgenossen nur darin, daß sie von einem verurteilten jüdischen Provokateur glaubten, er sei der Sohn des alleinigen wahren Gottes gewesen, während die übrige Welt annahm, es habe sich damals in Palästina um einen Fall von Hochverrat gehandelt. Die Toten dieser kleinen Schar absonderlicher Sektierer wurden selbstverständlich nach altem römischen Brauch begraben, außerhalb der Mauern, an den großen Straßen.

Niemals hat sich in Rom jemand ernsthaft vorstellen können, daß der Tod zwischen den Lebenden und den Verstorbenen eine unübersteigbare Schranke aufrichte, denn die Unsterblichkeit der Seele ist auch vom Heidentum nicht angezweifelt worden. So sind die Katakomben, an der Lebensader der Appia, nichts als ein Friedhof gewesen, in dem Heiden und Christen nebeneinander lagen, ein Friedhof der Erlösten und der Unerlösten. Und daß dieser Friedhof sich unter der Erde ausdehnte, hatte nicht in der Verfolgung, sondern in einer sehr irdischen praktischen Überlegung seinen Grund.

Der Boden, den man für die Anlage eines Familiengrabes oder einer Bruderschaftsgrabstätte verwenden wollte, mußte nach den genau geregelten Vorschriften des Eigentumsrechts im römischen Katasteramt eingetragen sein – weshalb man sich bemühte, den erworbenen Platz möglichst auszunützen. Als es in der Breite und der Länge nicht mehr möglich war, grub man in die Tiefe und brachte so weit mehr Tote auf einem Grundstück unter, als Fläche für Gräber vorhanden war. Man durfte nur auch unter der Erde das Areal des Grundstückes nicht verlassen. Was nun die Kirche angeht, die ja in jenen Zeiten von der Regierung geächtet war, so erscheint sie als Besitzerin solcher Grabstätten als private Gesellschaft, die durchaus rechtsfähig war. Wir wissen zum Beispiel von einem Prozeß, den die römische Christengemeinde während der Verfolgungszeit mit der Genossenschaft der Gastwirte wegen eines Grundstückes führte und gewann. Wahrscheinlich wurde die Kirche damals selber als eine Art Genossenschaft angesehen, nur mit dem Unterschied, daß man von den Gastwirten wußte, was sie trieben, während es bei der Kirche nicht sicher war. Immerhin – die Kirche war in der Lage, auch während der Zeit der Unterdrückung Grundstücke zu erwerben und damit zu machen, was sie wollte. Auf diese Weise entstanden die ersten christlichen Parzellen in den heidnischen Friedhöfen.

Hinzu kam, daß ein Friedhof nach römischem Gesetz ein Locus Sacer, ein unberührbarer Ort war. So bestand auch in den Jahren der Bedrängnis eine Art staatlicher Garantie dafür, daß die Gräber unangetastet blieben. Dies ist vielleicht ein Hauptgrund, warum wir die Katakomben heute in einem so guten Zustand vorfinden, und zugleich ein Zeugnis, wie tief eingewurzelt die römische Pietas war, die auch dort den Toten ihren Frieden ließ, wo sie die gleichgesinnten Lebenden als Staatsfeinde verfolgen mußte.

Von den weltgeschichtlichen Konsequenzen ihres Bekennertums haben die Christen der Katakombenzeit weniger gewußt als wir heute. Sie lebten öffentlich, ungeniert und frei, und als einmal jemand behauptete, sie seien eine unsoziale Sonderkaste, entgegnete ihm der streitbare Kirchenvater Tertullian: »Wir sind doch

Menschen, die mitten unter euch leben, mit derselben Lebenshaltung, mit denselben Kleidern, demselben Hausrat, denselben Bedürfnissen. Wir sind keine Brahmanen oder Einsiedler nach indischer Art, keine Waldbewohner und Ausgestoßenen. Wir leben in dieser Welt – mit euch zusammen, wir benutzen dasselbe Forum, das Schlachthaus, die Bäder, die Gasthäuser, die Werkstätten, die Stallungen und die Märkte, wir fahren mit euch auf denselben Schiffen, wir dienen beim Militär, gehen zur Erholung aufs Land und reisen in Geschäften.«

Die Inschriften in den Katakomben erweisen die Wahrheit dieser Behauptungen. Wir kennen: Bäcker, Leinenweber, Lohgerber, eine Schneiderin, einen Maler, einen Inschriftenmeißler, einen Bergarbeiter, einen Elfenbeinschnitzer, einen Pastillarius (also einen Pillendreher), einen Parfümeriefabrikanten, einen Friseur, einen Konditor, einen Roßarzt, einen Obstgärtner, einen Kleiderbewahrer, einen Feuerwehrschreiber, einen Verwalter aus dem städtischen Getreidemagazin, viele Magister, Notare und Advokaten. Auch Offiziere fehlen nicht. Wir kennen einen christlichen Hauptmann, dessen Vater den lateinischen Namen Licinius trug, der Hauptmann selber hieß griechisch Heraklios, beide stammten aus Raetia secunda, dem heutigen Niederbayern. Besonders wichtig ist das Grab eines Wagenlenkers, der damals ein ebenso großer Star war wie heute ein amerikanischer Filmheld, ein Mann, der märchenhafte Summen verdiente und von einer der beiden Parteien im Zirkus gemanagt worden war. Erstaunlich – daß er Christ gewesen ist. Immerhin: auch den Christen lagen die Zirkusspiele im Blut. Noch Papst Leo der Große beklagt sich darüber, daß die Schauspiele im Zirkus die Christen mehr anzogen, als die Stätten der Märtyrer. Zu ihrer Rechtfertigung und zum Erweis ihres einwandfreien Bestrebens führten die zirkusbegeisterten Christen dagegen den Elias an, der ja auch mit einem bespannten Wagen zum Himmel aufgefahren sei.

Auf vielen Katakombenbildern finden wir die Christen, wie sie sich selbst gesehen haben, in kleinen heiteren farbigen Malereien, die sie auf den Gewölben ihrer Grabnischen, auf den Sarkophagen oder den Wänden der Grabkammern anbringen ließen. Da ist eine Blumenfrau hinter ihrem Stand, da sind acht Männer, die an großen Bottichen arbeiten, da findet sich ein Schmied an der Esse und ein Fuhrmann mit seinem Gespann. Unter den Inschriften sind viele, die uns in hochoffiziellen Formen mitteilen, wessen Reste der Sarg enthält, ohne die Religion des Verstorbenen auch nur zu erwähnen, und manchmal steht dann irgendwo in kleinen Buchstaben versteckt hingemeißelt: receptus ad Deum, zu Gott aufgenommen, sicheres und beweiskräftiges Zeichen, daß es sich um einen Christen gehandelt hat, ebenso wie: »in pace« oder »deposuerunt« – »in Frieden« oder »sie haben ihn hingelegt«. Wir kommen an einer Wand vorüber, in der mit primitivem Griffel Konturen von Männern eingekritzelt sind, die Speere und Schwerter und Dreizacke tragen – Selbstporträts jener Gladiatoren, die im Zirkus des Maxentius gekämpft haben und hier ihren dabei gefallenen Kameraden Refrigerien hielten. Wir bemerken die rohen Höhlungen, in denen die Leiber ohne Sarg bestattet wurden, nur in Tücher eingeschlagen und mit Kalk übergossen. Als der Andrang der Toten in diesem Tal zu groß wurde, legte man unter den

Gängen ein zweites und ein drittes Stockwerk an, bis in eine Tiefe von fünfundzwanzig Metern. Heute ist über all dies ein Hauch von Düsternis und Vergänglichkeit ausgebreitet.

Am Ende der Gräberstraße, die von dem Columbarium und dem Refrigeriumshaus an der Talsohle entlang führt, finden wir ein Mausoleum, von dessen sehr schöner, übergiebelter Front ein mit hauchzartem weissen Stuck bedeckter, gewölbter Gang nach abwärts führt. Am Ende dieses Ganges leuchtet uns ein Pfau entgegen – der Vogel der Unsterblichkeit. Hier war ursprünglich die Rückwand des Mausoleums, die man aber schon im zweiten Jahrhundert durchbrach, weil infolge der damals aufkommenden Erdbestattung mehr Platz benötigt wurde. An der Rückwand des Erweiterungsraumes, in den man nicht mehr hinuntersteigen kann, weil er voll Grundwasser steht, ist eine Inschrift zu lesen, die uns verrät, daß dieses heidnische Mausoleum zur Zeit seiner Erweiterung auch seinen Besitzer gewechselt hat. Da steht: innocentorum Gordiano. Das heißt: diese Grabstätte gehörte der Beerdigungsbruderschaft der Innocentorum unter der Regierung des Kaisers Gordianus. Nicht weit von dieser Schrift entfernt an derselben Wand finden wir das lang gesuchte: Ichthýs – das Schlüsselzeichen für Jesoûs Christós, Theoû Hyiôs, Sotér – Jesus Christus, Gottes Sohn, der Retter. Aus dem Zusammentreffen der beiden Inschriften kann man schließen, daß die Bruderschaft der Innocentorum eine christliche Einrichtung der Verfolgungszeit gewesen sein muß.

In der ersten Hälfte des dritten Jahrhunderts scheint dieses Mausoleum, ebenso wie die beiden anschließenden, mit Urnen und Gebeinen vollständig angefüllt gewesen zu sein, so daß man beschloß, den Boden ringsum bis zur Dachhöhe der Grabstätten aufzuschütten. Über den Dachterrassen der Mausoleen hat man dann einen gepflasterten Hof angelegt, der von vier Säulenhallen gesäumt war. An einer Stelle des Gebäudegevierts war eine kleine Kapelle, vor der ein riesiger steinerner Thron stand. Die Mauern ringsherum zeigten, als man die ganze Anlage wieder freilegte, eine Unmenge von Kritzeleien, die man ablöste und in Schaukästen aufstellte. Wir lesen: Paule et Petre petite pro Victore – oder: petite Petre et Paule nobis omnia ... – oder aber: refrigeravi, ich habe ein Totengedenkmahl abgehalten – im Zusammenhang mit Petrus und Paulus. Aus diesen Funden hat man die Theorie abgeleitet, daß Petrus und Paulus vorübergehend hier in San Sebastiano gelegen haben müssen – und mindestens für Petrus gibt es dafür auch eine plausible Erklärung.

In den Grabanlagen des alten vatikanischen Friedhofes, der in der Nähe der neronianischen Gärten lag, hat man in den letzten Jahren unter der Peterskirche eine Memoria Petri freigelegt, die als Grabstätte des Apostels angesehen wird. Man weiß, daß der Kaiser Heliogabal nach orientalischer Sitte in den Gärten des Nero mit einer Elefantenquadriga herumzufahren pflegte, und Zeitgenossen haben sich sehr darüber empört, daß bei diesen Fahrten die Gräber im vatikanischen Friedhof beschädigt wurden. Möglicherweise haben die Christen Roms damals aus Furcht vor einer Schändung des Apostelgrabes den Leib Petri nach den Katakomben herausgebracht, seinetwegen auf dem Dach des Mausoleums der Innocentorum die Grabkapelle angebracht und zur Abhaltung von Refrigerien den Totenstuhl aufgestellt. Nach der Überlieferung hat man die Leiber Petri und Pauli erst im Jahre 358 wieder in ihren ursprünglichen Grabstätten beigesetzt. Jedenfalls war die erste Kirche, die der Kaiser Konstantin nach dem Sieg an der Milvischen Brücke in Rom erbauen ließ, die den beiden Aposteln geweihte Basilika, die heute den Namen des Heiligen Sebastian trägt. (Sebastian wurde, wie wir wissen, erst Patron der Kirche, als die bedeutenderen Heiligen, die beiden Apostel, ihre Ruhestätte wieder verlassen hatten.) Noch heute aber ergreift uns angesichts dieser geborstenen Mauern hier unten über alle Theorien hinweg der Gedanke, daß Petrus und Paulus hier gemeinsam geruht haben und daß ihnen von vielen unbekannten Gläubigen in der Weise des alten Totenmahls verborgen die Eucharistie dargebracht worden ist.

Wenn wir aus dem verworrenen Netz der Gänge und Kapellen wieder ans Licht heraufkommen und durch die öde, weißverputzte Halle der Basilika ins Freie eilen, strahlt uns nun der erblühte Morgen Roms entgegen – und die Via Appia verführt uns, nach Süden zu wandern, den Bergen zu. In gerader Linie zieht die Straße ihr schmales Pinienband durch die Ebene der Campagna, das Brausen der vom Ciampino aufsteigenden Militär-Flugzeuge erfüllt die reine Luft, die alten Grabmäler an den Seiten verschweigen uns ihre Geschichte, denn nicht um zu wissen oder zu lernen sollte man auf die Appia herauswandern, sondern um zu schauen und sich zu freuen. Die Großstadt Rom versinkt, hinter den Umfassungsmauern der schattenreichen Villen vermutet man glückliche Besitzer; die Last der von Kampf und Blut erfüllten Vergangenheit, der Heroismus der Christen und die heilige Macht der

Heiden, die Anstrengungen der Cäsaren und die Lasterhaftigkeit des Volkes, alle die tausend menschlichen Verwandlungen und Reibungen, woraus die Geschichte komponiert wird, dies alles versinkt vor dem reinen Genuß dieser besonnten Straße, die mit zeitloser Gelassenheit in die Kühle der Albanerberge hinaufführt. Was uns des nachts an Tragischem gefangen hielt, weicht dem Glanz des römischen Lichtes, und wir schließen den Weg der Fortitudo mit dem Gedanken an den Gott der Sonne, der in der unfaßbaren Kraft seines belebenden Strahles auch in die tiefen Gräber dringt.

JUSTITIA

Rom spricht:

Stehend beherrschte ich die Völker,
in Trümmern
rühre ich an die Tiefen der Erde;
stehend beherrschte ich die Leiber
und niedergeschmettert
herrsche ich über die Seelen.
Einstmals regierte ich
über eine elende Plebs,
heute über die Fürsten der Finsternis.
Einstmals waren Städte mein Reich –
heute der Himmel.

HILDEBERT VON LAXARDIN

12. Jahrhundert

VOM KAPITOL ZUM TIBER

Lassen Sie uns, meine verehrten Leser, nun auch für den vierten unserer Wege zu dem vertrauten Goldenen Meilenstein zurückkehren. Noch einmal soll er uns als archimedischer Punkt dienen, von dem aus sich ein Wesenszug der Stadt Rom entrollt, und nachdem wir ihm hier zum letzten Mal in diesem Buch begegnen, sei er nicht verlassen, ohne Ihnen zu vielen weiteren Wegen als Richtpunkt empfohlen zu sein. Außerdem meine ich, daß die Senke zwischen dem Kapitol und dem Palatin, in die der Meilenstein eingebettet ist, den Besuchern Roms, welchen Temperaments und Charakters sie auch seien, in idealer Weise den inneren Reichtum der Stadt vor Augen stellt.

Trümmer, Ehrwürdigkeiten, historische Perspektiven und fotogene Ansichten hat man in Fülle vor sich. Für diejenigen, die gerne blutrünstige Historien hören, steht der Tarpejische Felsen zur Verfügung, von dessen Höhe man die Staatsverbrecher und andere unangenehme Leute schlicht herunterwarf (welch finstere Manieren im Vergleich zu unserem humanen Galgen). Für ein erbauliches Gemüt haben wir die von jeder Spur des bösen Heidentums gereinigte Zwölfgötter-Halle vorzuweisen – ihr Bauherr Julian schmort sicher in der Hölle. Ein Melancholiker kann im Anblick der palatinischen Gärten dem versunkenen Glanz des »klassischen Altertums« einen zypressentraurigen Gedanken widmen. Ein Materialist wird sich im Anblick des Saturntempels in die respektvolle Vorstellung der tonnenschweren Goldbarren vertiefen, die hier im römischen Staatsschatz lagen. Ein Realist – mit leichter Neigung zum Militär – bekommt von Septimius Severus auf einem figurenbedeckten Triumphbogen die siegreichen römischen Waffen in Überfülle vordemonstriert. Es ist ganz gleich, von welchen Erwartungen ein Romfahrer beherrscht ist, er wird an diesem Platz um den Goldenen Meilenstein ein Zeichen finden, das seinen Geist erregt.

Ich sagte schon einmal, die Monumente Roms ließen sich mit gleichem Recht und gleichem Erfolg unter den verschiedensten Prinzipien betrachten. Sie bieten uns eine durch vielfache Umwandlung einfach gewordene Gestalt, sie führen eine Vergangenheit mit sich, die unser Wissen ordnend durchdringt, sie sind ein von Legenden und Aberglauben begleitetes Bild zeitlosen römischen Lebens. Wenn in Rom ein Bauwerk durch die rabiate Barbarei dunkler Jahrhunderte seiner ursprünglichen Schönheit beraubt worden ist, so sorgt eine spätere, mißverstehende Zeit dafür, daß die Ruinen von dem Charme überdeckt werden, der der unbefangenen Nutzbarkeit des Erhabenen eigen ist: ein verfallener antiker Tempel kann zum Palast werden, auf dessen Dächern, während auch er wieder verfällt, der Popolo Romano seine kleinen Häuser baut. Wenn die Geschichte eines Monuments mit Gewalttat angefüllt ist, versöhnt die Legende das begangene Unrecht durch ein heiteres Kleid von naiven Erinnerungen. Was an der Schauseite nicht zu sehen ist, erzählen uns die Chronisten; was die Geschichtsschreiber verschweigen, ersetzt das Gerücht. Und so kommt aus der komplexen Fülle von Weltsoff, die wir in der Begegnung mit Rom zutage fördern, die innere Wirklichkeit dieser Stadt hervor: ewig schwankend zwischen Frömmigkeit und Phantasie, Gewinnsucht und Mitleid, sündiger Zeitlichkeit und ewiger Gerechtigkeit. Die Justitia wird in

Rom vor allem im Zusammenhang des großen mit dem kleinen Welttheater sichtbar. Es gibt in der Betrachtung der Stadt einen Moment – und ich glaube, wir haben ihn jetzt erreicht, – wo man in der Geschichte den höheren Ausgleich, das »sub specie Aeternitatis« verspürt, wo in der augenblicksgebundenen Sicht auf so viele und verschiedenartige Zeitalter sich das große Gesetz erkennen läßt, das die Welt hinter dem Vorhang der Zeit in eine unfaßbare Ordnung bringt. Dies ist die Gerechtigkeit, die ich im Auge habe bei unserer vierten Wanderung.

Ein römischer Advokat sagte mir einmal, die Römer seien im Grunde ein anarchisches Volk. Sie hätten das Recht als den Inbegriff der Gesetze nicht erfunden, weil es ihnen eingeboren sei, sondern weil sie es nicht in sich tragen. Aber gerade hierin liegt ja Roms Besonderheit: mehr noch als die Unantastbarkeit des Bestehenden ist es das Streben nach einer noch nicht ganz erreichten Ordnung, nach dem Regulativ in der dunklen Dämonie dieses Stadtcharakters, nach der Klarheit inmitten divergierender Leidenschaften, nach dem rechten Wege. Deshalb wird Rom nicht sterben. In dieser Stadt scheinen alle Kräfte zentriert zu sein, die den Flug des Orbis Terrarum durch die Zeit treiben, und es geht der Justitia in Rom nicht um das Zusammenfallen von Unrecht und Sühne in einer flüchtigen Gegenwart, sondern um die letzte Gestalt der Welt.

So werden auf unserem Wege die großen und die kleinen Dinge, die gewußten und die geglaubten Wahrheiten sich sehr miteinander vermischen. Und weil der Weg weit ist und wir ihn nicht mit einem durch körperliche Anstrengung ermüdeten Geist, sondern unbeschwert und ausgeruht zurücklegen wollen, schlage ich ein Vehikel vor, das man unbedingt bestiegen haben muß, bevor man Rom wieder verläßt: eine Kutsche mit einem Cavallo, eine Carrozzella. Der Cavallo geht, obwohl sein Herr behauptet, er verzehre täglich einen Wagen voll Heu, einen sehr bedächtigen Schritt und läßt uns zum Schauen und zum Meditieren genügend Zeit, und der Kutscher ist voll von Histörchen. Steigen wir also, mit Baedeker und Plänen wohl versehen, in das alte freundliche Gefährt, hören wir ein wenig auf die Melodie von Hufen, Rädern und Pflastersteinen, und freuen wir uns der Sonne und Roms.

Auf dem Weg vom Kapitol zum Tiber begegnen wir einer Kirche, die kein Fremdenführer bemerkenswert findet: Sante Maria della Consolazione, 1470 errichtet, im 17. Jahrhundert restauriert. Die Fassade, in doppelter Ordnung mit drei Portalen, Voluten und Statuen, von Pasquino Belli, Anfang des 19. Jahrhunderts. Hübsche, breit ausladende Freitreppe. Das ist alles nichts Besonderes. Aber: in dem zu der Kirche gehörenden Hospital machten die anmutsvollen Damen der römischen Gesellschaft noch bis in unser Jahrhundert ihren Donnerstag-Besuch bei den Armen und Kranken, wobei sie an den unschuldigen Patienten mit Grazie und Delikatesse die niedersten Dienste verrichteten. Wer die Römerinnen nicht nur von der Via Veneto her kennt, kann sich leicht ausmalen, wie das gewesen sein muß: die ätherischen jungen Mädchen, die aufgetakelten reifen Damen, die hochmütigen mageren Matronen, jede todschick in weißer Schürze, kenntnisreich und parfümduftend, in die Beobachtung der Nachbarinnen spähend verstrickt, zerspringend vor Eifersucht in dem Bestreben, sich immer vollkommener zu demütigen. Ich bedauere sehr, daß es das nicht mehr gibt. Aber wahrscheinlich ist es den Armen zuviel geworden.

Unser Kutscher Giuseppe – von dem wir inzwischen wissen, daß er den mittelalterlichen Spitznamen »Canemorto«, toter Hund, trägt – weiß von der Consolazione zwei Geschichten. An der Mauer der Kirche, so erzählt er, sei einmal ein gemaltes Marienbild gewesen, das von den einfachen Leuten in vielen Kümmernissen angerufen wurde. Eines Tages sagte die Madonna, die den römischen Dialekt sehr gut konnte, zu einer hysterisch betenden kranken Frau: »Adesso vattene, perchè sei consolata« – jetzt geh endlich, du hast ja schon deinen Trost. Die Frau erhob sich und sah, daß sie gesund war. Seit dieser Zeit heißt die Madonna hier »della consolazione«. – Die andere Geschichte hängt mit einem Puppentheater zusammen, das hier auf dem Platz vor der Kirche spielte. Die Leute verdienten schlecht. Kein Mensch wollte etwas wissen vom rasenden Roland und den anderen Helden, die da auftraten, bis eines Tages ein paar Damen der amerikanischen Kolonie vorbeikamen, die das alles wundervoll fanden. Sie veranstalteten eine Wohltätigkeitsvorstellung und luden dazu eine Menge von Leuten ein, für die es »molto snob« war, einmal eine echte römische Puppen-Aufführung zu sehen. Die braven Theaterleute hatten die Vorbereitungen mit gemischten Gefühlen übernommen, sie sagten sich, daß es wahrscheinlich einen Haufen Soldi zu verdienen geben werde, wenn die Sache besonders gut gelingen sollte. Als alles versammelt war, hob sich der Vorhang, und Roland sprach mit großer Anstrengung zu Belinden: »A-i äm Orlando, ä very gud Cavaliere ...« Sie spielten in Englisch.

Inzwischen sind wir am Marcellus-Theater angekommen und begegnen dort einer Traube von Fremden, geschart um einen Mann, der Ernesto Mayer-Ratgeb heißt und ein berufener Fremdenführer ist: »Hier, meine Herrschaften, sehen Sie das Theater des Marcellus, das von Cäsar geplant, von Augustus im Jahre 14 vor Christus vollendet und dem mit dreiundzwanzig Jahren verstorbenen Marcellus, dem Sohn seiner Schwester Octavia, gewidmet worden ist. Sicher erinnern Sie sich der Verse, mit denen der Dichter Vergil im sechsten Gesang der Aeneis diesem Jüngling huldigt ...« (kein Mensch erinnert sich daran, aber die Zuhörer sind stolzgeschwellt). »Sie sehen eine doppelgeschossige, von Pfeilern und Bogen gegliederte, großgeschwungene Anlage aus Travertin, die erst in moderner Zeit wieder freigelegt worden ist (von Mussolini, wie wir wissen), 20 000 Zuschauer hatten darin Platz. Im Mittelalter war das Theater die Festung der Familie Pierleoni (»der Papst aus dem Ghetto«), dann bauten die Savelli ihren Palast hinein, im 18. Jahrhundert kam der Komplex an die Orsini, nach denen er heute noch heißt ...« Giuseppe bemerkt dazu, die wichtigste Person im Zusammenhang mit dem Marcellus-Theater sei die Herzogin von Sermoneta gewesen, die jüngst verstorben ist, »una gran donna«, auf deren Empfängen die Lakaien noch in großer, wappengeschmückter Gala auf jeder dritten Stufe des Stiegenhauses Parade standen, mit silbernen Leuchtern in der Hand – sonst sei nur noch wichtig, daß es in dem verschachtelten Gebäude heftig spuke. »Spiriti, spiriti ...«, sagt er. Wir können uns schon denken, warum es spukt. Hier war durch viele Jahrhunderte eine düstere Gegend. Ganz in der Nähe, in der Via di San Giovanni Decollato hatte die Erzbruderschaft vom Heiligen Johannes dem

Enthaupteten ihre Kirche und ihren Friedhof – jene aus hervorragenden Persönlichkeiten des römischen Lebens gebildete Bruderschaft, deren Aufgabe es war, die zum Tode Verurteilten auf ihrem letzten Gang zu begleiten. Heute noch kann man neben ihrem kleinen Oratorium die sieben Gräber ohne Namen sehen – sechs für Männer, eines für Frauen –, in denen neben den Hingerichteten viele Mitglieder der Bruderschaft begraben liegen. In einem kleinen Museum sind die Requisiten ausgestellt, die man bei der schrecklichen Zeremonie brauchte: die Gewänder mit den spitzen Kapuzen, die das Gesicht der Brüder verhüllten, die Kerzen, das Totenkruzifix, eine Schachtel mit Medikamenten, eine Phiole mit Riechessig, eine Flasche mit Metallbecher »per dare da bere« und eine Laterne. Der einzige freudvolle Augenblick in der Geschichte dieser Bruderschaft war das Hauptfest ihres Schutzpatrons, an dem sie – laut päpstlichem Privileg – alljährlich einen Delinquenten von der Justiz freibitten konnten. In den Akten der Bruderschaft ist verzeichnet, daß eines ihrer Mitglieder den Namen Michelangelo Buonarotti trug.

Nun lenken wir unser gleichmütig klapperndes Gefährt rechts am Marcellus-Theater vorbei, auf die Piazza Campitelli, die ins Ghetto hineinführt. Wir fahren an dem langen Palast entlang, der der Kirche S. Maria in Campitelli gegenüberliegt, und lassen zur Linken eine kleine Fontäne zurück, die kein Kunstwerk, aber ein sympathisches Schmuckstück für die ein wenig abgeschiedene Atmosphäre des Platzes ist. Dieser feine Brunnen stand im 17. Jahrhundert vor der Fassade der Kirche hier, in der ein sehr wundertätiges Marienbild mit dem Namen »Romanae portus securitatis« verehrt wurde. Die Kirche wurde damals sehr viel von der eleganten Welt besucht, und die Damen pflegten in der neuen französischen Mode mit freigebig dekolletierten Kleidern zu erscheinen. Sie kokettierten, wie sich das gehörte, während der Messe mit den aufgeputzten, spitzenbesetzten Kavalieren, die darauf brannten, ihnen nach der Messe das Weihwasser zu reichen. Welch charmante Formen der Annäherungen hat es damals noch gegeben! Draußen vor der Kirchentür warteten diejenigen, die vorgaben, in der Kirche keinen Platz mehr gefunden zu haben, während ihnen tatsächlich die Predigt meist zu langweilig war. Sie gruppierten sich mit Vorliebe um den Rand des Brunnens und vertrieben sich die Zeit mit weltlichen Scherzen. Als Papst Innozenz XI., der ein wenig unnachsichtig war, dies einmal bei einem Besuch in der Kirche bemerkte, sann er auf ein Mittel, den Mißbrauch abzuschaffen. Die Mitglieder seiner Aristokratie wollte er nicht vergrämen, und so wandte er seinen Zorn gegen den unschuldigen Brunnen, um den sie sich versammelten: die Fontäne wurde in eine Ecke des Platzes verbannt, wo sie heute noch ihren kleinen Strahl in das einfache Becken niederfallen läßt. Um aber seinen unfrommen Edelleuten die wahre Absicht dieser Maßnahme zu verstehen zu geben, schrieb der Papst in dem Erlaß gegen die Fontäne, sie müsse weggeschafft werden wegen der losen Reden, die »von Domestiken, Dienerschaft, Köchen und ähnlichem Volk« dort geführt zu werden pflegen. Die Kavaliere konnten sich ihren Vers auf dieses Dekret machen.

IM GHETTO

Inzwischen sind wir in die dunklen Gründe des Ghetto eingetaucht. Der Huf des Pferdes dröhnt auf dem Holperpflaster, eine feuchte und kühle Luft umgibt uns, der es anzuriechen ist, daß die Sonne niemals in sie eingedrungen ist. Da sind Gassen, durch die man kaum fahren kann, die Türen öffnen sich in lichtlose Gelasse, auf dem Pflaster vermodert Abfall, Katzen streunen herum. Die Wäsche über den Schächten der Häuser hängt in traurigen Lappen an den Drähten herunter. Hin und wieder beugt sich aus einem Fester ein fahler Kopf heraus, wir erhaschen seinen scheuen Blick, alles sieht aus, als sei dies nicht mehr Rom – nichts von dem klaren Geist der lateinischen Hauptstadt, nichts von dem heiteren Getriebe des Popolo Romano, – die Schatten uralter Trauer, das Geheimnis jahrhundertelang versteckten Goldes, dunkle Unergründlichkeit, das ist das Ghetto.

Die Juden sind ein sehr ehrwürdiger Teil der Stadt Rom. In der Renaissance waren ihnen die Päpste gnädig und freundlich, und es war für sie ein großer Schlag, als der rigorose Papst Paul IV. sie im Ghetto einschloß. Sie hatten zwar schon immer in diesem Viertel gewohnt, aber ohne Barriere gegenüber den umliegenden christlichen Quartieren. Nun wurde eine hohe Mauer um sie gezogen, mit fünf Toren, die man im Morgengrauen öffnete und eine Stunde nach Dunkelwerden wieder schloß. Sie waren von Sbirren bewacht, hatten eine eigene Obrigkeit, und auf der Piazza della Giudia, im Zentrum des Ghetto, wurde stets eine Geißel bereitgehalten, um jeden Übergriff sofort zu bestrafen. Einmal im Monat kam in ernster Prozession das Tribunal des Kapitols in das Ghetto eingezogen, um die Streitfälle der Juden zu schlichten, jeden Freitag mußten sie sich auf dem Monte Savello vollzählig versammeln, um von Franziskanermönchen beschwörende Predigten anzuhören, die sie zum Abfall vom Glauben ihrer Väter bewegen sollten.

Dies alles dauerte bis zum Jahre 1798 – bis man während der franco-römischen Republik unter dem Absingen der Marseillaise die Tore zum Ghetto schleifte. In der auf Napoleons Sturz folgenden Restauration wurde der alte Zustand wieder hergestellt, noch einmal mußten die Juden die päpstlichen Wachen passieren, wenn sie mit Christen in Berührung kommen wollten, und als Pius IX. im Zuge seiner stadtrömischen Reformen die Ghettomauern endgültig einreißen ließ, sollte es bei Nacht geschehen, um die Proteste der Römer zu unterbinden. Der Papst hoffte, die Juden würden sich nun über die Stadt verteilen, und er war sehr überrascht, als nur wenige aus dem Ghetto auszogen. Sie seien so ließen die Juden den Pontifex wissen, dreihundert Jahre durch Zwang hier festgehalten worden, und nun wollten sie weiter hier bleiben – aus Liebe.

Der ideenreiche Giuseppe hat während unserer Ghettofahrt einen ausgezeichneten Gedanken. Er sagt: »andiam' magnà qualcosa ...« jetzt gehen wir eine Kleinigkeit essen: Carciofi alla Giudia – Artischocken auf jüdische Art. Um zu dem Ristorante zu kommen, das ihm vorschwebt, muß er einen großen Bogen machen, und unversehens finden wir uns auf der Piazza Mattei, wo Herr Mayer-Ratgeb im Begriffe ist, seinen strohbehüteten, ach so italienisch-bunt gekleideten Schäfchen aus dem Norden zu erklären: »Hier, meine Damen und Herren, befinden wir uns auf dem Boden des

Flaminischen Zirkus. Die Familie der Mattei baute im Laufe des 16. Jahrhunderts auf diesem Areal einen Komplex von fünf Palästen, von denen wir hier einen vor uns haben. Die wahre Sehenswürdigkeit dieses Platzes aber ist der berühmte Schildkrötenbrunnen, ein Glanzstück der Spätrenaissance ...«

Und von da an hören wir nicht mehr zu. Denn dieser Brunnen ist viel zu schön. Er ist ein kleines, von süßester Madrigalmusik begleitetes Ballett, eine von den glatten und schlanken Gliedern vierer bronzener Jünglinge aufgeführte wunschlose Pantomime der Glückseligkeit, ein sanft plätscherndes Phantasiestück des reinen Vergnügens am Schönen. Die Schildkröten, die mit herausgestreckten Hälsen das Wasser aus der oberen Brunnenschale trinken, an die sie von den Jünglingen mit anmutsvoll gebeugtem Arm hinaufgehalten werden, sind die Erfindung eines Mannes, der Jahr für Jahr an diesem Brunnen vorüberging, – hundert Jahre nachdem er errichtet worden war – und seinen Geist so genau verstand, daß er in die reizende Bewegung der Jünglinge den spielerischen Sinn einfließen ließ, der uns in der Betrachtung der Schildkröten immer aufs neue entzückt.

Giuseppe aber hebt an zu erzählen: der Herzog Mattei sei ein sehr reicher Mann gewesen, »molto molto ricco, ricchissimo!« Er hatte nur einen Fehler: er spielte. Eines Abends verlor er seine ganzen quattrini, und noch den Palast dazu. Er wollte sich damals gerade mit einem sehr schönen Mädchen verheiraten, das auch »ricchissima« gewesen sei. Aber als der Schwiegervater von dem Leichtsinn seines künftigen Eidams erfahren habe, sei ihm der Zorn gekommen, er habe einen Boten geschickt und sagen lassen: aus der Hochzeit würde nichts, er gebe seine Tochter nicht an einen Hungerleider. »Il duca s'arrabbiava molto«, der Herzog regte sich fürchterlich auf und wollte zeigen, was er konnte. Er lud für den nächsten Tag Vater und Tochter in seinen Palast, ließ sie aber von der Seite eintreten, die nicht auf die Piazza Mattei hinausgeht. Dann öffnete er den Fensterladen, und die Überraschten blickten auf das Wunderwerk des Brunnens, der noch am Vorabend nicht dagewesen war. Das kann kein Hungerleider, habe der Herzog gesagt, und der Vater habe ihm die Tochter schleunigst zugestanden. Das Fenster, aus dem die Drei damals zuerst auf den Brunnen heruntergeblickt haben, wurde auf Befehl des Herzogs vermauert, denn diesen unvergleichlichen Blick sollte kein anderer Sterblicher mehr haben. Und dort drüben, in der Wand des Palazzo Mattei ist es – das vermauerte Fenster.

Von hier aus kommen wir auf einen lauten verkehrsreichen Platz, der in der Mitte ein immenses viereckiges Loch hat, von Geländern eingezäunt. Hier stehen, tief unter dem Niveau des heutigen Rom, die Reste von vier Tempeln – drei rechteckige und ein runder. Es sind Heiligtümer der republikanischen Zeit und man kann noch immer nicht mit Bestimmtheit sagen, welchen Gottheiten sie gedient haben. Hier hat man während der Ausgrabungen am Ende des vorigen Jahrhunderts die herrliche bronzene Statue des Faustkämpfers gefunden, die heute in den Thermen des Diokletian steht. In der Betrachtung der sorgfältig gesetzten Fliesen aus feinem Travertin, der mörtellos gefügten Mauern und der unverjüngt emporsteigenden Säulen tritt die Zeit der alten römischen Republik uns wieder vor Augen, das heroische Zeitalter Roms mit seinem Kriegslärm und seiner Standhaftigkeit. Diese Tempel hat schon der jüngere Scipio gesehen, an diesen Fronten gellte der Ruf entlang: *Hannibal ante portas,* hier versammelte sich das Volk, um den Göttern für das unbegreifliche Wunder zu danken, das den Hannibal verhinderte, von seinem Lager in den Albanerbergen auf die ungeschützte Stadt niederzustürmen. Wie vornehm müssen diese Bauten ohne Marmorglätte im alten Rom gewirkt haben.

In der nahen Via del Sudario finden wir ein Haus, dessen Besitzer der Piazza Argentina den Namen gegeben hat: das Haus des Johannes Burckhard aus Straßburg, dem alten Argentoratum. Ein deutsches Bürgerhaus aus dem Jahre 1503.

Zwanzig Jahre vor diesem Datum war der Besitzer dieses Hauses aus Haslach nach Rom gekommen, ein kleiner, schüchterner Kaplan im Gefolge des Bischofs von Straßburg. In seiner Bescheidenheit und Betriebsamkeit gefiel der listenreiche Kleriker am päpstlichen Hofe gar sehr, und nach zwei Jahren hatte er sich die Praktiken der damaligen Kurie schon so weit zu eigen gemacht, daß ihm die 4500 Golddukaten zur Verfügung standen, die man brauchte, um ein hübsches Amt zu kaufen. Er entschied sich, päpstlicher Zeremonienmeister zu werden. In dieser Stellung war man mit ihm sehr zufrieden, er war zurückhaltend, höflich, unverbindlich und freundlich, man machte ihn zum Bischof, er zeigte sich dankbar, man stattete ihn mit Pfründen aus, er vergalt es mit Gefälligkeiten, und eines Tages sah er sich im Besitze eines Vermögens, über dessen Umfang die Römer legendäre Ziffern flüsterten. Er sah ein, daß sowohl sein Amt, als auch sein Geld ihn daran hindern würden, je wieder in seine elsässische Heimat zurückzukehren – und so richtete er sich in Rom ein, so gut er es haben konnte. Er hing an seiner Heimat und wollte wenigstens in seinem privaten Milieu auf deutsche Weise leben. Also baute er sich sein Haus im Stil der deutschen Renaissance, allerdings unter Hinzufügung eines römischen Wehrturms, den das Volk – nach der lateinischen Bezeichnung Argentoratum für Straßburg – Torre Argentina nannte. Und so heißt der Platz heute noch – nicht nach den grauen Zeugen der altrömischen Heldenjahrhunderte, sondern nach dem unbekannten, aber dukatenschweren deutschen Kleriker, der bei der Zeremonie der Grundsteinlegung für den Neubau von St. Peter die Aufgabe hatte, aufzupassen, daß kein Weihrauchfaß am falschen Ort geschwungen wurde.

Nun wollen wir aber wirklich nicht mehr länger auf die Artischocken warten, und veranlassen den hochbefriedigten Giuseppe, erneut in das Ghetto einzutauchen – in eine Seitenstraße der Via Arenula, dann rechts um die Ecke, einen steilen Korridor hinauf, zur Piazza di Monte de'Cenci. »Eccoci qua«, sagt Giuseppe, bitte sehr, da sind wir – und er weist auf ein Wirtshausschild, worauf zu lesen steht: Da Pipperno. Ein unglaublich freundlicher und wohlwollender Mann von rundlicher, in eine weiße Jacke eingewickelter Gestalt winkt und komplimentiert um uns herum, er hat eine Nase von ungeheurer Größe und Majestät, der man es ansieht, wie sie den Brutzelduft der »croccante« gebackenen, zartbitteren Artischocken liebt. Er gibt uns einen Tisch, von dem aus wir die düstere und verfallene Fassade des Palazzo Cenci vor uns sehen, versorgt uns mit Wein und vertreibt uns die Zeit bis zur Ankunft des Essens mit der Geschichte der Beatrice Cenci.

Die Familie der Cenci war sehr reich und sehr verrottet. Um die Mitte des 16. Jahrhunderts regierte in ihr als Oberhaupt Don Francesco Cenci, von dem man nicht genau weiß, ob er der Sohn seines Vaters war, von dem indessen um so sicherer bekannt ist, daß er ein Raufbold, ein Sadist und ein Geizhals gewesen ist. Er lebte, feig wie alle echten Geizhälse, in steter Angst, man könne ihm nach dem Leben trachten. Von diesem Verdacht nahm er auch seine Kinder Giovanni und Beatrice nicht aus – er unterdrückte sie, sperrte sie ein, hungerte sie aus, und erreichte damit endlich, daß diese Kinder beschlossen, sich durch einen Mord von der Grausamkeit des Tyrannen zu befreien. Sie erschlugen ihn, nachdem der Versuch ihn zu vergiften fehlgeschlagen war, im Bett. Nachher allerdings benahmen sie sich in beispielloser Weise dilettantisch – was in einem Rom, worin der Mord mit Gift und Dolch eine insgeheim hochgeschätzte Kunst war, ganz eigenartig anmutet. Sie versteckten nicht einmal die blutigen Leintücher, und schon einige Tage nach der Bluttat war alles entdeckt. Die Inquisition griff den Fall auf, man spannte die Beteiligten auf die Folter, sie gestanden alles. Vor der Fassade ihres eigenen Palastes, hier auf diesem würfelförmigen engen Platz hat man sie enthauptet, nachdem einer der umstrittensten Prozesse Roms vorausgegangen war. Die Aussagen der Zeugen stimmten keineswegs überein – so wenig, daß sich drei Jahrhunderte lang die Legende hielt, Beatrice sei ein engelhaft schönes Mädchen gewesen, an dem man einen Justizmord vollzogen hatte. Das Bild einer sehr anziehenden unbekannten Schönheit, das Guido Reni gemalt hat, wurde bedenkenlos für ein Porträt der Beatrice Cenci gehalten, Dramatiker haben sich an ihr versucht,

Historiker rätselten herum, der Vatikan, alleiniger Besitzer sämtlicher Prozeßakten, schwieg. Erst Leo XIII., der große Gelehrtenpapst, hat das Geheimarchiv für die Forschung zugänglich gemacht, und es zeigte sich daß damals bei der Verurteilung der Cenci der Papst schon entschlossen war, das Todesurteil zurückzuziehen. Jedoch hatte der Prozeß um den Vatermord im Hause Cenci die Gemüter in Rom und im Kirchenstaat schon in eine phantastische Erregung versetzt. Und als nun die Kunde nach Rom drang, in einem Kastell in der Campagna habe ein Mitglied einer anderen großen Familie ebenfalls den Vater umgebracht, ließ der Papst die Cenci sterben. Eigenartig aber ist, daß auch heute noch dieser Prozeß als eine unausgetragene rätselvolle Fracht der Geschichte fortwirkt: noch immer findet Beatrice leidenschaftliche Verteidiger ihrer Unschuld, noch immer findet die Inquisition fanatische Ankläger, noch immer schwirrt der Verdacht durch die Literatur, der Kardinal Ottoboni habe den Prozeß zu dem verhängnisvollen Ausgang gelenkt, um sich die Güter der Cenci anzueignen, und der instinktsichere Popolo Romano versammelt sich noch immer alljährlich am Todestag der Beatrice Cenci in der kleinen Kirche S. Tommaso, die dem Palast der Familie angefügt ist, um eine Gedenkmesse für die Hingerichtete zu hören.

RUND UM DAS MARCELLUS-THEATER

Wenn wir nun parallel zum Lungotevere – dem Tiberufer – durch das Ghetto weiterfahren, nähern wir uns einem Monument, das einer anderen unglücklichen Römerin gewidmet ist: der Octavia, der Schwester des Augustus, der herben Gattin des ausschweifenden Marcus Antonius. Der Porticus, der ihren Namen trägt, wurde von dem Mazedonen-Besieger Quintus Metellus im Jahr 149 vor Christus errichtet, von Augustus erneuert und umbenannt, von Septimius Severus restauriert, vom Mittelalter zerstört. Er umfaßte ein Geviert von Säulengängen, die einen Jupiter- und einen Juno-Tempel, zwei Bibliotheken und einen Versammlungssaal einschlossen. Was man heute noch sieht, sind die Propyläen, die Eingangshalle zu der Anlage, mit einer doppelten Reihe korinthischer Säulen ... » ... mà, signori«, sagte Giuseppe, »Sie sehen ja das Wichtigste nicht!« und er deutet mit seiner Peitsche auf einen von Inschriften bedeckten Stein. Da steht zu lesen:

CAPITA PISCIUM HOC MARMOREO SCHEMATIS
LONGITUDINE MAIORUM USQUE AD PRIMAS PINNAS
INCLUSIVE CONSERVATORIB DANTO
FRAUDEM NE COMITTITO
IGNORANTIA EXCUSARI NE CREDITO
ANG. CLAVARIO FRANC. CLAVIO CURTIO SERGARDIO COSS.
INSTAURATUM AC ERRECTUM

›Die Köpfe der Fische, die länger sind als das hier im Marmor angegebene Maß, müßt ihr den Conservatoren geben bis zur ersten Flosse einschließlich. Unterstehe dich nicht, zu schwindeln; du kannst dich nicht damit entschuldigen, daß du es nicht weißt. Angelo Clavario, Francesco Clavio und Curzio Sergardi, die Konsuln, haben das bestimmt und den Stein hier errichtet.‹ Unterhalb der Inschrift war ein großer Stör in die Mauer eingemeißelt – als Fischmaß für die Abgaben der mittelalterlichen Fischer Roms an die hohe senatorische Obrigkeit auf dem Kapitol. Daß man sich ausgerechnet den Stör ausgesucht hat, um das Modell für die steuerpflichtigen Fische abzugeben, ist ein Beweis für das Vorkommen jenes Fisches im Tiber. Allerdings war er schon in jenen Zeiten eine große Delikatesse. Als man einmal einen besonders großen Stör fing, schenkte ihn der Bürgermeister einem Kardinal, der ihn sofort einem Fürsten weiterverehrte, dem er verpflichtet war. Aber auch dieser hatte einen Gönner, dem er schmeicheln wollte, und so wanderte der Fisch innerhalb weniger Stunden in der halben Aristocrazia Romana herum, bis er endlich dort landete, wo sehr viele Kostbarkeiten jener Zeiten ihr Ziel fanden: bei der schönen Imperia, der hinreißendsten aller römischen Kurtisanen, deren Grabmal in San Gregorio Magno wir dort billigerweise nicht erwähnen konnten, weil wir gerade vom Gregorianischen Choral sprachen. Nun fahren wir um das alte Marcellus-Theater herum – diesmal sehen wir seine Rückseite und stellen fest, daß sie einfach eine gekrümmte Front von Häusern ist.

Portico di Ottavia

Auf dem Monte Savello, dem Berg, der aus dem Bauschutt vom Umbau des Marcellus-Theaters zum Savelli-Palast besteht, halten wir einen Moment an, um den Ort zu betrachten, an dem sich am Neujahrsmorgen des Jahres 1495 sechstausend silberglänzende Infanteristen und fünfhundert edelsteingeschmückte Kavaliere zu Pferd versammelten, um unter der Führung des kühnen Franzosenkönigs Karl VIII. das Königreich Neapel zu erobern. Vielleicht hat auch dieser ritterliche Herrscher, des benötigten Glückes halber, vor seinem Abzug noch schnell den »Quattro Capi« über die Steinlocken gefahren – den vier Häuptern auf der Fabriciusbrücke, die vom Monte Savello zur Tiberinsel führt. Auf dem edlen, aus makellosen Blöcken gefügten Brückenbogen kann man die Erbauerinschrift noch entziffern. Die Quattro Capi, die vier Köpfe, sind eigentlich acht, es sind zwei viergesichtige Hermen, die in das Brückengeländer eingelassen sind, brave Hausgötter der Antike, die den Menschen Gutes bringen wollen, so weit es in ihren schwachen Kräften steht. Die Römer haben sie zweitausend Jahre lang im Vorbeigehen geliebkost, so daß von ihren Zügen heute kaum mehr etwas zu sehen ist. Man muß ihnen auch heute wenigstens einen kleinen Stups geben, denn sie sind unseren Sorgen immer noch freundlich zugeneigt. À propos: Haben Sie schon bemerkt, wie abergläubisch man in Rom wird? Es ist schrecklich: ich wage es nicht mehr, ein Hauseck abzuschneiden, was man oft könnte, weil schräg eingebaute Passagen dazu verlocken – aber es bringt Unglück. Wenn Sie länger in Rom sind und mit Römern Umgang haben, werden Sie ganz von selbst beginnen, »Corna« zu machen – aber Sie wissen noch nicht, was das ist. In einem Tabakladen oder in einem

Schreibwarengeschäft finden Sie häufig ein kleines, gewundenes rotes Ding ausgestellt, aus Koralle oder aus Werkstoff, und ohne ersichtlichen Verwendungszweck. Das ist ein Corno, ein Horn, das Horn eines Rindes, der größte Unheilabwender, den die Römer kennen. Die Dame der ersten Gesellschaft trägt dieses Horn ebenso am Armband, wie das Ladenmädchen; der Bankbeamte hat es in seinem Auto baumeln, der Reisende trägt es am Koffer mit, der Kellner an der Börse. Ein Corno ist Schutz gegen schlechte Vorbedeutung, gegen unachtsam heraufbeschworenes Unglück, gegen Ärger, gegen Zorn, gegen Aufregung, gegen alle die abträglichen Dinge und Geschehnisse, die man in Italien als gesundheitsfeindlich ansieht. Um nun dem Schicksal hinsichtlich künftiger Ärgernisse nur ja rechtzeitig in den Arm zu fallen, »macht« man auch die Corna: man streckt bei geschlossener Hand den Zeigefinger und den kleinen Finger aus, das gibt dann eine Art Kopf mit zwei Hörnern. Diese Hörner-Manie findet übrigens ihren Höhepunkt am Fest des Heiligen Johannes vom Lateran (von dem immer noch kein Mensch ganz genau weiß, ob er der Evangelist oder der Täufer ist), an jenem Fest, das jedes Jahr am 23. Juni mit einem unglaublichen Krach, mit Feuerwerk und Tanz auf der Straße gefeiert wird. Dabei verzehren die Römer Schnecken in großer Zahl, und man sagt, daß sie es tun, weil die Schnecken Hörner haben: sie gelten in Rom als das Symbol des Streites, und deshalb setzen sich am Johannestag die Mitglieder einer Familie alle an einen Tisch und bekräftigen mit dem Schneckenessen die meist nicht sehr lange andauernde Absicht, die Gegenstände künftigen Streites genau so energisch zu vertilgen, wie die bruzzelnden Leckerbissen.

Aber zurück zu unserer Fahrt. Wir biegen, vorbei an der Kirche San Nicola in Carcere – auf den Säulen und Mauern der Tempel des Forum Olitorium erbaut, noch aus der Zeit der Punischen Kriege –, in die breite Via del Teatro Marcello ein, wenden nach rechts und erreichen bald den Platz der Bocca della Verità, der dem alten Forum Boarium entspricht.

Hier werden wir darüber belehrt, daß es sich um den ältesten Markt von Rom handelt, wo der Altar des Herakles stand, der den Rinderhirten heilig war. Herakles hatte eine Herde von göttlich schönem Rindvieh, und als er einmal wieder eine seiner großen Arbeiten zu verrichten hatte – Nemeischer Löwe, Stall des Augias und so weiter –, kam vom Hügel des Aventin, dessen hochgebaute Mauern von hier aus schon zu sehen sind, der Riese Caccus herunter und stahl ihm die Herde. Herakles kam zurück, wurde sehr böse, raste auf den Aventin, rang den Riesen nieder, führte die Herde zurück ins Tal und opferte seinem Vater Jupiter dankbar eine Hekatombe. Der Altar, auf dem das geschehen war, wurde von den Rinderhirten der römischen Campagna bei Abschluß günstiger Geschäfte zu ähnlichen Dankopfern benützt, und erst in christlicher Zeit hörte das auf. Damals wurde aus dem Herakles embomô – so nannte man den Herakles dieses Altares – der Heilige Homobonus, dem man eine kleine Kirche in der Nähe errichtete, obwohl es ihn niemals gegeben hat.

Und im Mittelalter war dann der weite Platz des Forum Boarium die Szenerie für die großen Volksmysterien, die vor allem in der Karwoche hier stattfanden.

Der Turm der Crescenzier, den wir, vom Marcellus-Theater kommend, zur Rechten haben, ein von rätselhaft ornamentierten Gesimsen durchzogener mittelalterlicher Ziegelbau, war die Casa di Pilato, das Haus des Pilatus, die Straße wurde zur Via dolorosa, die alte Bauernherberge der Caiffa verwandelte sich in das Haus des Caifas, und der Hohepriester selbst erschien mitten in der Nacht auf dem Balkon, von Fackeln angestrahlt, um der johlenden Menge die Verurteilung Christi zu verkünden.

In dieser Zeit waren die beiden antiken Tempel, die in vollkommen erhaltenem Zustand hier nebeneinander stehen, schon längst in christliche Kirchen umgewandelt. Der Tempel der Fortuna virilis – ein sehr seltenes Beispiel der griechisch-italienischen Architektur, in der Zeit um die Geburt Cäsars errichtet, ein rechteckiger, ebenmäßiger Bau von grauem Tuffstein und kleinen, aber monumentalen Proportionen – trug schon den Namen der Heiligen Maria von Ägypten, die die Patronin aller bekehrten Kurtisanen ist – denn hier war das Quartier, das ... na ja, eben jenes Quartier. Von dem anderen Tempel, den man irrtümlich der Vesta zuschreibt, weiß Giuseppe uns zu erzählen, daß er dem Heiligen Stefanus von den Carrozze geweiht war, dem Patron der Kutscher, die auch im Mittelalter schon eine beherrschende Rolle in der Fortführung der römischen Geschichtentradition innehatten.

Und nun nimmt uns die in die Erde eingesunkene Front der Kirche S. Maria in Cosmedin gefangen, mit ihrem zierlich aufsteigenden Campanile und der Vorhalle, in der die Bocca della Verità verborgen ist – der Wahrheitsmund, von dem wir schon auf dem Pincio gesprochen haben. Giuseppe weiß aber noch etwas anderes zu erzählen, als daß man seine Hand nicht in den Mund dieses drohenden Götterantlitzes stecken dürfe, wenn man eine Lüge auf dem Gewissen habe. Dieser schreckliche Mund, der in der Vorhalle auf die Heuchler lauert, wurde recht häufig als Prüfung für die Treue der Ehegattinnen benützt. Denn eifersüchtig waren die römischen Ehemänner immer schon, selbst wenn sie selber noch so sehr vom Pfade der Tugend abwichen. Es kam also öfter vor, daß da ein hochroter Civis Romanus seine bessere Hälfte, die meistens jung und hübsch war, daherschleppte, um die Keuschheitsprobe zu machen. Hatte die Dame aber unglücklicherweise ein schlechtes Gewissen, so mußte ein Ausweg gefunden werden. Falsch schwören konnte man nicht riskieren, denn sonst blieben die Finger vielleicht doch drin. Also richtig schwören, aber nicht auf das, worauf es ankam. Eine Färbersfrau – wo hätten die ihre Hände nicht im Spiel? – kam auf den rettenden Gedanken. Sie verabredete mit ihrem Liebhaber, er solle sich wie ein Verrückter aufführen, auf der Straße die Leute anpöbeln und ihr so begegnen. Der junge Mann, dem auch nicht ganz wohl war, kam denn auch schreiend und blökend daher, geriet wie durch Zufall an das Ehepaar, rempelte den Ehemann an, umarmte die Ehefrau, empfing ein paar Ohrfeigen und verschwand. Die Dame trat beruhigt an den fingerverspeisenden Marmormund, steckte die Hand hinein und schwor – mit Ausnahme dieses armen Narren vorhin hätte sie kein fremder Mann je berührt. Sie hatte nicht falsch geschworen, zog ihre Hand getrost wieder heraus und ging von dannen. Der Wahrheitsmund habe diese List aber so übel genommen, daß er von nun an nur noch bei Kindern funktioniere.

Im Innern der Kirche, das so merkwürdig gemischt ist aus bescheidenen Maßen und verehrungswürdigem Alter, überfällt uns das Wohlgefühl des unbeschwerten Schrittes, das man in Rom immer hat, wenn der Fuß die Böden der Cosmaten berührt. Vielleicht ist gerade die Cosmedin-Kirche der Ort, wo wir dieser Familie der Cosmaten besonders dankbar gedenken sollten. Denn hier haben die Erbpächter des geometrischen Ornaments, die genialen Übersetzer der weichen Teppichkunst des Orients in das dauerhaftere Material des vielfarbigen Marmors, das reifste Beispiel ihrer Kunst geschaffen. Die Gärten des Paradieses in dunkel glühendem Farbengewirr, die man in den Wüsten des Ostens stets dort über den Sand zu breiten pflegt, wo die flüchtige Heimstatt errichtet wird, spiegeln sich in den Marmorspielen der Cosmaten im klaren Wechsel von verschlungener Linie, Kreis und Quadrat in beglückender Endgültigkeit. Tausende von zartfarbenen Steinchen sind hier über die Fläche des Marmorbodens gestreut und wie von einer magnetischen Hand zu reinen Mustern zusammengezogen; und in diesem Spiel verliert sich die Schwere des Steines: man geht mit einem schwebenden Gefühl darüber hin, wie über die kaum bewegte Fläche eines Meeres, dessen Wellenschlag uns auf und nieder hebt.

AUF DEM AVENTIN

Nun wollen wir, rechts vorbei an S. Maria in Cosmedin, die breite Straße nehmen, die den Hang hinaufführt. Der Hügel, der hier beginnt, heißt Mons Aventinus, benannt nach einem vorzeitlichen König von Alba Longa (der Urmutter des Römervolkes). Dieser König Aventinus, so erzählt die Mythe, sei vom Blitz erschlagen und auf der Höhe dieses Hügels beigesetzt worden. Plutarch berichtet eine andere Namensdeutung: Romulus habe hier oben, das Tal der Tiber mit seinen sieben Hügeln in einem Blick zusammenfassend, ein Vogelorakel befragt, bevor er an die Gründung der Stadt ging, und im Gedächtnis daran habe man den Hügel »ab avibus« genannt. Schon in der Antike war dies ein luxuriöses Quartier, und auch heute noch ist der Aventin eine der vornehmen Wohngegenden Roms. Durch Gesetz ist es verboten, in seinen stillen Straßen eine Bar, eine Trattoria, einen Verkaufsladen aufzumachen. Die Häuser sind von Gärten umgeben, von Mauern behütet, mit Toren, Wappen und Bruchstücken antiker Funde geschmückt. In der lärmreichen Stadt ist dies ein Ort der Ruhe, eines exklusiven Friedens, den die Klöster und die Villen gemeinsam haben. Während sonst in Rom das Leben sich in seiner brausenden Vielfalt über die Straßen ergießt, zieht es sich hier in abgegrenzte, eingefaßte Bezirke zurück. Vielleicht erklärt sich daraus die anziehende Wirkung, die eine aventinische Straße auf uns hat, obwohl im Grunde in ihr nichts anderes zu sehen ist, als das Pflaster und zwei hohe Mauern.

Aber bevor wir in den Korridor einmünden, der uns auf den Scheitel des Hügels gelangen läßt, wollen wir ein wenig anhalten und auf das über einen halben Kilometer lange, flache und unbebaute Feld hinunterschauen, das sich in der Sohle des Tales zwischen dem Aventin und dem Palatin hinzieht, bedeckt mit soeben erst ausgegrabenen niedrigen Gebäuderesten, überragt von den rostbraunen und höhlenreichen Konstruktionen der palatinischen Kaiserpaläste. Diese leere Fläche war im Altertum einer der großen Magnete für das römische Leben: der Circus Maximus. Zwei Jahre vor den berühmten Iden des März hat Gaius Julius Cäsar, der »Dictator perpetuus«, hier eine Schlacht aufführen lassen, bei der sich auf jeder Seite tausend Infanteristen, sechshundert Reiter und vierzig Elefanten gegenüberstanden – vor einem Publikum von Schaulustigen, für dessen Sensationsgier nur der Krieg noch ein neuer Kitzel sein konnte. Schon in jenen Zeiten zählte man den Zirkus zu den Dingen, ohne die Rom, nicht nur als Stadt, sondern als Wesen nicht denkbar war. Angeblich sei das ungeheure Spielfeld schon von den Tarquiniern errichtet worden, die damit das Gedächtnis an den Raub der Sabinerinnen am Tatort feiern wollten. Sicher ist, daß der Zirkus im zweiten Jahrhundert vor Christus schon in fast voller Ausdehnung bestand. Nach den beiden Bränden unter Nero und Domitian baute ihn Trajan neu auf, Caracalla erweiterte ihn nochmals, Konstantin restaurierte ihn – und es wird uns berichtet, daß über 300 000 Zuschauer in ihm Platz gefunden hätten. Die Kaiser stiegen schon von Augustus an nicht mehr in den Zirkus hinunter, sondern betraten eine vorgebaute Loge auf dem Palatin, von wo aus sie die ganze Rennbahn überblicken konnten. Ihr Aufbau ist heute noch zu sehen.

Der Zirkus war nicht nur ein Ort des Vergnügens. In den alten Zeiten war seine kultische Bedeutung allen bewußt. Später, in der Kaiserzeit, hatte man dies vergessen, jedoch drang statt dessen die Politik hier ein. Es bildeten sich Parteien, die ihre Wagen hier gegeneinander laufen ließen, und das Geplänkel zwischen den Grünen und den Blauen gewann mitunter geschichtliches Gewicht. Als Byzanz zur Hauptstadt des Ostens wurde, wanderten die Grünen und die Blauen mit, und wir wissen, daß die geheimnisvolle Kaiserin Theodora, die Gattin des großen Gesetzgebers Justinian, der erbitterten Feindschaft zwischen diesen beiden Parteien einen bedeutenden Impuls in ihrem Aufstieg verdankt. Caligula war ein leidenschaftlicher Grüner und verbrachte Tage in den Rennställen seiner Partei. Wenn jemand für ein öffentliches Amt kandidierte, bedeutete das einen Eiertanz zwischen den mächtigen Parteiführern, die die Stimmen der Wähler mit dem stets zutreffenden Argument beeinflussen konnten: wählt ihn nicht, denn er ist ein Grüner – oder ein Blauer.

Und heute noch ist dieser Parteienkampf in Rom nicht ausgestorben. Nur sind an die Stelle der Wagenlenker die Fußballspieler getreten. Es gibt zwei stadtrömische Mannschaften: die »Roma« – mit den Farben rot und gelb, die Mannschaft der Plebs – und die »Lazio«- mit den Farben blau und weiß, die Mannschaft des Patriziats. Alles, was den einfachen, aber unabhängigen Ständen angehört, Handwerker, Kleinunternehmer, Arbeiter, hält zur Roma, alles, was in einem Klientenverhältnis zu einem »Padrone« steht, zur Lazio. Zweimal im Jahre findet das Wettspiel statt, und es lohnt sich, hinzugehen, man findet das Bild des antiken Zirkus wieder.

An den beiden entscheidenden Tagen ist die Stadt vollständig verwandelt. Der Friseur bedroht den eingeseiften Kunden mit dem Rasiermesser, weil er der Gegenpartei angehört, der Schaffner im Omnibus vergißt über der Diskussion der Spielchancen das Wechselgeld herauszugeben, alle Römer scheinen ihrer eigentlichen Bestimmung, ihrem normalen Lebenszweck vollständig entfremdet zu sein. Wirtschaftskrisen, Belagerung durch

fremde Heere, Unwetter und Steuerdruck, alles das kann man überleben, – aber wenn Lazio gewinnt, so ist das für einen eingefleischten »Romanisten« zum Sterben, und wenn Roma siegt, so sind die »Lazialen« reif fürs Narrenhaus. In den Quartieren des Popolo Romano, in San Giovanni, in Trastevere, in der Subura schenken die Wirte an diesen Abenden die dreifache Menge Wein aus. Es scheint eine Art Naturgesetz zu sein, daß Leute, die sich in geschäftlichen Dingen nicht einigen können oder vielleicht sogar miteinander prozessieren, stets verschiedenen Parteien angehören, und wenn sie sich unter dem Argument Roma-Lazio fürchterliche Schimpfnamen an den Kopf werfen, so erkennt der Richter an Wettkampftagen mildernde Umstände zu. Wie weit die Leidenschaft gehen kann, möge eine Geschichte zeigen, die ich selber erlebte.
Das Stadion, in dem das Spiel stattfinden sollte, war schon Stunden vorher voll besetzt. Man hatte Glocken und Trompeten mitgebracht, Rauchbomben in den Mannschaftsfarben wurden losgelassen, die Stimmung war im Steigen. »Guarda«, sagte mein Nachbar zu seinem Nachbar, »da sitzt ja der Commendatore Taletale, der ist ein Laziale, den werden wir ein bißchen zwikken.« Dann stand er auf und sagte: »ahò, Commendatò . . .« – der Commendatore lächelte giftig – »so einen schönen Sarg, wie diesmal, haben wir euch überhaupt noch nie gemacht; beruhigt euch nur, wir sorgen bestimmt für ein feierliches Funerale.« Er spielte damit auf den Brauch an, demzufolge die siegreiche Partei nach dem Spiel einen Sarg in der Stadt herumträgt, in dem die verlierende allegorisch begraben wird. (Es soll übrigens schon vorgekommen sein, daß unmittelbar nach dem Ende des Spieles eine Gruppe der Verlierer

einem echten Leichenzug begegnet ist und Pfarrer, Ministranten und Trauergeleit sich nur mit Mühe vor dem Verprügeln retten konnten.) Die beiden Romanisti und der lazialische Commendatore gerieten so heftig aneinander, daß die Sache, wie vorauszusehen, nicht ohne eine Wette abging. Der Commendatore erklärte sich bereit, wenn Lazio verlieren würde, nach dem Genuß einer Flasche Cognac mit umgedrehter Jacke und einem Preisschild vor dem Bauch an einer Ecke der Via del Tritone 11 Kilo Oliven zu verkaufen, und zwar jeweils nicht mehr als 100 Gramm an einen Passanten.
Lazio verlor. Mit einem großen Bottich ausgerüstet, stellte sich der Commendatore am Tritonenbrunnen auf und alle Romanisti, die ihn kannten, standen als Aufpasser herum, damit er nicht seine Freunde organisieren konnte, um den Verkauf etwa zu beschleunigen. Der arme Mann hat 9 Stunden gebraucht, – so ernst ist es!
Di Via di S. Sabina läßt uns nach einer geringen Steigung zu der »perla dell'Aventino« gelangen, der Kirche S. Sabina, die in der ersten Hälfte des fünften Jahrhunderts erbaut und vom Papst Honorius III. 1219 dem Spanier Dominikus für seinen Bettelorden zur Verfügung gestellt wurde. Dieser Orden, dem auch der Heilige Thomas von Aquin angehörte, ist heute eine avantgardistische Gelehrtenrepublik innerhalb der kirchlichen Hierarchie, von kühnen, modernen, illusionslosen Konzeptionen, ausgerüstet mit den besten Predigern der katholischen Welt. Das Wort hatte in dieser Gemeinschaft von geschärften Geistern immer den ersten Rang inne: die weißgekleideten Männer mit den schwarzen Mänteln haben durch Jahrhunderte in Theorie und Praxis die Wirkung von Sprache, Gestik

und Tonfall sorgfältig studiert, um die lichtvollen Resultate ihrer Denkarbeit den Menschen der Welt in vollkommener Weise nahe zu bringen. Wenn man einen Dominikaner predigen sieht, so kann das ein großartiges Schauspiel sein – wenn er von der Sünde spricht, wird er sich ganz in seinen schwarzen Mantel hüllen, wenn er die Gnade erwähnt, wird er in strahlendem Weiß dastehen – und das Eigenartige ist, daß einen das weder stört noch belustigt, denn die Meisterschaft des Wortes, der Zusammenfluß von Gedanken und sinnvoller Geste ist so intensiv, daß man ohne Einschränkung und mit genußreicher Aufmerksamkeit zuhört. Die Kirche von S. Sabina, in der feierlichen Kühle ihrer vom Altersstaub gereinigten Wände und Säulen, ist erfüllt von der heiligen Nüchternheit und der exklusiven Geistbezogenheit dieses Ordens, obwohl sie 700 Jahre älter ist als seine Gründung. Im Atrium zeigt uns ein Pater die Kostbarkeit einer hölzernen Pforte aus dem fünften Jahrhundert, deren Füllungen mit geschnitzten Reliefs einen tiefen, fast abstrakten Zauber haben. Im Kreuzgang sehen wir uns den Baum an, den der Heilige Dominikus hier gepflanzt hat: den ersten Orangenbaum auf italienischem Boden. Selbst wenn man dem Dominikaner Orden die Inquisition nicht verzeihen könnte, sollte man dem heiligen Ordensstifter für diese Tat eine große Kerze anzünden.

Neben S. Sabina begegnet uns das Kloster S. Alessio, dessen Campanile sehr schön ist, wogegen die im 18. Jahrhundert renovierte Kirche nicht viel bedeutet. Hier erzählt uns Giuseppe die Legende eines römischen Heiligen, dessen reicher Vater an diesem Punkt des Aventin sein Haus hatte. S. Alessio war so keusch, daß er es nicht übers Herz bringen konnte, zu heiraten.

Sein Vater, dem um den Erhalt der Familie bange war, zwang ihn aber doch dazu, mit dem Resultat, daß Alessio am Abend der Hochzeit sich aus dem Hause stahl, eine Pilgerfahrt an die Heiligen Stätten unternahm, für die Familie viele Jahre verschollen blieb und einmal – als ein schon fast vollkommener Santo – unerkannt wieder an die Tür seines Vaterhauses klopfte. Man hielt ihn für einen kranken Pilger und gestattete ihm, unter dem Holzverschlag einer Stiege zu hausen. Siebzehn Jahre blieb er, ohne ein Zeichen des Erkennens zu geben, im Vaterhause, und erst, als er starb, rief er seine Familie, offenbarte sein Geheimnis und verzieh den Bereuenden. Bei seinem letzten Atemzug hoben die Glocken von Rom ein großes Festgeläute an, ohne daß sie bewegt worden wären, und über die Stadt breitete sich der Duft eines unbekannten, erlesenen Wohlgeruches aus.

Nachdem wir durch das berühmte Schlüsselloch der Malteservilla auf die von grünen Bosquetts eingerahmte winzige Peterskuppel geblickt haben, verlassen wir über die Via di Porta Lavernale den Aventin. Im Tal ist schon unser nächstes Ziel zu sehen, die Porta San Paolo, die im Altertum Porta Ostiense hieß und die Straße nach dem reichen Seehafen Roms aus dem Mauerring des Aurelian entläßt. Ihre von der Stadt abgekehrte Seite hat Belisar zum letzten Mal umgestaltet und mit zwei sehr starken halbrunden Türmen versehen. Die Porta steht heute isoliert, rings um sie läuft der Ringverkehr der Großstadt, aber man vergißt darauf, wenn man sie vom Zentrum des ihr vorgelagerten Platzes aus betrachtet. Denn dann rückt neben dem mächtigen Tor die glatte, graue Klein-Pyramide des Cestius in unseren Blick, die von den Pinien des an die bewehrte Mauer angelehnten protestantischen Friedhofs überschattet wird. Gaius Cestius war Prätor in Rom im Jahre 44 vor Christus, als Cäsar ermordet wurde. Er gehörte den Septemviri an, einer Klasse von Priestern, deren Aufgabe es war, die Opfermahle für die Götter zu bereiten – vor allem für Jupiter –, wenn ein großer Sieg errungen oder der Staat in höchster Gefahr war. Er fiel den Proskriptionen zum Opfer, die auf die Ermordung Cäsars folgten, vielleicht weniger, weil er sich politisch engagiert hatte, als weil er der fabulös reichen Familie der Cestier angehörte, deren Vermögen man brauchen konnte. Die Pyramide, die im Rom des Kleopatra-Besuches eigentlich eine Modetorheit war, hat die Jahrhunderte als Kuriosität überstanden, und erst Alexander VII. sah sich – im 17. Jahrhundert – veranlaßt, sie zu restaurieren. Ihre Anziehungskraft für viele verdankt sie mehr dem alten, ergreifenden Friedhof der Protestanten, dessen merkwürdiger Eckpfeiler sie ist, als ihrer fremdartigen Gestalt.

Es ist notwendig, diesen Friedhof zu sehen, in dem ein großer Teil jener Nordländer begraben liegt, die nicht wieder über die Alpen zurückgefunden haben – jene merkwürdigen Zwischenwanderer, die von dem alten Schimmer der Stadt Rom fasziniert, doch durch Überzeugung oder Instinkt davon abgehalten wurden, Römer zu werden. Es ist ein Friedhof der Romantik, eine Stätte, über der die Sehnsucht nach einem unerreichbaren, nahen Ziel sich ausgebreitet hat – der Friedhof der Unerfüllten. Hier liegt »Goethe filius«, der nicht einmal im Tode etwas anderes sein dürfte als der Sohn des Olympiers, hier ruht das Herz Percy Bysshe Shelleys. In einer kleinen Barke war er, Aischylos lesend, in den Golf von Viareggio hinausgefahren. Da überraschte ihn der Sturm und er ertrank. – Byron setzte den Grabstein mit dem schönen Attribut »cor cordium« – hier liegt Shelleys Freund John Keats, dessen Grabinschrift vielleicht die eindrucksvollste in Rom ist: »Here lies one – whose name was writ in water.« Waiblinger liegt hier, und Joseph Stern und Malvida von Meysenbug. Und fast von jedem dieser Namen, von jedem dieser von wollüstiger Trauer und einsamer Liebe erfüllten Herzen kann man unter dem Forteilen der Zeit sagen . . . writ in water.

Hinter dem Friedhof steigt ein Berg an, der der »Testaccio« heißt, eine künstliche Erhebung, aufgehäuft aus den Scherben der Tonamphoren, in denen im Altertum Öl und Wein transportiert wurden. Hier war das große Lager des Tiberhafens, und man warf die Scherben der unbrauchbaren Gefäße so lange auf einen Haufen, bis der Berg entstand, den wir heute sehen. Im Mittelalter war er der Zielpunkt zahlreicher Prozessionen, die hier das Kreuz von Golgatha aufrichteten. Die Päpste veranstalteten hier ihre großen Volksspiele – man soll nicht glauben, daß »panem et circenses« nicht auch im päpstlichen Rom fortgeführt wurden –, die Ritterschaft der Stadt trug ihre Turniere auf der weiten Grünfläche aus, die den Scherbenberg damals noch umgab. Auch die Plebs selber gab sich bunte Schaustellungen, Stierkämpfe und Rennen – und das Gesetz befahl, daß die umliegenden Städte der Mutterstadt Rom die Artisten und die Tiere zu stellen hatten. (Die Kosten aller dieser Feste aber hatten die Juden des Ghetto zu bezahlen.) Später wurde der Testaccio wegen einer anderen Eigenschaft berühmt, die vom Popolo Romano heute noch ausgenützt wird: in den Höhlen, die man in seine Flanken grub, hält sich der

Wein besonders frisch – und so fungiert der alte Hügel noch immer als eine Art natürlicher Frigidaire für die durstigen Römer.

Nun aber lassen Sie uns in einem leichten Trab zurück zum Tiber fahren, denn unser nächstes Ziel liegt jenseits des Flusses.

Es ist ein sehr kompliziertes Gebilde, eine Stadt in der Stadt, ein berühmtes und berüchtigtes Quartier, die Hochburg der alten Plebs, deren Sprache sich im Dialekt noch erhalten hat: Transtiberim – Trastevere.

ABSTECHER NACH TRASTEVERE

Während wir über die Brücke fahren, werfen wir einen Blick auf die Tiberinsel, die in der Gestalt eines mit steinernem Bug die Wellen pflügenden Schiffes vor uns liegt, mit dem ehrwürdigen Mast des Kirchturms vom Heiligen Bartholomäus in der Mitte. Sie war dem Äs-

Isola Tiberina

kulap heilig, dessen Mysterien den Kranken des Altertums Heilung brachten, ebenso wie die opfervolle Liebe der Barmherzigen Brüder, die mit ihrem Hospital des Heilgottes Nachfolger geworden sind, heute den Armen zur Gesundheit verhilft.

Und nun Trastevere, das geliebte, schmutzige, farbige, elende und großartige Trastevere, mit seinen unzähligen Kneipen, in denen die Leute sich noch heute vom Tisch erheben, wenn ein Mitglied ihrer Aristokratie den Raum betritt, das Viertel der alten Canzonen, die Heimat aller römischen Volkspoesie, die angebetete Zone des Dichters Trilussa, dessen Lektüre ich allen, die es einigermaßen schaffen, seine Sprache zu verstehen, nicht genug empfehlen kann. Trastevere ist eigentlich kein Ort, sondern ein Zustand, eine wohltuende Anarchie der Gefühle, ein Phänomen aus Düften, Liedern und Müßiggang, volkreich, schwanger von verborgenen Genies, mit Häusern, die seit dem sechsten Jahrhundert ununterbrochen bewohnt worden sind und mit Frauen von einer atemberaubenden Schönheit. Anhänger polierter und hygienisch einwandfreier Wohnanlagen werden es entsetzlich finden, furchtsame Naturen werden sich allerhand Fährnisse vorstellen, Zivilisations-Apostel sollen am besten gar nicht hineintauchen. (Man kann überhaupt mit der Hauptstadt der Welt nicht so ganz glücklich werden, wenn man ein »moderner Mensch« ist.) Im Grunde ist es ganz gleich, welche Straßen wir jetzt nehmen, der Kutscher soll einfach dahinfahren, und wenn er in der Mittagshitze auf seinem Bock gerade eingenickt ist, so macht es auch nichts, denn jeder römische Cavallo, der etwas taugt, findet in Trastevere auch ohne Zügel seine Straße. Ich möchte Ihnen zu vielen Entdeckungen Zeit gönnen, zu seltsamen und überraschenden Beobachtungen, ich möchte gerne, daß Sie dieses Volk auch bald so lieben, wie ich, und deshalb überlasse ich den Weg, den Sie nehmen, Ihrem Glück und beschränke mich, Ihnen ein paar Dinge vor Augen zu stellen, die Sie nicht versäumen dürfen.

Da ist zuerst die Kirche S. Cecilia. Sie ruht auf den Mauern, die ursprünglich dem Palast des Patriziers Valerianus zugehörten, der der Gatte der Heiligen Cecilia und selber ein Heiliger war. Die Patronin der Kirchenmusik, die in der römischen Aristokratie wegen ihrer unbefangenen mädchenhaften Fröhlichkeit und ihrer schönen Stimme sehr bekannt war, hat in ihrem Martyrium eine großartige Standhaftigkeit bewiesen. Noch im Tode – sie wurde unter Mark Aurel enthauptet – hielt sie drei Finger ihrer rechten Hand ausgestreckt – als Zeugnis für die Dreieinigkeit und als segnende und verzeihende Geste für ihre Henker. Ihre Kirche hat einen stillen, von großen Tonvasen geschmückten Vorhof mit einem alten Brunnenbecken, das vielleicht einmal zur Taufe verwendet wurde – und hier kann man noch sehen, wie die Atrien der Kirchen ausgesehen haben, in denen sich das Volk zur »Statio« versammelte. Es war in den frühen Zeiten des Christentums der Brauch, den Papstgottesdienst, der je nach dem Fest in der zutreffenden Kirche gefeiert wurde, mit einer Prozession durch die Straßen Roms einzuleiten. Die »Statio« war eine Art Verabredung zum Vorbereitungsgebet – im Vorhof einer Kirche, wohin der Papst mit seinem Hofstaat geritten kam, um dort die liturgischen Gewänder anzulegen und dann unter Hymnengesang inmitten seiner Gläubigen feierlich in die Gottesdienst-Kirche hinüberzuziehen. Heute noch werden in der Fastenzeit die Stationsandachten in Rom gefeiert, und man hat dabei Gelegenheit, manche uralte Kirche, die sonst das ganze Jahr über geschlossen ist, mit Betern angefüllt und ihrer Bestimmung zurückgegeben zu sehen.

Das Innere von S. Cecilia hat viele Umwandlungen erfahren, doch hat sich in der Apsis ein großes und furchterregendes Mosaik erhalten, das im neunten Jahrhundert von dem Papst Paschalis I. dort angebracht wurde: vor einem Hintergrund, der von roten Wolken durchzogen wird, erhebt der »Redemptor« seine Hand zum drohenden Segen über seine Herde. Unter dem Hochaltar liegt in einem gläsernen Sarkophag eine zarte Marmorgestalt, mit abgekehrtem, dem Boden zugewandtem Gesicht, einer Wunde am Hals und drei ausgestreckten Schwurfingern: die Heilige Cecilia, deren unversehrten Leib der Bildhauer Maderno bei der Eröffnung des Sarkophags 1595 so gesehen haben soll. Obwohl die Kirche weder einen geschlossenen noch einen geschmackvollen Eindruck macht, ist die alte irrationale Macht des Martyriums in ihr doch stark und lebendig zu spüren. In ihrer Abgeschiedenheit, in der Stille ihrer Halle und im Frieden ihres Hofes weht uns ein Hauch von der Kontinuität des Mysteriums an, dem die fortschreitende Geschichte Plunder und Juwelen wahllos hinzuzufügen pflegt, ohne den Kern des Geheimnisses zu schmälern.

Um aber nicht beim Geistlichen stehenzubleiben, sei Ihrer Aufmerksamkeit als nächstes Objekt die »Cisterna« empfohlen, an der Sie vielleicht jetzt nur vorüberfahren, um aber einmal des Abends zurückzukehren – nicht um zu besichtigen, sondern um zu essen. Es handelt sich um ein beglückendes Freßlokal, das in sommerlichen Zeiten mit einem geschickten und räuberischen Personal in trasteverinischer Tracht versehen ist, und seinen Namen von einem Brunnen hat, in den zur Zeit des Alexander Severus der Papst Calixtus mit einem Stein um den Hals versenkt worden ist. Es hat fast den Anschein, als schwebe der freundliche Geist dieses römischen Oberhirten noch immer gewinnbringend um die Mauern der Cisterna.

Von hier aus ist es nicht weit bis zur Piazza S. Maria in Trastevere, dem eigentlichen Herzen des Quartiers, bestehend aus einer Kirchenfassade, einem Brunnen, einer Palastfront, drei Trattorien, zwei Autowächtern, einer Schar tobender ragazzi, einer Bettlerin und blauem Himmel. Bitte, setzen Sie sich hier irgendwo hin, auf einen sonnenwarmen Stein oder unter das Schattendach eines Restaurants, und genießen Sie einen Augenblick die Wohltat dieses Platzes, von dem Giacomi singt:

Santa Maria in Trastevere! Qui c'è
quanto de mejo nun s'è visto mai:
è 'na piazza che incanta . . ., viè a vedè
si che tesoro d'arte e me dirai
si nun resti commosso pure te!

Santa Maria über dem Tiber drüben,
nichts Schöneres ist mir jemals vor Augen gekommen,
das ist ein Platz, der dich bezaubern wird . . .
Komm und schau dir das an:
diese Schatztruhe voller Kunst
und sag mir, ob nicht auch du
vor Rührung nicht mehr weiter kannst . . .

Aller Glaube, alle Hingabe, die das Volk von Trastevere für die Madonna empfindet, schlägt sich in dieser Kirche nieder. An den großen Festtagen ist sie mit

Beichtvätern und Beichtkindern, mit messelesenden Priestern und gestikulierenden Predigern, mit Kerzenverkäufern und Heiligenbildermalern angefüllt – und alle fühlen sich zu Hause zwischen den gewaltigen roten Säulen, die einmal, noch bevor es eine Madonna gab, dem Tempel der Isis zum Schmuck gedient haben. Die Götterbilder Ägyptens, die in die jonischen Kapitelle eingemeißelt waren, mußten auf eine Verordnung Pius IX. hin entfernt werden, obwohl sie schon über fünfzehnhundert Jahre den christlichen Gottesdienst mit angehört hatten.

Die Trasteveriner lieben diese Kirche mit Inbrunst. Sie schmücken sie mit Flitterpapier, Stanniolgirlanden und schrecklich kitschigen Andachtsbildern, und sie singen mit ihren rauhen und gutturalen Stimmen darin die Verballhornungen romantischer Melodien, die man hier für Kirchenlieder zu halten pflegt. S. Maria in Trastevere ist, wie jedes Kind hier weiß, die erste Kirche in der Christenheit, die der Madonna geweiht worden ist, und sie ist wahrscheinlich überhaupt die erste Kirche in Rom, die offiziell einem christlichen Kultgebrauch zugestanden wurde. Ihr Bauherr war möglicherweise jener Papst Calixtus I., der fast ein Jahrhundert vor Konstantin regierte und in den vorhin genannten Brunnen geworfen wurde.

Von Sonne erfüllt, ist die Kirche von herrlicher und männlicher Schönheit. Wie die ewige Repräsentation der Stationsprozessionen stehen diese Säulen da, als Zeichen für die zeitlose Gegenwart der himmlischen Prozession, die nicht mehr zu stellvertretenden Gottesdienst-Handlungen führt, sondern in die beiden himmlischen Städte Bethlehem und Jerusalem, die auf dem grüngold gefaßten Triumphbogen aus dem neunten

Jahrhundert in hohem Maueraufbau zu sehen sind. In der Apsis, im genauen Mittelpunkt zwischen den beiden Städten, sitzt Christus auf einem Thron, neben sich die Madonna, um die er erstaunlicherweise den Arm legt. Unterhalb des Hochaltares bezeichnet ein Stein im Marmor die Stelle, an der im Jahre 38 vor Christus eine dicke Ölquelle aus dem Boden sprang, die man jahrhundertelang für ein prophetisches Zeichen der Ankunft des Herrn gehalten hat. In dem Benediktinerkloster, das früher einmal an die Kirche anschloß, lebte unter drückendsten Umständen der unglückliche Eugen IV.: eines Tages, im Habit eines harmlosen und einfachen Mönches, lief er zum Tiber hinunter, nahm eine Barke, deren Schiffer ihn mit einer großen Fuhre Holz zudeckten, und floh vor dem Haß der aufgebrachten, urteilslosen Römer aus der Stadt. Im 17. Jahrhundert war die Kirche der Titel des Kardinals Marcus Sitticus von Hohenems, dessen Ruhmestaten in seinem Fürsterzbistum Salzburg darin gipfeln, das Schloß Hellbrunn mit seinen Wasserspielen erbaut zu haben. Über den Sakristeitüren ist der Name Altemps (die italienisierte Form für Hohenems) überall noch zu lesen.

Jeder Stein erzählt hier – aber wichtig sind, ich muß es noch einmal sagen, auch die Steine, die nicht erzählen, sondern nur da sind, die unwichtigen Bausteine gleichgültiger Dinge, die in Rom mit dem Glanz vom Glanze der Welt überzogen werden. Ein Fensterrahmen, aus dem eines der unglaublichen Mädchengeschöpfe dieses Viertels sich beugt, kann einen Raffael ersetzen.

Raffael hat dieses übrigens selber auch so empfunden, wie uns das Fenster zeigt, an das wir nun, von der Hauptkirche Trasteveres zur Porta Settimiana herunterfahrend, gelangen. Neben dem schönen Tor, das hier von Alexander VI. aufgeführt worden ist, steht ein halb in den Grund gesunkenes, wackliges Haus, die »Casa della Fornarina«, der schönen Bäckerstochter, zu der Raffael derart entbrannt war, daß der Fürst Agostini Chigi, dem der Künstler damals die nahe Farnesina ausmalen sollte, Kavaliere ausschickte, um die Schöne an den Arbeitsplatz Raffaels zu bringen, weil dieser erklärt hatte, ohne sie nicht malen zu können. Daß er und wie er mit ihr malen konnte, hat er dann durch den Freskenzyklus von Amor und Psyche in der Farnesina sehr deutlich bewiesen.

Auf dem Platz, den diese Zauberschöpfung der Renaissance heute einnimmt, erhob sich im Altertum eine Villa, die der Familie der Clodier gehörte, gleich berühmt durch die Schönheit wie durch die Lasterhaftigkeit zweier ihrer Mitglieder: durch den berüchtigten Clodius Pulcher, der sich im Jahre 62 vor Christus als Frau verkleidet in die für keinen Mann zugänglichen, atavistischen Mysterien der »Bona Dea« eingeschlichen hatte und dort entdeckt worden war – die Tat kam einem Staatsverbrechen gleich – einen Götterfrevler, wie ihn die Antike kaum ein zweites Mal kennt, und durch seine Schwester, die lüsterne, hochbegabte, schlangengleiche Clodia Pulcher, die unter der Gestalt der Lesbia in die Gedichte des Catull eingegangen ist.

Man kann hier an der Farnesina erproben, welch ein magischer Zauber von einem Ort ausgehen kann: die Gedichte, die der von Liebe geschüttelte Catull in verzehrender Leidenschaft an Lesbia schrieb, sind in Verse von traumhaft sicherer Schönheit gekleidet. Der glückliche Geist des malenden Raffael hat sich in den Fresken der Farnesina 1500 Jahre später in derselben Harmonie niedergeschlagen. Und wenn man die Verse des Catull während der Betrachtung der göttergleichen Leiber liest, die Raffael über die Wände der Farnesina schweben ließ, dann spürt man den Zusammenhang.

QUAERIS quot mihi basiationes
tuae, Lesbia, sint satis superque?
quam magnus numerus Libyssae harenae
laserpiciferis iacet Cyrenis,
oraclum Iovis inter aestuosi
et Batti veteris sacrum sepulcrum;
aut quam sidera multa, cum tacet nox,
furtivos hominum vident amores;
tam te basia multa basiare
vesano satis et super Catullo est,
quae nec pernumerare curiosi
possint nec mala fascinare lingua.

WIEVIEL Küsse es braucht, so fragst du, daß sie,
Liebste Lesbia, einst mein Verlangen stillen?
Wieviel libyscher Sand in weiter Wüste
Liegt, im fernen Cyrene, wo das Sylphion
Blüht, wo Ammons geweihter Tempel stehet
Und das heilige Grab des alten Battus;
Wieviel Sterne in stiller Nacht herabschaun
Auf die heimliche Liebeslust der Menschen:
Soviel Küsse du müßtest küssen, daß sie
Das Verlangen Catulls, des Trunknen, stillen!
Keine Neugier vermöchte sie zu zählen,
Keine schamlose Zunge sie zu schmähen!

Um aber zu Casa della Fornarina zurückzukehren: ein findiger Wirt hat aus ihrem Untergeschoß eine exquisite, erztrasteverinische Trattoria gemacht, und wenigstens einmal sollte man während eines Romaufenthaltes hier essen. Denn am Abend kommen da die Sänger von den Gassen herein und singen die »Stornelli Romani«, die koloraturbeladenen Improvisationen, mit denen, ähnlich wie in den alpenländischen »Gstanzeln«, das Volk sich selber besingt. Manche davon sind derb, von unmißverständlicher Bildkraft in Sachen »Amore«, andere sind weich und traurig – wenn etwa einer das alte Haus seiner Mutter besingt, das er hat verkaufen müssen, und bei dessen Abbruch er nun im Staub die Erinnerungen zusammensucht. Selbst die ausgepichten Spottvögel Roms kämpfen mit den Tränen, wenn sie das hören.

Sie sehen schon, mit den Schenken und Kneipen nimmt es in Trastevere kein Ende – das Essen ist eine sehr seriöse Beschäftigung der Römer, deren Bedeutung etwa – ohne Blasphemie – der Würde vergleichbar ist, die die Sakramentalien in der Kirche haben. Ich habe in Trastevere am Silvesterabend, eine Viertelstunde vor Mitternacht, eine zehnköpfige Familie eine Lokal betreten sehen. Sie setzten sich an einen langen Tisch, bestellten spaghetti alla boscaiola, Spaghetti mit Tomatensaft und Thunfisch, dann Abacchio, Lammkeule gebraten, eine Unmenge Salat und Wein – und als draußen die Böller krachten und das Neue Jahr seinen Einzug hielt, haben sie nicht einmal vom Essen aufgeschaut. Wer die Römer mit ihren vorlauten und harmlosen Fehlern kennenlernen will, der gehe oftmals nach Trastevere zum Essen.

AUF DEM GIANICOLO

Wir wollen das rechte Tiberufer nicht wieder verlassen, ohne von der Fornarina aus die steile Rampe hinaufzufahren, die auf die Höhe des Gianicolo-Hügels führt, auf jenen vielbesungenen langgestreckten Höhenrücken, auf dem man hoch über der Stadt inmitten weiter grüner Anlagen in Gesellschaft zahlreicher marmorner Heroenköpfe der neueren italienischen Geschichte spazieren geht – besonders in der Abendstunde, wenn die sinkende Sonne eine dicke Schicht flüssigen Goldlichtes über die Stadt legt und die Berge von Alba Longa, in denen die Wiege des Römervolkes verborgen liegt, in ihren blauen Konturen scharf am Horizont stehen. Die Aussicht hier zeigt die Masse der Stadt, das kompakte Steingebilde Rom in den meisten seiner Teile, man sieht, wie die Monumente als winzige Erhebungen aus dem grauen, braunen und dunkelgefleckten, alle Details abstrahierenden, hingelagerten Stadtkörper herausragen, und angesichts dieses verwachsenen, naturhaften Steingewirrs ist es uns eine Freude, die wir dankbar genießen, daß die Figuren vom Dach des Lateran in fast überirdischer Klarheit darüber zu schweben scheinen. Die Entdeckung der erhabenen Einzelheit in dem atemlosen Bilderspiel der Stadt Rom ist eine der Quellen, aus denen die tiefe Zuneigung heraufsteigt, die der Fremde eines Augenblicks zu dieser Stadt zu verspüren anfängt, um sie nie mehr wieder zu verlieren.

Hier oben, auf dem Gianicolo, beschäftigen uns zwei Dinge, die wir nicht übergehen können: San Pietro in Montorio und die Acqua Paolina.

Das Kloster des Heiligen Petrus auf dem »mons aureus«, dem Goldenen Berge, verdankt seine Entstehung der irrtümlichen Tradition, daß hier, auf dem Hügel, dessen gelbe Erde ihm die Bezeichnung golden eingebracht hat, der Apostelfürst gekreuzigt worden sei. Die Kirche selber birgt viel Schönes, jedoch nichts, was sich mit dem Tempietto, dem sechzehnsäuligen Rundtempel messen könnte, den Bramante im Hof neben dem Heiligtum errichtet hat. Ein winziges Gebilde, ein architektonisches Aperçu, eine Laune des großen Künstlers, mit leichter Hand hingesetzt, ohne Mühe, ohne Anspruch, ohne Schmuck. Aber welch ein Ebenmaß, welche Reinheit der Verhältnisse! Man könnte nach Rom fahren, nicht rechts und links sehen, nur zu diesem Tempel eilen – und die Reise hätte sich gelohnt. Bramante, der Onkel Raffaels, dessen Pläne für den Neubau von St. Peter dem kühneren des Michelangelo weichen mußten, war kein dynamischer Architekt, er war ein ästhetischer. Ihm ging es nicht um Ausdruck, nicht um Repräsentation einer Idee, sondern um Präsentation, um Darstellung, um Verwirklichung des Wohlgefühls, das uns ergreift, wenn das geheimnisvolle Zeitempfinden unseres Auges in gleichmäßige Schwingung gebracht und das Durchdringen des Gegenstandes zum geistigen Genuß wird. Der Tempietto von San Pietro in Montorio ist ein freier, ausgewogener Körper, den ein Mensch ohne Gewalt, ohne Wunsch und ohne Zweck geschaffen hat – das Spiel eines Kindes, übertragen in die Welt des Genies.

Nicht weit von dem alten Kloster finden wir die Acqua Paolina, den monumentalen Kopf der Wasserleitung des Kaisers Trajan, die vom Braccianer-See hereinkommt, ihre kühlen Wassermassen in drei Becken gießt und die Brunnen der westlichen und südlichen Stadtteile speist. Nur der Barock konnte auf den Gedanken kommen, dem Wasser eine Palastfassade zu errichten, einen dreifachen Triumphbogen, durch den es in die römische Luft herausschießt, eine Ehrenfront des kostbaren Elementes. Brunnen sind in Rom nicht nur Zierat und Freude, Brunnen sind Luxus.

Die Stadt selber hat keine Quellen, nur der Tiber wälzt seine trübe, von der Erde Latiums braungefärbte Flut in großen Windungen daher. Das reine, frische Trinkwasser holten die antiken Kaiser vierzig Meilen weit von den Bergen herunter, und daß sie es dann in Fülle durch die Münder der Brunnen gleiten und in der römischen Sonne versprühen ließen, war ein Zeichen von Generosität, von Verschwendung, von Üppigkeit und Überfluß. Die Päpste setzten das Werk der Kaiser mit Konsequenz und Einsicht fort, und so rauscht Rom im Schwall seiner Brunnen wie ein großes Wasserspiel, dem die Jahrhunderte juwelengleiche Fassungen angelegt haben.

Die Straße, die vom Gianicolo an den Tiber herunterführt, bringt uns an das Kloster S. Onofrio, in dessen Nähe die vom Blitz zerstörten, verkohlten Arme der Tasso-Eiche in den Himmel ragen. Unter dem Schatten dieses Baumes verträumte in zweifelvollen Klagen der Dichter Torquato Tasso die letzten Jahre seines Lebens, während der Heilige der römischen Jugend, Filippo Neri – ein sanguinisches Temperament und ein wunderbarer Psychologe –, die jeunesse dorée seines Jahrhunderts hier zu Ballspielen, Gebeten und Madrigalen versammelte. S. Onofrio birgt die letzten Erinnerungen an den zerrissenen Menschen Tasso, der ein großer Dichter war und dessen Verse heute niemand mehr liest.

Und nun fahren wir zum Tiber hinunter, in weiter

Kurve ausbiegend, nehmen den Lungotevere und kommen zurück zum Ponte Sisto – der Brücke des Papstes Sixtus IV. –, die uns wieder in die Altstadt, das Herz Roms in der Tiberschleife, hinübergeleitet zu den Plätzen, Palästen und Kirchen, von denen nun auch unser Kutscher Giuseppe wieder einiges erzählen wird.

ZWEI RÖMISCHE PALÄSTE

Wir biegen nach dem Ponte Sisto links in eine lange, gerade Straße ein, die den Namen des Papstes Julius II. trägt. Die zornige und schöpferische Hand dieses bauwütigen Pontifex hat in einem Riß von tausend Meter Länge diese Straße in das anarchische Viertel des Tiberufers eingegraben – die erste einheitliche Palaststraße der Stadt, der Anfang zur Verwirklichung jenes Traumes, den der Papst – das antike Vorbild vor Augen – von einem neuen Rom unablässig träumte. Bramante war der erste, der hier baute, Raffael und Sangallo folgten, und heute reiht sich Palast an Palast, zum Teil noch bewohnt von großen Familien, zum Teil längst in die Hände unbekannter Namen übergegangen, zum Teil dem Popolo Romano anheimgefallen. Gleich am Eingang der Via Giulia zeigt uns Giuseppe in der Mauer einen Brunnen, dessen Wasser aus einer rohen Steinmaske herauskommt – »il mascherone« –, ein Zeugnis für das Leben, das sich einst hier entfaltete: als Zondadari Großmeister des Malteserordens wurde, ließ er die Maske aufstellen, um eine Fontäne für das Volk zu haben, aber nicht für Wasser, sondern für Wein. Wir haben noch einen Bericht darüber, wie der Popolo sich bei Fackelschein in der Via Giulia um diesen Brunnen lagerte und die Nacht mit Tänzen und Gesängen zu Ehren des neuen Würdenträgers erfüllte.

Johann Georg von Dillis, Anf. 19. Jahrh.
BLICK VOM MONTE MARIO

Staatl. Graphische Sammlung, München

Über den Schacht der Straße wölbt sich der Bogen einer Brücke, die vom Hausgarten des Farnese-Palastes in jenen Teil des Besitzes hinüberführt, von dem aus Michelangelo die Privatbrücke der Farnese über den Tiber schlagen wollte, um den ungeheueren Palast mit der Farnesina drüben auf dem anderen Ufer zu verbinden. Wir stehen an der Rückseite eines riesenhaften Steingebirges, des Palazzo Farnese, der niemals ganz vollendet worden ist. Der Kardinal Alessandro Farnese, der später als Paul III. den Stuhl Petri bestieg, hat ihn 1514 von Sangallo beginnen lassen, nach dessen Tod Michelangelo das Werk fortführte. Bewohnbar wurde der Bau – in seiner heutigen Gestalt – erst durch Giacomo della Porta. Dieser Wechsel der Architekten war nicht Absicht. Den Farnese, ungeachtet ihres gewaltigen Reichtums, ging einfach das Geld zur Fortführung des Baues immer wieder aus. Die Römer nahmen damals sehr persönlichen Anteil an den Bauten, die in ihrer Stadt emporwuchsen, und als sie die halbfertige Gestalt des Palastes satt hatten, hing eines Tages ein Plakat am Gerüst, dessen Text der *pasquino* erfunden hatte: »Elemosina per la fabbrica dei Farnesi!« – Gebt Almosen für das Bauwerk der Farnese! Papst Paul III. starb, ohne das große Haus seiner Familie vollendet gesehen zu haben. Noch heute kann man von der Via Giulia aus bemerken, daß ein großer Teil der rückwärtigen Anlage nicht ausgeführt ist – jedoch verschwindet der Eindruck des Unfertigen vollständig, wenn wir, durch die Via del Mascherone weiterfahrend, auf die Piazza Farnese herauskommen und die Fassade des Palastes in ihrer ganzen herben Gewalt vor uns haben.

Paul III. ließ, noch bevor die Front des Palazzo vollendet war, zwei gigantische Wannen aus den Caracalla-Thermen herbeischaffen, die aus einem graugrünen ägyptischen Granit geschnitten sind und nun als Brunnen Verwendung fanden. Die marmornen Lilien des Farnese-Wappens, die man ihnen aufgepflanzt hat, lassen das Wasser in strähnigem Fall auf die überfließenden Wannen niederrauschen und zeigen einer entzückten Nachwelt, welche sublimen Triumphe sich die Farnese über das römische Erbe ausgedacht hatten. Diese Brunnen sind für das Leben des Platzes sehr bedeutend, denn die Masse des Palastes ist schwer. Mit seinen drei weit auseinander gezogenen Stockwerken, mit dem aus dicken Steinblöcken gefügten Riesenportal und mit dem pathetisch vorspringenden, vielgepriesenen Dachgesims hat der Palazzo Farnese etwas fast Unmenschliches an sich, etwas Pyramidenhaftes, und man betrachtet ihn mit dem Gefühl, daß nur sehr große Herren es fertig bringen können, darin ohne die geringste Beklemmung zu wohnen. Dieser Palast ist, mehr als jedes andere Bauwerk Roms, ein Beweis dafür, wie hoch der Gipfel war, von dem aus die Menschen der Renaissance auf die übrige Welt herunterblickten. Und der Respekt der Römer vor diesem geordneten Felsgebilde ist heute noch zu spüren: der weite Platz ist still. Kein Verkaufsstand, keine Trattoria, nicht einmal eine Bar hat sich hier niedergelassen. Das Volk hat sich den Campo de'Fiori zum Schauplatz seines Alltags erwählt – er ist so nah, daß man die Stimmen der Ausrufer herüberdringen hört –, aber vor der Piazza Farnese scheint dieses Farbenspiel wie vor einer magischen Zone stehen zu bleiben. Die Macht und der Ruhm sind es, die hier regieren, nicht das Leben.

Wie wenn das Jahrhundert selber der hochmütigen farnesischen Herrengeste eine Antwort hätte geben wollen, setzte im Jahre 1540 der Kardinal Girolamo Capo di Ferro einen von antikischen Spielereien überzogenen Palast an das Ende des nahen Vicolo de' Venti: den Palazzo Spada. Da ist nichts von Majestät und Herrschermacht, nichts von lastendem Material und großartiger Bewältigung der Schwere: der Palazzo Spada hat zwar Statuen an seiner Front, den Trajan, den Gnäus Pompejus, den Fabius Maximus, den Romulus, den Numa Pompilius, Marcellus, Cäsar und Augustus, eine gemischte, willkürlich zusammengerufene Gesellschaft antiker Heroen, die aber in der manierierten Attitüde gepflegter Condottieri in reliefgeschmückten Rüstungen zwischen Girlandenbogen und Fenstern stehen – sehr dekorativ, sehr heroisierend – und ganz unernst. Der Architekt Borromini, der den Palast im 17. Jahrhundert zur Restaurierung in die Hand bekam, hat diese Spielereien durch eine weitere, höchst geistreiche ergänzt, die ich Ihnen, wenn die Überraschung glücken soll, nicht beschreiben kann. Wenden Sie sich bitte an den Portier, und fragen Sie nach der »Prospettiva di Borromini«. Die Rätselfragen, die er Ihnen dann aufgeben wird, sind wirklich nicht leicht zu lösen.

CAMPO DE'FIORI

Nun soll uns aber nichts mehr aufhalten, endlich auf den Campo de'Fiori zu fahren, auf dem heute nicht mehr nur Blumen, sondern alle möglichen Dinge, einschließlich kaputter Uhren und abgetragener Anzüge verkauft werden. Man sieht es diesem mit Bretterständen angefüllten Geviert nicht mehr an, daß sich hier im Mittelalter und in der Renaissance die herrlichen »Cortei«, die Festgeleite der Päpste entfalteten; die den

Pontifex auf seinem Zug zu den sieben Hauptkirchen der Stadt begleiteten. Und auch den freigeistigen Mönch Giordano Bruno hätte man wahrscheinlich ohne die Statue, die ihm ein liberales Stadtregime am Ende des vorigen Jahrhunderts hier errichtete, längst vergessen. Denn die Wirklichkeit ist stärker als das Andenken an einen Mann, der es mit solcher Entschiedenheit wagte, den kirchlichen Autoritäten in Glaubensdingen zu widersprechen, daß man ihn am 17. Februar 1600 hier feierlich verbrannte. Sehr bezeichnend ist die Inschrift der fortschrittlichen Denkmalstifter: »Dem Bruno gewidmet, von dem Jahrhundert, das er vorausahnte, hier, wo sein Scheiterhaufen brannte.« Auf dem Sockel des Monuments hat man gleich auch noch für einige andere Häretiker gesorgt: Petrus Ramus, John Wicleff, Johannes Hus, Paolo Sarpi und Tommaso Campanella bekamen ihre Medaillons. Und nun muß sich der von dem Kräftespiel des Weltgeistes ergriffene kapuzenbedeckte Mönch Tag für Tag die melodischen Lockrufe und die krächzenden Schimpflitaneien anhören, die zwischen Kauf und Verkauf vom Popolo Romano vorgebracht zu werden pflegen.

In der Betrachtung der auf dem Campo de'Fiori ausgebreiteten Reichtümer des Landes Italien, die hauptsächlich für den Magen bestimmt sind, überwältigt uns wieder einmal der Eindruck einer unerschöpflichen Fülle. Alles, was man da kaufen kann, Fleisch, Fisch, Gemüse, Früchte, Backwerk, ist in einem Überfluß angeboten, als ob diese karge Erde das Paradies wäre. Von den frühen Morgenstunden an ist der Platz voll von Hausfrauen, die ihre großen Familien mit allem versorgen, was dem geheiligten Kult des Essens dienlich ist – und wenn man, nach fünf Stunden Verkaufszeit, durch die Gassen der Stände geht, findet man sie immer noch voll mit Waren. Hier sind zwei sehr tiefgehende Charaktereigenschaften im Spiel: der Stolz und die Höflichkeit. Der Käufer muß das Gefühl haben, daß der Kaufmann kein Hungerleider ist, und er muß aus einem uferlosen Vorrat genau das auswählen können, was ihm paßt. Für jeden dieser Händler ist es ein körperlicher Schmerz, wenn ein Kunde kommt und etwas verlangt, was nicht mehr da ist. Das in den Verkaufsläden gemäßigterer Zonen so häufig gebrauchte Wort – »wir bekommen es erst wieder 'rein« – wäre unter dem Schatten des Giordano Bruno eine Todsünde, die man sich kaum verzeihen könnte. Ein Drittes kommt hinzu: nur wenn alles in Fülle vor Dir liegt, kann man über die Preise reden! Und das Stimmengebrause des Campo de'Fiori kennt also drei Schattierungen: *fortissimo* – das Angebot, *piano* – die Nachfrage, *crescendo appassionato* – der Preis.

IN DEN STRASSEN DER ROMA VECCHIA

An der nordöstlichen Ecke des Campo de'Fiori, wo das Meeresgetier verkauft wird, lassen wir uns von dem Menschenstrom für einen Augenblick auf die Piazza del Biscione treiben, auf der jene eingangs erwähnte Trattoria zu finden ist, die in den Substruktionen der Pompejus-Kurie liegt. Die Römer huldigen hier den Manen des an diesem Platz ermordeten Cäsar durch ausgiebige Gastmähler. Giuseppe erzählt uns, er habe sich hier auf der Piazza in seinen jungen Jahren die Liebesbriefe von einem Schreiber verfertigen lassen, der an einem Tisch mit grünem Teppich sein öffentliches Amt versah. Das muß ein Allerweltsmann gewesen sein: man konnte bei ihm jede Art von Amtsgesuch bestellen, aber auch eine Wohnung oder einen Laden vermittelt bekommen, und für die »lettere confidenziali«, die vertraulichen Briefe in Dingen der Liebe, gab es drei Abstufungen, »categoria ordinaria, ardente ed ardentissima« – auf einfachem, oder mit Arabesken verziertem, oder mit gereimten Versen versehenem Papier.

Im Hintergrund der Piazza entdecken wir ein Gitter, das in einen dunklen Durchgang führt, und aus dem Schacht leuchtet das Licht von Kerzen und Öllämpchen: da ist, versteckt in der Wölbung des Ganges, eine Edicola, eines jener rührenden Marienbilder, die der Popolo Romano an Häusern und in Fluren anzubringen pflegt. Man wird kaum eines dieser Bilder ohne frische Blumen finden, und besonders an einem Tag des Jahres wird die Liebe des römischen Volkes zur Madonna, vor allem zur schmerzensreichen, in tausend kleinen frommen Zeichen sichtbar: am Gründonnerstag. Nachdem es jetzt ohnehin Zeit wird, wieder einmal einen *mezzo litro* zu trinken, schlage ich vor, daß wir uns für ein paar Minuten an einem der Tische des »Pancrazio« niederlassen, denn ich möchte Ihnen von der Mater dolorosa und ihren römischen Kindern noch ein wenig erzählen.

In den Tagen vor Ostern sind überall in der Stadt die großen Zeremonien der Liturgie im Gange, aber die Römer haben nicht viel Zeit dafür. Denn der Tag der Auferstehung erfordert sehr ausgedehnte Vorbereitungen: das Haus muß von oben bis unten geputzt werden, weil am Karsamstag der Herr Pfarrer zum Segnen von Wohnung und Speisen kommt; jedes Familienmitglied hat ein neues Kleidungsstück bekommen; das Färben der Eier ist in vollem Gange – kurz und gut, die römischen Hausfrauen kommen nicht dazu, sich die langwierigen liturgischen Funktionen anzuhören. Vielleicht denken sie sich auch – wenn die »Preti« das machen, wird es schon genug sein. Nur eine Gestalt in der Vergegenwärtigung des Leidensgeschehens vergessen sie nie: die Mater dolorosa. Wenn in irgendeiner Kirche das Stabat Mater gesungen wird, dann strömen die Menschen in Scharen herzu, um es zu hören. Und wenn sie auf ihren Wegen durch die Altstadt an einer Edicola vorüberkommen, kaufen sie ein paar Blumen für die Schmerzensmutter, zünden eine Kerze an und beten um das, wofür die betreffende Madonna besonders gut ist. Diese rührenden Madonelle haben alle besondere Gnaden zu vergeben: Maria zum Schutz der armen Seelen, Maria vom Rosenkranz, Maria vom Carmel unter dem Bogen der bemalten Grotte, Maria von den Gnaden, Maria von der Versöhnung. Am Tag des Leidens Christi wird die Muttergottes für die Römer eine arme und trostbedürftige Frau, und eine Welle von Mitgefühl schlägt von den römischen Müttern, die mit ihren leichtlebigen Männern und ihren heißgeliebten Kindern so viel Kummer haben, zu der Mutter aller Mütter empor. Die instinkthafte Solidarität des matriarchalischen Lebensgefühls tritt unter der Versenkung in das Leiden Mariens in ungebrochener Kraft hervor, und ich habe immer empfunden, daß in Rom, wo man keinen besonderen Mutter-Festtag kennt, der Gründonnerstag mit seinen zahllosen blumenüberschütteten Bildern der Mater dolorosa der eigentliche Muttertag der Römerinnen ist.

Nun wollen wir, an der Seitenfront der Kirche S. Andrea della Valle vorbeifahrend, auf den Palazzo Massimo alle Colonne zusteuern, der sich auf der rechten Seite des Corso Vittorio Emanuele in sanfter Kurve ausbuchtend erhebt. Dieser Palast, in dessen heiter dekorierten Renaissancehof es sich einzutreten lohnt, gehört einer Familie, die ihrer Ahnenreihe bis auf den berühmten Quintus Fabius Maximus Cunctator zurückführt, der dem Hannibal durch seine Vorsicht so viel zu schaffen machte. Im zweiten Stock hat man ein Zimmer in eine Kapelle umgewandelt, zum Andenken an das Wunder, das der Heilige Filippo Neri dort wirkte, als er einen sehr jungen Massimo, der plötzlich verstorben war, für einige Stunden ins Leben zurückrief, um ihm die Sakramente zu spenden. Heute noch wird dieses Ereignis alljährlich mit einer Festmesse und einem großen Empfang im Hause Massimo gefeiert.

Und nun taucht vor unserem Blick schon die graue Front der Cancelleria auf. An diesem Palast baute man fast fünfzig Jahre, jedoch trägt er deutlich die Spur einer Hand, die den guten Leistungen der übrigen Architekten den Stempel des Außerordentlichen aufprägte. Es ist Bramantes Inspiration, die hier gewirkt hat, noch bevor er selbst nach Rom kam. Hier ist nichts geschehen, als die Aufrichtung riesiger Flächen, die durch Fenster in einem zurückhaltenden Rhythmus gegliedert sind. Es ist ein Bau, an dem alles weggelassen ist, was man als Schmuck, als Unterstreichung einer Absicht, als Ausdruck von Glanz, Reichtum oder Gewalt erkennen könnte. Nur das reine, sich selber genügende Gleichgewicht der Verhältnisse spricht zu uns; und wenn wir den großen viereckigen Hof betreten, wird dieses Prinzip an der von einfachen Säulen getragenen Bogengalerie in zwei Geschossen bis zur Höhe der Musikalität fortgeführt. Hier ist nichts Affekt, nichts Zeitgeist, nichts Geschichte: die Gegenwart dieser kühlen und unberedten Harmonie läßt jede Bewegung zur Ruhe kommen, und es ist dieselbe Regungslosigkeit des absolut Schönen in ihr, die wir an den höchsten Werken der antiken Kunst so sehr schätzen. Man sieht diesem Palast seine verworrene Vergangenheit nicht an, und man beneidet die Richter der »Sacra Rota« – des päpstlichen Ehegerichts –, die täglich über die Gänge schreiten müssen, um zu den kahlen Sälen zu gelangen, in denen sie ihre komplizierten Urteile nach dem göttlichen Recht zu fällen haben.

Napoleon hat in diesem Palast seinen römischen Hof aufgeschlagen; im siebzehnten Jahrhundert hatte der Kardinal Ottoboni hier residiert, dessen Feste so kostspielig waren, daß er seinen beweglichen Besitz versteigern mußte, um seine 170 000 Scudi Schulden zu bezahlen; noch früher bewohnten die Riari diese Räume, denen Papst Leo X. das Vermögen konfiszierte, weil sie eine Verschwörung gegen ihn angezettelt hatten; und am Anfang der Palastgeschichte endlich steht eine Wette zwischen dem Neffen Sixtus IV. und dem Neffen Innozenz VIII., aus deren Mitteln der Bau begonnen wurde. In den Salons der Cancelleria trat 1848 das italienische Parlament zusammen, der Minister Pellegrino Rossi starb auf der Treppe an einem geglückten Attentat, die römische Republik von 1849 wurde hier ausgerufen. Später zog der Kardinal-Kanzler der »Sacra Romana Ecclesia« hier ein, und seit dem Ende des Kirchenstaates 1870 ist die Cancelleria, wie viele andere Paläste und Klöster in der Stadt, exterritorialer Besitz des Vatikans. Während aber bei anderen Bauten eine so bewegte Geschichte ihre Zeugnisse spürbar an den Wänden hinterlassen hat, steht die Schöpfung des Bramante, der auch die goldgewölbte Kirche S. Lorenzo in Damaso in den Palast eingefügt hat, in jugendlicher Unberührtheit vor uns, und stellt uns den Niederschlag jenes Arkanums der Reinheit vor Augen, mit dem die Renaissance das unwandelbar Vollkommene ihrer Kunst geheimnisvoll erreicht hat.

Von hier aus führt uns Giuseppe mit seiner Carrozza ein wenig den Corso Vittorio Emanuele hinunter, bis wir auf einem freien Platz zur Rechten eine Doppelfassade von großem Schwung vor uns sehen: die Kirche und das Oratorium des Heiligen Filippo Neri, dessen bevorzugtes Viertel hier gewesen ist. Die Kirche, heute unter dem Namen Chiesa Nuova bekannt, glänzt im Inneren von geschliffenem Marmor. Der Fußboden ist mit Wappen und Arabesken in vielen Farben eingelegt, die Wände sind mit pastellfarbenen Marmorplatten überzogen, und wenn in der Dämmerung die schwachen Lampen brennen, beginnt dieser Marmor zu leuchten und zu leben wie eine kostbare Haut. Kaum irgendwo in Rom kann man mit größerer Berückung sich dem Spiel des edlen Steines hingeben, der seit der Antike den Römern stets der angemessenste aller Baustoffe schien. Der Präsident de Brosses hat über diese Herrlichkeit des Marmors in Rom in einem seiner vertraulichen Briefe aus dem Jahre 1739 sehr bemerkenswerte Dinge gesagt:

»Was Marmor ist, ahnen wir kaum; nur wer hier war, weiß es. Denn hierzulande gibts hunderterlei Marmore, nicht alle vollkommen schön, aber jeder hat seinen Reiz: gelber von Siena, weißer von Carrara, Alabaster, Breccia, Muschelmarmor, graublauer Turchino, der gelb und braun gefleckte Griotto, grüner Cipollino, der schwarze goldgeäderte Portor, und dazu die antiken Sorten. Den Römern war selbst ihr schöner einheimischer Marmor nicht schön genug, sie holten sich noch schöneren vom Archipel, aus Syrien, Numidien und Ägypten. Welche Unsummen sie dafür ausgegeben haben! Alle ihre Bauten, die etwas vorstellen sollten, wie die Thermen, Tempel, Säulenhallen und so weiter, ausgenommen nur das Ungetüm von Kolosseum, das ganz aus Travertin gebaut ist, sind entweder ganz Marmor oder mit dicken Marmorquadern verkleidet. Den ungeheuren Vorräten, die sie aufgestapelt, danken wir die Überbleibsel, die man heute neu verarbeitet. Manche Arten sind im Glanz oder in ihrer eigentümlichen Färbung ganz herrlich. So der orangenfarbige, durchsichtige Phengit, der pentelische, der aussieht, als lägen Pfauenschweife darüber gebreitet, roter aus Numidien, schwarzer äthiopischer Basalt, von Wellenlinien durchzogener und blumiger Alabaster, der elfenbeinweiße, der antik gelbe, der grüne ägyptische, der grüne Porphyr, grüngelbschwarzer und grünschwarzweißer, der prachtvolle rotgelbschwarze aus Afrika, der groß und kleingemusterte schwarzweiße der Alpen, nicht zu reden von den verschiedenen seltenen anderen Breccien, die sich den Edelsteinen nähern und nicht in großen Blöcken vorkommen. Daß das Römervolk solche Summen aufwandte, um die allerbesten Baustoffe herbeizuschaffen, beweist so recht das Außerordentliche seines Charakters, der auch hier wie überall sonst nach dem Allerhöchsten strebend, sich weder Schwierigkeit noch Zeit verdrießen ließ, um seine Pläne auf eine noch höhere Vollendungsstufe zu bringen.«

Wir können diese Kirche nicht verlassen, ohne uns noch einmal der Gestalt des Filippo Neri zuzuwenden, die ihr geistliches Licht mit heiterer und zwingender Kraft über das ganze 16. Jahrhundert Roms geworfen hat. Dieser außerordentliche Mann, der so ernsthaft demütig war, daß er gegen Ende seines Lebens äußerte, nun sei es wirklich an der Zeit für ihn, endlich mit dem Gut-sein und dem rechten Lebenswandel anzufangen, hat in einer diffusen und von trüben religiösen Vorläufigkeiten erfüllten Stadt ein neues Element in die Frömmigkeit eingeführt, das bisher beinahe als blasphemisch gegolten hatte: den Humor. Er ist der lachende Heilige, der seinen begeisterten jugendlichen Zuhörern die merkwürdigsten Witze erzählte, der sich, sobald es um ihn und seine mystische Gottnähe ernst wurde, in die verfallenen Schlupfwinkel der Katakomben verkroch, aus denen er dann wieder strahlend, lebensfreudig und von schallendem Gelächter begleitet hervorkam. Wenn man heute die jungen Kleriker aller Welt in ihren verschiedenfarbigen Soutanen durch Rom laufen sieht, wird einem bald auffallen, wie viel diese disziplinierten Studiosen zu lachen haben. Die Klöster und Konvente Roms sind ohne Düsternis, sie hallen wider von den harmlosen und herzlichen Scherzen, die in der Zeit des Filippo Neri in der Kirche Gottes ihren Anfang nahmen. Der berühmte, schöne alte Mann, den ein Zeitgenosse mit einem blütenweißen Hermelin vergleicht, war ein geniales Vorbild für die »Allegria religiosa«, der wir es verdanken, daß in der katholischen Welt, auch nach den Erschütterungen der Reformation, die Freude an der Schöpfung und am Heiligen Geist durch die Erfahrung menschlicher Trübsal und Sündhaftigkeit keine Einbuße erlitt.

Nun nehmen wir rechts von der Kirche den Weg durch die Via del Governo vecchio und lassen uns durch eines der schönsten Quartiere Roms fahren – durch Gassen, in denen die Handwerker seit Jahrhunderten in Familienverbänden beieinandersitzen, wo Trödlerläden sind, in denen man von der eingerosteten Konventsglocke bis zum taubengeschmückten Bettvorleger alles kaufen kann, wir kommen an steingefaßten Portalen vorbei, hinter denen kaum besteigbar steile Treppen unmittelbar in die Obergeschosse führen, aus allen Fenstern tönen Stimmen – entweder das Radio oder die Hausfrauen – und wenn wir in der Via della Pace den kleinen Markt erreichen, wird das Bild vollends köstlich. Da ist die »vacchia Roma« noch in ihrer alten, durch keine Stadtplanung und keinen Motorverkehr eingeschränkten schönen Nachlässigkeit, da gibt es noch behäbige alte Leute, die den ganzen Tag auf einem unbequemen Holzstuhl vor dem Hause sitzen und von vergangenen Zeiten, von der Familienmisere und den Heiratsaussichten der jüngsten Enkelin reden – ein ideales Quartier für alle, die das einfache Leben der Römer lieben, die die geduldige Weisheit des popolino kennenlernen wollen, die Rom noch ein bißchen mit den Augen sehen, wie sie den großen deutschen Romantikern zu eigen waren.

IM WINKEL DES FRIEDENS

Die Via della Pace biegt nach links um, und wir haben vor uns eine Perspektive, für die es in dieser Intimität auch in Rom kein Gegenstück gibt: wie die angegraute Dekoration eines kleinen Theaters steht da die halbrund ausgeschwungene Säulenfront der Kirche S. Maria della Pace, die ob der Sibyllen des Raffael bekannt und ob ihres Kreuzgangs sehenswert ist. Hier verabschieden wir uns von Bramante, dem Baumeister des Wohlklanges. Immer wieder begegnet er uns als ein Mann der sensibelsten Klarheit: in San Pietro in Montorio in einem fast privaten Spiel – hier dagegen in der vollkommenen Verkörperung des Geistes der Renaissance. Die Harmonie der Schöpfung und der Musik ist für das Auge sichtbar und gegen die Zeit beständig gemacht. Angesichts eines solchen Werkes erleuchtet auch uns die Einsicht jener Epoche, das Glück nicht vom Leben zu verlangen, sondern von der Kunst. Der Himmel ist in diesem einfachen, melodischen Hof ein blaues Viereck, das von den zarten grauen Säulen der Galerie unmittelbar getragen wird. Das Ganze ist nicht fromm und nicht profan – man kann sich in diesen ebenmäßigen Gängen meditierende Kleriker (für die das Werk geschaffen wurde) ebenso gut vorstellen, wie Liebespaare (denen es gut anstehen würde) – auch zwischen dem geistlichen und dem weltlichen Bereich ist hier die absichtslose, unbewegliche Mitte gefunden. Nicht Frieden bringt diese Architektur, sondern Ruhe – nicht Begeisterung, sondern Harmonie.

Unmittelbar neben der Säulenfassade der Kirche Maria della Pace, die von zwei klingenden, medaillongeschmückten Bogen eingefaßt wird, als ob sie daran aufgehängt wäre, finden wir den Eingang zu der deutschen Nationalkirche S. Maria dell'Anima.

Als im Jahre 1398 der päpstliche Soldat Johannes Peter von Dordrecht und seine Frau Katharina durch die päpstliche Bulle »quanto frequentius« von Bonifaz IX. die Bestätigung für die Gründung ihres Pilgerhospitals erhielten, ahnte noch niemand, wie sehr diese Gründung das Leben deutscher Zunge in Rom einmal versammeln würde. Peter von Dordrecht war wahrscheinlich schon im Heiligen Jahr 1350 nach Rom gekommen und hatte sich, neben seinem Dienst als Soldat, als Inhaber eines Devotionalien-Ladens auf dem Petersplatz ein Vermögen erworben. In dieser Zeit standen auf der Fläche, die heute von der Anima bedeckt wird, drei Häuser, die – weil man ja keine Hausnummern kannte – vom Kapitel von St. Peter mit einem Madonnenbild versehen wurden, worauf neben der Muttergottes mit dem Jesuskind zwei kniende nackte Kinder in schutzflehender Haltung zu sehen waren: die armen Seelen, die zur »Sancta Maria Animarum« beten. Von dieser frommen Hausbezeichnung hat die Anima heute noch ihren Namen, und der doppelköpfige Reichsadler, den sie im Wappen führt, ist ebenso alt. Ursprünglich war die Kirche gotisch, sie reichte aber bald für den Zustrom der Pilger nicht mehr aus (von denen übrigens jeder das Recht hatte, drei Tage umsonst in der Anima zu wohnen und zu essen), und so baute man Anfang des 16. Jahrhunderts eine neue Kirche, kaum hundert Jahre, nachdem das gotische Gotteshaus fertiggestellt worden war. In sie hat der Kardinal Enkenvoirt die Überreste des Papstes Hadrian VI. übertragen lassen, dem er den Purpur verdankte. Dieser letzte Ausländer auf dem Stuhle Petri, der 1523 verstarb, war ein deutscher Bischof von bestem Friedenswillen und tragischem Temperament, vom Volk von Rom gehaßt, von den geschliffenen Kurialprälaten kaum geschätzt, von der Politik gequält. An seiner Person erwies es sich, daß mit dem Anbruch der Neuzeit, mit dem Erlöschen der geistigen Universalität des Kaisertums, mit den verschärften Machtbestrebungen der Nationen zugleich die Notwendigkeit entstanden war, den päpstlichen Stuhl mit Männern zu besetzen, denen das Wesen der Kurie ebenso im Blute lag, wie die Sprache des Volkes, über das sie herrschten. Die Gestalt Hadrians VI. sieht aus der Perspektive einer vierhundert-

Giovanni Pannini, um 1720
PIAZZA NAVONA

Landesgalerie Hannover

jährigen Distanz beinahe aus wie ein letzter irrtümlicher Rückgriff der Geschichte auf das Mittelalter, dessen Ende sie selber mit großen Eruptionen heraufgeführt hatte.

Die Anima ist eine sehr liebenswerte Kirche. Unter dem Dach ihrer drei hohen Schiffe haben die Deutschen vierer Jahrhunderte ihren Toten sprechende Monumente aufgerichtet, und wenn man selber zum Romdeutschen geworden ist, fühlt man sich in der Gesellschaft dieser geistigen Vorfahren sehr zu Hause. Die verschlossenen und die offenen Gesichter dieser Denkmäler blicken in die Kirche herunter in Stellvertretung der sehr großen Zahl von Menschen deutscher Sprache, die der Anziehungskraft Roms erlegen sind. Es scheint fast, als habe die Stadt auf manches unbefangene Gemüt wie ein feines Opiat eingewirkt, dessen immerwährender Genuß eine unmerkliche Lähmung des Rückkehrwillens zur Folge hatte. Die Sehnsucht der Romdeutschen nach der Heimat hat niemals nachgelassen, denn es war stets ihr Schicksal – während ihre Kinder dem natürlichen Leben der Stadt von selber zuwuchsen – Fremdbürger zu bleiben. Sie lebten stets in dem romantischen Widerstreit zwischen dem zeitlichen Vaterland, das sie verlassen hatten, und dem ewigen, das sie in der Gestalt der Stadt Rom nicht immer entdecken konnten. Jedoch kam aus diesem schwebenden Zwischenzustand doch stets mit vitaler Kraft ein Heimatgefühl hervor, das sie an die römische Quelle des Weltgeschehens band, und die Anima ist ihr Spiegel geworden. Von römischer Hand erbaut, ist sie doch eine deutsche Kirche, und am meisten ist das zu spüren, wenn am Christabend Scharen von Italienern in die Mette kommen, um die deutschen Weihnachtslieder zu hören.

PIAZZA NAVONA

Inzwischen ist die Stunde für die Piazza Navona da: der Himmel ist zu dunklerem Blau geronnen, die Strahlen der Sonne sammeln sich zu gelben Strähnen, in die Schatten mischt sich schon der erste Hauch der Nacht. Das Geschwirr der Vögel erfüllt die Luft, das Spielgeschrei der Kinder hallt von den Palästen wider, die Glocken von S. Agnese beginnen zu läuten, und wir fahren, während Giuseppe, halb zu uns gewendet, die Hand zu einer triumphierenden Geste ausstreckt, aus dem engen Altstadtgewirr hinaus auf diesen Platz der Plätze, das brunnengekrönte Glanzstück der Stadt Rom. Was nützt es angesichts dieses tausendstimmigen Jubelrufs in Stein, wenn ich Ihnen sage, daß der Name Navona von Naone – Nagone – Agonis kommt, und daß der Campus Agonis das Wagenrenn-Stadion des Kaisers Domitian war? Daß man den Platz im Barock voll Wasser füllte, um darauf im Angesicht der Päpste Regatten und Seeschlachten abzuhalten? Daß Bernini und Borromini sich gleicherweise um seine Gestalt gemüht haben, daß die schöne, von Macht und Einfluß berauschte Schwägerin Innozenz x. Olimpia Maidalchini, die neben S. Agnese ihren herrlichen Palast bewohnte, vom Volk »olim Pia« – die einstmals Fromme – genannt wurde? All dies ist versunken vor der unvergänglichen Gegenwart, vor der stets verjüngten Gestalt dieses Platzes, von dem das römische Stadtvolk vor zweitausend Jahren Besitz ergriffen hat, um ihn nie mehr zu verlassen.

In die Mitte der alten Rennbahn hat Bernini seinen Brunnen gestellt, auf dessen durchhöhltem Felsenstück, der Statik spottend, der Obelisk des Domitian in die

Höhe ragt. Auf den Flanken der rauhen Grotte sitzen die vier Weltflüsse: kühn sich drehende Gestalten mit muskelschwellenden Gliedern, vom Geistessturm des Barock in weit ausholende Bewegungen gebracht, die Donau, der Nil, der Ganges und der Rio della Plata, Symbole für die vier Erdteile, die unter der Friedenstaube des Pamphili-Wappens sich versammeln. Das Leben dieses Brunnens wächst aus dem Wasser auf, das in der deutlich hörbaren Harmonie seines sprühenden Falles die heftigen Gebärden der Figuren rauschend rechtfertigt.

Giuseppe erzählt die alte Geschichte von der Eifersucht zwischen Bernini und Borromini. Borromini habe die Fassade von S. Agnese fertiggestellt, als Bernini mit dem Brunnen erst begann, und dieser habe seinen Figuren den Ausdruck eines Entsetzens gegeben, das sich auf die Gestalt der Kirchenfront beziehe. Der Nil verhülle sein Haupt, weil er die Pfuschereien des Borromini nicht länger vor Augen haben wolle, wogegen der la Plata die Hand in schreckhaftem Reflex zur Abwehr erhebe, weil er die Kirche schon einstürzen sehe. Dem gegenüber versichert die Heilige Agnes auf dem Dach der Kirche, gleich neben dem Glockenturm, mit der Hand auf der Brust, dies träfe keineswegs zu. Schlimmer ist, daß man sich erzählt, Bernini habe die Wasserversorgung des Brunnens falsch berechnet, und er habe es nur der zornigen Schwatzhaftigkeit des Borromini zu verdanken, daß die Sache rechtzeitig entdeckt wurde. Denn der eifersüchtige Konkurrent konnte seinen Triumph nicht für sich behalten, redete darüber vor Zwischenträgern, und Bernini, der den Techniker in Borromini ebenso respektierte, wie er sich über den Menschen ärgerte, rechnete nach. Als der Brunnen im Beisein eines Papstes, der dem Bernini nicht wohlgesonnen war, mit Pauken und Trompeten eingeweiht wurde, sprang das Wasser in herrlichen gesunden Strahlen, was dem Bernini die Rückkehr in die päpstliche Gnadensonne einbrachte.

Die heutige Gestalt des Platzes wäre nicht so hinreißend ohne den Widerstreit der beiden Künstler, – sie waren beide notwendig. Auch die Fassade von Sant' Agnese ist ein Meisterwerk: Kurven, Glockentürme, eine hochgezogene, schlanke Kuppel, und diese Elemente in einen fast körperlich gebärdenhaften Schwung gebracht – was könnte man für den Brunnen Besseres tun, als ihn auf dem Hintergrund dieser tänzerisch eleganten Fassade zu betrachten?

Aber die meisten Leute, die auf die Piazza Navona kommen, betrachten ja weder Brunnen noch Kirche. Sie setzen sich auf das eiserne Geländer, auf die Steinbänke, auf die Kirchenstufen, betrachten jedoch nur die Kinder, die schönen Mädchen und sich selber. Die Piazza Navona wird von den Fremden besichtigt. Von den Einheimischen wird sie bewohnt.

Der Brunnenrand der großen Fontäne ist das Carosello Romano eines sehr gut gelaunten lieben Gottes, der seinen Spaß daran hat, hier Leute nebeneinander zu setzen, die man normalerweise nicht nebeneinander sitzen sieht: ein alter weißborstiger Mann erzählt seinem Nachbarn, einem beglatzten Bücherrevisor, er trinke seit fünfundsechzig Jahren jeden Tag mit bestem Erfolg fünf Liter Wein, während der Nachbar seinem Nebenmann über die Schulter schaut, um einen Blick auf die unerreichbar schöne Filmnymphe in der Abendzeitung zu tun, wogegen der Zeitungsleser sich über Sentimenti (den Linksaußen von Lazio) fast zu Tode grämt, der dem Ragazzo mit dem Gummifußball zweifellos als Vorbild dient. Dieser Gummifußball prallt von dem energisch verhüllten Haupt des Nil am Brunnen ab und schreckt einen ins Brevier versunkenen alten Pfarrherrn auf, dessen Gesicht sich aber am Anblick einer sechsjährigen Schönheit erheitert, deren stolze Mutter vergeblich verhindern möchte, daß das gelutschte Schokoladeneis am Steckerl ihr Flecken auf das Kleidchen macht, während der Herr hier neben dem Pfarrer, der, wie der Barboy in der Tre-Scaline drüben den beiden Amerikanern wortreich erklärt, der Principe D. ist, mit seinem Friseur, der gerade dem Wasserstrahl, den der auf der Bernini-Seeschlange reitende Lausbub auf ihn richtet, vergeblich auszuweichen sucht, in einen lebhaften Disput gerät.

Das ist die Piazza Navona, der bezauberndste Platz von Rom, wo sich am Abend des fünften Januar die heidnischen Saturnalien im Trubel des Befana-Festes Jahr für Jahr turbulent erneuern, wo noch bis in die Mitte des vorigen Jahrhunderts stets im August ein künstlicher See eingelassen wurde, durch den die festlich geschmückten Karossen der Prälaten und des Principats unter dem Jubel des Volkes mit großem Gespritze um die Wette fuhren – das Prisma der römischen Feste, der Rennen, der Turniere, der Maskenzüge, der Märkte und der Regatten. Keine Revolte hat von hier ihren Ausgang genommen, kein geschichtliches Blutbad hat diese edle Bahn geschändet, das zweitausendjährige Leben Roms hat sich unversehrt auf die Spindel dieses Platzes aufgerollt, und es ist voll Freude gewesen und ist heute noch voll Freude.

Und nun – so schwer es uns fällt – verlassen wir die Piazza Navona, wobei es vielleicht ein nützlicher Gedanke ist, sich zu erinnern, daß der tägliche Gruß in der Antike das griechische Wort »chaîre« war – freue dich – und eilen auf ein Ziel zu, das uns wieder in das alte Rom zurückführt: das Castel S. Angelo, das Mausoleum des Kaisers Hadrian. Wenn wir von der Piazza Navona aus die Via Zanardelli überqueren, werfen wir noch einen Blick auf das ausgesparte Gewölbe links in der Häuserfront, wo man die Konstruktionen des alten Domitians-Zirkus sehen kann, und fahren dann, an Antiquitäten-Läden vorbei, durch die Via dei Coronari zum Tiber, den wir an der Engelsbrücke erreichen.

DAS GRABMAL DES KAISERS HADRIAN

Halten wir zunächst fest, was wir sehen: eine antike Brücke, geschmückt mit den Statuen des Petrus und des Paulus und mit zehn großen flügelschlagenden Engeln. Eine schwere, aus Ziegeln aufgeführte Fortifikation mit Schießscharten und Bastionen. Einen aus grauen Quadern aufgeführten trommelartigen Rundbau von geschichtsloser Festigkeit. Noch einmal Bastionen, dann eine Marmorgalerie, eine breite Plattform und einen ungeheuren Engel aus Erz, der mit einem letzten Hieb sein Schwert in die Scheide stößt. Wenn wir es nicht wüßten, könnte uns nichts von den sichtbaren Dingen auf den Gedanken bringen, daß dies ein Grabmal war, und zwar das Mausoleum des besten Weltbürgers, den die Antike kannte. Es ist ein Glück für uns, daß dieses Grabmal schon so bald seiner Bestimmung entfremdet wurde, daß es Zuflucht, Festung und Kerker gewesen ist, daß Päpste darin gewohnt und bedeutende Männer darin gestorben sind – denn sonst hätten wir es vielleicht nicht mehr. Aber es ist eine Tragödie für Hadrian, dessen goldne Urne darin keine Ruhe fand, obwohl die Mauern an Dauerhaftigkeit nicht übertroffen worden sind.

Wer war Hadrian? Ich erspare mir, seine politischen und militärischen Taten aufzuzählen, denn nicht sie, sondern sein Charakter zieht uns an. Nur in einem so gefestigten und von Grund auf reichen Imperium, wie Trajan es hinterließ, konnte Hadrian das Leben führen, das er sich geleistet hat. Er war der vielseitigste Dilettant, den die römische Kaisergeschichte kennt. Er konnte alles: er redete ausgezeichnet, er philosophierte konsequent, er dichtete angenehm, er urteilte sicher über fremde Verse und schrieb entzückende eigene, sein Verstand stand in einem geglückten Verhältnis zu seinen Körperkräften, er war ein Romantiker mit Maßen, ein Liebhaber schöner Knaben und erlesener Mädchen, er interessierte sich für Laster, ohne ihnen zu verfallen, er übte Tugend, ohne doktrinär zu sein. Sein Hang zum Griechischen stimmte mit seiner lateinischen Denkweise überein, sein Wissensdurst hieß ihn auf Reisen gehen, ohne daß er die Regierung darüber vernachlässigt hätte, er verstand sehr viel von Psychologie, mehr noch von Propaganda, am meisten von der Kunst, den richtigen Eindruck zu erwecken. In seinem Benehmen war er bescheiden und herzlich, er pflegte den Besucher stets mit dem Gefühl zu entlassen, daß er vom Kaiser hochgeschätzt und ins Vertrauen gezogen worden sei, er lächelte über Klatsch und duldete Korruption, soweit sie sich in den Staatshaushalt einplanen ließ. Er sorgte dafür, daß seine Freunde ihn leise belächeln konnten, und verhinderte, daß sie ihn ernsthaft verhöhnten, seine Umgangsform war die des gebildeten Privatmannes, er war ein gepflegter, harmonischer und

Castel S. Angelo

zurückhaltender Mensch, ein Ästhet, dem am Genuß ebenso viel gelegen war wie an der Initiative, ein Herrscher, der Furcht durch Ironie, Ruhmsucht durch Gleichmut, Irrtümer durch Humor und Eitelkeit durch Eingeständnis zu überwinden schien.

Und unter all dem versteckt lag eine nihilistische, melancholische, rührselige, rastlose Seele, ein laszMiver Trieb zur Neugier, eine seltene Begabung zur Spiegelfechterei, ein gleißnerisches Talent zur Halbwahrheit, zur Reserve, zur Verschleierung, zur einseitigen Distanz. Innerlich war dieser Mann ein frierendes Wesen, dem nur das bis zur äußersten Perfektion getriebene Spiel mit den Menschen, um nicht zu sagen das Spiel mit der Menschheit, noch ein wenig von dem natürlichen Feuer einer blutvoll leidenden Welt geben konnte, nach der er sich so sehr sehnte. Etwas Ahasverisches liegt in Hadrian, etwas von der zeitlosen und unstillbaren Perfidie, die Harmlosigkeit lüstern zu mißbrauchen und sich daran zu freuen, wenn der Partner sich zum Guten geleitet fühlt. Das unaufdeckbare Laster ist eines der Lebensprobleme dieses unbeschreiblich interessanten Mannes, ein anderes die Skepsis gegenüber der Wirklichkeit, ein drittes die Lüge. Hätte er an den Heiligen Geist geglaubt, so könnte man sagen, er sei der größte Liebhaber jener Sünde gewesen, die nicht verziehen wird. Er hat in der Welt Gerechtigkeit geübt, und hat sie innerlich verachtet, und es ist immerhin bedenkenswert, daß die Vergeltung, die die Geschichte an ihm geübt hat, sich auf eine beinahe unheimliche Art zurücknahm, was er ihr schuldig blieb. Sie zerstörte nicht so sehr seinen Ruf – in den Geschichtsbüchern fungiert er zu Recht als ein milder Herrscher voller guter Eigenschaften, und seine Zeit gilt als eine goldene –, sie schändete sein Grab.

Die Römer stürzten die herrlichen Statuen, von denen die meisten griechische Originale waren, von den Zinnen seines Mausoleums, um die Goten am Sturm zu hindern. Otto III. ließ in den zu Verliesen umgewandelten Grabkammern den Patrizier Crescentius umbringen. Heinrich IV. kerkerte den Papst Gregor VII. hier ein, der Kardinal Vitelleschi, ehemaliger Gouverneur von Rom, starb am Hunger, Stefano Porcari, der Nachfolger Rienzis im Traume von der Wiederherstellung der antiken römischen Republik, wurde hier ermordet, die Humanisten Platina und Pomponius Laetus waren hier als Häretiker eingekerkert, die Borgia brachten ihre Opfer hier mit Vorliebe um, der Kardinal Carafa wurde hier erwürgt; die Cenci erfuhren hier ihr Todesurteil, Giordano Bruno ging von hier aus auf den Scheiterhaufen, Giacinto Centini wurde hingerichtet, weil man ihn im Verdacht hatte, daß er den Papst Urban VIII. mit Gift und Magie habe ermorden wollen, und bis ins neunzehnte Jahrhundert hinein reiht sich Urteil an Urteil, Recht und Unrecht mischen sich, immer fließt Blut. Man sagt, der Engel, dessen ehernes Bild die Zinne krönt, sei der Heilige Michael, der dem Papst Gregor dem Großen bei einer Bittprozession während der Pestzeit erschienen sei, um ihm mit der Geste des Schwertes anzuzeigen, daß die Seuche ihr Ende habe. Und von dieser Zeit an hat man den Heiligen Michael, der sein Schwert in der Scheide birgt, immer als Friedensbringer verehrt. Aber diese Geste galt bestenfalls für das Volk von Rom – sie galt nicht für die Engelsburg. Denn dort, wo nach der Absicht des Kaisers Hadrian für ewige Zeiten die Asche der zu Friedensgöttern gewordenen Kaiser in Gold eingebettet ruhen sollte, hat sich bis heute kaum etwas anderes als die Magie gezeigt, mit der das vergossene Blut fortzeugend in der Geschichte die Gewalttat ansaugt.

Und trotzdem ist dieses Grabmal schön. Rom wäre nicht Rom, wenn es nicht bestünde, es ist der Geschützturm auf dem Schiff der Kirche geworden, und der Engel auf seiner Zinne ist der Signifer Sanctus Michael, von dem es in der Totenmesse heißt: »... repraesentet eas in lucem sanctam« – er möge die Seelen der Abgeschiedenen im heiligen Lichte wiedererscheinen lassen. Die Geste seines Schwertes weist nicht von ungefähr in die Richtung unseres letzten und erhabensten Zieles: San Pietro in Vaticano.

ZUM GRAB DES APOSTELS PETRUS

Während wir nun über die Via della Conciliazione dem Petersplatz uns nähern, möchte ich Ihnen ein Erlebnis erzählen, das mir unvergeßlich vor Augen steht, so oft ich die Grenze überschreite, die den Bezirk des Apostelfürsten von profanem Boden trennt. Am Vorabend der Verkündigung des Mariendogmas im Jahre 1950 brachte man in einer ungeheuren Prozession die ehrwürdige und heilige »Salus Populi Romani«, das große Marienbild aus S. Maria Maggiore in den Vatikan. Aus aller Welt waren Ordensleute gekommen, viele davon aus den fernsten Missionen, viele davon zum ersten und einzigen Mal. Es dunkelte schon auf dem Petersplatz, als die Lichter und die Glocken am Beginn der Conciliazione ankündigten, daß das Gnadenbild sich nähere. Unter einer gar nicht abzuschätzenden Menschenmenge wartete ich auf dem Petersplatz auf die Prozession, und neben mir standen mit schüchternen Gesichtern zwei Schwestern, die auf einer Leprastation im Inneren Afrikas arbeiteten und als besonderes Geschenk die Fahrt nach dem Rom des Jubeljahres hatten antreten dürfen. In dem riesenhaften Becken zwischen den Kolonnaden brannte kein Licht, die Front der Petersbasilika war dunkel, die Menge verharrte in leisem Gemurmel, bis die Spitze der lichtertragenden Kleriker die Bannmeile des Apostelgrabes erreicht hatte. Dann begann, zunächst zaghaft, mit sehr allmählichen Steigerungen und Minderungen, wie die Brandung des Meeres, Gesang aufzusteigen, und die beiden kleinen Schwestern brannten vor Erregung. Eine Musikkapelle nach der anderen erreichte den Platz, Hunderte von Fahnen zogen ein, die Hymnen

Porta Angelica

der Geistlichkeit wechselten mit den leidenschaftlichen Freudenrufen der Jugend, mit langsamer und ergreifender Gewalt nahm das Hochgefühl der außerordentlichen Stunde Besitz von den Seelen. Die beiden Schwestern streckten ihre Hälse, um nur ja nichts zu versäumen, sie zogen kleine Spiegelchen hervor, wenn sie vom Stehen auf den Fußspitzen zu müde wurden, sie hatten keinen Gedanken mehr an die Trommeln Afrikas und an die jahrelange entsetzliche Einsamkeit, sie ließen sich mit geröteten Gesichtern tragen von der wunderbaren Welle der Begeisterung, die über dem Platz zusammenschlug. Und endlich, endlich erreichte auch das große Muttergottesbild, die uralte Schutzfrau des christlichen Römervolkes, den Petersplatz. In dem Augenblick, als die Träger der Ikone, begleitet von den päpstlichen Garden, gefolgt von dem Kardinalpriester von St. Peter, umhüllt vom Schein Hunderter großer Kerzen, den Platz betraten, flammte die Fassade der Basilika in großer Beleuchtung auf, die Glocken der Apostelkirche begannen zu schwingen, ein tobender Schall von Tausenden klatschender Hände erhob sich in die Lüfte, und mitgerissen von der Stunde brachen wir alle in die einfachen Rufe der Begeisterung aus. Die beiden Schwestern aber knieten mit abgekehrten Gesichtern auf dem Pflaster, sie hatten kein Auge für das Schauspiel, das sie nie mehr in ihrem Leben würden sehen können, sie beteten mit fliegenden Lippen »... o rosa mystica, turris eburnea, o stella maris, ora pro nobis«.

Damals ahnte ich, was Sankt Peter ist. Das Heilige Grab in Jerusalem ist das Unterpfand der Erlösung, das Grab des Apostels Petrus ist der Felsen der Kirche. Durch viele Jahrhunderte war dieses Grab ein unantastbares Symbol. Nun, in jüngst vergangenen Jahren, hat man nachgegraben, um hinter dieser geglaubten Tradition die Realität aufzudecken – und hiervon will ich nun erzählen. Denn St. Peter ist nicht mehr denkbar ohne das Wissen von den Erkenntnissen, die man aus der Tiefe seiner Erde schöpfte.

Es war ein erregender Augenblick, als sich zum erstenmal die spitzgegiebelte Eisentür öffnete, die den Blick auf diese ehrwürdigste Zone der christlichen Frühgeschichte freigibt. Bisher hatte eine jahrhundertealte Scheu vor der Heiligkeit des Ortes der systematischen Forschung den Zugang zu dem Apostelgrab verwehrt. Als man aber für Pius XI. in den Vatikanischen Grotten – jenem höchst bemerkenswerten Bezirk zwischen dem Boden der alten und der neuen Basilika – eine Ruhestätte suchte, gab es eine erstaunliche Entdeckung:

der Papst hatte den Wunsch geäußert, in der unmittelbaren Nähe des Grabes von Pius x. zu ruhen. Man studierte also die alten Pläne der Basilika und fand darauf eine für diesen Zweck geeignet erscheinende Nische verzeichnet, die in Wirklichkeit nicht mehr sichtbar war. Beim Abklopfen der Mauern wurden Hohlräume entdeckt, und damit begann eines der faszinierendsten Kapitel der modernen Archäologie. Man drang zunächst in die Grotten ein, fand verschollene Sarkophage von Kaisern und Päpsten, grub tiefer und stieß endlich auf einen Bezirk, von dem man nichts mehr gewußt hatte.

Das erste wichtige Ergebnis war die genaue Topographie des vatikanischen Hügels, und damit die naturgegebenen Voraussetzungen, mit denen Kaiser Konstantin bei seinem Plan, dem Apostelfürsten Petrus hier eine Basilika zu errichten, zu rechnen hatte. Es zeigte sich, daß der vatikanische Hügel zuerst in flachem, dann in steilerem Gelände zum Tiber abfällt und mit einer Begräbnisstätte bedeckt war.

Konstantin hat, wie man wußte, seine Basilika so angelegt, daß eine bestimmte Grabstätte aus diesem Friedhof zum Richtpunkt für das Bodenniveau seiner Kirche wurde. Dieses Grabmal lag auf der halben Höhe des Hügels, also mußte der nördlich darüber liegende Teil des Bestattungsbezirkes abgegraben, der südliche, tiefere aufgeschüttet werden. Beides bedeutete für antike Vorstellungen, in denen die Unantastbarkeit des Grabes durch Gesetz geschützt war und nur durch den Kaiser selbst aufgehoben werden konnte, eine außerordentliche Mutprobe. Man ging auch, wie sich nun zeigte, an solche Probleme mit ungewöhnlicher Behutsamkeit und Pietas heran – und so nahm man den

Mausoleen, die unter die geplante Bodenhöhe der Kirche zu liegen kamen, mit großer Sorgfalt die Dächer ab und füllte die Hohlräume mit Erde auf. Hierdurch wurde die ursprüngliche Lage der Toten nicht verändert, man gewann aber gleichzeitig ein sehr festes, von den Mauern der Mausoleen durchzogenes Fundament der Kirche. Bis in die Höhe von zehn Metern reichen die Stützmauern auf, die Konstantin auf der abfallenden Seite des Hügels errichten ließ – und die alte Basilika muß vom Tiber her wie die Krone einer gewaltig aufwachsenden Festung gewirkt haben. Und nun bedenke man: alle diese ungeheuren Anstrengungen sind einzig gemacht worden, um die Bodenfläche der neuen Kirche auf der Höhe eines bestimmten Grabmals zu halten, das den genauen Schnittpunkt der Achsen im Bauwerk bildet und sich senkrecht unter der Kuppel von St. Peter befindet.

Im Verlauf der Freilegungen stieß man zunächst auf eine von Konstantin aufgeführte Stützmauer, an deren Außenseite die Pilger früher Zeit Inschriften und Frömmigkeitsformeln hinterlassen haben. Jedoch kommt – erstaunlicherweise – der Name, den man am meisten erwartet – Petrus – nicht darin vor. Nach Überwindung dieser Mauer zeigte sich den Archäologen eine zweite mit einem beträchtlichen Riß, die durch die erste gestützt worden war. Diese zweite Mauer ist auf die Zeit zwischen 100 und 200 nach Christus datierbar und bildet eine der Wände, die das Grabmonument umschließen, das Konstantin vorgefunden hat. An der Stirnwand im Innenraum dieses Grabmonuments ist eine Nische ausgespart, deren Schwelle schräg gegen die Nischenwand verläuft und eine Kontur für ein darunterliegendes Grab ergibt. Dieses Grab ist nur

KOPF DES HL. PETRUS

Mosaik aus San Paolo fuori le mura

um 1220

(aus Bruhns »Die Kunst der Stadt Rom«
Anton Schroll Verlag, Wien)

zur Hälfte vorhanden: es reichte unter die Mauer. Da auf der Außenseite der Nische ein Abzugskanal über den vatikanischen Hügel hinunterläuft, der von einer Steintreppe überdeckt wird und durch Ziegelstempel auf die Zeit Mark Aurels datierbar ist, mußte man annehmen, daß das Grab mit der Erweiterung des Abzugsgrabens zusammengeschoben wurde, so daß es innerhalb des Grabmals verkürzt erschien.

Es handelt sich um ein ganz einfaches, dicht unter dem Boden liegendes Grab, das von den unmittelbar anschließenden Bestattungsstellen durch eine einfache Sicherungsmauer abgetrennt worden ist. Diese Mauer läßt sich auf das zweite Jahrhundert datieren und ergibt mit dem Raum, der als Denkmal über dem Grab aufgeführt ist, die Gestalt des »Tropaion«, jenes Siegesdenkmals, das der Presbyter Gaius im zweiten Jahrhundert erwähnt hat.

Die Presbyter waren zu der Zeit des Gaius, den man als einen Zeitgenossen des Apostels Johannes ansieht, im Gegensatz zu der beamteten Priesterschaft der Diakone und der Bischöfe die Träger der Lehrtradition, die berufenen Verteidiger der Rechtgläubigkeit. In Kleinasien hatte sich damals die Sekte der Kataphrygier gebildet, die zum Beweis ihrer Rechtgläubigkeit mit dem Besitz der Leiber des Apostels Philippus und seiner weissagenden Töchter argumentierten. Dem gegenüber sagt Gaius, er könne in Rom die Tropaia des Petrus im Vatikan und des Paulus an der Ostiensischen Straße zeigen – und auf diesem Hintergrund ist jede Wahrscheinlichkeit gegeben, daß es sich bei diesen Tropaia über die eigentliche Begriffsbedeutung »Siegesmal« hinaus um reale Gräber handelt.

Konstantin legte nun den Boden seiner Kirche so, daß

der monumentale Unterbau des Tropaion mit den Fliesen zusammenfiel, während die Aufbauten in den Kirchenraum hineinragten. Er ließ das Grabmal mit einer kostbaren Marmorwandung verkleiden, die vollständig intakt vorgefunden wurde. Unter Papst Gregor dem Großen setzte die Gepflogenheit ein, über den Gräbern der Märtyrer die Messe zu lesen, was eine Erhöhung des Presbyteriums notwendig machte – weil man den obersten Teil des Tropaion als Altar benutzen wollte. Zugleich mit dieser Veränderung wurde die sogenannte Ringkrypta geschaffen, ein unter dem Boden im Halbkreis um das Tropaion herumlaufender Gang für die zahllosen Pilger. Im zwölften Jahrhundert hat Papst Calixtus II. einen neuen Altar darüber bauen lassen, im vierzehnten legte Innozenz IV. noch eine Altarhülle darüber, und über all diesen ehrwürdigen Verkleidungen erhebt sich heute der Papstaltar unter dem Baldachin des Bernini. Das eigentliche Ergebnis der Forschungen unter der Petersbasilika ist also viel ergreifender und bedeutungsvoller, als die Frage, ob man die Gebeine des Apostels gefunden hat oder nicht: Wenn wir der von neunundneunzig Öllämpchen bekränzten Krypta des Heiligen Petrus unsere Ehrfurcht erweisen, befinden wir uns an einem Ort, den eine am Gegenstand erweisbare Kontinuität der Verehrung mit den ältesten aufhellbaren Zeiten des Christentums verbindet. Die Kuppel des Michelangelo leuchtet dem Erdkreis als ein Siegeszeichen des Apostelfürsten, und ihre Laterne gibt geometrisch genau die Stelle an, die schon in den Zeiten des Kaisers Mark Aurel von den Christen als das Unterpfand jener Schlüsselgewalt betrachtet worden ist, die von den Pforten der Hölle nicht überwältigt werden kann.

Der Petersplatz ist ein Symbol der Welt, von einer erhöhten Herrschau verzückter Heiliger umstanden, von den Säulenhallen des Paradieses umsäumt. Sein Pflaster fällt wie ein weichgeschwungenes Brunnenbecken zum Mittelpunkt hin ab, auf dem der kreuztragende Obelisk aus dem neronianischen Zirkus seinen rosenfarbenen Leib in den Himmel erhebt. Zwei Fontänen werfen die Sprühnetze ihrer Wasser im Wind wie glänzende Fahnen über die Ränder der Schalen hinaus. Zu Füßen des Treppenwerks von St. Peter stehen auf großen Sockeln die beiden Apostelfürsten, die Vertreter der Juden- und der Heidenkirche, die einzigen Gestalten, die sich unmittelbar aus der Ebene erheben, die den millionenfach zuströmenden Pilgerscharen als heiliger Versammlungsort dient. Alle übrigen Glieder des himmlischen Hofes sind auf die Dächer entrückt, sie repräsentieren dort die Glorie der triumphierenden Ecclesia, und ihre vom Hauch des Heiligen Geistes aufgetriebenen Bewegungen sind die Ausdrucksgesten eines einzigen Gedankens: der Zeugenschaft für das Wort und die Wahrheit.

Schon lange bevor Christus in das römische Recht eingedrungen war, hatte man im antiken Imperium als die erste und beweiskräftigste Form der Wahrheitsfindung die Zeugenschaft anerkannt. Auf den Bildern der frühchristlichen Mosaiken erscheinen neben Christus die Apostel mit deutender Handgebärde, im Gestus der Akklamation, die die spontane Form der Zeugenschaft ist: der aus der Tiefe der Überzeugung hervorbrechende Ruf »Ich bin hier, um dafür einzustehen, daß jener die Wahrheit sagt«. Auf dem Petersplatz akklamieren hundertvierzig Heilige, hundertvierzig unter dem stürmischen Anhauch des Pneuma in Verzükkung geratene Gestalten ihren König mit dem Kreuz, der auf dem Dach der Peterskirche steht. Der antike Rechtsvorgang ist in die Monumentalität des Barock transformiert. Auf Christus hin sind die Blicke all dieser Märtyrer und Doktoren, Päpste und Kirchenväter gerichtet, ihm huldigen sie in einer beredten Gebärdensprache, in die alle menschlichen Affekte einverwoben scheinen. Da sind Mönche in stiller Andacht, zürnende Prediger, demütige Mystiker, hingegebene Priester, ernste Bischöfe und beschwörende Päpste, zum Teil durch irrationale Würde und Macht zu fast übermenschlichem Pathos emporgetragen, zum Teil gebrochen im Übermaß der Gnade, aufgelöst in tänzerische Jenseitsfreude, in furchtloser Weltverachtung geläutert. Das betrachtende Gebet steht neben der hingerissenen Schau, die einfache Andacht neben der erleuchteten Weisheit. Wie eine Vorpostenkette des Himmels sind diese Heiligen rings um uns aufgestellt – und für uns akklamieren sie in der Person des Salvators Christus auch den zeitlosen Herrscher auf dem Stuhle Petri, den Servus Servorum Dei, der das Werk des Erlösers fortsetzt. Denn das Baugeheimnis des Petersplatzes und das Bildgeheimnis der Heiligen auf den Kolonnaden ist der mystische Leib Christi, dessen Leben jenseits der Geschichte unverweslich fortbesteht, dessen Haupt durch die Kuppel über dem Apostelgrabe versinnbildlicht wird, und dessen Arme den geschweiften weltumfassenden Säulenhallen gleichen, die uns umgeben.

Der Vatikan ist nicht eine Weltmacht, sondern eine Zeitmacht. Seine reale Herrschaft erstreckt sich nicht über die Völker, sondern über die Geschichte. Wenn der Papst hier auf dem Petersplatz den Segen Urbi et Orbi erteilt, so trifft der Gnadenstrahl dieser Benediktion nicht nur die gegenwärtige Stadt, sondern Rom in seinem ewigen Bestand, und nicht nur den Erdkreis in seiner überschaubaren Augenblicksgestalt, sondern die Welt, wie sie vom ersten Schöpfungstage an gedacht war. Als eine von Menschen geordnete und geleitete Institution ist die Kirche dem Zeitgesetz unterworfen. Als eine mystische Substanz ist sie im Wandel der Geschichte ohne Minderung gegenwärtig, ebenso wie die gleichbleibende Energie der Natur sich in den wandelnden Formen der Erscheinungen niemals selbst verzehrt.

Hierin liegt der Schlüssel zu sehr vielen Dingen, die im Kirchenregiment rätselhaft erscheinen: zu der scheinbaren Intoleranz, zu dem übertriebenen Konservativismus, zur Skepsis gegenüber allen dem Augenblick verhafteten Neuerungen, zu all den unverständlich weisen Eigenschaften der vatikanischen Herrschaft, die es auch dem Katholiken manchmal nicht leicht machen, einen tieferen Sinn in ihnen zu erkennen. Die Gegenwart ist für die Kirche stets ein Teil der Geschichte, und an der Geschichte hat die Kirche nur im Sinne eines zeitlosen Regulativs teil. Die geistige Substanz, die unverletzliche Gestalt des mystischen Leibes Christi muß über die Vergänglichkeit historischer Wandlungen souverän sein. Das Urteil der Kirche muß sinnvoll sein, gleichviel wie die Bedingungen sich ändern. Als mystischer Leib Christi ist die Kirche nicht so sehr eine Komponente des Weltgeschehens. Nur in ihrer äußeren Gestalt hat sie teil an der sich wandelnden Natur, in ihrer Geistigkeit hängt sie von der Übernatur ab. Sie ist niemals selber Geschichte, weil sie fortdauernde Gegenwart ist, und so wird sie immer wieder vor das Problem gestellt, so zu handeln, daß auch noch nach dem

Eintreten gegenteiliger Zeitumstände das Gebotene wirksam bleibt. Hieraus entspringen Vorsicht, Diskretion und Zurückhaltung im kurialen Denken.

Es ist eine ungeheuer schwere Aufgabe für den menschlichen Geist, sich in seinem Verhalten zur Welt so zu regulieren, daß die Rückwirkungen seiner Handlungen nicht an ihm zehren. Nur das Bewußtsein, in der Gemeinschaft der Heiligen ein Organismus zu sein, der die Grenzen der menschlichen Natur überschreitet, hat der Kirche zu der unwandelbaren Festigkeit verholfen, mit der sie die Forderungen der Geschichte überwinden konnte. Für die Kirche ist Christus nicht nur der Herr der Welt, sondern vor allem der Herr der Zeit, dem alle vergänglichen Phänomene unterworfen sind. Vielleicht kommt gerade daher der große Hang des Katholizismus zur Sinnenfälligkeit: für die sich stets erneuernde Kraft des Mysteriums, für diesen sublimen Jungbrunnen der menschlichen Natur ist jedes aus der vergänglichen Welt der Sinne genommene Gewand ein Zeichen für die Besitzergreifung der Materie durch den Geist. Die Berührung mit dem Mysterium verewigt gewissermaßen die Gegenstände der Welt, die ohne sie dem Verfall preisgegeben wären. Wenn irgendwo in der Welt einmal der Versuch gemacht worden ist, über die Metamorphosen des Menschengeschlechts hinweg der Wahrheit eine verbindliche, anschaubare Gestalt zu geben, so in der katholischen Kirche. Der Petersplatz mit seiner großen und herrlichen Konstruktion ist ein von Geist erfülltes Dokument dafür, daß nicht die Zeit, sondern der Raum das Lebenselement der Kirche ist. Nicht auf dem Strom der Geschichte steuert das Schiff Petri dahin, sondern auf dem Meer der Ewigkeit, und was wir Geschichte nennen, ist seine Fracht.

S. Croce
In Herusalem
S. lorenzo
fora di mura
S. MARIA
MAGIORE

· S · ſebaſtiano
S · PAVLO
GIOVANI LATRANO
LE SETTE CHIESE DI ROMA
Per esser uenuto lanno del ſanto Jubileo con:
cesso da Noſtro Sig.re Gregorio XIII ſecondo
lanticho consueto e ſatto questo diſegno, con il
circuito de Roma, doue si uedeno dette chiese
cauate dal naturale, et se non sono poste nel
suo luogo, ogni persona iuditiosa conoscera
depender la causa per non hauer piu spatio
Di queste sette chiese quattro sono le piuile:
giate segnate con li Santi á chi ſono de:
dicate, et con una ✠ et in esse si piglia il
Santo Jubileo, ilquale i Dio ci dia sua Santa
pace per poterlo acquistare nel presente
anno: 1575 . ANT · LAFRERII ROMAE

Es gibt einen Plan von Bernini, auf dem die beiden Kolonnaden durch eine dritte ergänzt sind, die den Petersplatz vollständig abschließen sollte. Man hat diesen Säulenriegel damals nicht bauen lassen, und heute bedauern wir es nicht mehr. Uns scheint vielmehr, als ginge von diesen beiden weit entfernten Flankenenden eine geistige Kolonnade aus, die rings um die Stadt läuft, um diejenigen Heiligtümer mit St. Peter zu verbinden, die seit dem vierten Jahrhundert mit der vatikanischen Basilika die Einheit der sieben Hauptkirchen Roms bilden. Ihnen wollen wir uns am Ende unseres vierten Weges betrachtend zuwenden, und wir wollen dazu auf das Dach der Peterskirche steigen und

Piazza di S. Pietro

uns in den Schatten der riesenhaften Christusfigur stellen, von der dieser geistliche Kranz greiser Kirchen seinen Ausgang nimmt. Von hier aus – wir haben das ebenmäßige Steingebirge der Peterskuppel mit den ameisenhaft hochkletternden Besuchern im Rücken –, von hier aus sehen wir Rom in großer Pracht und Weite uns zu Füßen liegen, gelbglühend im Widerschein der sinkenden Sonne, und unser Auge verfolgt den Weg, den die Pilger unter der Anleitung des Heiligen Filippo Neri heilsuchend zurücklegen, von San Pietro nach San Paolo fuori le mura, nach San Sebastiano auf der Via Appia, nach San Giovanni in Laterano, Santa Croce in Gerusalemme, San Lorenzo und Santa Maria Maggiore. Die sieben Patriarchalbasiliken Roms sind im Grund eine Kirche, ebenso wie die sieben Gaben des Heiligen Geistes eine einzige Gnade sind. Der Priester dieser Kirchen ist der Papst: in jeder von ihnen steht ein Altar, an dem nur der Pontifex die Messe lesen darf. Jede von ihnen ist fünfzehnhundert Jahre alt, und der katholische Himmel über Rom ruht auf diesen Kirchen wie auf unsichtbaren Säulen.

Die Basilika des Heiligen Paulus an der Straße nach Ostia liegt in einer Gegend von öder Nüchternheit. Vorstadtbauten, Staub und Armut bilden die dürftige Fassung für eine Kirche, die durch Jahrhunderte zu den größten Juwelen der christlichen Kunst gezählt hat. Der unglückliche Brand von 1822 zerstörte das Ehrwürdige an ihr, die seltsam verständnislose Rekonstruktion warf vieles nieder, was noch geblieben war, um dafür Ersatzkunst aufzuführen, aber immer noch übt diese Kirche eine gewaltige Macht auf die Besucher aus. Der Geist des antiken Raumes ist über alle traurige Vernichtung hinweg lebendig geblieben, und der

Apostel Paulus, dessen Worte noch der Offenbarung zugezählt werden, hat in ihr eine Heimstätte, die seines Geistes würdig ist. Wenn man diese von achtzig geschliffenen Säulen getragene Halle betritt, fühlt man sich von einer Atmosphäre umhüllt, die gleicherweise aus kühler Größe und gebändigter Maßlosigkeit komponiert erscheint. Die hellsichtige Planung des Weltapostels, sein der Universalität des Christentums verschworener Intellekt, seine unermüdliche Bemühung, die Geheimnisse der Gnade in den Gemeinden zu konkretisieren, sein asketisches Verlangen, die Menschen über die Forderungen der Leiblichkeit hinausgelangen zu lassen, die rastlose Beredsamkeit seiner Fürsorge, das gewaltsam gespeicherte Feuer seines Glaubens – all dies ist in der glänzenden Basilika S. Paolo gegenwärtig.

»Vielerlei Mühen habe ich erduldet – häufige Kerkerhaft, Mißhandlungen und oftmals Todesgefahren. Dreimal wurde ich mit Ruten gestrichen, einmal gesteinigt. Dreimal erlitt ich Schiffbruch, einen Tag und eine Nacht trieb ich auf hoher See umher. Reisen in großer Zahl: Gefahren auf Flüssen, Gefahren von Räubern, Gefahren von meinem Volke, Gefahren von Heiden, Gefahren von Städten, Gefahren in der Wüste, Gefahren auf dem Meere, Gefahren von falschen Brüdern; Mühsal und Elend, häufige Nachtwachen, Hunger und Durst, häufiges Fasten, Kälte und Blöße; der tägliche Andrang zu mir, die Sorge um alle Gemeinden: wer wird schwach, ohne daß ich schwach werde? Wer nimmt Anstoß, und ich brenne nicht? Gott, der Vater unseres Herrn Jesus Christus, der gepriesen sei in Ewigkeit, weiß, daß ich nicht lüge.«
Dies alles reicht im Übermaß hin, um das Grab dieses

ungeheuren Mannes mit aller Pracht der Welt zu schmücken. Eigenartig ist nur, daß der Völkerapostel kein Volksheiliger geworden ist. Seine Gestalt steht in großer Ferne, in heroischen Umrissen hinter den menschlicheren von San Giuseppe oder San Francesco. Sein Grab hat wenig Beter, denn es ist schwer, in Gedanken an eine so außerordentliche, geistbetonte, von sublimiertester Liebe angetriebene Gestalt angesichts einer so großartigen wie distanzierten Basilika dem Evangelienworte nachzusinnen, daß es notwendig sei, wie Kinder zu werden, um in das Himmelreich einzugehen.

Die Kirche von S. Paolo sagt vieles über den Apostel aus. Vor allem aber verstehen wir in ihr, daß das Christentum keine einfache, sondern eine komplizierte Religion ist, daß darin die Kräfte der menschlichen Natur unter Einschließung von Intelligenz und Ratio aufgerufen werden müssen, um in den endgültigen Besitz der Wahrheit zu gelangen, und daß die Liebe, ohne die alles ein tönendes Erz und eine klingende Schelle wäre, nicht nur Anziehungskraft, Mitleid und Dankbarkeit, sondern Geist ist.

Die Basilika des Heiligen Sebastian auf der Appischen Straße ist keine schöne Kirche. Auch an den hellsten Tagen verliert sie nicht ganz den matten Belag von Müdigkeit, wie er bisweilen an sehr alten Bauwerken zu finden ist, die nach einer gleichförmigen Vergangenheit von vielen Jahrhunderten mit dem nichtssagenden weißen Verputz eines konventionellen Barock umkleidet worden sind. Sie wird von den Pilgern als der Hauptort der Katakomben-Felder verehrt und wirkt wie ein beiläufiger Vorhof zu den Geheimnissen, die unter der Erde die Andacht der Gläubigen an sich ziehen. Man eilt durch ihre ungeschmückte Halle, in der das ganze Jahr über eine Art Karfreitagsstimmung herrscht, ohne Aufenthalt weiter zu den wesentlichen Zeugnissen der frühen Christenzeit. Der große Märtyrer Sebastian hat niemals in dem Sinne von dieser Kirche Besitz ergriffen, daß man um seinetwillen hierher gekommen wäre. Der Offizier der Prätorianergarde, der der diokletianischen Verfolgung in jenem Stadium zum Opfer fiel, in dem sie sich mißverstehend gegen die christlichen Militärs richtete, ist erst seit dem 9. Jahrhundert Patron der Basilika, wenngleich man schon in der Antike wußte, daß sein von Pfeilen durchlöcherter Leib hier von der reichen Witwe Lucina bestattet worden ist. Vorher war die Basilika den Aposteln Petrus und Paulus geweiht, die, wie wir wissen, hier einmal vorübergehend geruht haben. Nur einige Male im Jahr füllt sich das Schiff mit Gläubigen an, so an jenem Tage der Karwoche, an dem der Großpönitentiar des Papstes auf seinem Rundgang durch die Erzbasiliken der Stadt hier heraus kommt. Der sündenvergebende Kardinal sitzt dann, eingehüllt in seinen Purpur, in dem kahlen Kirchenschiff auf einem vielstufigen Throne und hält eine lange Rute in der Hand. Das Volk zieht in endloser Reihe an ihm vorüber, jeder kniet nieder und erhält von dem Generalbevollmächtigten für den Sündennachlaß einen leichten Rutenschlag auf den Scheitel, womit ihm alles vergeben wird, was römische Beredsamkeit in der Beichte etwa ein wenig positiver dargestellt hat, als zulässig ist. Hier ist der Ort, um eines späten Gedichtes von Michelangelo zu gedenken, das in einer Stimmung geschrieben ist, wie sie der Kirche von S. Sebastiano entspricht:

Traurig und voll Schmerz macht es mich stets,
an die vergangene Zeit zurückzudenken,
aber ich liebe es,
dieses Gefühl der Reue über die Tage,
die niemand mehr zurückruft.
Und ich lerne noch einen Augenblick vor dem Tode,
wie die Liebe hier auf Erden zeitiger endet,
als du denkst.
Es ist schwer, zu hoffen,
daß ich angesichts der vielen bösen Jahre
in meiner letzten Stunde doch noch Gnade finden sollte.
O mein Gott, ich harre auf deine Verheißungen,
aber ich habe Angst vor dem Augenblick,
denn meine Schuld ist groß.
Deinem heiligen Blut vertraue ich mich an
und schaue auf dein Leiden, das unermeßlich ist,
wie die Gaben, die du bereit hälst
für die Deinen.

Die Basilika des Heiligen Johannes vom Lateran, von Konstantin dem Großen errichtet, ist die Bischofskirche Roms und das erste Gotteshaus der katholischen Welt, ehrwürdiger noch als St. Peter, »Omnium Ecclesiarum Urbis et Orbis Mater et Caput«, aller Kirchen der Stadt und des Erdkreises Mutter und Haupt. Hier haben die Päpste von Konstantin bis zum avignonesischen Exil residiert, hier fanden die großen Konzile des Mittelalters statt, hier ertönte aus dem Munde der kaiserlichen Gesandten das berühmte »Steige herab, steige herab« des Kaisers Heinrich IV., womit der starkmütige Papst Gregor VII. zur Abdankung gezwungen werden sollte, hier ließ Cola di Rienzi sich mit sechs Kronen krönen. Hier werden heute noch an jedem Karsamstag in einer herrlichen Prozession die

Täuflinge zu dem Becken von San Giovanni in Fonte geführt, das aus dem alten Nymphäum der heidnischen Familie der Laterani stammt, achteckig ist und als Baptisterium des Konstantin eine uralte Verehrung genießt. In seinem gekuppelten Raum befinden sich übrigens auch die bronzenen Türen aus den Caracalla-Thermen, die im Schwingen ihrer Flügel einen singenden Ton erzeugen – das einzige authentische akustische Zeugnis, das wir aus der Antike haben.
Im Mittelalter war der Lateranische Palast eine Burg mit Türmen und Säulenhallen, dem als Zeichen seiner Heiligkeit die Scala Sancta eingefügt wurde: die von der Kaiserin Helena aus der Burg Antonia in Jerusalem nach Rom gebrachte Heilige Stiege. Es handelt sich um eine marmorne Treppe von zweiundzwanzig Stufen, über die der Fuß Christi bei seiner Verurteilung geschritten sein soll – eines der ehrwürdigsten Erbstücke aus der geschichtlichen Lebensbahn des Erlösers. Den Päpsten diente die Scala Sancta als Ehrenstiege, sie führte zu der Privatkapelle Sancta Sanctorum hinauf, die der einzige Gebäudeteil ist, der aus dem alten Lateranischen Palast noch erhalten ist und dem heutigen gegenüberliegt. Wenn es Helenas Absicht war, durch das Aufstellen dokumentarischer Dinge aus der historischen Wirklichkeit Christi ein Zeugnis für die Erlösung zu schaffen, so ist dies am Gegenstand der Heiligen Stiege mit ungewöhnlichem Erfolg erfüllt worden. Von diesen Treppensteinen, die nur durch die schmalen Schlitze der Holzverkleidung zu sehen sind, scheint eine tiefbewegende Kraft auszugehen. Noch niemals ist auf der Scala Sancta ein Gebet mit lauter Stimme gesprochen worden; auch als Pius IX. sie im Jahre 1870 unter Tränen bestieg, um sich unmittelbar

darauf für immer in den Vatikan einzuschließen, geschah es schweigend. Es ist, als ob die Heiligkeit dieses Ortes zu groß wäre, um dem Worte Raum zu geben – jene atembeklemmende Heiligkeit, von der die wunderbare Goldinschrift über dem Altar der Capella Sancta Sanctorum auf dem Gipfel der Stiege spricht: Non est in toto sanctior orbe locus – auf der ganzen Erde gibt es keinen Ort, der heiliger ist als dieser.
Die Heilige Stiege endet nicht in einem Raum, sondern vor einer Wand. Nur ein Fenster öffnet sich hier, und auch dies ist seit tausend Jahren schwer vergittert. Wenn der Pilger die oberste Plattform erreicht hat, hält er vor diesem rohen Eisennetz inne und blickt in die Kapelle hinein, deren Halbdunkel nur durch die zarten Ölflammen der Ampel erleuchtet wird: ein Raum, kaum größer als ein einfaches Zimmer, in der Mitte durch eine Gewölbestütze geteilt, die von zwei Säulen aus geschliffenem Porphyr getragen wird; schwere Vorhänge, ein einziger, mit Purpur bedeckter Betschemel, und an den Wänden die goldbeschlagenen Türen zu vierundzwanzig Tabernakeln, die den größten Reliquienschatz der römischen Kirche behüten. Zwischen den beiden Porphyrsäulen steht in der Mitte des Raumes der Altar, ein einfacher grober Block, der an der Stirnwand ein vielfach verschränktes Gewirr armdikker Riegel trägt; dahinter liegen die Hauptstücke des Schatzes: ein Teil des Abendmahlstisches, eine Dorne aus der Dornenkrone, das Rohr, mit dem man Christus den Essigschwamm reichte, das Haupt der römischen Märtyrerin Santa Prassede, Reliquien Johannes des Täufers und vieler römischer Heiliger – alles gefaßt in Gehäuse aus Gold, Silber und Edelmetallen, mit kostbaren Steinen übersät. Über der mit Heiligkeit ange-

füllten Steintruhe des Altares hat man einen Schrein aufgestellt, aus dessen Silberfront, umgeben von Ampeln und Engelsköpfen, ein dunkles bärtiges Erlöserhaupt hervorschaut, der einzig sichtbare Teil des Salvatorbildes, von dem man sagt, es sei nicht von Menschenhänden gemalt worden. Die Gestalt ist ganz von der ziselierten Schutzwand bedeckt, nur das ernste drohende Antlitz ist frei. Die Pilger, die in der Betrachtung der Leidensgeschichte die Heilige Stiege erklommen haben, begegnen an ihrem oberen Ende dem unnahbaren Blick dieses Erlöserbildes, vor dessen ehrwürdiger, furchtgebietender Erhabenheit die Frage nach Echtheit aller dieser Reliquien verstummt, weil ein reines Zeugnis jener aus Gerechtigkeit und Glauben hergeleiteten Macht zu uns spricht, die im Verborgenen heute noch das christliche Rom regiert.

Die Basilika vom Heiligen Kreuz in Jerusalem, in ihrer heutigen Form ein fast häßlicher Bau des Barock, erhebt sich auf dem alten Sessorium, das den spätantiken Kaisern zeitweilig als Residenz gedient hat. Man bewahrt hier drei Teile des in Jerusalem aufgefundenen Kreuzes Christi, einen Nagel von der Kreuzigung und zwei Dornen der Dornenkrone, und überdies ein großes Stück der Holztafel, von der Pilatus sagte: was ich geschrieben habe, bleibt geschrieben. Ihre große Stunde hat die Kirche am Karfreitag, wenn diese Kreuzreliquien dem Volk zur Verehrung gezeigt werden. Unter den Gesängen des tenebrae factae sunt und unter der Führung eines römischen Patriziers geleitet die Erzbruderschaft vom Heiligen Kreuz einen Kardinal zu dem großen Baldachin, von dem aus die kostbaren Gefäße mit den verehrten und armseligen Fragmenten einer Menge dargeboten werden, die nicht selten in

Schluchzen ausbricht. An einem halbfingerlangen Dorn, an einem vermorschten Stück Holz entzündet sich die Volksfrömmigkeit zu sinnlicher Vorstellung, angesichts der dinglichen Verbindung mit dem Geschehen auf Golgatha verdichtet sich die Einbildungskraft zu religiösem Mit-Leiden, und niemand kann sagen, daß ein mit diesen Reliquien möglicherweise verbundener historischer Irrtum wichtiger sei als das ihm entspringende wahre Erlebnis einer kritiklosen Gläubigkeit.
Die Basilika des Heiligen Laurentius außerhalb der Mauern hat den theatralischen Aufputz späterer Jahrhunderte nach dem letzten Kriege wieder abgelegt und zeigt sich uns in der reinen Fassung einer frühchristlichen Groß-Kirche von distinkter Schönheit. An diesem Raum mit seinem weit hinaufgehobenen Chor und dem baldachin-überspannten Hauptaltar ist alles Hoheit, zeremonielle Würde, liturgischer Sinn. In der großen Marmorwanne, auf deren schwerem Deckel der Papst zelebriert, liegen die Leiber der drei römischen Märtyrer Laurentius, Stephanus und Justinus, in der Apsis steht der Thron des römischen Bischofs, dem nach der Weisung Konstantins in seiner Kirche auch heute noch königliche Ehren erwiesen werden. In einer Kirche wie San Lorenzo kann man sehen, daß der Bischof tatsächlich ein geistlicher König ist, der die Insignien und Gewänder der Imperatoren trägt und die fußfällige Huldigung seiner Untergebenen empfängt. Hier kann man sich bei einem solennen Pontifikalamt noch mühelos vorstellen, wie das offizielle, von verhüllenden und starren Bewegungen angefüllte Leben am Hofe der spätantiken Kaiser sich vollzogen hat. Wenn es in San Paolo Bewunderung, in San Giovanni Ehrfurcht war, was uns bewegte, so ist es in San Lorenzo Sicher-

heit: ein Raum wie dieser bringt uns die Überzeugung nahe, daß das Mysterium der Liturgie durch die menschliche Eingeschränktheit derer, die es vollziehen, nicht in seinem Bestand geschmälert werden kann.

Die Basilika Santa Maria Maggiore strahlt von Gold. Die Mosaiken an den Wänden aus dem fünften Jahrhundert, die Mosaiken in der Apsis aus dem dreizehnten Jahrhundert, die mit dem ersten Gold des spanischen Amerika überzogene Decke aus dem sechzehnten Jahrhundert, alles hat diesen feuerfarbenen Anflug dunklen Goldes, auf dem sich die Farben mit einer Leuchtkraft ohnegleichen zu mystischen Spielen zusammenfinden. Was soll ich Ihnen, meine verehrten Leser, über eine Kirche sagen, die alle anderen in Rom an Schönheit und Glorie übertrifft, vor deren Stirnseite sich die Säule aus der Maxentiusbasilika erhebt, deren Rückfront in einem grandiosen Treppenwerk zu dem esquilinischen Obelisken hinunterfällt, deren Schiff von vierzig monolithischen Marmorsäulen getragen wird, und für die kein Wort des Lobes ausreicht?

Schon ihre Entstehung ist an ein Wunder geknüpft. In der Nacht vom 5. auf den 6. August des Jahres 360 hatte der römische Patrizier Johannes eine Vision. Er erhielt die Weisung, dort eine Kirche zu bauen, wo er auf dem Boden seines Besitztums am nächsten Morgen Schnee finden würde. Als der Tag anbrach, war die Kuppe des Esquilin-Hügels mit Schnee bedeckt. Der Papst Liberius hatte denselben Traum, die Kirche wurde gebaut und bis auf den heutigen Tag regnen am 5. August in einer Seitenkapelle weiße Blütenblätter von der Decke herab und bedecken den geschliffenen Marmorboden mit dem Schnee Mariens.

Der Triumphbogen über dem Hochaltar trägt ein antikes Mosaik, zur Verherrlichung des Mariendogmas, das auf dem Konzil von Ephesus damals eben verkündet worden war. Oben, in der Mitte, ist der Thron Gottes in vielen Farbenkreisen dargestellt, und das geöffnete Buch der Offenbarung liegt darauf. Zu beiden Seiten wird die Geschichte der Gottesmutterschaft Mariens in vielen kleinen Szenen dargestellt, und dort, wo die marmornen Säulen den Triumphbogen tragen, steigen die Städte Jerusalem und Bethlehem aus dem Goldgrund auf. Nur die Geburt Christi fehlt auf dem Mosaik – vielleicht weil unter dem Hochaltar in der Confessio, im Mittelpunkt dieser Kirche, die Krippe verehrt wird, die einst im Stall von Bethlehem gestanden haben soll. Beredter als alle Beschreibung wird der Kirche S. Maria Maggiore der Papst Leo der Große gerecht – es ist jener Pontifex, der die Hunnengefahr von

Esterno di S. M. Maggiore

Rom abwandte –, der im Jahre 450 in dieser Kirche auf das Weihnachtsfest gepredigt hat:
»Es freue sich der Heilige, weil er der Siegespalme naht – es frohlocke der Sünder, weil ihm Verzeihung winkt, und neuer Mut belebe den Heiden, weil ihn das Leben ruft. Eine königliche Jungfrau aus dem Stamme Davids wird dazu auserwählt, Gottes und der Menschen Sohn zuerst im Geist und dann in ihrem Schoße zu empfangen. Eine solche Geburt, durch die unser Herr in seiner Menschlichkeit uns gleicht, in seiner Göttlichkeit uns überlegen sein sollte, ziemte Christus, Gottes Macht und Weisheit. Wäre er nicht wahrer Gott, so brächte er uns keine Erlösung. Wäre er nicht wahrer Mensch, so böte er uns kein Beispiel. Darum wird von den Engeln bei der Geburt des Herrn gesungen – Ehre sei Gott in der Höhe –, darum wird auch den Menschen auf Erden, die guten Willens sind, Frieden verheißen. Sehen sie doch, wie sich das himmlische Jerusalem aus allen Völkern der Erde erbaut.«

Nun haben wir, wenigstens mit dem Auge und dem Geist, den alten Pilgerweg zurückgelegt, um dessen Gnadensegen willen der Erdkreis in Rom zusammenströmt. Und wenn unser Blick nun wieder auf den Petersplatz sich senkt, dann scheint es, als klänge aus den bewegten Gebärden der steinernen Heiligen und aus der ewigen Prozession der Säulen, aus den sprühenden Silbersegeln der Brunnen und aus dem abendlichen Geläute der Glocken eine Allerheiligen-Litanei der Ewigen Stadt herauf, in der die vertrauten und die versteckten Heiligtümer, die Patriachalbasiliken und die Andachtskirchen ihre Namen vereinigen. Es sind die Heiligen, die Rom zusammenhalten und denen der alte

Pilgerhymnus gilt, mit dem wir den Weg der über die Geschichte hinwegeilenden Gerechtigkeit beschließen wollen:

O Roma nobilis, orbis et Domina
cunctarum urbium eccellentissima
roseo martyrum sanguine rubea
albis et virginum liliis candida
salutem dicimus tibi per omnia
te benedicimus: salve per saecula.

Teatro di Marcello

DANK AN ROM

Was uns, meine verehrten Leser, nach diesen vier Wegen noch zu betrachten bliebe, ist so viel, daß ich dieses Buch nur schweren Herzens beschließe. Wieder spaziert ein einsamer Polizist über die Piazza Venezia, wieder ist es vier Uhr morgens, wieder bin ich ratlos in dem Gedanken, Ihnen ein unzureichendes Fragment vorgesetzt zu haben. Rom ist so viel größer und herrlicher, als Worte es zu sagen vermögen, daß ich Ihnen zum Schluß nur wünschen kann, Sie möchten bald einmal und immer wieder des Glücksgefühls teilhaftig werden, im Schalle seiner Morgenglocken zu erwachen und noch im Dämmer des Schlafes zu denken: es ist gut – ich bin in Rom.

Dann werden Sie mir, so hoffe ich, verzeihen, daß ich es gewagt habe, die Sixtinische Kapelle unerwähnt zu lassen, die Stanzen des Raffael zu übergehen, die päpstlichen Sammlungen, in denen sich der Erdkreis repräsentiert, nicht zu würdigen, S. Agnese fuori le mura und die Villa Borghese auf dem Pincio zu verschweigen. Schon lange bevor man sich zum ersten Mal von irgendeinem Ort der Welt aufmacht, um nach Rom zu kommen, leben ja alle diese Dinge in unserem Bewußtsein, sie sind ein unverrückbarer Teil unseres geistigen Heimatgefühls in dieser Stadt, sie sind ein Stück des Fundaments, auf dem ein jeder von uns sich sein Rom erbaut.

Uns hat in diesem Buch das Gefälle der Geschichte angezogen, das einer glorreichen Fontäne gleich seit siebenundzwanzig Jahrhunderten über Rom niedergeht, das Abendland ist uns in seiner unauflöslichen Bindung, in dem ewigen Wechselspiel von Ausgang und Wiederkehr nach Rom vielfältig begegnet, und die Bürger dieser Stadt, gleichviel ob sie fünf oder dreißig Jahre in ihr gelebt haben, boten uns das Schauspiel der Beständigkeit und der Versöhnung in der Erscheinungen Flucht und Zwiespalt. Der römische Geist, dessen klares Licht die Schwankungen des menschlichen Geschicks ungetrübt überstrahlt, hat uns zu der Erkenntnis geführt, daß für niemand hart ist, was den Gesetzen entspricht, daß die Geschichte ein Ziel hat und daß die Gegensätze der Natur in der Übernatur zusammenfallen. Rom verdient unseren Dank durch tausendfache Gaben, die es über den Erdkreis ausgestreut hat, es verdient unseren Dank durch die feinen Liebkosungen, die auch noch der rauheste Geist in dieser Stadt verspürt, und es verdient unseren Dank durch ein Geschenk, das uns auch dann begleitet, wenn uns die Fahrt nach der Ewigen Stadt nicht gelingt, durch ein Symbol, in dessen vollkommenen Formen das Römische überall auf der Welt geheimnisvoll fortlebt: die lateinische Schrift. Sie ist der Spiegel des westlichen Geistes. Majestät und Anmut sind in ihr vereint, von der Prudentia hat sie die Sicherheit, von der Moderatio die Ruhe, von der Fortitudo die Kraft und von der Justitia die Ordnung. In Rom selbst hat sie allen Erschütterungen, die die Geschichte dieser Stadt zugefügt hat, unangetastet widerstanden, ihre breiten und gelassenen Charaktere sind am Titusbogen von derselben sakrosankten Würde, wie an der Peterskirchen-Fassade, und selbst der alles verwandelnde Barock hat sich nicht gedrängt gefühlt, ihre Grundzüge zu ändern. Auf dem Grabstein der Agrippina im Konservatorenpalast begegnen wir ihrem edlen Gleichmaß, auf dem First des Pantheon ihrer zeitlosen Gravitas, auf dem Rundgesims des Kreuzganges von

S. Maria della Pace ihrer zarten Grazie, auf dem Spruchband der Fontana Trevi ihrer freien Schönheit. Sie ist der Linienzug des lateinischen Geistes, das abstrakte Gefäß für die Macht des geschliffenen Intellekts und die weihevolle Spur der irrationalen Beständigkeit Roms. In ihr wird deutlich, wie unser Leben durch die behutsame Einwirkung des römischen Wesens von doktrinärer Enge befreit und zu reiferem Spiele gefördert wird, in ihr ist der strahlende Überschwang der Diesseitigkeit zu vernunftgemäßer Diskretion gebändigt, in ihr finden die dämonischen Trübnisse der Charaktere ein klärendes Gerüst, in ihr widerfährt dem schweifenden Wort die Gerechtigkeit der gültigen und bleibenden Form. Sie ist ein unzerstörbarer Niederschlag der römischen Virtus, in der die Tugenden unserer Wege zusammenfallen. In ihrem Gebrauch fließt auch nach dem beklagenswerten Verlust des Lateinischen die römische Geistigkeit noch immer geheimnisvoll in unser tägliches Leben ein. In der Betrachtung der lateinischen Schrift richtet sich das ewige Rom in seiner inneren, wandlungslosen Wirklichkeit vor uns auf, die Affekte der menschlichen Natur erscheinen vom Bodensatz der Vergänglichkeit befreit, und die Offenbarungen der Übernatur fügen sich ungeschmälert den klassischen Formen ihrer Lettern. Man kann von ihr mit höherem Rechte als die Römer von ihren Gesetzen sagen, sie sei »aere perennius« – dauerhafter als Erz: die lateinische Schrift ist Roms größtes Monument.

Während ich dies schreibe, ist der neue Tag mit kühlem Glanz über der Stadt Rom heraufgekommen; Sie alle kennen die dankbare Heiterkeit, die uns ergreift, wenn wir aus der Welt der Gedanken und Betrachtungen im Licht einer gütigen Sonne zu den einfachen Dingen des

Lebens zurückkehren, zu dem lebendigen Gesprühe der Brunnen, zu den drängenden Geräuschen des Marktes, zu der schmiegsamen Schönheit achtlos vorübergehender Frauen und zu den kreisenden Schattenspielen morgenfrischer Gärten. Wir haben dem Geiste Roms gedankt, der wie ein unsichtbarer uralter Atlas das Gewölbe unserer Welt auf seinen Schultern trägt, und wir wollen dem sinnenhaften, gegenwärtigen, unbekümmerten und ewig jungen Rom unserer Augen danken, das nicht müde wird, uns die guten Gaben dieser Welt in vollkommener Harmonie zu präsentieren. Und so wünsche ich zum Abschied Ihnen allen, die Sie mir mit Geduld bis hierher gefolgt sind, daß Sie in dem Gedanken an das geliebte Rom stets dem alten freundlichen Skeptiker *Horaz* zustimmen mögen, der einmal in einem Augenblick frommer Rückschau, seine frühen Wünsche, mit dem vergleichend, was das Leben in Rom ihm geschenkt hatte, die dankbaren Worte fand: »... die Götter haben mehr und Besseres mir gegeben. Mir ist wohl.«

REGISTER

Die Reproduktion der beiden Bilder von Canaletto auf den Seiten 65 und 113 erfolgte mit gütiger Erlaubnis Ihrer Majestät der Königin von England. Die Wiedergabe des Bildes von Pannini auf dem Schutzumschlag und der Ausschnitte daraus auf den Seiten 33 und 273 verdankt der Verlag dem freundlichen Entgegenkommen von Lord Ellesmere. Für liebenswürdige Unterstützung und Reproduktionserlaubnis dankt der Verlag den Direktionen der National Gallery of Scotland in Edinburgh, des Niedersächsischen Landesmuseums in Hannover, der Bayerischen Staatsgemäldesammlungen und der Staatlichen Graphischen Sammlung in München, der Biblioteca Hertziana und des Deutschen Archäologischen Instituts in Rom. Kollegiale Hilfe erwiesen die Verlage Anton Schroll in Wien (Abb. Seite 385) und Aldo Martello in Mailand (Farbtafeln Seite 161 und 241), sowie die Direktion der Calcografia Nazionale in Rom, die die Wiedergabe von 17 römischen Veduten des Antonio Aquarone von 1838 ermöglichte. Alfred Beron, München, zeichnete den Stadtplan.